兒童課後照顧服務

訓練教材 下

Teaching Materials of Schoolager's After-school Care
in Child Welfare Professionals' Training

郭靜晃、黃志成、王順民/主編　郭靜晃 等/著

序

　　我國自二○○三年五月二十八日公布「兒童福利法」與「少年福利法」合併為「兒童少年福利法」，此法中第十九條第一項規定：「直轄市、縣（市）政府應鼓勵、輔導、委託民間或自行辦理下列兒童及少年福利措施。」其第十二款規定：「辦理兒童課後照顧服務。」同條第三項並規定：「第一項第十二款之兒童課後照顧服務，得由直轄市、縣（市）政府指定所屬國民小學辦理，其辦理方式、人員資格等相關事項標準，由教育部會同內政部定之。」

　　兒童少年福利法業經第二次修訂於二○○三年五月二十八日經總統公布施行。兒童少年福利法第五十一條規定：「兒童及少年福利機構之業務，應遴用專業人員辦理，其專業人員之類別、資格、訓練及課程之辦法，由中央主管機關訂之。」又第五十條規定：「兒童及少年福利機構分類如下：(1)托育機構；(2)早期療育機構；(3)安置及教養機構；(4)心理輔導或家庭諮詢機構；(5)其他兒童及少年福利機構。」又兒童福利專業人員資格要點第二條規定，兒童福利專業人員包括：托兒所保育員、安置及教養機構保育員、社會工作人員、心理輔導人員、生活輔導人員、早期療育人員及主管人員。其中課後照顧人員因應托教合一制度將行政及管理權交由教育部，而零至五歲之托育人員、六至十二歲之課後托育人員及其他有關兒童福利機構之保育員、心理輔導員、生活輔導員、早期療育人員及主管人員，則依兒童福利專業人員資

格要點規定辦理。

目前國小兒童課後照顧體系的行政及管理仍是兩頭馬車，在二○○三年五月二十八日之後申請立案課後托育機構，其行政及管理權交由教育部；而之前立案之課後托育機構，其行政及管理權則屬於內政部兒童局。此外，國民小學學校可辦理兒童課後照顧服務，至於人員資格，國民小學學校辦理的兒童課後照顧服務則依國民小學辦理兒童課後照顧服務及人員資格標準，取得三百六十小時受訓資格之後，始得在國民小學學校辦理課後照顧方式；但在學校外之兒童課後照顧服務，其行政及管理權則屬於內政部兒童局，其人員資格要適用於兒童福利專業人員之保育人員（或助理保育人員資格），則需接受兒童局所委託之兒童福利專業人員資格訓練及格且取得證書者。

本書針對「國民小學辦理兒童課後照顧服務及人員資格標準」之課程內容，包括核心課程及彈性課程，共計有十五項課程（核心課程的部分由各執行單位統一辦理；彈性課程的部分則視各執行單位之需求，自行規劃安排課程），邀請國內十一位專家學者共同撰寫，分為上、下兩冊，上冊內容包括：第一章「兒童發展的理念」（郭靜晃）、第二章「學齡兒童之生心理發展」（郭靜晃）、第三章「兒童福利導論」（郭靜晃）、第四章「兒童福利服務」（郭靜晃）、第五章「課後照顧服務概論」（王順民）、第六章「兒童心理衛生」（賴宏昇）、第七章「特殊教育概論」（黃志成）。下冊內容包括：第八章「兒童醫療保健及意外事故急救訓練」（羅聿廷、林秀桑）、第九章「兒童故事」（黃惠如）、第十章「親職教育」（黃惠如）、第十一章「兒童行為輔導（賴宏昇）、第十二章「兒童安全」（蔡嘉泇）、第十三章「初等教育」（沈月清）、第十四章「學習指導」（傅玉琴）、第十五章「兒童體育與團康」（蔡明昶）、第十六章「兒童遊戲與發展」（吳幸玲）、第十七章「兒童遊戲與

休閒發展及運用」（吳幸玲）、第十八章「班級經營」（羅聿廷）。

　　本書得以順利出版，要感謝揚智文化事業股份有限公司葉總經理忠賢，在葉總經理十年來的誠懇及堅持不懈地邀請與期盼之下，為本書付梓提供各種協助，才能使本書順利交稿，在此表達誠摯的謝意。

郭靜晃、黃志成、王順民 謹識

陽明山華岡

目　錄

Chapter

08

● 第八章　兒童醫療保健及意外事故急救訓練 ●

羅聿廷

- 中國文化大學兒童福利研究所畢
- 中國文化大學社會福利學系兼任講師
- 台中大里仁愛醫院內外科加護病房護理師

林秀桑

- 台北醫學大學護理系畢
- 台北市立中興醫院內外科加護病房護理師
- 台北市立忠孝醫院內科病房護理師

一、前言

　　現代的兒童醫療保健工作即是從事幼教人員在「保」、「育」並重之下，運用良好的醫療保健知識和急救技能，配合幼童身心發展的原理、階段，給予最佳的照護與養育方式，以培育出活潑、可愛及身心健全發展的兒童。根據聯合國世界衛生組織（World Health Organization，簡稱WHO）對健康下的定義是「健康是生理、心理和社會的一種完全安寧的狀態，不僅是沒有疾病或衰弱而已」。譬如在一個嚴格的父母管教態度下，孩子可能不喜歡上學的「心理事實」，而呈現在「生理層面」上，常常早上起床就腹瀉、頭痛、噁心嘔吐等不舒服情況。所以，三者是交互作用的狀態，生理因素會影響社會、心理因素，心理因素會影響社會、生理因素。

　　隨著科技的進步，醫療生物產業的發達，人類的死亡率逐年下降，而「預防醫學」的理念也逐漸受到重視。Novello（1991）指出，預防性的健康照護理念哲理是植基於「人們必能控制影響其健康之諸多因素」，因此，不管是成人或小孩，他們都能學會去承擔為了維護己身健康所應付的種種責任。幼兒教育人員與保育人員須持續瞭解年幼幼兒的健康狀況，他們必須在發生任何對學習持久的影響前，識別出潛在健康問題的早期跡象（Allen et al., 1971）。而Leavitt和Eheart（1991）更指出，教師與保育人員在觀察年幼幼兒之健康上，占有極優越的地位。因此，本篇對幼兒生長與營養、兒童常見疾病及傳染病、急救要領、社區醫療聯絡網等有深入淺出之介紹，藉以提供幼教師與保育人員對醫療保健認知與對疾病的敏感度、保育措施。

二、兒童醫療保健架構

　　兒童醫療保健的範圍係從生命誕生或更早階段其產前之遺傳、環境等即提供良好健康照護系統。一般而言，幼兒園其保健工作包含培養健康生活習慣、確實實施健康檢查、提供營養膳食、規劃安全的環境設施、提供疾病預防與照護、實施健康教育等。所以，兒童醫療保健實質意義則是透過預防層級理念，運用在醫療與照護的實務中，以提升兒童衛生服務品質，達到身體、心理、社會等方面的健全發展。在預防方面，尤以三段五級學說架構最為著名，也正好可與醫療保健實務重點相互輝映（如**表8-1**）。

三、兒童的生長與營養需要

(一)何謂發展與生長

　　成長（growth）與發展（development）是個體生命中發生無數變化的總和，屬動態改變歷程。一般而言，生長係指生理方面的成熟會影響到生長的質與量，它較偏向「量」的改變為主。另者，發展係指「個體由受孕至死亡生命過程中，其身心狀況隨年齡與經驗的增加，所產生規律而順序的改變歷程」。此種順序的變化（頭足定律、近遠定律、分化原則、整合原則）乃受到遺傳、環境、成熟、學習等四因素的影響。因此，它是「量」的增加和

表8-1 醫療保健三段五級之架構

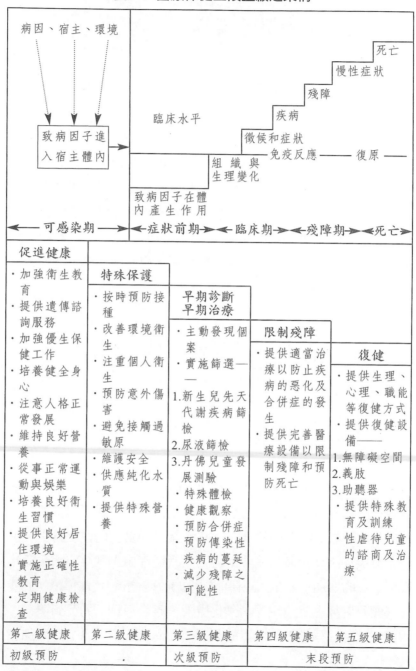

病因、宿主、環境

致病因子進入宿主體內

臨床水平

死亡
慢性症狀
殘障
疾病
徵候和症狀
免疫反應 ── 復原 ──
組織與生理變化
致病因子在體內產生作用

◀─ 可感染期 ─▶ ◀症狀前期▶ ◀臨床期▶ ◀殘障期▶ ◀死亡▶

促進健康	特殊保護	早期診斷早期治療	限制殘障	復健
・加強衛生教育 ・提供遺傳諮詢服務 ・加強優生保健工作 ・培養健全身心 ・注意人格正常發展 ・維持良好營養 ・從事正常運動與娛樂 ・培養良好衛生習慣 ・提供良好居住環境 ・實施正確性教育 ・定期健康檢查	・按時預防接種 ・改善環境衛生 ・注重個人衛生 ・預防意外傷害 ・避免接觸過敏原 ・維護安全 ・供應純化水質 ・提供特殊營養	・主動發現個案 ・實施篩選── 1.新生兒先天代謝疾病篩檢 2.尿液篩檢 3.丹佛兒童發展測驗 ・特殊體檢 ・健康觀察 ・預防合併症 ・預防傳染性疾病的蔓延 ・減少殘障之可能性	・提供適當治療以防止疾病的惡化及合併症的發生 ・提供完善醫療設備以限制殘障和預防死亡	・提供生理、心理、職能等復健方式 ・提供復健設備── 1.無障礙空間 2.義肢 3.助聽器 ・提供特殊教育及訓練 ・性虐待兒童的諮商及治療
第一級健康	第二級健康	第三級健康	第四級健康	第五級健康
初級預防		次級預防	末段預防	

「質」的改變。Hurlock（1978）曾指出，發展中改變的現象有大小的改變、比例的改變、舊特徵的消失、新特徵的獲得。如個體「生理方面」身高、體重的增加，「心理方面」記憶力、語彙能力提增是屬量的改變，而問題解決能力、道德發展提升等是屬質的改變。

(二)影響兒童生長發育因素

每一個體生長都有關鍵期或敏感期（critical period）。Lenneberg（1967）曾提出語言學習有關鍵期（開始於嬰兒期早期，結束於青春期）之主張。Lenneberg認為，兒童在過了關鍵期之後若是尚未學會語言，要想再學的話，即使不是不可能也會相當困難。因此，假若一名兒童在關鍵期被剝奪了特定類型之經驗，很可能會顯現出永久性的生理發展遲緩。以下則概述影響兒童生長之遺傳及環境因素：

■遺傳方面

基因、染色體異常，如唐氏症（Down's syndrome）、杭廷頓氏舞蹈症（Huntington's chorea）、血友病（Hemophilia）等，而遺傳諮詢（genetic counseling）可以幫助降低夫妻產下基因或染色體缺陷之機率。

■環境方面

・產前環境

母體飲食質與量的不足（葉酸、蛋白質……）或過多（菸酒、咖啡因……）；母親有內分泌代謝障礙（糖尿病、甲狀腺分泌異常）；接受過量之輻射線照射；母親孕期感染傳染性疾病（德國麻疹、梅毒、愛滋病）或服用藥物（Thalidomide、Vaccine）等。

· 產後環境

1. 社經地位：貧窮因素連帶使其居住環境、醫療照護、營養、教育等獲得機會或品質下降，而影響個體行為或生理反應。

2. 營養：食物與量之攝取，以及個體吸收狀態均會影響生長發育能力。一般而言，兒童期所需營養量較成人為高。

3. 疾病感染：慢性病及先天畸形、外傷，因伴隨身體衰弱和營養不良，使其生長速率較慢。

4. 藥物：長期服用中樞神經興奮劑或皮質類固醇會抑制生長。

兩者因素以何者影響較大？是遺傳影響成分較多？或者是環境？目前尚無定論。但是，值得注意的是──當我們想瞭解兒童人格特質時，似乎有部分因素是父母先天特質所影響，有些因素是受同儕、社經文化背景等影響。因此，個體的模塑歷程非單一因素所導致，它乃是混合的結果。

(三)營養需要

營養係指個體為了生存、生長、活動及繁衍後代之需要，自外界攝取適當物質，經體內新陳代謝之過程後形成身體的成分，並且獲得熱量進行代謝，將不需要的成分排出體外。每個人因性別、活動量、年齡之不同，食物需求量也有所差異（**表8-2**）。可是，在攝取營養素的主要功能上，兒童期以提供成長與活動為主；成人期則以修補或維護身體組織為主。**表8-3**為營養素的種類與功能之整理。

表8-2　每日營養素建議攝取量

年齡	維生素A 微克(μgR.E) 男	女	國際單位(i.u) 男	女	維生素D 微克(μg)	維生素E 毫克(mgα-T.E.) 男	女	維生素B₁ 毫克(mg) 男	女	維生素B₂ 毫克(mg) 男	女	菸鹼素 毫克(mg N.E) 男	女	維生素B₆ 毫克(mg) 男	女	維生素B₁₂ 微克(μg)	葉酸 微克(μg)	維生素C 毫克(mg)
0月~	420		1400		10	3		0.3		0.3		4		0.2		0.3	20	35
3月~	420		1400		10	3		0.4		0.4		5		0.3		0.4	30	35
6月~	400		2700		10	4		0.4		0.4		5		0.4		0.5	35	35
9月~	400		3300		10	4		0.5		0.5		6		0.5		0.5	40	35
1歲~	450		3800		10	5		0.6		0.7		8		0.8		0.7	50	40
4歲~	500	500	4200	4200	10	6	6	0.9	0.8	1	0.9	11	10	1	1	1	70	45
7歲~	500	450	4200	3800	10	8	8	1	0.8	1	0.9	13	11	1	1	1.4	100	45
10歲~	550	550	4600	4600	10	10	10	1.1	1.1	1.2	1.2	14	14	1.2	1.2	1.9	140	50
13歲~	550	550	4600	4600	10	12	10	1.3	1.1	1.4	1.2	17	15	1.6	1.5	2	150	50
16歲~	600	600	5000	4200	10	12	10	1.3	1.1	1.5	1.2	17	14	1.7	1.4	2	200	55
20歲~	600	500	5000	4200	5	12	10	男 輕1.1 中1.2 重1.4 女 輕0.9 中1.0 重1.2		男 輕1.2 中1.3 重1.6 女 輕1.0 中1.1 重1.3		男 輕15.0 中16.0 重19.0 女 輕12.0 中13.0 重16.0		1.6	1.4	2	200	60
25歲~	600	500	5000	4200	5	12	10	男 輕1.1 中1.2 重1.4 極重1.6 女 輕0.9 中1.0 重1.1 極重1.3		男 輕1.2 中1.5 重1.8 極重2.0 女 輕0.9 中1.2 重1.4		男 輕14.0 中16.0 重18.0 極重22.0 女 輕11.0 中13.0 重15.0 極重17.0		1.6	1.4	2	200	60

（續）表8-2 每日營養素建議攝取量

	維生素A 微克(μgR.E.) 男	維生素A 女	維生素A 國際單位(i.u.) 男	維生素A 女	維生素D 微克(μg)	維生素E 毫克(mgα-T.E) 男	維生素E 女	維生素B₁ 毫克(mg) 男	維生素B₁ 女	維生素B₂ 毫克(mg) 男	維生素B₂ 女	菸鹼素 毫克(mg N.E) 男	菸鹼素 女	維生素B₆ 毫克(mg) 男	維生素B₆ 女	維生素B₁₂ 微克(μg)	葉酸 微克(μg)	維生素C 毫克(mg)
35歲～	600	500	5000	4200	5	12	10	輕1.1 中1.2 重1.4 極重1.6	輕0.9 中1.0 重1.1 極重1.3	輕1.2 中1.3 重1.5 極重1.7	輕0.9 中1.0 重1.2 極重1.4	輕14.0 中16.0 重18.0 極重20.0	輕11.0 中13.0 重15.0 極重17.0	1.6	1.4	2	200	60
55歲～	600	500	5000	4200	5	12	10	輕1.0 中1.1 重1.3	輕0.8 中0.9 重1.1	輕1.1 中1.2 重1.5	輕0.9 中1.0 重1.2	輕14.0 中15.0 重17.0	輕11.0 中12.0 重14.0	1.6	1.4	2	200	60
70歲～	600	500	5000	4200	5	12	10	輕0.9 中1.0	輕0.8 中0.9	輕1.0 中1.1	輕0.9 中1.0	輕12.0 中13.0	輕11.0 中12.0	1.6	1.4	2	200	60
懷孕第一期	0		0		0	0		0		0		0		0.2		0.2	200	0
第二期	0		0		5	2		0.2		0.2		2		0.5		0.2	200	10
第三期	100		850		5	2		0.2		0.2		2		1		0.2	200	10
哺乳期	350		3000		5	3		0.3		0.3		3		0.5		0.6	100	40

資料來源：行政院衛生署，第五版（1993）。

表8-3　營養素的種類、食物來源與功能

食物來源／分類	營養素	主要功用
奶　　　類	醣　　類	產生熱能
魚肉豆蛋類	脂　　肪	維護身體健全與成長
蔬　菜　類	蛋白質	調節生理機能
水　果　類	礦物質	
五穀根莖類	水	
油　脂　類	維生素	

(四)營養對兒童之影響

　　兒童飲食不均衡或營養不良可導致肥胖或缺乏某種營養素，許多兒童的營養不足，只為了他們吃不夠。**表8-4**可觀察兒童是否營養缺乏徵象（L. R. Marotz著，黃惠美等譯，2001）。營養不良會限制他們的學習能力，其行為表現較收斂和退縮，通常在課堂上顯得浮躁、分心（Rahmathullah et al., 1990）。而體重過胖的兒童常被嘲弄、訕笑或排斥，因而缺乏自信，甚至形成退縮、內向、自卑個性，和同儕產生隔閡，可能傷害兒童的自尊（Itallie, 1979），因而造成適應不良現象。Serdula等（1993）研究發現兒童時期已肥胖者，成年時期發生肥胖機率高達80%。

　　因此，幼兒期適當的營養攝取（**表8-5**）、運動和生活形態需要父母及教保人員的協助，有時家庭環境中父母親的飲食習慣影響兒童飲食習慣的建立。所以，培養父母良好營養知識、態度，督促兒童控制體重並增加有興趣的運動，減少攝取不必要的醣類

表8-4 營養缺乏之生理症狀

	症　　狀	原　　因
臉部	蒼白	缺乏菸鹼酸、鐵質
	鼻孔周圍的皮膚有鱗斑	缺乏維生素B_2、B_6
眼睛	角膜硬化和眼角有皺紋	缺乏鐵質
	蒼白的紋線	
	眼角起泡沫斑點	缺乏維生素A
嘴唇	呈紅色、口與唇呈腫脹	缺乏維生素B_2
	嘴角皸裂	
牙齒	蛀牙或失去琺瑯質而呈	食用過量的糖、過量的氟化物
	斑駁狀	
舌	皸裂、腫大	缺乏菸鹼酸
	呈紫紅色	缺乏維生素B_2
	蒼白	缺乏鐵質
齒齦	鬆軟、呈紅色、出血	缺乏維生素C
皮膚	乾燥、呈鱗狀	缺乏維生素A
	皮下組織有微出血	缺乏維生素C
指甲	易脆、碎、隆起	缺乏鐵質

資料來源：L. R. Marotz著、黃惠美等譯（2001），頁88。

及澱粉類，改善不良的飲食生活習慣。兒童的肥胖不容忽視，趁兒童尚未建立終身飲食習慣，即立刻採取行動，亦可獲得良好成果。

表8-5　幼兒期每日飲食指南

食物 ＼ 年齡		1-3歲	4-6歲
奶（牛奶）		2杯	2杯
蛋		1個	1個
豆類（豆腐）		1/3塊	1/2塊
魚		1/3兩	1/2兩
肉		1/3兩	1/2兩
五穀（米飯）		1-1.5碗	1.5-2碗
油脂		1湯匙	1.5湯匙
蔬菜	深綠色或深黃紅色	1兩	1.5兩
	其他	1兩	1.5兩
水果		1/3-1個	1/2-1個

資料來源：行政院衛生署網站（2004）。

四、兒童常見疾病之認識

(一)呼吸系統

■扁桃腺炎

　　扁桃腺是身體免疫系統的一部分，其功能為過濾及保護呼吸道，以免病菌入侵，同時也是兒童製造抗體之主要部分。好發於四至七歲的學齡前兒童。

・病因

　　約85％由病毒感染引起，15％由A群 β 溶血性鏈球菌感染導致。

・表徵與症狀

　1.病毒性：

　　(1)輕微的發燒、頭痛、食慾差、喉嚨痛、沙啞等。

　　(2)咽部微紅及扁桃腺有白色滲出物。

　2.細菌性：

　　(1)高燒（攝氏四十度）為第一症狀，之後有頭痛、腹痛、嘔吐、肌肉痠痛等症狀。

　　(2)後咽和扁桃腺有白色滲出物。

・醫療措施

　　病毒性扁桃腺炎以支持性治療為主，細菌性扁桃腺炎則依培養出的菌種，給予適當的抗生素治療。目的皆是防止併發症的發生。

・居家護理處置

　1.給予微溫的食鹽水、漱口水漱口。

　2.發燒處理：使用冰枕、調整衣物及被蓋、溫水拭浴，依醫囑給解熱鎮痛劑。

　3.冷敷頸部，達消腫和減輕疼痛。

　4.鼓勵多攝取水分，以溫和冰涼的流質食物為主，如牛奶、果凍、布丁、冰淇淋等。避免堅硬、熱、酸的食物，也不要給西瓜汁、番茄汁等紅色飲料，以防嘔吐時無法分辨是否有鮮血產生。

■哮喘

哮喘是指咽部會厭發炎，阻塞呼吸道，引起的許多症狀。常見於六個月到三歲的嬰幼兒，好發在變換的季節，如晚秋和早冬或寒冷的氣候。此病多發生在二至三天的小感冒之後，常在夜間發作。

・病因

最常引起哮喘的致病原有75％是副流行性感冒病毒。

・表徵與症狀

1. 感冒症狀：咳嗽、流鼻水、發燒、聲音沙啞、喉嚨緊縮和如狗吠的咳嗽。
2. 呼吸道阻塞症狀：吸氣哮鳴聲，嚴重者胸骨凹陷和呼吸困難。

・醫療措施

最首要的治療目標是維持呼吸道的通暢。治療多採支持療法及症狀療法。

・居家護理處置

1. 可帶小孩到屋外十至十五分鐘，因夜間潮濕空氣可緩解症狀。
2. 提供合宜濕度的環境。
3. 補充足夠水分，以利稀釋痰液和給予補充適當營養。
4. 保持環境安靜，減少外在刺激。
5. 協助採取合適之姿勢，如半坐臥式，較平躺舒服。
6. 減輕焦慮和害怕，可在身邊陪伴、抱起來安撫。
7. 若出現任何呼吸窘迫現象，應立即就醫診治。

■細支氣管炎

細支氣管炎是細小的支氣管發炎，引起下呼吸道阻塞，造成呼吸困難之症狀。好發在二歲以下的嬰幼兒，高峰期是在六個月。常發生在冬天或早春季節。

・病因

以呼吸道融合病毒感染為最常見的致病因，主要的傳染途徑為飛沫傳播或經飛沫污染的手或其他物品傳播。

・表徵與症狀

1.上呼吸道感染症狀：咳嗽、流鼻水、輕微發燒等。

2.下呼吸道感染症狀：呼吸快速，每分鐘大於六十次。吐氣時有哮喘音、呼吸困難、乾咳、倦怠、拒食等。

・醫療措施

最主要是支持性治療及預防合併症發生。住院與否主要依其年齡和呼吸窘迫症狀程度決定。小於六個月的嬰兒最好住院密切監測其呼吸、體液及電解度不平衡狀況。

・居家護理處置

1.密切觀察呼吸次數、形態，若有呼吸困難應立即送醫治療。

2.抬高頭部，經常改變體位以增加換氣。

3.補充適當液體與營養，因病童呼吸快速及咳嗽，易喪失水分。

4.發燒處理：測量體溫（耳溫或肛溫為宜），使用冰枕、溫水拭浴，調整被蓋與衣服，依醫囑給解熱劑。

5.此疾病預防勝於治療，預防方法：

(1)流行期避免帶嬰幼兒進出公共場所，家中有人有呼吸道

感染症狀時，應避免接觸幼童。

(2)養成良好的洗手和衛生習慣，幼童雙手盡量不揉眼睛及接觸口、鼻處。

(3)家中應禁菸，避免幼童吸進二手菸。

■氣喘

氣喘是一種突發性、可逆性的阻塞性呼吸道疾病。主要是呼吸道黏膜發炎、水腫及支氣管和細支氣管平滑肌痙攣，使細支氣管徑變小，氣流受阻，可聽到喘鳴聲，好發於年齡三至八歲，男女比率約為2：1。

· 病因

1. 外因性氣喘（過敏性氣喘）：主要為吸入過敏原（灰塵、花粉、黴菌、動物毛髮等）、天氣變化、運動、藥物。台灣兒童最常見的過敏原，是家中灰塵中的蟎。食物中的過敏原，則以蝦、螃蟹、牛奶及蛋白最常見。

2. 內因性氣喘（非過敏性氣喘）：致病因與免疫、情緒因素（如疲倦、緊張、害怕、焦慮）有關，而嬰幼兒主要誘發原因為呼吸道感染。

3. 混合性氣喘：包含以上二類。

· 表徵與症狀

1. 早期徵象：鼻充血、鼻塞、打噴嚏、呼氣時喘鳴、心跳和呼吸加速、大量出汗、咳嗽。

2. 晚期徵象：喘鳴現象更嚴重，黏膜分泌物多且濃稠，咳嗽、鼻翼振動、呼吸使用輔助肌肉、發紅、非常疲倦、嘔吐。

‧醫療措施

　　治療原則是去除支氣管痙攣及發炎細胞，讓呼吸道維持通暢，急性期治療以使用藥物擴張支氣管、減輕黏膜水腫和除去分泌物為主，之後的治療則以支持性療法和減敏感法為重，然而最基本的治療就是避免誘發氣喘的因子。

‧居家護理處置

1. 發作前兆鼓勵病童做呼吸運動，如：腹式呼吸運動、肺擴張運動、向前彎腰運動，以強化橫膈，增加肺活量。
2. 將四周窗戶打開，使室內空氣流通，避免有人在室內抽菸。
3. 必要時依處方給予藥物使用，防止惡化。
4. 以孩童舒適為主可採坐姿、半坐臥或趴臥，但背部要挺直，若為嬰幼兒則抬高頭部三十至四十五度，並經常翻身，更換姿勢。
5. 給予水分：可喝溫開水，忌冰冷及碳酸飲料。
6. 將發作前兆、症狀、時間和處理過程記錄下來，供醫護人員參考。
7. 居家環境注意事項：不可飼養寵物，若已飼養則要經常清洗和保持乾淨。窗簾最好用塑膠、木頭、易清洗的百葉窗，盡量不用厚重的棉布，使用除濕機或空調系統，保持室內濕度在55％至65％之間，每星期以攝氏五十五度以上熱水清洗寢具，以殺死附著在上的塵蟎。

■肺炎

　　肺炎是指肺的實質組織，包含氣管、細支氣管、肺葉、肺泡組織急性發炎的情況。最容易發生的時間是流行感冒的流行期間，也好發在抵抗力弱的兒童、老人和慢性疾病的人身上。

・病因

　　1.病毒性肺炎：最常見的種類，以呼吸道融合病毒最多。

　　2.細菌性肺炎：主要引發兒童的菌種有肺炎雙球菌、鏈球
　　　菌、葡萄球菌。

　　3.黴漿菌屬類肺炎：流行於居家環境擁擠的家庭。

　　4.吸入性肺炎：吸入食物、嘔吐物、粉劑等。

・醫療措施

　　當有肺炎病徵或有感染可能，醫生會給予抗生素治療，必要
時會以靜脈注射，補充喪失的水分。

・表徵與症狀

　　1.上呼吸道感染症狀：輕度發燒、咳嗽、疲倦不安。

　　2.軟弱無力、食慾不振、嘔吐、胸部不對稱起伏。

・居家護理處置

　　1.維持呼吸道通暢，觀察呼吸次數形態。

　　2.攝取比平時多一點五倍的溫熱飲料，以稀釋痰液並預防脫
　　　水。

　　3.協助病童抬高頭部的半坐臥姿勢，單側肺炎可躺向患側，
　　　固定胸壁，減少胸膜摩擦造成的不適。

　　4.發燒處理：使用冰枕，溫水拭浴，調整被蓋與衣服，依醫
　　　囑給解熱劑。

　　5.經常翻身：至少每小時改變體位一次，並在其可耐受範
　　　圍，鼓勵活動。可促進肺擴張和預防分泌物堆積。

■中耳炎

　　中耳炎是嬰幼兒上呼吸道感染常見的併發症，好發嬰幼兒最

主要的原因是歐氏管較直、較短，使致病菌或異物較易進入中耳，和體液免疫系統未成熟，易患感冒的季節，也是急性中耳炎發生率增高的時期。

‧病因

引起中耳炎的病因主要是病毒占2/3，細菌占1/3。常見的致病菌為肺炎雙球菌、A群β型溶血性鏈球菌、流行性感冒嗜血桿菌。

‧表徵與症狀

1. 通常在感冒或上呼吸道感染數天後，有發燒、食慾不振、耳朵疼痛、聽力受損。
2. 病童常有拉或揉耳朵，或是頭搖來搖去、哭泣，以表示疼痛。
3. 當耳膜破裂，會有膿從裂口流出。

‧醫療措施

抗生素是常用的治療。

‧居家護理處置

1. 依病童忍受度，可使用冷、熱敷，減輕疼痛，鼓勵臥向患側，以利耳內分泌物流出。
2. 依醫囑給予抗生素：口服抗生素須持續十天。
3. 餵食兒童時，盡量採取直立或半坐臥姿。
4. 洗澡和洗頭時，要盡量避免污水進入耳道內。
5. 耳滴劑的使用，三歲以下幼童，將耳朵向下向後拉，三歲以上的兒童，耳朵是向上向後拉。
6. 可教導兒童吹氣球，吹泡泡或嚼無糖口香糖，使耳咽管保持通暢。
7. 避免接觸環境中的感染原或過敏原（如吸二手菸）。

(二)血液系統

■白血病

　　白血病是兒童最常見的癌症。主要是骨髓造血組織的惡性病變，白血球惡化異常，製造過多，而影響其他血球的製造。

・病因

　　其病因不明，可能的致病因素有放射線照射、接觸化學性致癌物、感染、基因遺傳或突變和免疫缺陷。小兒白血病依細胞的分化程度分急性與慢性，小兒白血病95％以上為急性，依白血球來源分淋巴性及骨髓性（非淋巴性），且急性淋巴性白血病遠多於急性非淋巴性白血病。

・表徵與症狀

　　1.白血病初期症狀：不明顯，類似上呼吸道感染現象。如感冒、發燒、食慾減退、容易疲倦。

　　2.貧血症狀：身體軟弱、疲倦、膚色蒼黃、食慾不振。

　　3.易感染的現象：淋巴結腫大、易感冒、發燒。

　　4.易出血的現象：皮膚出現瘀青、瘀斑、牙齦及口鼻出血和顱內出血。

・醫療措施

　　主要是化學療法和骨髓移植。

・居家護理處置

　　1.少量多餐，供給高熱量及高蛋白食物。

　　2.避免太甜、太辣、太油膩食物，盡量攝取較軟而不刺激的食物。

3.化學引起的噁心、嘔吐，可依醫囑使用止吐劑，並配合調整飲食及改變活動。

4.維持口腔清潔、保健，使用軟毛牙刷或棉棒。

5.預防感染、勤洗手。

6.預防出血：避免用力擤鼻涕及挖鼻子、勿用力刷牙及吃堅硬食物。檢查病童身上有無瘀斑，若病童出現焦躁不安、意識混亂，要注意是否有顱內出血現象。

■血友病

血友病是女性以性聯遺傳方式傳給下一代，其特點是血液凝固因子異常，尤其是第八或第九凝血因子。

・病因

遺傳性疾病，大多數是母親有隱性的血友病基因，而發病者主要為男性。血友病主要分三種形態：

1.A型血友病：第八凝血因子缺乏，占血友病最多。

2.B型血友病：第九凝血因子缺乏。

3.C型血友病：第十一凝血因子缺乏。

・表徵與症狀

1.出血傾向：小外傷也會出血不止，牙齦出血、自發性血尿、皮下或肌肉出血。

2.軟組織血腫：頸部、口腔及咽喉出血，易引起呼吸道阻塞。

・醫療措施

補充所欠缺的凝血因子，以防止自發性的出血。

・居家護理處置

1.預防出血：

(1)在幼童應維持活動周圍環境的安全，以減少受傷，大一點的病童則要避免較激烈及競爭性的運動。

(2)避免給予幼童堅硬的食物，以防口腔黏膜出血並注意口腔牙齒保健，使用軟毛牙刷或棉棒清洗，治療牙齒要特別提醒醫師注意以防大出血。

(3)禁量肛溫，勿使用阿司匹靈類藥物。

2.控制出血：

(1)在受傷處加壓十至十五分鐘，以形成血塊。

(2)固定不動或抬高患處到心臟高度之上，以減少血流。

(3)冷敷促進血管收縮，幫助止血。

(4)當血尿發生，應鼓勵病童二至三小時，喝兩百西西液體，以防血塊阻礙尿液通過尿道。

3.當出現下列症狀時應立即就醫：不正常蒼白、虛弱不安、麻木、感覺異常、嚴重的頭痛、嘔吐、嗜睡等。

■貧血

貧血是兒童紅血球功能障礙中最常見的。主要是紅血球的數目或血紅素的濃度低於正常值，孩童常見的貧血有缺鐵性貧血、β型地中海型貧血、鐮狀細胞貧血、再生不良性貧血。

‧病因

1.失血過多。

2.紅血球破壞過多。

3.紅血球製造不足或生成異常。

‧表徵與症狀

1.出現疲倦、肌肉無力、不安、注意力不集中。

2.皮膚及黏膜蒼白（臉、唇、眼結膜等）。

3.脈搏和呼吸加速。

4.慢性嚴重貧血會有厭食、生育發育遲緩。

．醫療措施

主要針對導致貧血原因予以治療。

．居家護理處置

1.注意安全，並執行安全防範措施。

2.評估孩童日常生活的耐力程度，避免體力過度消耗。過度消耗徵象有：心搏過速、心悸、呼吸喘、呼吸困難、皮膚顏色改變。

3.缺鐵性貧血須補充足夠的鐵質，多攝取含鐵質的食物。如肝、腎、牛肉等。若有口服鐵劑應在飯後馬上服用，且不要和牛奶、制酸劑一起服用，以免影響鐵質吸收，鐵劑可與維生素C一起服用，促進鐵質吸收。服用鐵劑大便成黑色是正常的。

4.鐮狀細胞貧血要補充足夠水分，為平常的一點五至二倍，一天約每公斤體重補充一百三十至二百西西，可預防鐮刀狀細胞在血管阻塞引起組織壞死。

(三)消化系統

■便秘

便秘是指大便乾硬或呈顆粒便，不易解出。且排便次數減少，腹部不適。

．病因

心理（大小便訓練技巧不好、飲食改變、環境改變等）和生理（神經性的異常、甲狀腺功能低下等）的異常變化，而影響到

排便問題。

・表徵與症狀

　　1.大便呈現乾、硬或顆粒。

　　2.大便次數減少，因乾硬擠磨造成直腸黏膜出血等症狀。

・醫療措施

　　1.灌腸法。

　　2.腸道控制訓練。

　　3.飲食計劃。

・居家護理處置

　　1.嬰兒期便秘：可增加水分的攝取或餵食簡單碳水化合物。
　　　如糖水、果汁、果泥。

　　2.兒童期則鼓勵進食高纖維蔬菜（如花椰菜、生菜、穀類
　　　等）、水果（木瓜、柳丁、葡萄等）和水分。

　　3.排便訓練：一天應有兩個時段（建議早餐和晚餐後），讓兒
　　　童有足夠時間排便。有效時間是用餐後的三十分，因咀嚼
　　　食物會刺激腸蠕動，容易產生便意感。

　　4.提供一個舒適安靜及隱秘的排便環境，若排便形態有改
　　　善，應給予鼓勵增加孩童信心。

■腸胃炎

　　腸胃炎是因感染而產生腹瀉、腹痛、腹部痙攣等嘔吐和發燒
等徵狀。

・病因

　　受到病毒、細菌及阿米巴原蟲感染，此外因飲食製作用具不
潔或衛生習慣不良，亦會導致腸胃炎。

・表徵與症狀

　　1.最主要的症狀是腹瀉，其大便性質為稀便、綠色、水樣或有惡臭味。

　　2.早期有噁心、嘔吐、腹部痙攣、腹部觸壓痛和發燒。

　　3.脫水（皮膚飽滿度差、口乾、黏膜乾燥）、電解質不平衡。

・醫療措施

　　腸胃炎宜先禁食，補充體液和電解質，矯正體液酸鹼值及電解質不平衡，對於細菌感染則給予抗生素治療。

・居家護理處置

　　1.觀察記錄大便的性質、顏色，可供醫護人員參考。

　　2.補充體液，觀察是否有脫水症狀。

　　3.當嘔吐停止，糞便硬度增加，可逐次增加膠質點心、香蕉、胡蘿蔔和米飯等。

　　4.接觸病童之分泌物和排泄物應徹底洗手。

　　5.正確且徹底洗手。

　　6.正確飲食準備方法，如泡奶及奶瓶消毒、餐具的清潔與使用方式。

■腸套疊

　　腸套疊是指一般腸道進另一端的腸子內，是嬰兒期最常發生的腸阻塞疾病，好發在六至十二個月。

・病因

　　腸套疊的真正原因不明，最常見的形式接近迴盲瓣處的腸子嵌入結腸內，嵌入的結果引發發炎、水腫、血液循環減少，嚴重會導致腸壞死。

·表徵與症狀

1.突發性的嚴重腹痛並有尖銳哭聲、不安、冒汗。

2.嘔吐，解草莓色果醬般糞便，糞便中含有血及黏液。

3.右上腹近肚臍線下方可觸摸到似香腸般的塊狀物。

·醫療措施

腸套疊發病二十四小時內為治療的黃金時期，主要是鋇劑灌腸和手術。

·居家護理處置

1.協助維持舒適姿勢，採屈膝向胸側臥，可減輕腹部壓力。

2.當可進食時，由清流質飲食或1/4至1/2濃度的奶水開始逐漸增加。

3.若有手術，則保持傷口乾淨和無菌，深呼吸及咳嗽用手支持腹部，減輕疼痛。

4.手術後，若排出大便為褐色，表示腸蠕動正常，可開始進食。

■闌尾炎

闌尾炎是最常見的小兒外科急診。主要是闌尾感染、腫脹、發炎反應，好發在學齡兒童、青少年期。

·病因

腸道盲腸阻塞、發炎所引起。

·表徵與症狀

1.腹痛：最初疼痛位置在肚臍四周，幾個小時後集中右下腹，出現反彈痛（即觸摸右下腹，放手時感覺更疼痛）。

2.噁心、嘔吐、食慾不振和發燒。

3.闌尾破裂：腹部變硬、變脹、觸痛感，呼吸、脈搏加速，臉色蒼白。

· 醫療措施

　　盲腸切除手術。

· 居家護理處置

　　1.非常疼痛應立即送醫，延遲可能導致闌尾破裂。

　　2.以孩童舒適的姿勢為主。如半坐臥或屈膝仰臥。

(四)泌尿系統

■泌尿道感染

　　泌尿道感染是指尿道口至腎臟之間有感染情形，好發於二至六歲之間。

· 病因

　　泌尿道感染最主要的菌種為大腸桿菌。

· 表徵與症狀

　　1嬰幼兒：發燒、腹脹、嘔吐、食慾降低、無精打彩。

　　2.兒童：腹痛、頻尿、尿急、解尿疼痛、尿液混濁、暗色。

· 醫療措施

　　主要醫療為使用抗生素。

· 居家護理處置

　　1.定時服用抗生素，避免復發。

　　2.鼓勵病童大量喝水，避免憋尿。

　　3.養成良好衛生習慣：尿布勿包太緊、選擇棉質內褲、女性排便後應由前往後擦拭會陰部、避免泡澡。

4.可飲用蔓越莓汁，促進尿液酸化。含咖啡因和碳酸飲料會
　刺激膀胱黏膜，應避免之。

■隱睪症

隱睪症是一側或兩側睪丸未自腹腔經由股溝管下降至陰囊
中，而停留在腹腔或腹股溝內，早產兒發生率較高。

・病因

可能睪丸本身有缺陷或是促進睪丸下降的荷爾蒙分泌不足所
引起。

・表徵與症狀

在陰囊中無法觸摸到睪丸。

・醫療措施

1.一歲以內觀察，大多數嬰兒在一歲內睪丸會自動下降。

2.一歲後若未下降則考慮用藥物或手術治療。

・居家護理處置

1.傷口的清潔和換藥，避免尿液及糞便污染傷口。

2.若有發紅、發熱、腫脹和分泌物等發炎感染症狀應返院治
　療。

3.手術後數日，採淋浴避免感染。

(五)神經系統

■腦性麻痺

腦性麻痺是指非漸進性的功能失常，造成肌肉控制障礙。

・病因

腦部在尚未發育完整前受損，造成運動系統功能障礙。

．表徵與症狀

1. 用腳尖走路的剪刀足步態、痙攣、斜視、說話和吞嚥困難。
2. 四肢無法控制，產生不自主動作。
3. 病童通常不是單一特徵，而是混合多種症狀，依程度嚴重而不同，如：智能不足、聽覺障礙、知覺異常、情緒心理障礙等。

．醫療措施

治療目的在使身體功能不再繼續退化，並發揮潛能和預防殘障加重。

．居家護理處置

1. 保持正確合宜的姿勢以防關節攣縮變形。
2. 教導病童日常生活的自我照顧，必要時可利用適當輔具協助完成吃飯、如廁、沐浴等。
3. 提供安全舒適的環境給病童。
4. 依病況協助關節運動。

■熱性痙攣

熱性痙攣是指嬰幼兒時期一種體溫突然上升而引發的痙攣，尤其一歲到一歲半最多。

．病因

可能和大腦與神經系統尚未成熟有關，發燒是誘發因素，咽喉炎、支氣管炎、流行性感冒、中耳炎等都可能因發燒引起痙攣。

· 表徵與症狀

1. 發燒：肛溫超過攝氏三十八點八度。
2. 痙攣：大都在發燒數小時後出現抽筋，時間不超過二十分鐘，呈現全身僵硬強直的攣縮狀態、雙眼上吊、四肢對稱性抽動。
3. 意識：短暫意識障礙，之後可恢復意識，不會造成神經傷害或肢體偏癱。

· 醫療措施
控制病童痙攣和感染發生。

· 居家護理處置

1. 維持呼吸道通暢：仰臥並頭側一邊或側臥。
2. 發燒處理：使用冰枕、溫水拭浴，調整被蓋與衣服，依醫囑給解熱劑。
3. 防止損傷；提供安全環境如床上加軟墊等，避免穿過緊衣服，抽搐時不可強制約束病童肢體，以防骨折發生。

■癲癇

一種慢性發作性疾病，由於腦部異常的放電所造成無法控制的行為和症狀。

· 病因
主要是腦部神經元異常放電和過度敏感所導致。

· 表徵與症狀

1. 小發作：一般少於一分鐘，會有局部肌肉的抽搐。
2. 大發作：全身性發作，首先會四肢屈曲、雙眼上吊、嘴巴張開、喪失意識、下頜緊閉舌頭可能會被咬住、肌肉顫抖、肌肉快速收縮和放鬆的抽搐。

‧醫療措施

　　治療目標為控制發作和減少發生頻率。治療方式包括藥物、飲食和外科治療。

‧居家護理處置

1. 保持呼吸道通暢，頭可側一邊，以利分泌物流出。
2. 預防損傷：避免跌倒、移開危險物品、提供安全的環境。
3. 剛發作或發作剛結束不宜進食，保持側臥，以防吸入性肺炎。
4. 可用牙刷包裹紗布壓住舌頭，防舌頭堵住呼吸道，若牙關緊閉，則不要放入以免造成受傷。
5. 觀察並記錄病童發作部位、持續時間、頻率和意識程度。

五、傳染病之預防與處理

(一)何謂傳染病

　　係透過宿主、帶菌者以直接或間接方式將病原體傳染給易感受性宿主的一種疾病。其傳染鏈六大要素（**圖8-1**），包括病原體、宿主、易感受宿主、傳染途徑、侵入宿主的部位及離開宿主途徑（何婉喬等，2000）。而傳染病傳播病原體方式，整理如**表8-6**。

(二)傳染病分類及通報時間

　　根據傳染疾病防治法（1999）第三條規定，筆者予以整理

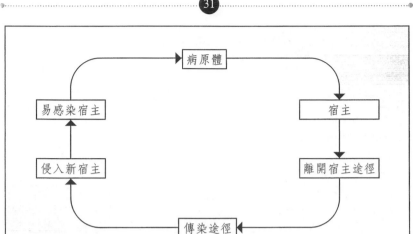

資料來源：何婉喬等（2000），頁4-8。

圖8-1　傳染鏈六大基本要素

如**表8-7**。

(三)兒童常見之傳染病與保育措施

　　兒童，特別是三歲以下的兒童，非常容易感染急性傳染性疾病（L. R. Marotz著，黃惠美等譯，2001）。其因素有三：一是兒童較不常與同儕相處一起，較缺乏免疫力，因此一旦與其他幼童聚集一起，則易增加病原體入侵機會；其二是兒童本身生理構造尚未成熟，導致患病率提高；其三是幼兒園本身是一團體機構，因而較易造成相互感染機會。換言之，幼兒園是促進疾病滋生擴散的場所，所以每一幼教師或保育員都應更瞭解幼兒疾病，使能迅速辨識疾病演變，立刻將傳染途徑與方式等予以阻斷。筆者參考何婉喬等（2000）、于祖英（2000）、周怡宏等（2001）之著作，針對兒童常見傳染病整理如**表8-8**，予以扼要說明。

表8-6 傳染病途徑及類型

傳染途徑	直接傳染			間接傳染			其他
	直接接觸	飛沫傳染	垂直傳染	媒介物傳染	病媒傳染	空氣傳染	
傳染方式	經透過直接接觸侵入宿主體內。	透過打噴嚏、咳嗽侵入宿主眼、口鼻等體內。	透過胎盤血液進入胎兒體內。	透過污染的水、食物、餐具等進入宿主體內。	鼠、蚊蠅、蟑螂等昆蟲。	病原體附著空氣當中之灰塵等。	
傳染病類型	呼吸道傳染病：小兒麻痺症、白喉、德國麻疹、水痘、流行性腮腺炎、百日咳、結核病等。 急性病毒性肝炎：B肝、C肝等。	呼吸道傳染病：小兒麻痺症、腸病毒、白喉、麻疹、德國麻疹、水痘、流行性腮腺炎、百日咳、結核病等。	性傳染病：小兒愛滋病等。 急性病毒性肝炎：B肝、C肝等。	腸道傳染病：霍亂、傷寒及副傷寒、腸病毒等。 蟲媒傳染病：瘧疾等。 急性病毒性肝炎：C肝等。	蟲媒傳染病：瘧疾、日本腦炎、登革熱等。	呼吸道傳染病：水痘、百日咳等。	其他傳染病：狂犬病、破傷風

表8-7　傳染病分類及通報時限表

傳染病類別		傳染病名稱	通報中央主管機關時限	防疫措施
第一類		霍亂、鼠疫、黃熱病、狂犬病、伊波拉病毒出血熱。	應立即報告。	強制施行隔離治療。
第二類	甲種	白喉、炭疽病、流行性斑疹傷寒、傷寒、副傷寒、流行性腦脊髓膜炎。	應於二十四小時內報告。	強制施行隔離治療。
	乙種	小兒麻痺症、急性無力肢體麻痺、桿菌性痢疾、阿米巴性痢疾、開放性肺結核。	除開放性肺結核得於一週內報告外，其他應於二十四小時內報告。	應勸導住院，必要時並得強制其住院。
第三類	甲種	腸病毒感染、併發重症、麻疹、登革熱、登革出血熱/登革休克症候群、瘧疾、急性病毒性A型肝炎、漢他病毒出血熱/漢他病毒肺症候群、腸道出血性大腸桿菌感染。	應於二十四小時內報告。	應視其病況採取適當之防治措施，必要時得比照第一類傳染病病人處置。
	乙種	結核病（除開放性肺結核外）、癩病、百日咳、猩紅熱、破傷風、水痘、德國麻疹、日本腦炎、腮腺炎、恙蟲病、梅毒、淋病、侵襲性β型嗜血桿菌感染症、急性病毒性肝炎（A型除外）、退伍軍人症、流行性感冒重症、先天性德國麻疹症候群、新生兒破傷風。	應於一週內報告，必要時中央主管機關得予調整。	應視其病況採取適當之防治措施，必要時得比照第一類傳染病病人處置。
第四類		其他傳染病或新感染症，經中央主管機關認為有依本法施行防治之必要時，得適時指定之：肉毒桿菌中毒、天花、後天免疫缺乏症候群、HIV感染、庫賈氏病、萊姆病、鉤端螺旋體……其他等。	應立即報告。應於二十四小時內報告。由中央主管機關指定時，規定其報告時限。	應視其病況採取適當之防治措施，必要時得比照第一類傳染病病人處置。

表8-8 兒童常見傳染病及保育措施

	急性無力肢體麻痺症	腸病毒	登革熱	白喉
病原體	腸病毒侵犯運動神經。	腸病毒群：如小兒麻痺病毒（三種）、克沙奇病毒A型（二十三種）或B型（六種）、伊科病毒（三十一種）、新型腸病毒（四種）。	登革熱病毒1-4型。	白喉棒狀桿菌G (+)。
好發年齡層	六個月至三歲。	十歲以下。	所有年齡層，但出血性登革熱以三至十歲最高。	六個月至十五歲以下；二歲至五歲兒童罹患率最高。
流行季節	夏季至秋季期間。	五至九月。	夏季。	約每年十至十二月。
症狀／徵象	前趨期會出現腸胃道或類似感冒症狀，最常侵犯頸椎及腰椎神經系統（麻痺呈現不對稱），使其造成大小便失禁或呼吸抑制。	腸病毒引起疾病相當廣泛，無症狀感染（占50%），有些只有疑似感冒現象，少數引起發燒、全身痠痛、咽喉腫痛、倦怠並會造成口腔多處潰瘍（疱疹性咽呷炎）及四肢出疹水疱疹（手足口病）、無菌性腦膜炎。	前趨期會發高燒且持續數天，患童會有關節痛、肌肉痛甚至眼窩痛；發疹期則依序會在胸部及軀幹出現紅斑→手掌及腳掌變紅→四肢紅疹會癢。	局部假膜形成：喉嚨痛、輕微發燒、頸淋巴腺腫、扁桃腺及咽部出現小而黃的白色斑點，幾小時後形成厚層整片白薄膜，易造成呼吸堵塞，開始哭聲及說話聲音嘶啞，嚴重時有哮吼性咳嗽、呼吸困難。中毒症狀：主要心肌中毒，表現面色青灰、拒食、脈搏淺速，其次神經發炎引起癱瘓、死亡。
保育措施	1.隔離病童。2.退燒後約三至四天進行復健工作（以水療最佳），至少持續兩年以上，教保人員應注意患童情緒壓力，必要時給予心理支持。	1.園所及患童家庭小心處理排泄物。2.實施正確洗手。3.病童多喝水及在家休息。4.避免與新生兒、孕婦接觸感染。	預防方式：1.裝設紗窗紗門或使用蚊帳。2.清除廢棄物及會積水容器。保育措施：1.禁止使用阿司匹靈藥物。2.幼童多喝水。	1.屬一次感染終身免疫。2.完全臥床休息。3.維持呼吸道通暢。4.患童須隔離治療。囑咐家長藥物須按時服用，尤其抗生素藥物。

（續）表8-8　兒童常見傳染病及保育措施

	麻疹	德國麻疹	水痘	流行性腮腺炎
病原體	麻疹病毒	德國麻疹病毒	帶狀疱疹病毒	副黏液病毒屬之腮線炎病毒
好發年齡層	四歲以下	學齡期及青少年	二至六歲	四至九歲
流行季節	春冬兩季	冬末春初	冬末春初	春冬季最多
症狀／徵象	前趨期：有高燒及3C症候（咳嗽、鼻炎、結膜炎），末期兩頰內側臼齒旁有科氏斑點。有時會有中耳炎、肺炎、畏光。 發疹期：其丘狀皮疹發疹依序由上而下為前額、耳後→臉頸→上肢→軀幹→下肢。發燒退後皮疹會脫皮。	通常每隔十年會有一次遍及多國較廣泛性流行。 前趨期：偶有高燒及耳炎、頭痛、咳嗽、頸部及淋巴結腫大，兒童病例較多無前兆。 發疹期：由臉部→頸部手臂→軀幹→下肢。一般無色素沉著及脫皮現象。	前趨期：輕度發燒、頭痛、疲倦、噁心。 發疹期：發疹前一至兩天傳染力最強。皮膚會先紅→丘疹→水泡→膿疱→結痂。且依序先軀幹→臉→肩→四肢。發疹結痂後就無傳染性。	前趨期：發燒、厭食、二十四小時內耳朵會感疼痛，耳下腺腫大，一吞嚥東西會感不適。 腮腫期：通常一側腮腺先腫，後一側會跟著腫，前四十八小時唾液內所含病毒最多，可能出現頜下腺、舌下腺等部位。
保育措施	1.患童一次感染終身免疫。 2.患童多休息，盡量靜態活動。 3.若患童眼睛會畏光，必要時戴眼罩，勿讓患童揉眼睛，以防角膜潰瘍。 4.眼睛有分泌物可使用溫的生理食鹽水擦拭。 5.發疹皮膚盡量用溫水洗澡。 6.家中或園所有幼童未接種麻疹疫苗，須在接觸患童六天內接種丙種球蛋白。	1.患童一次感染終身免疫。 2.患童於發病後七天才能返回幼兒園。 3.督促患童多休息及按時服用藥物。 4.讓患童與孕婦隔離。	1.注意禁用阿司匹靈藥物退燒，易導致雷氏症候群。 2.患童隔離直至水泡結痂變乾。 3.溫水洗澡，盡量少使用肥皂。 4.穿寬鬆衣服減少皮膚摩擦。 5.修剪指甲，不可去摳皮膚水泡及癢處，防止感染。	1.一次感染終身免疫。 2.為防止耳痛，須避免太硬、太酸、太油膩的食物。 3.腮腺炎腫痛時予以冷熱敷，使用流質或半流質飲食。

（續）表8-8 兒童常見傳染病及保育措施

	百日咳	日本腦炎	破傷風	霍亂
病原體	百日咳桿菌及副百日咳桿菌	日本腦炎病毒	破傷風桿菌G（＋）	霍亂孤菌
好發年齡層	二至五歲	三至九歲（尤其五歲以內幼兒）	所有年齡層	各年齡層
流行季節	皆可發生	夏季為最高峰	皆可發生	夏季
症狀／徵象	1.前趨期：鼻炎、打噴嚏、輕度發燒及夜間咳嗽。 2.陣發期乾咳：第二週後先有一連串爆發性咳嗽，夜間加劇，之後咳到憋氣，急促發出高尖刺耳的雞鳴樣的深吸氣，接著咳出大量黏稠痰液。 3.恢復期：約在第四週陣發性咳嗽漸減輕，但咳嗽時間會延長。	前趨期：發燒、頭痛。 主要症狀：意識變化、頸部僵硬、後弓反張、局部輕癱或不隨意動作。腦炎期約四至十天左右，如能度過此期，則多數在兩週內痊癒；部分兒童腦部損害嚴重，有失語、吞嚥困難、肢體麻痺、不自主運動神經症狀，約六個月慢慢恢復。若六個月後有神經、精神異常乃屬後遺症期，大多數可逐漸恢復，會留下終身殘廢的不多。	發病後兩天出現牙關緊閉，只要壓舌板或奶瓶放入口中，患童即咬住。疼痛性肌肉收縮，常見有腹部僵硬、肌肉痙攣、角弓反張、嘴角往外拉、眉部皺縮，但通常患童是清醒的。	急性細菌性腸病，大量水瀉，偶伴有嘔吐及快速脫水現象。
保育措施	1.患童睡覺時，須採半坐臥會比較舒適。 2.患童須戴口罩。 3.少量多餐，避免過冷、過熱、過酸辣及過飽。 4.保持空氣清新、維持悠閒安適環境，避免灰塵、煙霧等。 5.白天可安排患童有趣遊戲以轉移乾咳次數。 6.鼓勵多休息及多喝水。	1.發病期住院治療。 2.注意環境衛生，避免污水淤積。 3.清除病媒蚊孳生。 4.協助急性期給予高熱量流質飲食，恢復期可補充蛋白質、維生素、纖維素等。	預防方式： 1.按時接種預防注射。 2.當傷口較深且有泥灰污染而有感染顧忌時，則去醫院進行傷口沖洗與消毒，並注射破傷風抗毒素，以達免疫。 保育措施： 1.注意幼兒園環境衛生。 2.盡量減少聲光刺激。 3.多喝水。 4.症狀支持。	1.加強園所衛生及幼童正確及經常洗手。 2.監控安全飲水及污水衛生。 3.給予患童症狀支持。

(四)幼兒園預防措施

■改善環境衛生

管制病原體發生與傳染途徑，使病原體沒機會接觸宿主。因此，直接方式則需要環境清潔，有效清除環境髒亂，如垃圾分類、資源回收、廚餘回收處理，降低環境污染，保持飲水衛生與好山好水之環境。

■衛生教育宣導

幼兒園可藉由各種管道，如園遊會、親職活動、家長會等活動實施衛生習慣、環境衛生、疾病防治之訊息傳播，從家長與園所著手做起，以防止病蟲傳播。

■按時追蹤檢查

透過定期兒童健康檢查，可以瞭解幼兒發展情形之外，還可以知道幼兒或家庭是否遭受病原體傳染，每學期定期檢體篩檢並查詢病童缺曠因素，早期發現早期治療，可防止疫情散播。

■施行預防注射

我國為防止疫情傳播，遂實施高危險群預防注射，加強宿主抵抗力，尤其針對嬰幼兒至學齡期階段兒童提供免費預防注射。因此，衛生所及園所應嚴格把關，以杜絕病原體侵入宿主（**表8-9**）。

■直接疫情報告

幼兒園是發現疫情的第一線，教保人員針對幼兒園所有任何

疫情產生時，應立即通報病情，並協助當地衛生單位給予暫時隔離，以避免傳染疾病擴散。

表8-9 預防接種時間

接種年齡	法定疫苗		選擇疫苗（須自費）			
二十四小時內	B型肝炎免疫球蛋白	一　劑				
滿二十四小時	卡介苗	一　劑				
滿三至五天	B型肝炎疫苗	第一劑				
滿一個月	B型肝炎疫苗	第二劑				
滿兩個月	白喉、百日咳、破傷風 小兒麻痺疫苗	第一劑	新型三合一 B型嗜血桿菌	四合一	五合一	第一劑
滿四個月	白喉、百日咳、破傷風 小兒麻痺疫苗	第二劑	新型三合一 B型嗜血桿菌	四合一	五合一	第二劑
滿六個月	白喉、百日咳、破傷風 小兒麻痺疫苗 B型肝炎疫苗	第三劑	新型三合一 B型嗜血桿菌	四合一	五合一	第三劑
滿九個月	麻疹	一　劑				
滿一年			水痘疫苗			一　劑
滿一年三個月	麻疹、腮腺炎、德國麻疹	一　劑				
	日本腦炎（隔二週打第二劑）	第一劑				
滿一年六個月	白喉、百日咳、破傷風 小兒麻痺疫苗	追　加	新型三合一 B型嗜血桿菌	四合一	五合一	追　加 第四劑
滿兩年三個月	日本腦炎	第三劑				

六、意外事故之急救技巧演練

(一)心肺復甦術 （Cardio-Pulmonary Resuscitation）

　　在兒童發展環境中，處處潛藏許多危機，儘管父母親或主要照顧者細心呵護，但是因受身體動作尚未成熟，協調及速度等配合不佳情況下，遂造成身體意外損傷之發生率提高。國內在二○○三年死亡因素前十大中，意外事故占第四位，僅次於腦血管疾病、心臟疾病、糖尿病（行政院衛生署網站，2004），且發生事故地點以在家比例最高，其次為學校環境。因此，如何利用緊迫時間進行救人工作，以防止個體病情惡化並維持生命徵象（vital sign），即早獲得健康生活之機會，其急救（first aid）課程推廣則變得格外重要。

　　實施心肺復甦術的步驟及程序詳見**表8-10**、**表8-11**。在施救過程中，必須謹記ABCD順序：

　　1.呼吸道通暢（Airway）：在判斷沒有頸椎損傷後，即可使用壓舌提下巴或壓額抬下巴等方式，同時清除口鼻分泌物。

　　2.維持呼吸（Breathing）：觀察兒童呼吸聲、深度及規則性。若已無呼吸應立刻施行人工呼吸。

　　3.評估循環（Circulation）：即評估脈搏、心跳，及血液循環狀態，若已無脈搏則應立即施行胸外按摩。

　　4.送醫治療（Definitive therapy）：幼兒施行急救若無他人在場，則先做一分鐘CPR後，再打電話求援；若有他人幫

表8-10 零至一歲嬰兒心肺復甦術

步驟	程序	圖示解析
一　評估意識反應	1.拍：拍打嬰幼兒肩膀或刺激身體反應狀態。 2.叫：叫喚他的名字或出聲問候，如「你好嗎？」等。 【註】確定無意識反應則進入第二步驟。 　　　一般意識狀態分為四種，稱為清、聲、痛、否（AVPU）法則： 　　　(1)清醒（Alert）：傷患若能自發性的產生反應，我們就可以說這位患者是清醒的。 　　　(2)聲音（Verbal）：若患者無法自發性的產生反應，需外界給予聲音的刺激後，才能產生，我們稱這位傷患是對聲音有反應。 　　　(3)疼痛（Pain）：若給予聲音的刺激後仍無反應，須給予疼痛的刺激才會有所反應，則稱他是對疼痛刺激有反應。 　　　(4)無反應（Unresponsive）：若病患對聲音及疼痛的刺激皆無反應，則我們稱這位傷患之意識程度為無反應。	
二　求救	1.喊：「救命」或「快來幫忙」並請他人打一一九，請求協助。 2.若無他人在場時，應先施予CPR急救一分鐘後，再打電話求助。 　　(1)Phone fast：對於溺水、創傷、藥物中毒及小於八歲小孩；先給予急救CPR一分鐘後再打電話急救。 　　(2)Phone first：除了上述病人外，心跳停止無反應的病人急救，應先打電話求救。到院前救護人員	

（續）表8-10　零至一歲嬰兒心肺復甦術

步驟	程序	圖示解析
二　求救	應能盡速辨認出中風患者，盡速轉送中風患者，以利盡早接受血栓溶解治療。急性心肌梗塞、重大創傷及中風病人皆屬優先派遣救護的病人。	
三　仰臥堅硬平坦處	1.無任何頭頸、脊椎等損傷者，而幼兒呈俯臥狀，先置於堅硬平坦處，然後： (1)伸直：手臂及雙腿伸直，靠施救者方向之手臂給予向上伸直。 (2)幼兒身體採直線翻身（俯臥時，一手放側肩，另一手放臀部，向施救者方向翻身；到達側臥時，則一手扶住頭頸部，另一手仍在臀部翻身呈仰臥，俯臥翻至仰臥須四至十秒內完成）。 【註】有懷疑頭頸、脊椎等損傷者，絕不可任意移動；須有人協助或支托患部採一直線翻身即可。	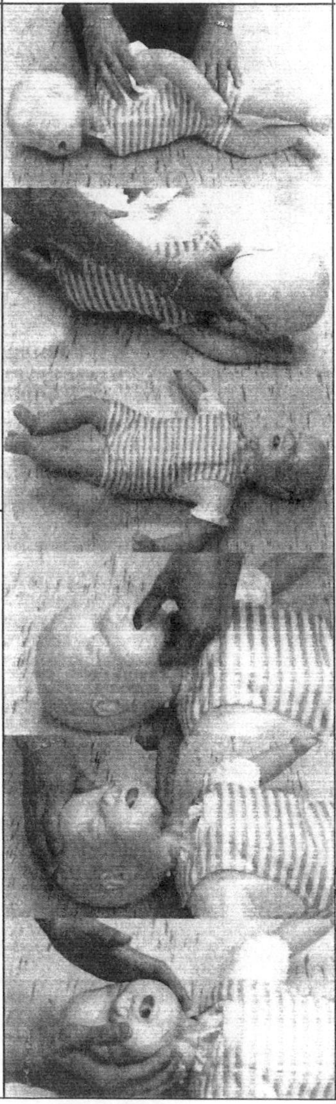
四　保持呼吸道通暢（Airway）	1.壓舌提下巴：以拇指輕輕壓舌，四指抓住下巴，並避免舌頭卡住喉嚨。另外，幼兒雙唇緊閉，可用兩手指把下唇拉開。 【註】下顎上推法：如果懷疑患者有頸椎損傷，則不可將頭向後仰，改採推顎法，施救者以雙手的第二至第四個手指，抓住傷患耳垂的下顎角處用力向下抬，下顎便會向前移動，此時下顎之牙床會突出於上排牙床之前。 【註】兩手拇指—雙手環抱按壓法：當兩位衛生相關人員同時進行嬰兒心肺復甦術時，建議可用此方法，提供更多血流。	

（續）表8-10 零至一歲嬰兒心肺復甦術

步驟		程序	圖示解析
四	保持呼吸道通暢	2.手指掃探法：以另一小指或食指清除嘴巴異物及阻塞物。 3.壓額抬下巴法（head tilt chin lift）：一手向下壓額，另一手之食指與中指置下巴骨，使頭部適度向後仰（幼兒不要過分伸張頸部，反使氣管受壓迫）。	
五	評估呼吸（Breathing）	1.仍維持壓額抬下巴法，施救者將臉靠幼兒口鼻以下列方式評估呼吸（3L），約三至五秒： (1)看（Look）：看胸腹部起伏。 (2)聽（Listen）：聽呼吸聲。 (3)感覺（Feeling）：感受有無空氣自口鼻呼出氣流。 2.若無呼吸→施行口對口鼻人工呼吸： (1)捏鼻深吸氣：施救者深呼吸，以壓額拇指及食指捏鼻，其餘手指仍壓額。 (2)口對口鼻人工呼吸：施救者張開嘴巴將幼兒嘴巴、鼻子罩住，吹氣兩次，每次一至一點五秒，兩次吹氣間暫停一點五秒，讓病患吐完氣。 3.觀察：第一次要連續吹二口氣，二口氣吹完，將鼻孔放鬆，觀察胸部起伏（勿用力吹，以免吹破肺泡，只要用眼角觀察胸部上升即可），如吹氣受阻時，重新暢通呼吸道再吹，如不成功則觀察是否異物阻塞並做呼吸道異物阻塞處理（參閱本章後面所述及**表8-12**）。	

（續）表8-10 零至一歲嬰兒心肺復甦術

步驟	程序	圖示解析
六　評估循環現象（Circulation）	1.評估脈搏：施救者一手壓前額（維持呼吸道暢通），另一手用二至三指評估幼兒上臂內側肱動脈，及看有無自發性呼吸、咳嗽、身體會不會動等情形。以不超過十秒為宜。 【註】檢查發現無脈搏等情形，則進行CPR；有脈搏則進行人工呼吸。 2.CPR（零至一歲）： (1)次數比【胸外按摩：人工呼吸＝5：1】（口訣：一下、兩下、三下、四下、五下、吹。説數字時，為「壓」狀態；説「下」時，手指上提、放鬆狀）。 (2)胸外按摩位置：嬰幼兒兩乳頭連線，在低於直線約一手指寬下，把中指及無名指併攏橫放在胸骨上，食指在乳頭連線上。 (3)壓胸：垂直下壓半吋至一吋，約十至十五磅，下壓後放鬆、上舉（up stroke）。 (4)按壓速率：至少每分鐘一百下（每兩秒壓五次）。 (5)吹為實施人工呼吸一次，吹一口氣，約每次一至一點五秒。 (6)壓胸／換氣週期（Compression/Ventilation Cycles）：每一週期約一分鐘，有五次按壓一次吹氣，一共約做二十次循環。 3.再評估（Reassessment）：施救者一手壓前額（維持呼吸道暢通），另一手評估幼兒前臂肱動脈，及看有無自發性呼吸、咳嗽等情形。以不超過十秒為宜。	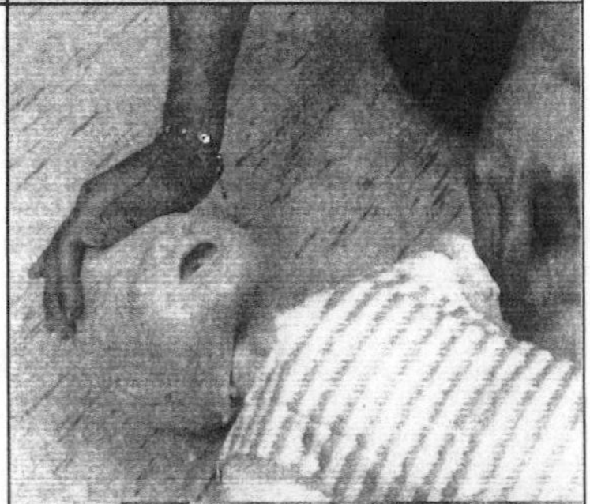 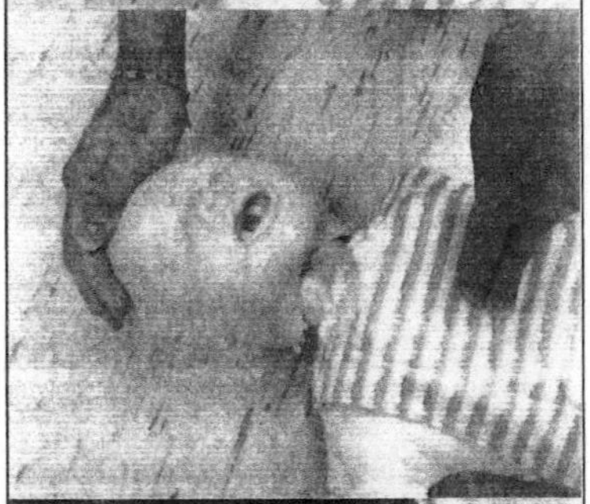 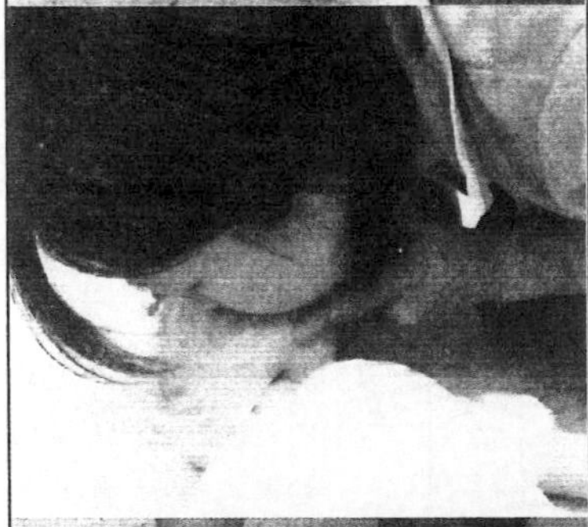 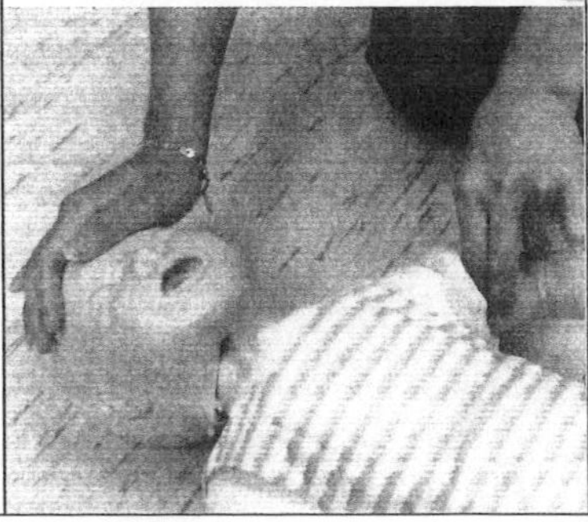

（續）表8-10 零至一歲嬰兒心肺復甦術

步驟		程序	圖示解析
六	評估循環現象	4.若仍無脈搏，則繼續做心肺復甦術（Continue CPR），重複步驟六第二項；若有脈搏、呼吸，則停止CPR，給予身體保暖，盡速送醫。若有脈搏、無呼吸，則給予人工呼吸每分鐘二十次，見步驟五第二項，並每分鐘測試一次脈搏。 【註】若只有你一人在場，則可將電話帶到嬰幼兒旁或將嬰幼兒抱到電話旁，打電話求救並同時繼續CPR直到救援人員到達。	
七	停止心肺復甦術	如果你感覺到嬰兒的脈搏恢復，每三秒鐘吹一口氣，同時停止胸外按摩，檢查意識知覺狀態。 【註】CPR停止因素有以下幾點： (1)患者已恢復自然呼吸及血液循環，也就是自發性的呼吸、心跳都已開始了。 (2)由醫師宣布死亡時。 (3)有醫護人員來負責。 (4)轉給另一個受過CPR訓練的人來接替，他能繼續急救下去。 (5)你已精疲力竭再也無法支持繼續施行CPR了。	
八	送醫治療（Definitive therapy）	觀察四十八小時以上，不要忽略出現吸入性肺炎引起的呼吸窘迫症候群，不慎可能因而喪命。	

表8-11　一至八歲幼兒心肺復甦術

步驟		程序	圖示解析
一	評估意識反應	1.拍：拍打幼兒肩膀或刺激身體無反應狀態。 2.叫：叫喚他的名字或出聲問候，如「你好嗎？」等。	
二	求救	1.喊：「救命」或「快來幫忙」並請他人打一一九，請求協助。 2.若無他人在場時，應先施予CPR急救一分鐘後，再打電話求助。	
三	仰臥堅硬平坦處	1.無任何頭頸、脊椎等損傷者，而幼兒呈俯臥狀，先置於堅硬平坦處，然後： (1)伸直：手臂及雙腿伸直，靠施救者方向之手臂給予向上伸直。 (2)幼兒身體採直線翻身（俯臥時，一手放側肩，另一手放臀部，向施救者方向翻身；到達側臥時，則一手扶住頭頸部，另一手仍在臀部翻身呈仰臥，俯臥翻至仰臥須四至十秒內完成）。	
四	保持呼吸道通暢（Airway）	1.壓舌提下巴：以拇指輕輕壓舌，四指抓住下巴，並避免舌頭卡住喉嚨。另外，幼兒雙唇緊閉，可用兩手指把下唇拉開。 2.手指掃探法：以另一小指或食指清除嘴巴異物及阻塞物。 3.壓額抬下巴法（head tilt chin lift）：一手向下壓額，另一手之食指與中指置下巴骨，使頭部適度向後仰（幼兒不要過分伸張頸部，反使氣管受壓迫）。	

（續）表8-11 一至八歲幼兒心肺復甦術

步驟	程序	圖示解析
五 評估呼吸（Breathing）	1.仍維持壓額抬下巴法，施救者將臉靠幼兒口鼻以下列方式評估呼吸（3L），約三至五秒： (1)看（Look）：看胸腹部起伏。 (2)聽（Listen）：聽呼吸聲。 (3)感覺（Feeling）：感受有無空氣自口鼻呼出氣流。 2.施行口對口人工呼吸 (1)捏鼻深吸氣：施救者深呼吸，以壓額拇指及食指捏鼻，其餘手指仍壓額。 (2)口對口人工呼吸：施救者張開嘴巴將幼兒嘴巴罩住，吹氣兩次，每次一至一點五秒，兩次吹氣間暫停一點五秒，讓病患吐完氣。 (3)觀察：第一次要連續吹二口氣，二口氣吹完，將鼻孔放鬆，觀察胸部起伏（勿用力吹，以免吹破肺泡，只要用眼角觀察胸部上升即可），如吹氣受阻時，重新暢通呼吸道再吹，如不成功則觀察是否異物梗塞。	
六 評估循環現象（Circulation）	1.評估脈搏：施救者一手壓前額（維持呼吸道暢通），另一手評估幼兒頸動脈，及看有無自發性呼吸、咳嗽、身體會不會動等情形。以不超過十秒為宜。 【註】檢查發現無脈搏等情形，則進行CPR；有脈搏則進行人工呼吸。 2.CPR（一至八歲）： (1)次數比【胸外按摩：人工呼吸＝5：1】（口訣：一下、兩下、三下、四下、五下、吹。說數字時，為「壓」狀態；說「下」時，手放鬆狀）。 (2)胸外按摩位置：以食指及中指順著肋骨下緣往上滑至胸骨下端，即肋骨與胸骨交會	

（續）表8-11 一至八歲幼兒心肺復甦術

	步驟	程序	圖示解析
六	評估循環現象（Circulation）	處──劍突下兩橫指，將食指緊靠中指於胸骨下端位置，另一隻手掌根置於食指旁的胸骨上（即胸骨的下半段），用單掌按摩，另一手按住額頭。避免劍突（以避免造成肝臟破裂），手肘打直不可彎曲。 (3)壓胸：雙肘伸直與胸骨垂直，利用腰力單手往下壓。垂直下壓一至一點五吋，約二十至二十五磅，下壓後放鬆。 (4)按壓速率：至少每分鐘一百下（每二秒壓五次）。 (5)吹為實施人工呼吸一次，吹一口氣，約每次一至一點五秒。 (6)壓胸／換氣週期（Compression/Ventilation Cycles）：每一週期約一分鐘，有五次按壓一次吹氣，一共約做二十次循環。 3.再評估（Reassessment）：施救者一手壓前額（維持呼吸道暢通），另一手評估幼兒頸動脈，及看有無自發性呼吸、咳嗽、身體會不會動等情形。以不超過十秒為宜。 4.若仍無脈搏，則繼續做心肺復甦術（Continue CPR），重複步驟六第二項；若有脈搏、呼吸，則停止CPR，給予身體保暖，盡速送醫。若有脈搏、無呼吸，則給予人工呼吸每分鐘二十次，見步驟五第二項，並每分鐘測試一次脈搏。 【註】若只有你一人在場，則可將電話帶到嬰幼兒旁或將嬰幼兒抱到電話旁，打電話求救，並同時繼續CPR，直到救援人員到達。	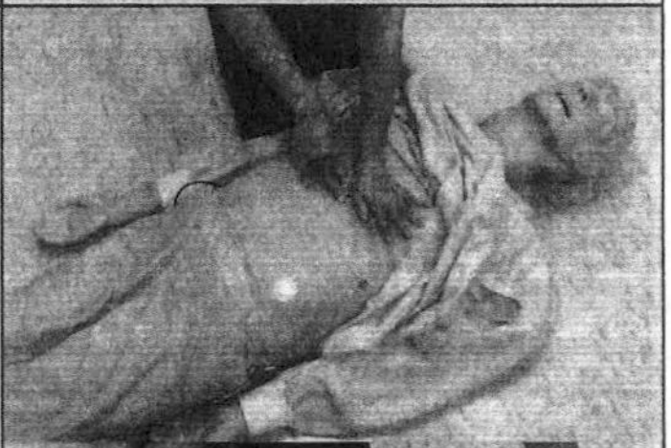 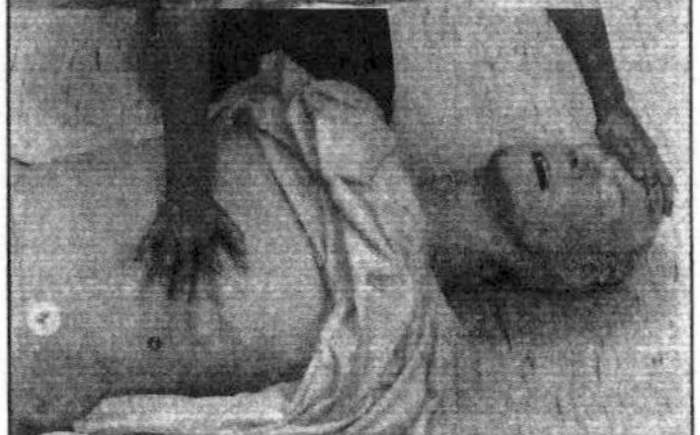 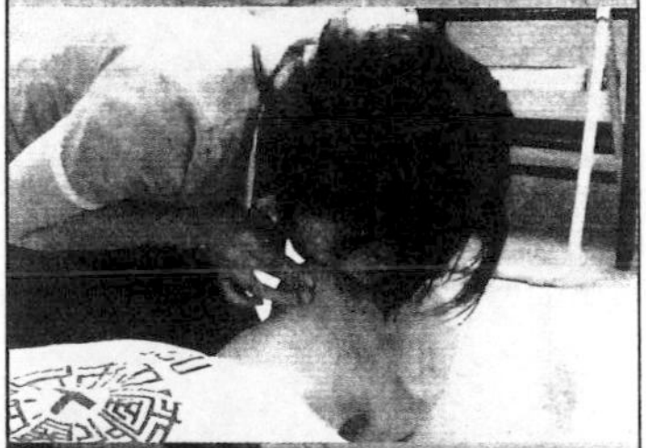 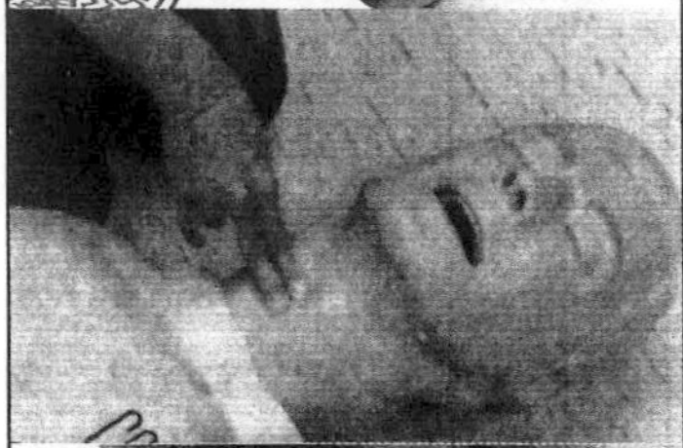 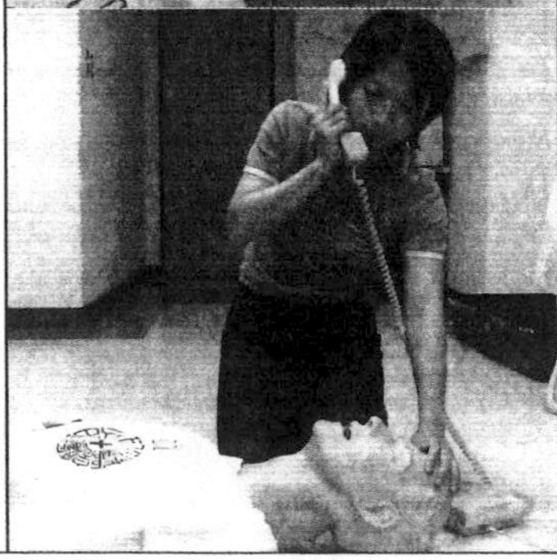

（續）表8-11　一至八歲幼兒心肺復甦術

	步驟	程序	圖示解析
七	停止心肺復甦術	如果你感覺到嬰兒的脈搏恢復，每三秒鐘吹一口氣，同時停止胸外按摩，檢查意識知覺狀態。	
八	送醫治療 (Definitive therapy)	觀察四十八小時以上，不要忽略出現吸入性肺炎引起的呼吸窘迫症候群，不慎可能因而喪命。	

【註】八歲以上兒童及成人CPR的話，在步驟六部分須注意以下：

	步驟	程序	圖示解析
		1.次數比【胸外按摩：人工呼吸＝15：2】單人CPR和雙人CPR的速度是相同的。雙人CPR僅僅是將口對口人工呼吸和胸腔按摩的動作分為兩人來執行。 2.胸外按摩位置：以食指及中指順著肋骨下緣往上滑至胸骨下端，將食指緊靠中指於胸骨下端位置，另一隻手掌根置於食指旁的胸骨上（即胸骨的下半段），雙手互扣，手肘打直不可彎曲，避免劍突（以避免壓迫肝臟）。 3.壓胸：雙肘伸直與胸骨垂直，利用腰力往下壓。垂直下壓一點五至二吋，約八十至一百二十磅，下壓後放鬆。 4.按壓速率：至少每分鐘一百下（每二秒壓五次）。連續下壓十五下，吹二口氣，約每次一至一點五秒。	

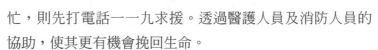

忙，則先打電話一一九求援。透過醫護人員及消防人員的協助，使其更有機會挽回生命。

(二)呼吸道異物阻塞之處理

梗噎窒息是導致一歲以下兒童意外死亡最常見的原因，也是四歲以下兒童最常見的死因。雖然，父母們最擔心的意外便是孩童嗆入異物，但通常它很少是危及生命的；絕大多數時候，孩童可自行咳出嗆入物而無須幫忙。其中，尤以花生、爆米花、蘋果切丁等最易嗆入。當孩童在跑步、笑鬧或哭喊時最易嗆入食物。另外，也須注意一些小物件，因為孩童總喜歡將物品放在口中，例如硬幣、小玩具、筆套、鈕扣等。症狀包括孩童哭不出聲音或講不出話來（只能偶爾發出高音調）；虛弱、無效咳嗽；呼吸時顯得痛苦而費力；口腔及唇色呈紫藍色；神情顯得異常激動；失去意識（只在嚴重窒息後期出現的徵兆）。以下則針對嗆入異物與窒息之處理步驟與方式加以介紹。

■一歲以下嬰兒呼吸道異物阻塞之處理

一歲以下兒童呼吸道梗塞之處理請參見**表8-12**，若嬰兒由有意識轉為無意識時，其施行步驟如**圖8-2**。

■哈姆立克法（Heimlich maneuver）

若幼兒有意識時，處理步驟如**表8-13**；若幼兒無意識狀態，其步驟如下：

1.將幼兒平躺於地，臉朝上，跨跪於病人大腿兩側或腳底（視幼兒大小而定）。

2.一手之掌根置放於肚臍與劍突之間的腹部中央位置，另一

表8-12 一歲以下嬰兒（有意識狀態）呼吸道異物阻塞之處理

步驟		程序	圖示解析
一	評估意識反應	評估嬰兒是有意識，但嬰兒不能哭叫、咳不出、膚色暗著，或呼吸聲呈尖銳。	
二	求救	1.喊：「救命」或「快來幫忙」，並請他人打一一九，請求協助。 2.若無他人在場時，應先施予CPR急救一分鐘後，再打電話求助。	
三	拍背法	1.一手支撐頭頸，另一手支撐下顎及胸部。 2.固定手勢，予以翻身，將臉朝下，背朝上，且頭部比胸部低。 3.手部固定嬰兒靠在腿上。 4.以掌根拍擊嬰兒肩胛骨中間約為五次，一秒一次。 【註】拍背法：背擊能增加呼吸道內的壓力並移除異物。	
四	胸戳法	1.位置：在乳頭連線下一指，約胸骨下半段（避免在劍突處）。 2.手勢：將食指、中指及無名指併攏放在胸骨上，而無名指彎曲高度約在乳頭連線。 3.方式：食指和中指下壓半吋至一吋，一壓一鬆連續給予五次胸戳。 【註】胸戳法能使肺部空氣用力往上向呼吸道衝來產生足夠的壓力排除異物。	
五	持續重複	重複拍背法與胸戳法直至異物咳出或失去意識。	

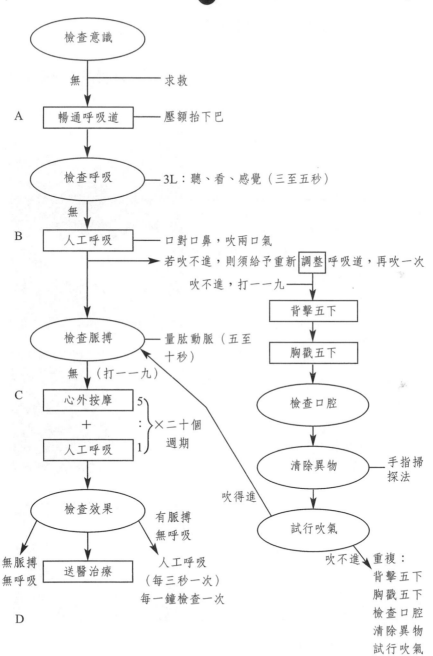

圖8-2 嬰兒CPR及異物梗塞處理

資料來源：參考台安醫院CPR（2000年民眾版）

表8-13 幼兒意識清楚時的哈姆立克法實施步驟

步驟	圖示解析
A.肚臍位置：幼兒站或坐時，施救者站在病人後面，用雙手臂環抱病人腰際，找出骨盆最高地方——腸骨嵴位置，約為肚臍高度處，手肘遠離肋骨。	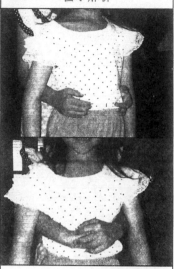
B.虎口置於肚臍上方處：一手握拳，虎口朝內置於肚臍與劍突之間的腹部中央位置。 【註】較小幼兒須改壓式腹戳法，幼兒須平躺並以雙手食、中指代替拳頭。	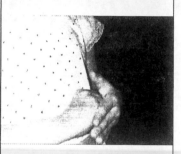
C.哈姆立克法又稱腹戳法：以另一手掌抓緊握拳之手，一起用力快速朝內朝上之方向擠壓腹部五次。 【註】若幼兒年齡較大，則可採自救法。如椅背腹戳法即以椅背施壓執行腹戳；或用自己拳頭，則稱為自救腹戳法。而胸戳法適用於大胖子或孕婦等不便使用哈姆立克法，其施力點在胸骨下半段（如心外按摩）位置。	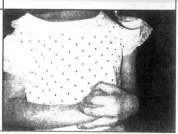
D.若無效則重複壓擠腹部，每次五下，直到異物出來。	

交叉扣住置於該手上。

3.手肘打直，手指尖朝前，以肩膀之力快速往下往前壓擠幼兒腹部五次。

4.施行口對口人工呼吸。

　　清醒患者，經排除未成，進入昏迷狀態，則讓患者從您腿上慢慢往下滑，平躺於地，實施異物梗塞排除，此時若旁邊有人，請先打電話求救。而對於已陷昏迷無意識的兒童，可直接改以心外按摩與人工呼吸5：1（胸戳法）方式施行CPR流程，每當施行人工呼吸前，都要檢查口中異物，若有則以手指掃探法處理。

(三)出血之處理

　　出血的程度可能來自於動脈、靜脈或微血管：

1.動脈出血：若傷口噴出的血成搏動的鮮紅色血流，且出血迅速量大時，表示為動脈出血，其血液不易形成凝血塊而止血，除非此動脈非常小，此類出血常見於創傷性截肢或嚴重之創傷性外傷的情況下。

2.靜脈出血：靜脈出血時，傷口血流平穩且呈暗紅色，靜脈出血也可能會大量出血，但是相對於動脈出血，它通常比較容易控制，此類出血常見於撕裂傷或切割傷等。

3.微血管出血：當傷口出血呈紅色且緩慢滲流出來，稱微血管出血，血流失量少，通常可以自發性的形成凝血而止血，此類微血管出血沒有危險。如擦傷或淺而小的撕裂傷或切割傷等。

　　其處理的方式，常見的有直接加壓止血法、抬高止血法、止血點止血法、冷敷止血法、夾板固定法等；而止血帶止血法較常

在醫院使用,則不多介紹。

1. 直接加壓止血法:直接加壓止血法是首先應該使用的最好控制出血的方法,它是最快速、有效及簡單之止血方法,直接加壓止血法是使用無菌紗布或乾淨敷料(如手帕、毛巾、清潔餐巾或床單等)直接覆蓋後,再以三角巾、紗布繃帶、彈性繃帶或任何現場可取得之寬度適當之長條形包紮布條(領帶、長袖子、褲管、撕下之布條等),施予均勻壓力將傷口纏繞,並迅速將傷患送醫,須評估患肢末梢之感覺、膚色、溫度、運動等,以免包紮壓迫止血過緊阻斷血液循環,而使患肢末梢肢端受到傷害。

2. 抬高止血法:使傷患平躺或半坐臥,使用手指、手掌及敷料直接壓在傷口上,並將受傷出血之肢體部位抬高(高於心臟二十五公分以上),此法可以減緩血流和加速凝血。此方法不可單獨使用抬高患肢止血法來止血,通常與其他方法合併使用,例如直接加壓止血法。但此須切記,如果你懷疑患者有骨折、脫臼或脊椎受損傷時,不要抬高受損之傷肢。

3. 止血點止血法:使用於以直接加壓止血法無法控制出血時,或多處出血部位是由同一條動脈提供血液者(例如下肢多處出血時,以手掌施壓於同側患肢位於鼠蹊部之股動脈來止血)。止血點止血法,可使患肢於較硬之平面以便施壓,其常用止血點之血管壓迫部位包括:

　(1)肱動脈:位於上臂近肘內側,可以控制此點遠心端之前臂傷口出血。

　(2)股動脈:位於骨盆之二側鼠蹊部,可用以控制下肢傷口之出血。

4. 冷敷止血法：冰敷可以減少微血管出血，也可以減低血腫及疼痛。當使用冰敷時，不可將冰塊直接接觸皮膚，須加一層紗布或毛巾等適合物質，以免使皮膚或傷口產生凍傷，一般冰敷時間長度以二十分鐘為一間隔，即冰敷二十分鐘，休息二十分鐘，在受傷四十八至七十二小時內使用。

5. 夾板固定法：有時受創傷時，除了嚴重的出血外，也可能合併有骨折的情形發生，造成嚴重的出血，若不加以固定移動之斷裂骨邊緣，會再次傷害其周圍組織血管，造成持續出血。在此種情況下，夾板固定除了有固定功能外，也通常用於有骨折時的止血。有固定及壓迫止血功能，但當空氣夾板氣囊脹起時，不可過度膨脹，須使手指頭能將空氣夾板氣囊下壓一點五公分左右的程度，並要時常檢查患肢遠端的脈搏、膚色及溫度（須注意環境之氣溫，因氣囊有可能會因環境之溫度變化而熱脹冷縮），並迅速送醫。

(四)傷口處理

1. 準備傷口護理：如生理食鹽水、優碘、棉籤、紗布塊或OK繃（圖8-3A）。
2. 洗手：雙手塗抹洗手乳，並搓洗手心、手背、指尖、指縫及手腕，用流動水沖洗雙手乾淨，以擦手紙擦乾。
3. 清潔幼兒傷口：若幼兒傷口有沙礫則以紗布沾肥皂輕輕地擦洗傷口，並以流動水、紗布擦洗乾淨至無肥皂泡沫（或用生理食鹽水沖洗）。
4. 檢查棉籤及紗布塊使用時間是否過期。
5. 方式：以優碘進行環狀由內而外傷口清潔、消毒，不可來回塗抹（圖8-3B）。

6.範圍：比原本傷口還要大（**圖8-3C**）。

7.貼OK繃或紗布塊，避免接觸黏貼傷口面的位置（**圖8-3D**）。

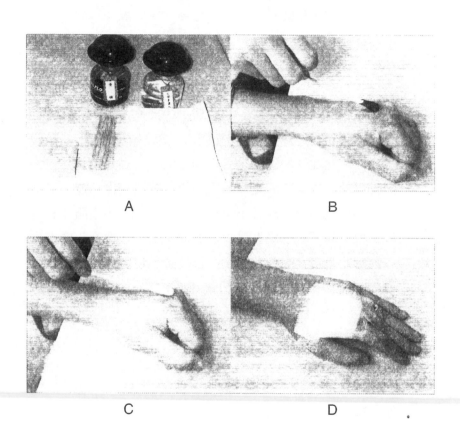

A   B

C   D

圖8-3 傷口處理

(五)流鼻血之處理

1.令患童安靜坐下，頭略向前傾。
2.用手把患童鼻梁旁之軟組織壓緊約五至十分鐘，令患童暫時用口呼吸。
3.同時可以合併鼻梁與額頭的冷敷，以加速止血。
4.若仍不能止血，要盡快送往醫院診治。

七、建構社區醫療聯絡網

(一)醫療照顧社區化

因應病患照顧需求改變及全民健康保險制度實施之影響，整個醫療服務輸送體系也做大幅修正。為了倡導「去機構化」的政策思潮，因此妥善建構社區支持體系是一體兩面的工作。然而「去機構化」相對於「社區化」，其意涵社區照護與正常化，透過社區化的照顧系統，使病患過著完全生活（full lives）的權利。因此，社區照顧包含三個概念：

1.在社區內照顧（care in the community）：將被照顧者放回社區內照顧，在他們所熟悉的社區環境中生活，減除與社區隔離，協助融入社區日常生活中。
2.由社區去照顧（care by the community）：動員社區內的資源，由社區內親戚朋友及其他人去協助提供照顧。

3.與社區一起照顧（care with the community）：透過政府機
關及民間系統之正式照顧服務與社區志工非正式照顧服務
聯合一起去提供照顧。

換言之，社區照護是透過正式系統及非正式系統提供完善服
務計劃，其結果要比單獨個人自助方式更有力。英國1989年社區
照顧白皮書──《為民照顧》（*Caring for People*）將合作（collab-
oration）定義為：「參與規劃和輸送社區服務的所有機關（構）
共同工作的伙伴關係」（DoH, 1989；黃源協，2000）。醫療團隊的
工作內容不單單是專業團體知識與技巧提供而已，更應包括「全
人照顧」的需求。

(二)轉診制度分級化

為配合全民健保之社區醫療網及醫療資訊網之建立，於1986
年及1991年辦理醫療保健計劃──建立全國醫療網五年計劃第一
期及第二期，並於2004年試辦全民健康保險家庭醫師整合性照護
制度，實施各醫療機構雙向轉診制度與分級制度規定（**圖8-4**），
規劃轉診作業流程，針對轉診病患優先處理，並將處理結果及繼
續治療之建議轉知原醫療單位，以落實區域內醫療機構之合作關
係與轉診制度。

社區醫療聯絡網其醫療協調小組須建立緊急醫療救護、復健
醫療、精神醫療及血液供輸等特殊醫療服務系統，充實必要之設
施並培訓工作人員，提升各系統服務之效率與品質。另外，區域
緊急醫療救護諮詢委員會應遴選緊急醫療救護專家、法律顧問、
消防隊、衛生局共同組成提供緊急醫療救護相關問題之處理與諮
詢。

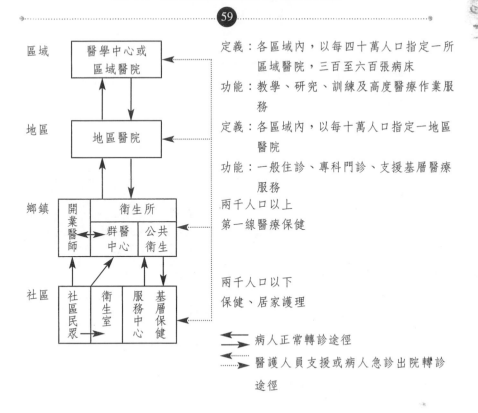

定義：各區域內，以每四十萬人口指定一所區域醫院，三百至六百張病床

功能：教學、研究、訓練及高度醫療作業服務

定義：各區域內，以每十萬人口指定一地區醫院

功能：一般住診、專科門診、支援基層醫療服務

兩千人口以上

第一線醫療保健

兩千人口以下

保健、居家護理

➤━━ 病人正常轉診途徑

➤┄┄ 醫護人員支援或病人急診出院轉診途徑

圖8-4　轉診路徑圖

資料來源：行政院衛生署（1987）。

(三)強化社區醫療輸送網

　　如**表8-1**所示，可瞭解到醫療保健的預防三段五級之概念，因此依美國健康教育暨福利部之看法（**圖8-5**），社區醫療輸送聯絡網應包括醫療照顧輸送體系中六個層級的預防與初級照顧，以及急性、特殊照顧、復健與繼續照顧（莫藜藜，1998）。

照顧層級	服務內容	提供服務機構
預防照顧	教育、預防工作	家庭計劃中心 新生兒健診 毒物諮詢、控制中心 學校健康教育中心
基層照顧		醫院門診、學校醫務室 社區心理衛生中心 開業醫診所、工廠醫務室 衛生所、群醫中心
急性照顧	急診處理 緊急、加強照顧	醫院急診部 醫院門診部
特殊照顧	特殊照顧、住院治療 （專門、精密的醫學技術）	專科醫院（如：精神病院、肺結核防治醫院……）等或綜合醫院中的專科
復健照顧	預後追蹤治療 術後追蹤治療 復健治療	醫院中各科、復健科 開業醫診所、日間醫院 中途之家、日間照護中心
繼續照顧	長期照顧、居家照顧 安寧照顧	養護中心、居家照顧小組 安寧病房

（例行檢查、早期偵測）

圖8-5 醫療照顧輸送體系

資料來源：美國健康教育暨福利部（1976）；莫藜藜（1998），頁28。

　　由衛生署醫療網的全盤規劃，可以看出社區醫療未來動向。首先是建立醫療轉診制度及分級，甚至輔導醫療區域的籌建工作，以化解醫療資源不均之現象，其次是重視社區預防保健業務的發展工作。然而社區醫療聯絡網制度健全性、分布均衡性，需要每個人的共同努力，才能創造最大效力。

八、結語

　　在幼兒園所中，應該有效推廣教育家長及兒童緊急救護能力，全面推動以人人均會做基本救命術（BLS）為原則。另外，兒童雖然在生病之虞，幼教師或保育員不能給予診治，但在預防工作及疾病發生的潛伏期，幼教師能透過敏銳觀察力與評估技巧，致力兒童保健，方可落實預防重於治療的首要工作。

參考書目

一、中文部分

于祖英（2000），《兒童保健》。台北市：匯華。

如菲、陳姣伶、李德芬、游淑芬（2001），《嬰幼兒發展與輔導》，台北縣：
　　啓英文化。

行政院衛生署（1987），《中華民國台灣地區公共衛生概況》，台北市：行政
　　院衛生署編印。

行政院衛生署網站（2004），〈生命期營養〉，http://food.doh.gov.tw/ nutri-
　　tion/life_period/infant.htm

何婉喬、林廷華、張美雲、許瑛眞、謝琇英（2000），《嬰幼兒保健與疾病
　　護理》。台北市：永大。

周怡宏等著（2001），《嬰幼兒疾病與保育實務》，台北市：華騰文化。

莫藜藜（1998），《醫務社會工作》，台北市：桂冠圖書。

L. R. Marotz著，黃惠美等譯（2001），《幼兒健康・安全與營養》，台北
　　市：心理。

黃源協（2000），〈社區照顧團隊的建構與管理〉，《社區發展季刊》，92
　　期，頁141-159。

二、英文部分

Allen, K. E., Rieke, J., Dmitriev, V. & Hayden, A. (1971). Early warning: Observation as a tool for recognizing potential handicaps in young children. *Educational Horizons*, 50(2): 43-55.

DoH. (1989). *Caring for People: Community Care in the Next Decade and Beyod*. London: HMSO.

Hurlock, E. B. (1978). *Children Development*. New York: McGraw-Hill.

Itallie, V. (1979). Obesity: Adverse effect on health and longevity. *The American Journal of Clinical Nutrition*, 32: 2723-2733.

Leavitt, R. L. & Eheart, B. K. (1991). Assessment in early childhood programs. *Young Children*, 46(5): 4-9.

Lenneberg(1967). *Biological Foundations of Language*. New York: John Wiley and Sons.

Novello, A. C. (1991). Healthy children ready to learn: The surgeon general's initiative for children. *Journal of School Health*, 61(8): 359-360.

Rahmathullah, L., Underwood, B. A., Thulasiraj, R. D., Milton, R. C., Ramaswamy, K., Rahmathullah, R. & Babu, G. (1990). Reduced mortality among children in southern India receiving a small weekly dose of vitamin A. *N. Engl. J. Med.* 323: 929-35

Serdula, M. K., Ivery, D., Coates, R. J., Freedman, D. S., Williamson, M. S. & Byers, T. (1993). Do obese children become obese adult. A review of literature. *Preventive Medicine*, 22: 167-177.

Chapter

09

● 第九章　兒童故事 ●

黃惠如

· 中國文化大學兒童福利研究所碩士
· 中國文化大學社福系、經國健康暨管理學
  院幼保系兼任講師
· 文化大學辦理私立文化托兒所主任

　　圖書是上天送給兒童最好的禮物，聽故事則是孩子們獨享的權利，讓大人用童言童語伴著他們一路成長。一個精彩的故事正如靈光一現的魔法，可以讓人捧腹大笑、欲罷不能；一個動人的故事更如深入人心的心鑰，總是賺人熱淚、久久不已，這就是故事的魅力！

一、兒童故事的基本概念

　　已有許多研究肯定早年閱讀的重要性，儘管近代社會環境大量充斥著電視節目和電子遊戲軟體，雖然文字不似電玩那麼引人入勝，但它的確提供某些發人深省的內涵，因此，仍有不少作家陸續投身兒童文學創作的行列，加上現代的父母也比以往更願意投資故事書，因而造就了近代兒童故事如雨後春筍般蓬勃發展。

　　兒童文學的類型大致可分為繪本、散文、韻文和小說四種類型。繪本是指以圖片為主的圖畫書，也包括無字書；散文則涵括寓言、神話、童話和民間故事；韻文是指兒歌、童謠；小說包括有現實主義小說、歷史小說和幻想小說。廣義的兒童故事擴及繪本、散文和小說等有情節內容的文學作品，本文所指之兒童故事則以狹義之繪本與散文形式中的故事為主要討論標的，探討較為實務層面的議題，如讀物的選擇、閱讀習慣的養成、故事表達技巧、道具製作和延伸活動設計等。

(一)兒童故事的文學價值

　　兒童故事是一種有情節內容的文學作品，某些藉由繪圖來傳達意義的無字天書，也屬於兒童故事的一類。概括歸納兒童故事的文學價值有以下幾點：

1.提供角色榜樣，幫助兒童建立正向的價值觀，尊重自我。

2.擬造想像情境，幫助兒童發展同理心，寬容他人。

3.擴展或結合兒童生活經驗，幫助兒童理解世界。

4.引發人性光明面，幫助兒童建立積極態度。

5.喚起兒童的好奇心，探索新鮮經驗。

6.藉由閱讀，培養讀寫能力。

(二)優良兒童讀物的必備要素

判斷兒童讀物的良莠標準不同於一般成人的文學作品，因為成人著作的篇幅甚巨，主題複雜，不似兒童讀物必須在有限的頁數內處理幼兒能夠理解的題材，所以兒童故事必須謹守「小而美」的原則。有關優良兒童讀物的必備要素，Walter Sawyer和Diana E. Comer（1991）剖析了幾項重點，茲摘要如下（墨高君譯，1996）：

1.角色塑造——可信度、一貫性、動物天性。

2.背景——時間地點、生活方式、文化特性、道德倫理、價值觀念。

3.情節——序曲（引起興趣）、中曲（矛盾衝突）、尾聲（高潮和解決）。智慧、幽默、創造性。

4.主題——多層次、逐漸揭露。

5.表現手法——字體變化、敘事風格、圖文並茂（顏色、素材）。

二、兒童故事的選擇與賞析

　　在資訊爆炸的新世代，父母親要如何為兒童選擇合適的書籍，的確頗費人思量。根據統計，每年全世界大概有兩千四百本為兒童出版的新書，如果將過去幾十年來為兒童出版有閱讀價值的書籍列入計算，那麼可供兒童選擇的書本竟有數萬冊之譜，然後要在這些書中再針對兒童個別需求篩選出有限比例的書來，那可真是不容易（墨高君譯，1996）。再者，閱讀一本好書應該從哪些角度切入，才能面面俱到地欣賞故事的精髓，亦是當今幼教老師與父母需要學習的課題。

(一)如何選一本好書

　　兒童故事的選擇須同時針對兒童發展個別的需求、課程的需要、書籍的品質與價格等條件加以考量，篩選者本身要有相當的敏銳度，例如有些題材看似非常適合課程的書，內容卻索然無味，一點都無法吸引孩子的興趣，像這類高教育性低幽默感的書籍，買回去後的命運大都是束之高閣，久而久之，就失去對任何兒童文學作品的信心了。

■以直視的方式走入繪本

　　以往台灣的兒童圖書大都是成套直銷，家長很少有機會自己到書店挑書，一旦面臨要為孩子選書時，就躊躇茫然，不知如何下手了。如何跨出第一步？其實很簡單，就是先放下自己的觀點！不要從成人的角度來判斷什麼對孩子是好的，而應該問問自己，什麼才是孩子喜歡的，試著透過觀察，進入孩子的內心，並

以他們的眼光來瞭解世界。兒童文學作家林眞美建議：先從兒童的角度切入，學習孩子以「直視」的方式走入繪本，不要先讀文字，而是要先看圖，如果在賞心悅目之餘，還能從圖片中讀出故事的端倪，那就表示這是一本值得考慮的圖書，最後，再用心體會，不斷念給孩子聽，兒童每一次的反應都會「滔滔不絕」地告訴大人，如何挑選一本好書。

　　此外，一本眞正的好書，並不是在最後一頁畫下句點，而是讓人在闔上書時會心一笑或悸動不已；一本眞正的好書也可以讓孩子百讀不厭，而且每一次聆聽或閱讀，都會有不同的感受與領會。如果當你看完一本書，有那種餘音繞梁三日不絕於耳的感動時，沒錯，那就是一本好書！

■兒童文學獎項的肯定

・國外繪本大獎

　　當然了，跟其他有價商品一樣，品牌是品質的保證，一本優良的兒童讀物也可以由各種文學獎項來肯定。如果你想要用最有效率的方式爲孩子選書，建議可以從國內、外知名兒童文學獎項作爲選書捷徑。下面分別介紹幾個國內出版界較常出版的國內、外繪本大獎：

1.波隆那（Bologna）國際兒童書展最佳選書：是一個多向交流的溝通管道，提供出版商、版權代理商、兒童書插畫家，一年一度拓展視野、開創業務的絕佳時機，其中以「夢拔獎」最佳選書備受矚目，評審團乃由一群六至九歲的義大利兒童所組成，投票選出他們心目中認爲最棒的兒童繪本。
得獎書籍：《小象歐利找弟弟》、《追夢王子》、《雨小孩》、《小白醫生》、《一塊披薩一塊錢》等。

2. 美國凱迪克（Caldecott）大獎：是爲了紀念十九世紀「英國」最偉大的繪本插畫家倫道夫‧凱迪克（Randolph Caldecott, 1846-1886）而設立，是美國最具權威的繪本獎，得獎作品皆是舉世公認的上乘傑作，每年選出一名首獎和二至三名傑作，頒贈凱迪克金牌獎和銀牌獎，於書面上貼上印有凱迪克著名插畫「騎馬的約翰」的金或銀色獎牌。凱迪克獎得獎的作品皆富有「寓教於樂」的功能，卻又不陷入一般窠臼，缺乏新意。

得獎書籍：《瘋狂星期二》、《小房子》、《白雪公主和七個小矮人》、《廚房之夜狂想曲》、《好一個餿主意》、《和我玩好嗎》、《豬頭三兄弟》、《臭起司小子爆笑故事大集合》。

3. 英國格林威（Grenway）大獎：是爲紀念十九世紀偉大的兒童插畫家凱特‧格林威女士（Kate Grenway）。此獎的評分標準著重創作精神與出版形式，強調插圖主題必須能讓小孩理解、有所共鳴，就連版面設計也馬虎不得。

得獎書籍：《大猩猩》、《頑皮公主不出嫁》、《聽那鯨魚在唱歌》、《潔西過大海》、《我絕對絕對不吃番茄》。

4. 國際安徒生繪本大獎：由聯合國教科文組織創設於一九六六年，又稱「小諾貝爾獎」。每兩年評選一次，宗旨在於推動兒童閱讀，提升文學和美學的藝術境界，建立兒童正面的價值觀，產生健康、積極、博愛的精神鼓舞。此獎並會頒給一位對繪本有獨特重大貢獻的畫家，肯定他的終生成就。

得獎書籍：《森林大熊》、《在那遙遠的地方》、《我爸爸》、《再見小兔子》、《發現小錫兵》。

· 國內繪本大獎

1.好書大家讀：《三隻小狼和大壞豬》、《豬頭三兄弟》、《薩琪到底有沒有小雞雞》。

2.信誼幼兒文學獎：《媽媽買綠豆》、《紅公雞》。

3.小太陽獎：《那裏有一條線》、《我變成一隻噴火龍了》。

4.新聞局中小學生優良課外讀物：《射日》、《穿長靴的貓》。

5.《中國時報》開卷最佳童書：《狐狸孵蛋》、《我爸爸》。

6.《聯合報》讀書人最佳童書：《叔公忘記了》。

(二)打開一本書

　　打開一本書，你會從哪個部分開始看起？闔上這本書，你是不是遺漏了什麼？一本圖書除了文字和圖片之外，其實還有很多訊息不自覺地展現這個故事的風貌，例如閱讀《朱家故事》（漢聲）時，不妨先翻到書背後的封底，即可知道雙關語的妙趣；看《不是我的錯》（和英）時，你可曾想過為什麼用黑白照片來傳達是非觀念；炭筆畫的《傳家寶貝》（遠流）其主角竟然是一條彩色的百衲被；還有什麼素材能比剪紙藝術更能強調一模一樣重複效果的「加倍袋」。

　　文建會網站「兒童文化館」便建議從「版面配置」、「造形設計」、「色彩運用」和「素材變化」四方面來分析繪本故事內容的優劣。郝廣才（1998）亦用美、感、遊、創四個字來勾勒繪本與兒童的關係。

1.美──美感的追求，以最美的方式為孩子說故事。

2.感──啟動孩子自我思想的馬達，任意遨遊無法親身經驗的情境。

3.遊——讓閱讀成為一種遊戲，和圖畫書捉迷藏。

4.創——美術風格的多元表現，給兒童帶來視覺革命。

綜合上述觀點，建議兒童故事的賞析要點可以先從瀏覽圖片做起，然後再進入文字的閱讀，過程中要注意的細節分述如下：

1.封面／底有沒有傳達出故事的妙趣。

2.直觀圖片是不是讓人賞心悅目。

3.角色的塑造夠不夠凸顯。

4.色彩的運用能不能營造出故事的意境。

5.素材的變化能不能多元表現出故事的風格。

6.文字的編排和版面的配置是不是讓人一目瞭然。

7.遣詞用句夠不夠通順、優美。

8.故事情節是不是扣人心弦。

三、閱讀習慣的養成

塑造兒童行為的方式不外乎「身教」與「境教」。「一個愛看書的父母才會有另一個愛看書的孩子」已經是老生常談，這其中的道理與困難，需要父母親自己去體會與克服。以下將從閱讀環境與閱讀循環兩方面來說明如何養成兒童閱讀的習慣。

(一)為兒童創造良好的閱讀環境

不論是為孩子說故事，或是讓兒童自己看書，一個良好閱讀環境的規劃與經營，可以讓孩子樂在其中，自然而然就會喜歡閱讀。所謂「閱讀環境」不僅是指空間而已，而是指整體的閱讀氣氛，包括軟、硬體兩方面，為兒童創造良好的閱讀環境時，可以

從下面幾項來做準備：

    1.獨立的空間——舒適、不受干擾、光線充足。

    2.座位的安排——目光接觸、避免擁擠。

    3.圖書的管理——開架、分類、唾手可得。

    4.成人的準備度——表情、動作、聲調、引起興趣。

    5.同儕互動——刺激選擇、砥礪學習。

(二)閱讀習慣的養成 —— 閱讀循環

    期待兒童成為小小愛書人，需要一個有能力的成人有技巧、有計劃的協助，在閱讀的過程當中協助選書、閱讀與回應，形成一個閱讀循環（**圖9-1**）。有關閱讀循環的過程分述如下（Aidan Chambers, 2001）：

    1.選書：不論是為孩子說故事，或是讓兒童自己看書，選書

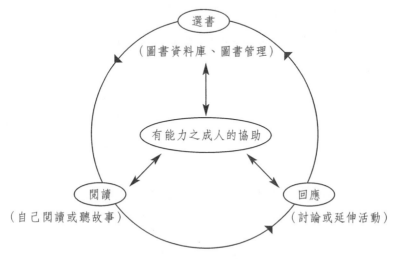

圖9-1　閱讀循環

資料來源：改編自 Aidan Chambers (2001)。

都是閱讀活動的開始。選書往往是由身邊隨手可得的書本開始，所以如果環境中的書本數量或類別不多，相對的，閱讀書本的機會就會減少，因此「藏書」是非常重要的一環。藏書不僅僅是取決於數量和種類，陳列方式也非常重要，所以建立一個圖書資料庫，分門別類做好圖書管理，並隨時提供兒童在選書時必要的協助，將是成功踏出閱讀的第一步。

2. 閱讀：所謂「閱讀」不僅僅是眼睛瀏覽圖書文字而已，這種程度尚只是在認字階段，還稱不上是閱讀。閱讀文學作品的樂趣，來自於探索故事中的角色人物、情節發展、想像空間，以及令人讚嘆的遣詞用句，因此一個圖文並茂的故事書最能吸引兒童的注意，他們也比較願意花時間去閱讀，或聆聽故事。成人此時最重要的任務便是提供一個舒適的閱讀環境，藉由陪讀或說故事的方式建立兒童愉悅的閱讀經驗，拉長專注的時間，讓他們心無旁騖地去閱讀。

3. 回應：「回應」對幫助兒童成為一個思考型的讀者是非常重要的經驗，回應可以發生在讀或聽完一本喜歡的書之後，期待再經歷相同的閱讀樂趣時，讓孩子再重讀一次，或是去找同一作者的其他作品，或者相同主題的書籍，如此一來，兒童就有動力去選讀其他圖書，再經歷一次閱讀循環。回應也可以發生在讀或聽完一本喜歡的書之後，迫不及待想與他人分享閱讀心得。討論可以引導兒童做更深入的思考，讓孩子有機會審視這本書要傳達的訊息，因此可以組成讀書小組或設計延伸活動，打破表層的「看書」層次，深入「閱讀」的精髓。

閱讀不應該僅止於是睡前的催眠活動，或是排遣時光的嗜好，閱讀應該成為一種生活態度，讓兒童學習思考，藉由閱讀循

環養成兒童的閱讀習慣，才能讓這些文學作品發揮最大效用。

四、說故事的技巧

　　有些兒童或許會說他不喜歡看書，但很少聽到孩子不喜歡聽故事的。根據研究顯示：讓不再願意閱讀的青少年們去聽人家講故事，很容易會讓他們有再重拾書本閱讀的慾望（Aidan Chambers, 2001）。無怪乎當《哈利波特》和《魔戒》電影上映的同時，亦造成書籍出版的熱潮。

　　為了讓兒童可以領受到故事的內涵與樂趣，良好的表達技巧便相當重要，不然再精彩的故事或繪本，對兒童而言都只是一場默劇，當然啦，有些故事不一定要用說的，此時無聲勝有聲！一個引人入勝的故事不一定需要華麗繁複的道具來表達，只要運用得宜的技巧或輔助道具，一樣可以增加故事的趣味，讓幼兒更能進入童書的想像世界，亦可讓說故事的人和孩子共享一段愉悅的文學經驗。表達故事的方式是非常具有彈性的，可以是一個人唱獨腳戲，也能來段雙簧，如果要拉攏幾個人熱鬧上演一場戲劇，亦未嘗不可，呈現的方式完全端賴故事的內容屬性和你的準備度。以下將介紹幾種常用的故事表達技巧：

(一)加油添醋 —— 主觀詮釋

　　所謂「加油添醋」，顧名思義便是在故事文字之外，加上說故事者本身的主觀語言來詮釋故事的內容或圖案。根據筆者在教學經驗中的觀察，大部分的家長或老師都會選擇這種方式來說故事（尤其是繪本），此法的優點是能讓說書者隨心所欲地用自己的語言來編織（甚至是改編）故事的內容，但缺點也是因為當事人隨

心所欲所表達出來的觀點，無法完全掌握繪作者的原意，局限甚至誤導了孩子對故事的想像空間。

加油添醋說故事有程度上的區別，有時候成人可以在說故事的過程中，加以解說故事裏文字所沒有表達的圖畫內容，例如岩村和朗的《十四隻老鼠系列》（漢聲）中老鼠們搬家、郊遊、賞月等生活起居盡在圖畫中，並不單只是文字可以言傳的；林明子的《今天是什麼日子？》（漢聲）故事中，巧巧的媽媽在家內家外尋找紙條的過程，均需要說故事的人提醒或引導幼兒去注意的；至於像《小狗奇普會乖乖待在家嗎？》（漢聲）和《追追追》（麥田）這類無字天書，作者只幫你開了個頭，其他的就得靠說故事者天馬行空、天花亂墜的本領了。

一般而言，文字越多的圖書，可以加油添醋的空間就越少。說故事者加油添醋的方式，不外乎將生活經驗融入故事內容，或是將兒童影射到主角上來改編故事，或是對文字所沒有表達的圖片訊息多加鋪陳，但是遇到文字精簡、圖畫為主，甚至是默劇形式的繪本，說故事的人可就要各憑本事了。例如《鱷魚怕怕牙醫怕怕》（上誼）故事中，回音式的文本便考驗著說故事者表達的功力，你可以選擇較為簡單的方式，將故事加油添醋，編造成兒童就醫經驗與牙齒保健的內容；《SaLuBiLuSa》（架空社）雖然是日文版圖書，但光是圖片的訊息就足以讓你編出一個鷸蚌相爭、漁翁得利的故事了。

此外，以述說方式為主的故事表達技巧，尚可以從故事主角的角度分為第一人稱或第二人稱。以下將分別介紹這兩種技巧的利弊：

1.第一人稱的述說方式：亦即用「我」作為開端，說故事的人以自己為核心來述說故事內容，如《我最討厭你了》（遠流）、《爸爸走丟了》（漢聲）和《不是我的錯》（和英）故

事的原創主角用的就是第一人稱。使用這種方式的優點是說故事者本身可以化身為故事的主角，對情緒的表達更能淋漓盡致，但如果技巧不夠純熟，則容易讓聽眾對說故事者本人和故事主角造成混淆。

2.第二人稱的述說方式：也就是用「他人名稱」作為開端，說故事的人從旁白者的角度來述說故事的內容，例如《我們是好朋友》（漢聲）、《生氣湯》（上誼）和《我變成一隻噴火龍了》（國語日報）便是使用第二人稱。使用這種方式的優點是說故事者本身可以從第三者的角度來鋪陳故事的內容，不會有角色錯亂的問題。目前大部分的故事都是採取第二人稱來述說，缺點是針對某些感性議題比較不容易凸顯角色的情緒張力，例如《不是我的錯》便不適合使用第二人稱來說故事。

通常故事在創作之時，作者即限定好主角人稱，但是偶爾試著改變主角的人稱順序，有時反而會有意想不到的效果。譬如《我最討厭你了》（遠流）可以試著使用第二人稱來影射手足或同儕之間的爭吵──「安哥最討厭寶妹了，誰叫安哥每次都要當王……」（原文：我最討厭吉姆了，誰叫他每次都要當王……）；說故事的人如果設身處地將自己假想成在外面受了一天委屈的受氣包，以第一人稱來表達《生氣湯》（上誼）──「我今天遇到了一籮筐倒楣的事……連走路都會踩到狗屎……我氣得真想扁人」（原文：霍斯今天有一籮筐倒楣的事……他氣得想打人，用力踩一朵花……），則生氣的戲劇效果十足。

(二)照版宣科 ── 忠實呈現原著

不同於加油添醋，照版宣科的說故事方式則是完全按照故事

內容來陳述，不加入說故事者的解釋或其他觀點，頂多只是將故事內容潤飾得較爲口語化以求順暢，或是用不同的聲音來轉換角色，甚至僅當個翻書匠，讓幼兒自己看個清楚。這種方式對說故事者而言，可以是很簡單，就像逐字念稿不需傷太多腦筋，但也可以是很難，挑戰你無聲勝有聲的表達功力。

　　要注意的是，照版宣科的方式並不表示你可以不做準備就來講故事，這樣的工作交給錄音帶就可以了，眞正的照版宣科是對故事原創精神的尊重，例如《一塊披薩一塊錢》故事中，作者郝廣才對於美味的極致形容——「吃了阿寶的蛋糕，好像陽光在按摩你的胃，感覺沒有翅膀也能飛……」，如果你不照著念出故事的文本，是無法表達出作者對文字的造詣與聲音的韻味；如果你不照版宣科念出《鱷魚怕怕牙醫怕怕》（上誼）故事中回音式的文本，便會遺漏作者除了對兒童就醫經驗的驚恐之外，還想要進一步傳達醫生也一樣害怕看不合作病人的他人觀點。

　　此外，照版宣科的表達方式也是對兒童想像空間的重視，例如《SaLuBiLuSa》（架空社）雖然是一本日文版圖畫書，但如果你因爲害怕不懂日文而不去朗讀出故事文本（事實上那些發音根本沒字面意義），那麼兒童將永遠沒有辦法發現繪本裏面「顚倒話」的趣味與玄機；此外，你也可以用《小房子》（遠流）的敘事方式來「講」《挖土機年年作響》（和英）這本生態改變的純圖片書，但是如果將這七大張圖用畫廊展演的表達方式，讓畫本身去敘說歲月的痕跡，將會略勝一籌；還有像《ZOOM》這類無字天書，就算你有再大加油添醋的本事，恐怕還是得安靜的隨著視覺深度進入故事之中，在無聲勝有聲的境界裏，發現孩子們對這本繪本的驚呼了。

　　此外，如果從說故事的人數來區分，尚可以分爲一人獨腳戲或是兩人唱雙簧的故事表達技巧。以下將分別介紹這兩種技巧的利弊得失：

1. 獨腳戲：也就是由一個人來說故事，不管故事中的角色有幾個，是第一人稱或第二人稱，說故事的人都必須自己貫穿整場，將故事表達無遺。這種方式的優點是單純且沒有互相配合的問題，缺點是一個人要揣摩多個角色，有時還得用變聲來區別不同角色。

2. 唱雙簧：也就是有兩個說故事的人，通常當故事中有兩個主角且採對話形式時，一個人講不如兩個人一起說，例如由兩個人來表達《鱷魚怕怕牙醫怕怕》的回音式文本，《SaLuBiLuSa》的顛倒語，或是《逃家小兔》的親子對話，效果更佳。此法的優點是角色不會混淆，故事較具張力，缺點是兩個人必須要有默契互相配合。

(三)粉墨登場

上面兩種方式乃屬於口說形式的故事表達技巧，如果想要強化故事的戲劇效果，那就得粉墨登場了。不管是演獨腳戲、唱雙簧或三人以上的小團體，都可以採取這種表演方式，但都需要另外借助道具，因此比較耗材費時，不過因為這種戲劇扮演的表達方式饒富趣味，所以最能吸引孩子的興趣與想像力，另外也能培養兒童欣賞或參與藝術表演的能力。

戲劇製作的四大要素包括：劇本、舞台、演員和觀眾，劇本可以是固定模式，也可以是即興創作，甚至演員和觀眾都可以共同欣賞、共同演出（黃郁媖，2002）。演出的形式則包括：真人演出、偶劇、真人和偶共同演出，以及光影劇（如影偶、黑光、幻燈片等）。由於本章主要在於介紹兒童故事的選擇與表達技巧，有關各種輔助道具的種類與製作將在後面進一步介紹，至於規模較大的兒童戲劇其詳細內容，則請參閱其他相關書籍，本文不多加贅述。

五、說故事的流程

所謂「工欲善其事，必先利其器」，事先做好說故事的各項準備工作，熟悉故事內容和道具的操作，將會讓你無往不利。以下將分爲「說故事前」、「說故事時」和「說故事後」三個階段的準備工作，做進一步說明。

(一)說故事前的準備

■選擇故事

任何故事都可以講，問題是說什麼故事才會深得「童」心，每一則故事都有它所要闡釋的中心主旨，或許是認知教導，或許是想像意境，或許是情緒發洩，或許是問題解決，但是如果無法在適當的情境，針對兒童適齡適性的特徵，和說故事者本身的優勢來選擇合宜的故事，那麼言者有意、聽者無心，就算這個故事再精彩也是徒勞無功。黃郁媖（2002）便建議書籍的選擇可以透過下列評估方式來思考：

1.選擇的故事在學習活動中的目的爲何？
2.故事的主題是否與學習活動的目的吻合？
3.故事的長度、詞彙深淺是否符合兒童年齡發展的需要？
4.最後再考慮是否需要運用道具來引起聽眾的興趣？

不可諱言地，圖書是一種結合趣味與效率的現成教材，但是筆者卻觀察到成人在選擇故事的動機當中，「寓教於樂」一直是故事中不可承受之輕！部分搭配學習主題出現的故事，總是趣味

索然，希望透過故事傳遞改善兒童特殊行爲的概念，說教意味也過於濃厚。甚幸，許多童心未泯的國內、外知名繪作家創作了許多讓人拍案叫絕的故事，反而有「寓樂於教」的灌頂功效，叫人意猶未盡。例如《我絕對絕對不吃番茄》（經典傳訊）一書便用顛覆想像的方式，來改善幼兒偏食的習慣；《朱家故事》（漢聲）則不僅用諧音（朱＝豬）的黑色幽默來凸顯媽媽的辛苦，在最後一頁的神來一筆也點出兩性平等的議題；甚至像《臭起司小子爆笑故事大集合》（麥田）這類無厘頭的顛覆故事，也能在博君一笑之餘，刺激孩子對改編故事的想像空間。因此愼選寓樂於教的故事，才不會讓兒童對故事的興趣敬而遠之。

此外，選擇一個合宜的故事不僅需要「對事」也要「對人」，進一步說明如下：

・對事——選擇適合主題情境的故事

對於同樣的主題，不同的故事處理的面向也會有所不同。例如《是誰嗯嗯在我的頭上》（啓蒙）是讓頭上堆了一坨大便的鼴鼠扮演福爾摩斯，追查不同動物大便的特徵，就算是年齡較小的幼兒也能從樂趣中得到知識，但是同樣是描寫排泄物的《大家來大便》（漢聲），則除了大便特徵外，還加入排泄器官和排便習性等多重議題，因此適合年紀較大的孩子一起來探討。再者，如果你想要讓孩子學習處理憤怒的情緒，則《生氣湯》（上誼）一書對於氣頭上的憤怒是採取敲打、尖叫等動態的發洩效果，來淨化負面情緒；但是《沒什麼大不了——亞歷山大的倒楣事》（巨河）反倒是告訴孩子要泰然處之，有時候日子就是會這麼不順利，無論你去到哪裏，也是一樣會有恐怖、糟糕、倒楣、非常不順的一天；至於《我變成一隻噴火龍了》（國語日報）則是恐嚇愛生氣的小孩會像阿古力一樣的下場。至於要選擇哪一本故事，就要看當下的情境和兒童的個別差異了。

・對人——選擇適合說故事本人特質的故事

有些人天性幽默，有些人則生性拘謹；有些人聲音宏亮如鐘，有些人則噤若寒蟬；有些人感性溫暖，有些人則喜感爆笑。並不是所有的書都適合說故事的人，例如同樣是描寫親情的故事，《猜猜看我有多愛你》和《逃家小兔》這類對話形式的繪本，較適合雙聲帶的人用有點調皮的聲音來表達，而《永遠愛你》（和英）這本溫馨小品便需要語帶磁性的人來闡述了，當然嘍，像《我變成一隻噴火龍了》這個故事如果讓這位語帶磁性的人來講，可能就會顯得氣勢不夠磅礴了。

此外，由不同的人來講同一個故事，也可能帶來意想不到的效果。老聽同一個人講故事，久了難免會感到乏味，所以有時候換換胃口，試著安排不同的人物（如爸或媽、其他老師或家長）甚至讓兒童自己上台講故事，會帶來全然不同的新鮮感。

一個合宜故事能達事半功倍的效果，但是選擇故事的能力並非一蹴可幾的，需要對各式各樣的故事有一定程度的認識與瞭解，因此建立一個圖書資料庫將會有很大的助益，此部分將在後面介紹。

■熟悉故事

預習故事是很重要的事前準備工作，可以讓自己對整個故事有概略性的認識，說起故事來才不會支支吾吾、結結巴巴的。你可以多讀個兩三次，讓自己在腦海中建構起故事的情節，然後闔上書，想像故事發生的畫面，這樣可以幫助你在說故事時，掌握故事的段落節奏，讓故事的表達更為生動鮮活。當然嘍，要熟記故事的不二法門，無非就是「結合生活經驗」和「多說幾次」，所謂熟能生巧也。

此外，不管你看過這本書幾遍，在每一次說故事之前，最好都要再瀏覽一次。

■掌握故事

　　熟悉故事的內容和掌握故事是有程度上的差異，有很多知名的兒童文學著作，其特色即在於文字背後的弦外之音，如果連說故事的人都無法掌握其間乾坤，兒童又如何能被引領進入另一個想像的神秘世界。因此，唯有說故事的人能掌握故事角色的特色，始能讓角色歷歷在目跳脫於孩子面前，唯有知悉故事內涵的深意，才能賦予故事生命。例如一個熟悉故事情節的說故事者，可以順序無誤的把《好一個餿主意》（遠流）故事中的動物一隻隻塞進苦命人的小房子內，但是一個無法掌握故事精義的人，是無法把苦命人從一開始的期待，轉而懷疑、憤怒，到最後豁然開朗的心路歷程，用聲音唯妙唯肖的表達出來的。尤其是對於改編故事（如《灰王子》、《三隻小豬的真實故事》、"Snow White in New York"）的掌握，更要能延伸比較原版故事的關鍵環節，始能在說故事時讓人感到會心一笑的幽默。

　　掌握故事的技巧，要從剖析角色和內容著手，例如〈龜兔賽跑〉中的烏龜是堅毅的表徵，說故事者便要用不疾不徐的聲音來表現其特性；〈小紅帽〉故事中大野狼的狡詐便要尖著嗓子來傳達其詭計；《鱷魚科尼列斯》（上誼）裏其他鱷魚們從一開始睥睨的語氣說「那又怎麼樣」，到最後懷著嫉妒的心情說「那又怎麼樣」，則是轉變科尼列斯對「河邊的日子再也不一樣」的契機。如果說故事的人無法掌握其間深意，那麼說故事就僅止於是念完一個故事罷了。

　　深入故事內涵，掌握其中奧妙，是需要敏銳的洞察力和互動思考的，因此多參加讀書會，或藉由故事卡建立一個完整的圖書資料庫，將會讓你如虎添翼。

■暖場──環境的布置

　　這裏所謂的「暖場」指的是說故事環境的布置，包括座位的安排和聲光設備的準備。安排座位的首要原則是要讓每個兒童都能看得見說故事的人和圖書，所以目光要維持在同一個水平高度，此外，說故事者拿書的方式也是一門學問，通常側擺（**圖9-2**）優於下放（**圖9-3**），因爲說故事者可以從側邊瞄一下書的內容以資提醒。至於聲光效果則須事先選擇適合故事的配樂，且不要受到其他噪音的干擾。一般而言，十人以內的小團體，說故事時可以採半圓形的座位安排，但如果是十五人以上的大團體，則建議使用輔助道具來表達，會比看書說故事效果好很多。

■暖心──開放心胸

　　說故事之前，心情的高低將會影響你是否融入故事情境，如果當時你情緒低落、心不在焉，或對事情存有偏見，那麼建議你等到心情較爲平復、開放心胸時，再來說故事。

圖9-2　將圖書擺在側邊

圖9-3　將圖書放在下面

■暖身──開場白

當你選擇好題材，做好一切準備要開始講故事之前，建議你先做一點暖身的動作，也就是爲這個故事做開場白，引起兒童的注意與興趣。例如講《我絕對絕對不吃番茄》之前，可以先和兒童討論偏食的問題；說《SaLuBiLuSa》故事之前，則可以先和兒童玩玩顛倒語的遊戲（你是誰－誰是你、你好嗎－嗎你好）。

■道具的選用與製作

有些故事的戲劇效果十足，運用一些輔助道具來說故事將會有事半功倍的效果，例如講《我變成一隻噴火龍了》的故事時，如果有一隻會噴火的道具（坊間有一種由伸縮吸管做成，舌頭會吞吐的玩偶便很好用），更能讓聽眾感受到阿古力的怒氣與苦惱。當你決定運用道具來引起聽眾的興趣時，便需要事先準備好，並熟悉操作的技巧，才不會在表演故事時，手忙腳亂，慌了陣腳。市面上有一些現成的教材很好用（如造型套偶、故事板、故事圍裙等），如果你只是需要一些簡單的輔助道具來增強說故事的效果時，讓這些東西唾手可得吧。

(二)說故事時的應變

說故事者的臨場反應和隨機應變的能力，將是左右故事是否能夠順利進行的關鍵要素。一般說來，說故事的過程當中最常遇到的突發狀況，不外乎是兒童對故事題材興趣缺缺，或是在過程中發生類似打岔、吵嘴、反應過度激烈等超乎預料之外的事情，也有可能故事講完了，孩子卻欲罷不能要求繼續，在在都考驗著講故事者的臨場反應和隨機應變的能力。

■興趣缺缺

預防這種情形發生最好的辦法，就是將說故事前的準備工作做得更好，尤其是選擇故事的評估階段，更要注意到孩子真正的興趣和需求。此外，說故事前的暖身也很重要，一個能引起兒童動機的開場白，能讓孩子的注意力聚焦在故事之上，或是準備一些輔助道具吸引孩子的目光。當然，時間的控制也很重要，年紀越小的孩子注意力集中的時間便越短，過於冗長的故事大都不討喜，除非戲劇性很強；此外，說故事的時段安排亦須注意，吃飯前運動後都不是很好的時機，最好也不要安排在特殊活動之前，因為孩子容易分心。

如果上述因素都排除，那麼你就得考慮是不是本身的問題了，或許你的聲音不夠大，也許孩子聽不懂你的表達，此時最好請一個觀察者幫你記錄說故事過程中的點滴，事後檢討時給你回饋。

■超乎預料

有時候，兒童在聽故事的過程中過度投入，因而發生打岔、吵嘴或反應激烈等超乎預料之外的事情時，說故事者便要有隨機應變的能力來控制場面，以免故事中斷無法進行。如果兒童會一直打岔發問，那麼可以提醒他等到故事結束之後再一起討論；如果兩個孩子吵起來了，便得請助教介入協助隔離處理，讓說故事的人繼續下去；如果孩子們對故事劇情反應激烈時（例如想制止事情的發生），就暫時停下來，讓他們發洩一下，然後繼續故事。

■欲罷不能

如果會發生這種情形，首先要恭喜你，一定是有一場很精彩的演出！處理這種狀況，就像音樂會的安可曲一樣，當下滿足聽

眾的要求，你可以讓他們去玩弄道具偶，或是讓孩子自己把這個故事再講給其他人聽。當然，這也是提醒你，應該要接下去做延伸活動設計嘍。

　　很少有人天生就是說故事好手的，有時候顧慮太多，說故事時反而綁手綁腳。記得，開放你的心胸，講故事這檔事，一回生二回熟，多嘗試幾次，便能遊刃有餘了。

(三)說故事後的回顧

　　故事說完了，還沒有結束，真正的發酵才正要開始。很多人把故事講完後，就做鳥獸散，兒童對於故事的瞭解便僅止於表層的情節內容，無法深入其中探索意義。記得小時候聽〈白雪公主〉、〈灰姑娘〉、〈三隻小豬〉這類童話故事時，只記得「王子與公主從此以後過著幸福快樂的日子」、「午夜十二點鐘聲以後的金縷鞋」和「壞野狼」，從來沒有人去質疑幸福快樂的日子是如何維持？金縷鞋為什麼沒有恢復原形？野狼壞還是豬太笨？直到長大後看到各種改編版本童話時，才去思考其中道理。

　　說故事之後的回顧階段，是在醞釀兒童對這個故事的想像，透過互動式討論來探索故事的深意，才能賦予故事生命，如果能進一步做延伸活動設計，則更能加深兒童對故事的印象與體會。最後，將說故事過程的心得整理成故事卡，建立圖書資料庫，才能讓說故事活動永續經營。

■互動回饋

　　說完故事之後，應該保留一些時間和兒童做互動討論，讓孩子回饋他剛剛所聽到的，或是發問問題。說故事的人可以藉由故事來呼應／延續開場白時的問題，或是讓孩子發表對故事角色或情節的看法。

■探索意義

上述的回饋工作尚停留在故事表層的瞭解，透過分享討論，有些故事中的弦外之音會在此時呼之欲出。因此，說故事的人必須在準備階段便事先想好要討論的議題，刺激孩子去思考／想像故事中的深意。這份探索的工作並不容易，不是每次的故事活動都可以成功引領，關鍵在於說故事的人是否具有敏銳的洞察力，以及帶領團討的技巧。

如何才能深入故事內涵，掌握其中奧妙？建議說故事者可以組成讀書小組，或多參與相關課程討論，並且針對每本書製作故事卡，將每次討論的議題或心得記錄其中，成為下次故事活動的小提醒，假以時日便可累積相當的智慧財產。

■延伸主題

很多人會做延伸活動，但不見得會延伸主題。大部分的延伸活動都會先將故事內容動作化〔譬如《阿羅有支彩色筆》（上誼）的延伸活動可以讓兒童從事美勞創作〕，或是來個照樣造句（如《田鼠阿佛》的延伸活動可以讓兒童想想：如果你是阿佛，你還會蒐集什麼），但是對於延伸主題的能力則顯得較為薄弱。事實上，延伸主題的能力關乎上面互動回饋與探討意義兩階段的工作是不是扎實，還有資料庫夠不夠豐富。此部分將在本章後面做進一步探討。

一般來說，繪本故事所傳達的內容多為單一主題，較少同時處理太多複雜的議題，而且切入的面向也多是單一事件，例如跟生死主題有關的故事中，《爺爺有沒有穿西裝》（格林）是描寫小孩對喪禮的好奇與懷想，《我永遠愛你》（三之三）則是敘述男孩對狗生前表達的愛讓他了無遺憾，"HEAVEN"表達的則是孩子眼中天堂和地獄的概念，《精彩過一生》更是用顛覆的方法告訴

孩子生命是如何精彩，最後也難逃兩腳一伸……事實上，將每個故事拼湊起來，不就是生命！因此，藉由相關主題的故事繼續做延伸，不僅可以擴展認知的視野，更能豐富人生的經驗。

■建立故事資料庫

不管是選擇故事也好，做延伸設計也罷，均端賴故事資料庫的建立與管理。故事卡的製作並不是一蹴可幾的，需要累積多人的經驗與智慧，因此表格的設計要預留空間給後人添加資料，卡片最好由專人列案管理，在每次故事活動檢討後，或透過讀書小組的討論，決定是不是需要再添加資料，經過不斷的累積和蒐集後，便可以建立一個豐富的故事資料庫，不僅可以爲每次的說故事活動節省許多準備時間，亦能增加後進很多寶貴的經驗傳承。

有關故事卡的格式，請參考**表9-1**、**表9-2**。

六、道具種類與製作

(一)道具製作的基本原則

俗話說：巧婦難爲無米之炊，如果能借助各種形式的道具來「說」故事，將讓故事的表達更爲生動有趣。一般而言，說故事的輔助道具主要是各式各樣的「偶」，例如紙偶、手套偶、杖頭偶，和操作難度較高的懸絲偶或傀儡偶，甚至連兒時的填充玩偶加點改造，都可以成爲很好的現成道具，由人來操弄偶的表演，則稱爲偶戲，世界各地，從古至今都有偶戲的表演藝術。當然了，「人」本身也可以是一個很好的道具，不管是作爲演員或只是一棵樹。

至於道具的製作，素材的準備固然重要，但是沒有想像力，

表9-1 故事卡的製作（正面）

書名：	繪作者：	出版年份：	出版社：

類別：認知、語文、心理、人際、文化、科學、美術、其他	主題：

內容分析：

*角色

*背景

*情節

*手法

小提醒：

討論問題：

相關書籍：

表9-2 故事卡的製作（背面）

延伸活動設計1	設計者：	實施日期：

延伸活動設計2	設計者：	實施日期：

延伸活動設計3	設計者：	實施日期：

輔助道具：

製作出來的偶充其量將只是徒具外形，熱熱鬧鬧地演完故事，卻沒有趣味可言。以下將先歸納出五點道具製作的基本原則，然後再針對上述不同素材的道具種類，簡單說明其特性與製作過程。

■平時多一分準備，製作時就少一分麻煩

道具的製作，除了基本的素材和耗材外，尚需許多材料來做妝點，例如鈕扣、碎布、襪子、緞帶、包裝紙等物品，都可以舉手之勞回收生活中的各種資源再利用。因此平時就應準備一個資源回收袋來蒐集各種可能再利用的材料，以備不時之需，如此一來當要製作道具時，就可以少一分收購材料的麻煩，亦能節省製作道具的成本。

■掌握故事中各角色的主要特徵，發揮最大創意

道具的製作不重「真實」，而貴「傳神」，例如豬的主要特徵是鼻子和尾巴，因此製作豬道具時，大大的豬鼻子便能讓人一眼看出其身分；製作鱷魚道具時，重點不在身體的比例，而是凸顯那個張牙利齒的大嘴巴。因此製作故事的道具時，並不太需要事先畫藍圖，而是要能掌握角色的主要特徵，然後再用適當的素材來表現它。

■善用適當的材料來表現角色特性，素材越多元越能刺激創作

任何素材的道具都須掌握其特性，才能充分發揮角色的個性，例如豬的角色就不適合用平面的素材，如紙張或皮影，反而用保利龍球、氣球或是紙袋等材料，較能彰顯出豬小弟圓滾滾的可愛體態；杖頭偶則最能表現人類手舞足蹈的特性；像蛇這一類軟綿綿的動物，用襪偶是最好不過的了。此外，多元素材對於刺激創作還有意想不到的效果呢，例如筆者曾運用袋裝水果的紅網

子來製作杖頭偶的頭飾造型，用大頭針來點綴手套偶的孔雀頭飾。

■搭配合宜的舞台或背景，能讓角色相得益彰

用道具說故事的目的是要讓角色生動地躍於紙上來和孩子們互動，一旦角色立體化之後，舞台或背景的視覺效果更能讓聽眾有身歷其境的感覺，而且也能有效區分偶與說書者的界線。例如屬於平面素材的紙偶，由於造型較為刻板，只能表現角色的一個面向，加上紙偶的比例通常不會太大，演出時觀眾的視覺易受周圍環境（包括說書人）的影響，因此舞台背景便益發顯得重要（**圖9-4A**、**B**），此外，以身體作為黑幕背景則是紙偶的另類演出（**圖9-4D**），更能增加角色的肢體動感。

■說書人（旁白）是貫穿全場的關鍵性道具，配樂則有加分效果

製作再精美的道具，如果沒有說故事的靈魂人物——說書人（亦稱旁白）的串場，效果亦將大打折扣。由於故事的旁白是靠聲音，因此一個聲音屬性適合表達故事內涵或角色個性的說書人，便成為故事演出的關鍵性道具，例如講《我變成一隻噴火龍了》這個故事時，說書者的聲音便要宏亮有力，說《我永遠愛你》時，便要溫暖有磁性。此外，間場的配樂也是一個很重要的道具，讓演出有加分的效果。

(二)紙偶

唾手可得的「紙張」是最為便利的演出道具。記得小時候，我們常用厚紙板製作各種造型的紙人偶（如公主、王子）來玩扮家家酒，那些用彩色筆替它們量身訂做的華服，是童年時絢麗的

回憶。隨著時代的進步，各種類型的紙張資源讓紙偶衍生出更多元的變化，例如紙袋、彩色影印技術，甚至皮影戲的概念，都賦予紙偶另一種生命力。

■棒偶

這裏所稱的「棒偶」，是指在厚紙板上繪製故事中各種角色的造型，然後將其固定在棒子上（**圖9-4A、B**），方便操作，由於製作過程簡單，不需太繁複的技巧，是一般說故事時最常使用的道具。近代由於彩色影印技術的進步，製作紙偶不再需要親力親為，只要將繪本中的人物拿去彩色放大影印，再剪裁護貝即可做成維妙維肖的紙偶了。不過，由於棒偶是一種平面素材，通常需要再另外搭製故事中各種場景作為背景舞台，來加強故事的景深，是比較麻煩的地方。

■頭套偶

所謂的「頭套偶」，則是指將故事中各種角色的造型製作成頭套或頭圈，然後由真人演出（**圖9-4C**），因為製作過程也很簡單，跟上述的棒偶一樣，都是說故事者最常青睞的道具，差別的是，讓真人使用頭套紙偶演出，可以讓角色更為活化，而且不須用背景舞台來強化故事內容，但缺點是如果演出者沒有融入角色個性，聽眾容易造成真人與紙偶角色轉換的混淆。

此外，頭套偶轉換成以真人身體為背景的人體偶（**圖9-4C**）亦可達到同樣的效果，不過演出者最好統一穿著深色衣服，作為黑幕背景，效果將更佳。

■紙袋偶

「紙袋偶」顧名思義便是一種以紙袋為素材的套偶（**圖9-5**），紙袋必須是有寬底的，才能利用底部縐褶處撐起立體的效果，例

A.紙偶演出——遲到大王

B.紙偶演出——小黑羊

C.頭套偶的演出形式

D.以身體為舞台的紙偶演出

圖9-4　各式紙偶造型與舞台背景

如麥當勞或麵包店的小紙袋便是很好用的免費材料。**圖9-5**便是利用紙袋製作而成的豬造形偶，紙袋底部是臉的部位，縐褶處剛好形成嘴巴開張的效果，輔助材料用的是紙杯來凸顯豬鼻子造型，再用泡棉色紙妝點其他部位。

■影偶

　　沿用以往傳統皮影戲的概念與方式，將燈光投射紙偶於半透明螢幕上，利用其影子演出故事，筆者將其稱為「影偶」（**圖9-**

紙袋偶──豬（正面）　　　　　紙袋偶──豬（側面）

圖9-5　紙袋偶

6）。使用這種形式的道具，著重的不再是色彩美感，而是曲線外型，因此製作難度較高，每個造型最好先在紙上勾勒好外型，剪裁下來後再用燈光測試是否能表現出想要的效果，最後再完成固定的工作。由於操作的方式不同於上述的棒偶，因此紙偶與棒子之間的固定需要維持四十五至九十度角。

紙影戲　　　　　　　　　　紙影戲偶

圖9-6　紙影戲

(三)套偶

　　猶記幼時中午放學後，回家的第一件事便是打開電視看布袋戲《雲州大儒俠——史豔文》，一直到近代超炫、超ㄅ一ㄤ的霹靂布袋戲，在在都述說著台灣掌中戲的光輝歷史。本文所指的「套偶」便是這種套托在掌上搬演的偶，包括手套偶、手指偶和難度較高的布袋戲偶等。

■手套偶

　　利用手套為素材製作而成的偶便是「手套偶」，由於是布類材質，因此「易收易放」便成為此類道具的最大特色，孩子們尤其喜歡，隨時都可以將自己的想像世界搬演於掌上之間。製作此類道具需要一點縫工與巧思，因此針線活是少不了的工作，如果有幼兒參與，則特別需要注意安全。以下便是利用一般的麻布手套設計而成的造型，例如兔子的耳朵只須留下兩根手指，其他的手指則剪下來縫合；多餘的手指另可作為孔雀的頭部，縫在手套的中間，五根手指便成為孔雀華麗的尾巴（**圖9-7A、B**）；手套背上縫上個盒子當龜殼，四指慢慢划動是烏龜（**圖9-7C**）。此外，延伸玩手影的把戲，將手套創作成大野狼，亦有不錯的效果（**圖9-7D**）。

■手指偶

　　不同於上面將整個偶套托在掌上搬演，「手指偶」僅只利用十根手指頭來做演出，因此道具也比手套偶小很多（**圖9-8**）。目前市面上即販售很多現成的手指偶玩具或教具，材質有布類和紙類，非常方便，但是缺點是偶太小，不容易吸引兒童的目光，最好再搭配故事板或故事圍裙作為背景舞台。

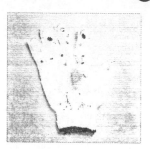

A.手套偶——孔雀1　　　　B.手套偶——孔雀2

C.手套偶——烏龜和兔子　　D.手套偶——大野狼

圖9-7　各式造型之手套偶

圖9-8　手指偶

■布袋戲偶

　　布袋戲又稱掌中戲，在台灣已經發展了很長的一段歷史，算是最具本土文化的偶劇。由於布袋戲偶的製作難度較高，所以本

處不多加介紹，如果有需要作爲故事表演的道具時，建議可直接
到坊間購買，不過成本頗高。

(四)杖頭偶

　　所謂「杖頭偶」是指利用杖或桿子作爲操偶的支撐，小至免
洗筷，大至枴杖、傘柄都可以拿來作爲材料（**圖9-9**、**圖9-10**），
如果製作人形杖頭偶，便另外需要兩根較細的棒子來作爲手部的
操作，如果要節省費用，可以試著拿衣架子來拉直裁剪，或是蘭
花的支桿。下面將以圖式呈現人形杖頭偶的製作過程（**圖9-11**），
準備的基本材料包括：杖或桿子一支、細棒兩支（衣架）、保利龍

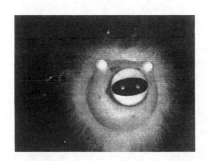
上流豬（正面）

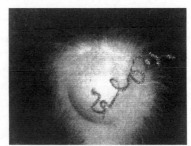
上流豬（背面）

圖9-9　動物造型之杖頭偶

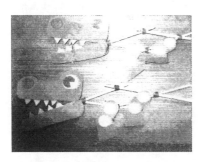
鱷魚

圖9-10　筷子偶

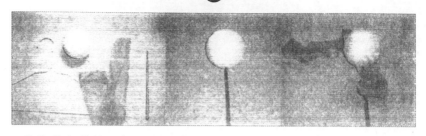

1.準備基本材料：保利龍　2.將棒子插入保利　3.套上絲襪
　球、絲襪、粗細棒子　　　龍球

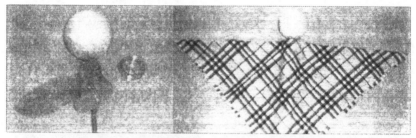

4.用細繩將絲襪細緊固定在　5.將布摺成三角巾，從中穿入棒內，並固定
　棒子上　　　　　　　　　　脖子

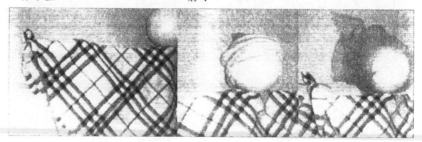

6.再用另兩支細棒固定兩隻手　7.用多元素材和想像力為頭部和衣著做裝扮
　　　　　　　　　　　　　　　吧

圖9-11　杖頭的製作流程

球一個、絲襪、線繩、熱溶膠或保利龍膠，裝飾材料則視需要而定。

1.準備基本材料。

2.將桿子插入保利龍球。

3.將絲襪套上保利龍球。

4.用細繩將絲襪綑緊，固定在桿子上。

5.將碎花布摺成三角巾，從中點穿入桿子內。

6.用膠帶或細繩固定脖子並裝飾。

7.再用另兩支細棒固定兩隻手。

8.用多元素材和想像力爲頭部和衣著做裝扮。

■伸縮偶

「伸縮偶」顧名思義便是可以伸縮的杖頭偶，其製作過程和杖頭偶類似（**圖9-12**），只不過要多準備一個直徑大於保利龍球的中空筒（如波卡餅乾桶），襪子的選擇最好是彩色長筒襪，製作時將整個長統襪套住中空桶，讓杖頭偶可以伸縮其間。譬如蛇、長頸鹿，或是一些害羞的角色，都可以用伸縮偶來製造其效果。

(四)真人演出與實物道具

除了上述各類型的操偶外，真人與實物也是很好的道具。由於真人演出可以帶有豐富的肢體語言，更具臨場效果，不過在造型設計上需要更大的創意才能產生喜感（**圖9-13**）。

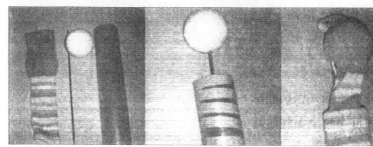

1. 準備基本材料：保利　2.將棒子穿過筒子插入球　　3.套上彩色襪子
龍球、棒子、中空　　　內並固定接點
筒、彩色長襪

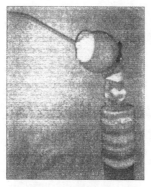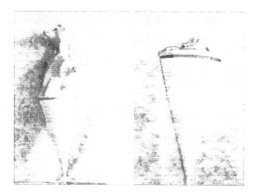

4. 運用鈕扣吸管等素材，　　　伸縮偶——長頸鹿
製成蛇造型的伸縮偶

圖9-12　伸縮偶的製作流程

鱷魚皇后　　　　　　　　　　　萬聖節精靈

圖9-13　真人演出之造型設計

七、故事的延伸設計

　　在經歷選書、讀書或聽故事的歷程之後，接下來的「回應」才是眞正讓故事紮根於生活當中的工作，藉由討論與延伸活動的設計，可以讓兒童回顧故事中的內容，並省思其中的道理。延伸活動的設計應該在說故事之前就已經規劃好，並且要預留充分的時間，如果說完故事後，兒童因爲其他因素而無法繼續專注於討論時，不要勉強進入延伸活動，那會讓整個效果大打折扣，建議可以延遲一些時間讓孩子去醞釀想法，但是間隔不宜太久。

　　故事延伸活動的設計，可以從單一讀物的延伸討論發展成課程計劃，也可以從故事資料庫中結合類似主題的讀物來發展統整性課程的主題網。以下將用實際範例來做說明：

(一)單一讀物的延伸設計

　　在說故事的準備階段，從選擇讀物到掌握故事的過程中，說故事的人便需要開始思考：我選擇和兒童分享這本故事書，是想要傳達些什麼給孩子？精美的圖片？灌輸觀念？或純粹只爲樂趣？然後再慢慢凝聚出綜合討論的問題。問題的設計建議遵照3W的原則，也就是先從故事的情節內容問起，然後再深入其中探索。

　　WHAT——主角做了些什麼？發生什麼事？或你最喜歡故事的什麼部分？

　　WHY——主角爲什麼要這麼做？你爲什麼喜歡這個故事？

　　HOW——主角還有其他的選擇或作法嗎？如果是你，你會怎

麼做？

　　延伸問題的部分，便需要設計者敏銳的覺察和豐富的知識背景了，當然，不要忘了，在說故事的活動中，兒童也是一個刺激者，經由兒童的發問與互動討論，經常很多延伸主題便呼之欲出了。因此，很多時候延伸活動的設計，在第一次說故事時，都只有雛形概念，往往需要多說幾次，才能設計出周延的故事延伸活動，最後，請記得務必要把延伸活動的內容記錄到故事卡中建檔，豐富圖書資料庫。**表9-3**、**表9-4**以兩本繪本為例，設計了故事延伸活動，您可以參考其中內容。

(二)結合相同主題讀物發展統整性課程

　　當上述單一讀本延伸活動的經驗累積到一定程度時，便可以從這些故事資料庫中歸納出類似主題的讀物，尋找交集比較異同，繪製成主題網，最後發展成統整性的課程。**表9-5**中亦列舉一個以「自我概念」為主題的課程計劃。

八、結語

　　二十一世紀是知識經濟的新世代，而閱讀則是獲取資訊最好的工具，讀寫能力更是兒童學習的基礎技能。為提升我國兒童的讀寫能力，閱讀活動如火如荼地在政府教育政策積極推動下展開，期待透過學校的閱讀課程與親子共讀活動來激發孩子多元智慧的潛能，累積國際競爭力。

　　閱讀習慣是需要從小培養的，說故事則是引領孩子進入閱讀世界最好的起點。為了讓幼兒可以領受到文學作品的內涵與樂

表9-3 讀物的延伸設計活動範例之一

書名：上面和下面	繪作者：珍娜·史蒂芬斯	出版年份：1995	出版社：三之三
類別：認知、語文、心理、人際、文化、科學		適用對象：中、低年級	

故事分析：
*角色－懶惰愚蠢的大熊、勤勞機智的野兔。
*背景－農場。
*情節－賭輸烏龜的兔子找地主大熊合夥，有地的出地，有力的出力，最後
　　　兔子運用機智設下圈套贖回地產。
*主題－問題解決、上下對立概念。
*手法－運用上下對開的書，表現農作物不同部位與人際地位的特色；維妙
　　　維肖的蔬果畫。

綜合討論：
1.你喜歡這個故事內容／或故事主角嗎？為什麼？
2.當大熊選上／下面／中間時，如果你是兔子，你還會種其他哪種蔬菜？
3.從這個故事中你學到什麼教訓？

延伸討論：
4.〈龜兔賽跑〉中的兔子和本文中的兔子，其異同點為何？
5.文中大熊和兔子是合夥人，你認為兔子的作法是機智，還是投機？
6.如果你是大熊，你會怎麼和兔子談這筆生意？
7.你覺得這種有地出地、有力出力的合夥方法合理嗎？
（小提醒：可以事先介紹以前中國佃農和美國黑奴體制的異同。）

延伸活動：
1.美勞角：利用上下對摺的紙卡，製作各種蔬菜卡片，並認識植物可食用
　部位。
2.扮演角：將故事「改編」成其他版本，演出大熊和野兔間的買賣。
3.語文角：練習契約書的擬定與書寫。

延伸閱讀：
1.〈三隻小豬〉，與相關改編版本。
2.〈小紅帽〉，與相關改編版本。

表9-4 讀物的延伸設計活動範例之二

書名：明鑼移山	繪作者：阿諾·羅北兒	出版年份：1982	出版社：遠流
類別：認知、語文、心理、人際、文化、科學		適用對象：中、低年級	

故事分析：
*角色—不滿現狀的明鑼、聰明人。
*背景—山腳下。
*情節—被屋前大山困擾的明鑼想學愚公移山，經聰明人指點後，跳移山舞解決問題。
*主題—問題解決／幽默機智。
*手法—運用山不轉路轉，路不轉人轉的概念。

綜合討論：
1.如果你是聰明人，你會給明鑼什麼建議幫他把山搬走？
2.神奇移山舞的魔力是如何把山給搬得遠遠的？

延伸討論：
3.比較〈愚公移山〉和《明鑼移山》兩個故事的異同點。
　（小提醒：請事先跟兒童分享中國愚公移山的故事。）
4.你會效法愚公的堅忍毅力，或是明鑼的應變能力？
5.地震與水災給中部山區的居民帶來很多災害，請你給這些災民一個聰明的建議，怎樣可以安居樂業？
6.分享生活中「接受不能改變的事實」和「不能改變環境就試著改變自己」的生活智慧。

延伸活動：
1.扮演角：戲劇演出《明鑼移山》。
2.音樂角：幫移山舞編一段打擊樂吧（須抓住進一步退兩步的節奏）。

延伸閱讀：
1.《好一個餿主意》（遠流）／大小對立概念／改變心境。

表9-5 以「自我概念」為主題的課程計劃

主題：自我概念　　　　　適用對象：高年級

閱讀圖書：

1.《我》（漢聲）

2. "Fish is Fish"

3.《拼拼湊湊的變色龍》（上誼）

4.《鱷魚科尼列斯》（上誼）*

延伸閱讀：

1.《點》（和英）

2.《小象威利找弟弟》（麥田）

主題網：

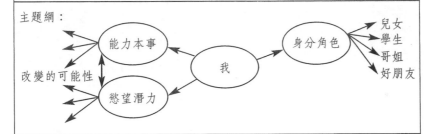

綜合討論：

1.你喜歡哪一本故事中的主角（鱷魚、魚、變色龍）？為什麼？

2.為什麼魚、鱷魚、變色龍都想學別人？

3.魚和鱷魚的朋友：青蛙、其他鱷魚和猴子有什麼不同？

4.為什麼魚終究還是魚，但是鱷魚卻能嘗試猴子的把戲？

5.你認為魚回到池塘，和鱷魚回到池塘以後的心情是一樣的嗎？

延伸討論：

1.你喜歡哪一個人眼中的「你」？

2.你有哪些本事？

3.你想改變自己的哪一部分？你做得到嗎？

4.人到底要安分守己，還是勇於嘗試？

5.環境（包括朋友）對人的影響是什麼？

延伸活動：

1.做一本「我」的小書。

趣,熟練並善用各種故事表達技巧是父母與教師必備的能力,如果教師能善用技巧成為一個成功的說故事者,小孩自然便耳濡目染樂於閱讀,當孩子踏出成功閱讀的第一步後,便是開了眼界的秀才,正如黃碧端(1996)所言:「讓孩子培養廣泛的閱讀興趣,日後成為一個有趣而且開闊的人吧!」

參考書目

一、專書

墨高君譯（1996），《幼兒文學—在文學中成長》，台北：揚智文化。

Aidan Chambers著，許慧貞譯（2001），《打造兒童閱讀環境》，台北：天衛
　　文化，頁16。

李坤珊（2001），《小小愛書人》，台北：信誼基金會。

洪志明（1998），〈兒童文學的兩個新議題〉，《國教輔導》，第37卷第5期，
　　頁17-19。

郝廣才（1998），〈油炸冰淇淋—繪本在台灣的觀察〉，《美育》，91期，頁
　　11-18。

黃郇媄（2002），《幼兒文學概論》，光佑文化，頁178。

黃碧端（1996），《期待一個城市》，台北：天下文化。

二、兒童文學網站

政府、機構網站—「兒童文化館」（文建會）、「信誼基金會網站」。

作家個人網站—「管家琪故事網站」、「喜歡和小朋友說故事的楊茂秀」（遠
　　流博識網）、「和孩子同遊繪本國度的林真美」（遠流博識網）。

書局、出版社—「遠流博識網」、「誠品全球網路」、「國語日報網路書
　　局」、台東師院兒童文學研究所。

Chapter

10

● 第十章　親職教育 ●

黃惠如

- ・中國文化大學兒童福利研究所碩士
- ・中國文化大學社福系、經國健康暨管理學
  院幼保系兼任講師
- ・文化大學辦理私立文化托兒所主任

一、台灣社會變遷下家庭功能的轉變

前美國總統柯林頓（Bill Clinton）夫人希拉蕊（Hillary Rodham Clinton）曾說：「就像時下許多家庭一樣，今日的美國父母只要一提到撫育孩子的問題，沒有一個人不是憂心忡忡的」（天下編輯，2000）。不僅是美國父母有這樣的心聲，這同樣也是台灣現代父母心情的最佳寫照。由於人口結構的改變、家庭形態的重組、女性意識的抬頭以及病態行為的增加，均致使家庭功能在社會變遷中面臨更大的衝擊與挑戰，家庭亦逐漸成為千禧年以後的公共政治議題。

晚近，台灣更在婚姻市場開放與兩岸三地頻繁的互動中，連帶影響家庭結構的改變，如外籍新娘、兩岸夫妻、瑪麗亞之子等現象，均衝擊到賴以生存的子女，家庭對兒童的照顧功能逐漸式微，諸如單親兒童、鑰匙兒童與受虐兒童等議題，均已成為當今新興的「社會事實」而引起大眾的關注。郭靜晃（2001）便指出：隨著社會變遷，台灣家庭組織結構的多樣化反而造成家庭功能式微，甚至無法承擔子女保護與照顧之職責，而兒童照顧品質不夠，必然會造成日後的少年問題，甚至潛藏日後的社會危機。以下將逐一討論社會變遷下台灣家庭功能的轉變。

(一)職業婦女增加，子女照顧責任轉移

由於社會結構的變遷，現代婦女必須扮演多重的角色，但在角色間壓力與角色內衝突之下，婦女極易產生兩難的失調現象。以女性勞動參與率觀察之，美國在一九九〇年代約有60%的女性勞工進入就業市場，至於台灣女性的就業情形，根據二〇〇三年

行政院主計處的調查顯示，整體女性之勞動力參與率為46.9％（男性為67.5％），其中有偶婦女之勞動力參與率為47.3％，係歷年同月最高水準。有偶婦女中，以尚無子女者之勞動力參與率最高，達64.3％，有未滿六歲子女者為53.5％。由近二十年之長期趨勢觀察，男性勞動力參與率呈明顯遞減態勢，女性勞動力參與率則因教育程度提升以及服務業提供之工作機會增加等因素，而呈現緩慢提升之勢，有偶婦女勞動力參與率由一九八三年之35.5％，上升至二○○三年的47.3％，其中有未滿六歲子女者於近二十年間更上升了二十個百分點（**圖10-1**）。一般而言，東方傳統社會中，母親仍是親職中的要角，因此婦女投入職場後，家庭功能式微，子女照顧責任轉移，進而產生了很多怪象，諸如鑰匙兒童、網咖安親班、隔代教養、瑪麗亞之子等，均是當代台灣親職教育的新議題。

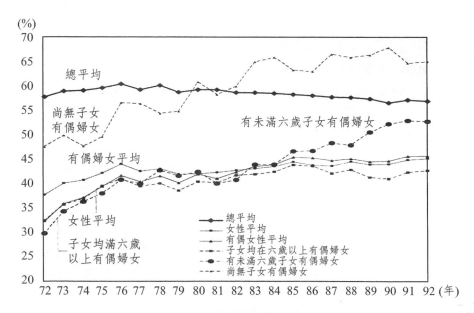

圖10-1　一九八三至二○○三年女性勞動參與率變化

(二)分居家庭與台商家庭之單親事實所造成的教養困擾

　　Norton & Glick曾警示美國有60%的兒童曾在十八歲以前經歷過至少一年以上的單親生涯，今日的美國則有超過四分之一的家庭是單親，甚至有十分之一以上的青少年是未婚媽媽，而台灣自一九九○年以來，有偶離婚率遽增七成，已是亞洲之冠，且總家庭戶中約有5%是單親家庭，雖然台灣單親家庭比例較歐美為低，但是值得擔憂的是它的成長形態正逐漸步入西方社會的後塵，且居住形態也呈現多樣化面貌。在薛承泰（2001）的報告中，分居單親在一九九八年的單親家庭類型比例中高達17%，甚至高出未婚許多。分析其原因，除了傳統「勸和不勸離」和「為子女犧牲」下的怨偶之外，晚近，兩岸三地頻繁互動之後所造成的台商「候鳥家庭」，也形成許多單親持家的生活形態。根據海基會經貿處的保守估計，目前約有四十多萬個台商家庭，約占台灣家戶的8%至10%，意即每十個家庭中就有一個台商之子（楊艾俐，2004）。

　　無論是名存實亡的分居準單親家庭，或是兩岸三地的台商假性單親家庭，均不似一般單親家庭擁有制度式的社會支持與資源，這些另類家庭均因時空因素間接影響夫妻相處與親子互動品質，在我國傳統價值約束下亦會衍生不同的適應問題，值得關注。

(三)外籍新娘家庭衍生另類子女照顧危機

　　一九九○年代以來，地球村概念讓全球人口流動蔚為風潮，隨著台灣經濟的起飛與婚姻市場的重分布，外籍新娘與大陸新娘也成為這股人口遷徙之下的副產物。依據內政部警政署資料，一

九九八年有一萬零四百一十三名外籍人士和國人結婚（新郎一千七百八十八人，新娘八千六百二十五人），占當年台灣總結婚對數的7.13％，二○○○年後比率更超過11％，也就是每一百對婚姻中有近十二對為外籍通婚。分析外籍配偶國籍，以越南最多，二○○二年占了所有外籍配偶的六成，其次為印尼與泰國（薛承泰，2003）。進一步分析近六年外籍嬰兒出生概況（**表10-1**），生母國籍為大陸、港澳或泰緬印越等的外籍嬰兒比率呈現逐年增加趨勢，近兩年更是大幅成長（**圖10-2**），至二○○四年已占全體嬰兒數的13.4％（內政部戶政司，2004），也就是每一百個出生嬰兒中有近十四個外籍子女。在台灣的婚姻市場中，這些東南亞新娘或大陸新娘大都以社經地位較差、年紀偏高或身心障礙者的弱勢男子為對象，且這些外籍新娘多因本國之家庭經濟條件差而選擇嫁到台灣，因此移民入台灣家庭後，她們擔負起生育、照顧老公、侍候公婆或照料全家的工作，由於語言的隔閡及文化與生活上的適應落差，常有社會疏離的現象，加上缺乏教養子女新知，

表10-1　臺閩地區最近六年嬰兒出生數／按生母國籍分

年　別	嬰兒出生數		生母國籍（地區）			
			本國籍		大陸、港澳或外國籍	
	人數	百分比	人數	百分比	人數	百分比
1999	271,450	100.00	257,546	94.88	13,904	5.12
2000	283,661	100.00	266,505	93.95	17,156	6.05
2001	305,312	100.00	282,073	92.39	23,239	7.61
2002	260,354	100.00	232,608	89.34	27,746	10.66
2003	247,530	100.00	216,697	87.54	30,833	12.46
2004	227,070	100.00	196,722	86.63	30,348	13.37
近六年累計數	1,595,377	100.00	1,452,151	91.02	143,226	8.98

說明：生母原屬外國籍但已定居設戶籍者，則列入本國籍統計。

資料來源：內政部戶政司。

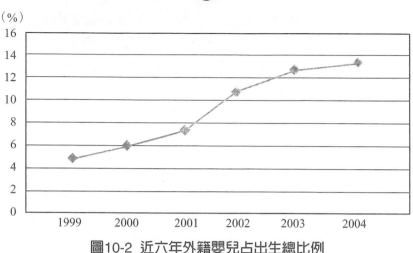

圖10-2 近六年外籍嬰兒占出生總比例

因此常因缺乏刺激造成子女發展上的延遲，衍生另類子女照顧的親職危機，成為潛在的社會問題。

(四)少子化現象凸顯出獨子女的適應問題

根據內政部台閩地區近十年育齡婦女生育率統計顯示：從一九九三年總生育率為1.76至二○○三年的1.24，發現台灣近十年來生育率有逐年降低的趨勢。雖然子女數的降低可以減輕家庭經濟負擔，提升家庭生活品質，但是獨生子女所衍生出來的社會適應與家庭教養問題，甚至肩負將來老年化社會的責任，都是當代重要的家庭議題。

(五)混合家庭社會支持網絡的利弊得失

臺灣家庭類型中，混合家庭的比例日漸升高，以內政部二○○一年台閩地區兒童生活狀況調查報告為例，三代同堂家庭與混合家庭的比例達40％，較九年前增加了5.4％，反之核心家庭占52

％，較九年前減少7％。由於家庭居住形態的改變勢將影響家庭功能的發揮，混合家庭的高密度社會支持網絡雖然提供子女生活照顧上很大的助力，但是人多口雜的家庭組織往往也容易產生子女教養上的衝突，因此利弊得失須進一步審慎評估。

(六)社會病態因素讓家庭面臨更多挑戰

由於藥物濫用、性行爲開放與家庭暴力等問題，使社會產生一些不健康或病態因素，間接帶給現代父母親在教養子女時更多的困境與壓力。例如一九九五年福爾摩沙文教基金會所做的「台灣婦女動向調查」中即發現：有17.8％婦女曾遭丈夫毆打；此外，我國十五至十九歲未成年生育率已超出日本四倍，爲全亞洲之冠；更遑論當下層出不窮的兒童疏忽與虐待案件震驚社會。種種社會變態因素均使家庭面臨重大危機，讓父母在教養子女時，孤立無援，無所適從。

爲了因應上述社會變遷所導致家庭功能的轉變，現代父母對托育服務、彈性工時、經濟補助、親職教育等家庭服務需求日增。以下將進一步闡述在社會變遷下，親職教育對當代台灣家庭的意義、功能、重要與貢獻。

二、親職教育的意義、功能與重要性

隨著時代的變遷，「少子化」已逐漸成爲現代家庭的普世現象──子女少、年紀小。由於家庭經濟能力的提高，父母比以往更願意在子女身上投資，因此各類型的幼兒潛力開發或補教機構如雨後春筍般興起，但是子女的成就卻往往成爲犧牲親子相處與互動品質之後的剩餘價值，隨之而來的「揠苗助長」、「瑪麗亞之

子」等新興家庭問題則潛藏更多的社會危機。因此，親職教育已被視為解決當今許多社會問題的藥方，親職教育實施的成功與否，更成為預防未來社會問題的要件。以下將列點簡述親職教育的意義、功能與重要性、實施對象，以及落實親職教育的遠景。

FAMILY = Father And Mother I Love You

(一)親職教育的意義

我國於二○○三年二月六日頒布之家庭教育法明文指出：「家庭教育係指增進家人關係與功能之各項教育活動，範圍包括親職教育與子職教育……而學校是最佳實施親職教育的場所。」綜言之，「親職教育」乃是成人教育的一部分，以父母為主要對象，藉以提供父母有關兒童發展保育的知識、增進教養子女能力和改善親子關係為目標，使之成為有效能父母（effective parents）。親職教育課程乃由正式或非正式學校的親職專家所開設或推廣，具自願性、實用性、即時性，以及連續性的特徵。

(二)親職教育的目的

1. 提供父母有關子女身心發展需求的知識，幫助開發潛能、提高成就。
2. 導正父母不當的教養方式，進而學習有效的親子溝通方法。
3. 協助父母導引子女養成良好的行為規範。
4. 改善特殊家庭（如身心障礙、單親、隔代）父母之教養困境。
5. 提供親師合作的管道，落實班級經營，提升子女的學習效

果。

(三)親職教育的功能與限制

■功能

1.親職教育是有效的初級預防課程。

2.親職教育可以提供父母精神上的支持。

3.親職教育可以提供教師教學上的助力。

■限制

1.親職教育不能取代心理治療。

2.親職教育不能直接替父母管教子女。

3.親職教育沒有速成班。

(四)有效親職教育的特徵

1.有效的親職教育要有足夠的綜合性，採用多元策略處理不同系統的問題。

2.有效的親職教育必須是整個社區身心保健計畫的一環，包括心理衛生、醫療保健、兒童保護和學校教育，且各部分環環相扣。

3.有效的親職教育必須及早開始，且延續終身。

4.有效的親職教育需要扎根的經營，包括實施的時間要充分，內容要深入。

表10-2 親職教育的實施對象與需求重點

實施對象	內容	需求
一般兒童的父母	一般兒童	1.各階段子女成長需求 2.有效教養方式
特殊兒童的父母	身心障礙、資優、低學業成就與行為異常兒童，單親、繼親祖孫家庭等	1.家庭適應與問題解決 2.子女成長需求 3.教養困境

(五)親職教育的實施對象與需求重點

親職教育的實施對象分為一般兒童的父母及特殊兒童的父母，其內容及需求請參考**表10-2**。

(六)親職教育的遠景

依據英國「曼徹斯特」調查發現：在諸多影響總體教育成就的因素中，家庭因素是最為重要者，它對教育成就的影響幾乎是二倍於學校因素與社區因素的總和（引自張素貞，1991）。因此，親職教育的遠景便在於充權始能（empower）父母，其不僅可以協助父母獲得更有效的子女教養知識和技巧，更可以因父母參與時得到的正向回饋而提升父母的自尊，促進父母效能，裨益於兒童教育大計。

三、親職教育的理論基礎與互動技巧

由於親職教育的範圍擴及父母管教與子女成長，甚至連親師

間的合作亦是不可或缺的工具，因此舉凡家庭理論、兒童發展、人際溝通等方面的理論，都是親職教育必備的理論基礎。晚近，各先進國家更依據相關理論發展出一些較爲具體可行的理念與技術，諸如來談者中心學派、阿德勒（Adler）學派與家庭系統模式等，對親職教育實務貢獻良多。限於篇幅，本文將簡單介紹兩種較常爲教育人員與家長運用的技術：父母效能訓練與行爲改變技巧，以供各幼保人員參考〔理論部分摘自：邱書璇、林秀慧等（1998），親職教育的理論基礎〕。

(一)父母效能訓練

■發展簡述

「父母效能訓練」（簡稱P.E.T）創始於一九六〇年代，創始人爲心理治療暨人際溝通專家Thomas Gordon博士，主要是爲了協助一些親子關係不良的父母改善親職效能而設。目前，「父母效能訓練」課程已推展到總計二十五個國家中，光是在美國接受「父母效能訓練」的父母便已超過二十五萬人，可說是貢獻甚偉。

■基本理念

Gordon博士以其經驗和研究的心得發展出來的父母效能訓練課程中，提出很多創見，以下將介紹三個主要中心思想：
・改變父母管教方式，就可以重建親子關係

在兒童發展理論中，提出兒童成長過程中必經幾段「暴風雨期」的觀點，因此教育專家們總會以此安慰父母，認爲兒童的反叛是正常的現象，等過了這些階段，成熟穩定便會隨之而來。但是，Gordon博士反駁了「反抗期是人生必經階段」這樣的論調，他認爲孩子不是天生有意要反抗父母的，親子間的對立也不是正

常的必經過程，代溝和衝突之所以形成，乃因爲父母管教方式不當所致，只要父母用對了方法，親子關係自會更加親密。

· 理想父母非天生而成

　　許多統計資料顯示，兒童及青少年的犯罪率與日俱增，吸菸、吸毒的年齡層逐年下降，自殺事件更是層出不窮，專家們除了歸咎社會結構與教育問題之外，更常把矛頭指向家庭因素，認爲起因絕大多數根植於家庭，而後才在學校、社會中顯現病象（張春興，1982）。但是，Gordon則認爲全然歸咎於父母並不公允，他強調「理想父母並非天生而成的」，每一位父母親都是有了子女之後，才開始學習如何做父母的，一個尚未準備好的父母親，要求他們要有優異的表現是不公平的。因此，「父母效能訓練」的第二個基本理念，便是強調理想父母並非天生而成，而是可以透過訓練、再教育的方式加以培養再造的。

· 父母是人，不是神

　　人生有許多角色任務，其中尤以父母親的角色最具挑戰，傳統社會對父母角色的期待，不僅要求犧牲自我，還要無悔奉獻與忍耐，這種「天下無不是的父母」的觀念與枷鎖，根本就忽略了父母也是個有七情六慾的凡人，而不是萬能的神。Gordon認爲這種失去「真人」父母的真實性是不好的現象，因此「父母效能訓練」的理念便在於倡導：「父母是人，不是神」，唯有真實的父母才可能成爲稱職的父母。以下是Gordon質疑經常被父母奉行不渝的「金科玉律」：

1. 父母必須對孩子一律平等看待？這樣觀念經常讓父母產生罪惡感，其實父母對孩子行爲的接受度是因人而異的，主要和父母的個性有關，孩子的特質也會影響父母的對待行爲。例如有的父母生性樂觀開朗，便容易採取寬容的態度來對待孩子，但是有的父母則較常挑剔孩子的行爲，不僅

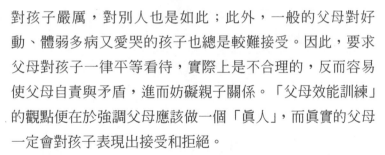

對孩子嚴厲，對別人也是如此；此外，一般的父母對好動、體弱多病又愛哭的孩子也總是較難接受。因此，要求父母對孩子一律平等看待，實際上是不合理的，反而容易使父母自責與矛盾，進而妨礙親子關係。「父母效能訓練」的觀點便在於強調父母應該做一個「眞人」，而眞實的父母一定會對孩子表現出接受和拒絕。

2. 父母在孩子面前必須言行一致？這種古訓往往使得父母必須僞裝自己，喪失人的眞實性。實際上，父母也會因爲心情和境遇不同，而在不同時間與情境對孩子的行爲有不同反應。例如：父母心情低落、失眠或疲憊不堪時，孩子的一個小小錯誤便可能引來勃然大怒，反之，當父母心情愉悅時，則對孩子怎麼看怎麼順眼；還有，到餐廳會客用餐時，孩子必須端坐如鐘，嚴守餐廳禮儀，但是在家裏家常便飯時，打岔聊天卻是稀鬆平常的事。或許有人擔心孩子面對父母這種態度的轉變會感到困惑，但Gordon則認爲，這種前後不一致的轉變是無可避免的，父母必須因時制宜做調整，但是如果父母刻意僞裝自己，意圖使自己前後一致、始終如一的話，將會喪失人的眞實性。因此，「父母效能訓練」的觀點是：即使是相同的行爲，父母也可能隨對象、時間、場合而有不同的看法與作爲，但是，「父母效能訓練」也強調，這種因時制宜所造成的矛盾並不代表容許父母爲所欲爲，只是要讓父母認清並接受「眞實的人」可能會有的狀況。

3. 父母必須慈祥和藹，力行愛的教育？大部分父母總希望自己扮演模範親職的形象，但是天底下沒有一個父母能永遠接受孩子的行爲，所以，爲了表面上裝出接受孩子的行爲，內心卻是拒絕時，便出現了「虛假的接受」的曖昧情形。例如：和孩子一起看電影時，明明說好了要看某動作

片，可是孩子臨時卻吵著要看科幻片，事與願違的父母內心明明被激怒，但又怕打罵孩子會傷害自尊，甚至失了面子，因此，往往在勸說溝通無效後，出現了虛假的接受，表面上接受孩子的要求，內心卻因無法滿足自己的需求而沮喪易怒。如果父母經常採用「虛假的接受」，敏感的孩子總能分辨出真假感受，因而處於進退兩難的情境，對心理健康將有更大的傷害，久而久之，甚至會有不再信任父母，懷疑父母誠實與否的副作用。因此，「父母效能訓練」的重要理念是：父母不該隱藏自己的感受，當無法接受孩子的行為時，絕不假裝表現出虛假的接受。

4.接受孩子這個人，但卻拒絕他的行為？有些人經常在處理孩子行為時，告訴他說：「我喜歡你，但是我不喜歡你這麼做」，這種將個人和他的行為分開的「對事不對人」的論調似乎是理性的，但是「父母效能訓練」的基本理念卻反對這樣的看法，因為Gordon認為這個觀念是在誘使父母使用權威來拒絕某些行為，且安慰父母：「只要巧妙運用，孩子會認同你只是拒絕某些行為，而非不喜歡他」，然而，對孩子而言，這就如同希望孩子理解「打在兒身，痛在娘心」的道理一樣困難。「父母效能訓練」論點強調：孩子會從父母對他行為接受的多寡，來判斷父母是否肯定他這個「人」，如果父母拒絕孩子大部分的行為，無可避免地，孩子便會感受到不被肯定。

■親子互動技巧

針對那些不曾修過心理學課程的父母，要如何有效地、適時地幫助孩子？「父母效能訓練」介紹了一些可以有效增進親子關係的主要技巧，分述如下：

・對孩子表達「接受」，以使孩子吐露心聲

　　許多從事學校輔導工作的專業人員都發現：孩子有苦惱時，大都不會向父母坦露，反而願意和輔導人員談心，輔導人員到底運用了什麼不同於父母的方法，而取得孩子的信任呢？「父母效能訓練」課程便是要把這些專家的技巧與臨床的經驗傳授給父母，以期能更有效地扮演親職角色，並協助子女建立良好的親子關係。在這些技巧中，最重要的就是──如何表達「接受」的方式。

　　人類溝通傳訊的方法主要有兩種：一為口語表達，另一則為肢體語言，包括手勢、表情、態度等。接下來便介紹如何運用口語或肢體語言來表達接受的方式：

　　第一種方式是用肢體語言傳達「接受」的訊息。

　　肢體語言在傳達訊息上的力量，並不亞於口語表達，在某些情境下，使用肢體語言甚至比說話來得有影響力並且印象深刻，例如，安撫年幼孩子的哭泣或不悅，安慰往往比不上溫暖的擁抱來得有效。

　　在非語言訊息中，「父母效能訓練」建議父母可以使用「默默傾聽」以及「不干涉」兩種作法，向孩子表達接受的訊息。有時候不說話也是一種溝通的藝術，所謂此時無聲勝有聲也，當孩子在表達時，父母默默的傾聽，會讓孩子覺得被尊重與同理，因而間接傳達了接受的訊息。此外，不干涉亦表示接受，當孩子正在進行某項活動時，父母若不干涉，亦不加評語與批判，便表示父母贊同這樣的行為，且這種袖手旁觀不介入的作法，並不表示縱容孩子，而是鼓勵父母要把孩子視為獨立的個體，尊重他們的隱私權。

　　第二種方式是用言語表達「接受」的訊息。

　　儘管肢體語言能傳達父母接受的態度，但在良好的親子溝通中，言語則絕對是必要的，說話的技巧更是影響親子關係的重要

因素，Gordon甚至強調：能否成為良好的父母，全繫於父母的說話方式。每當父母和孩子說一句話，就好像拿著一塊磚堆砌著他們之間的關係；每一句話都在表達對孩子的看法，久而久之，孩子便自然能瞭解自己在父母眼中的模樣。

在「父母效能訓練」課程中，教父母如何說話之前，必先教他們「避免」使用某些說話方式。Gordon發現父母經常使用十二種典型的說話方式，將之稱為「溝通絆腳石」（**表10-3**），應該加以避免。

有鑑於**表10-3**所列十二種溝通絆腳石經常造成言者無心，聽者卻有意的窘境，甚至在內心衍生出一些防禦作用，因此，為有效使孩子吐露心聲，「父母效能訓練」建議父母們採用「敞開心胸」的談話方式，這種敞開心胸式的說法，會讓大部分的人感到被接受與尊重，進而促使對方勇於表達。茲介紹如下：

表10-3　典型的十二種溝通絆腳石

溝通絆腳石	常見反應與感受
1命令──規定孩子該怎麼做	防衛、反駁、反抗
2恐嚇──警告孩子做某事將招致的後果	沮喪
3教誨──告訴孩子應該怎麼做才是對的	覺得自己不行、差勁
4建議──提供孩子意見告訴他解決問題的方法	不相信我有辦法解決困難
5曉以大義──企圖用典故或個人意見來影響孩子	和對方辯論，並反駁他的話
6責備──否定孩子，責難其不是	罪惡感
7贊同──肯定孩子，並加以讚許	覺得不被瞭解真正的想法
8嘲笑──讓孩子覺得自己非常愚蠢	覺得自己愚笨、差勁
9分析──分析孩子的動機	被干涉、被審判
10安慰──運用同情、支持讓孩子心情不再沮喪難過	覺得像是幼稚的三歲小孩
11提出問題──問一些問題，企圖找出原因	被干涉、被審判
12說笑解憂──轉移話題，分散孩子的注意力	覺得不被瞭解真正的想法

1. 不代表價值判值的簡單回答，例如：喔、原來如此、嗯、很有意思等。

2. 較清楚表達接受的回答，例如：我對你的看法很感興趣，你願意多說一點嗎？我們談談這件事好嗎？這對你而言似乎很重要！告訴我事情的經過！我正在聽！我很感興趣！

　　無論是運用肢體語言或敞開心胸的談話方式，在過程當中，父母均不應加入個人意見或感受，孩子則會因為感受到被接受而開放自我，才有轉變和成長的可能性，父母親也可以享受到孩子願意吐露心聲的被信任感和親密感，良性的親子互動於是開始建立。

・「主動傾聽」是一種更有效的溝通技巧

　　「主動傾聽」是「父母效能訓練」的課程核心所在，不同於默默傾聽，運用主動傾聽時，聽者必須試著瞭解對方的感受，然後再用自己的話向對方求證是否有誤解其意，聽者不可加入自己的意見、分析、評價或勸告等。以下呈現一個「主動傾聽」的對話例子來具體說明此技巧：

　　兒：小華今天不和我玩了！我以後也不要再跟他玩了！
　　母：小華不跟你玩，所以你在生氣。
　　兒：對呀！我要跟他一刀兩斷！
　　母：你氣得不想再見到他。
　　兒：一點也沒錯。

　　這個階段，父母主要是要先能正確解讀孩子的意思，除了避免誤解之外，積極地更能讓孩子發洩情緒，進而促使孩子表達出更多的想法。下一個階段則是運用「主動傾聽」幫忙解決問題：

　　母：你對小華很生氣，氣得再也不想看到他。
　　兒：對！但是……我如果失去這個朋友，就沒有人和我玩了。

母：嗯，你討厭自己一個人玩。

兒：對……我想我必須用別的方式來和小華相處，但是，要我不生他的氣實在很難。

母：你想和小華和好，但是，要你不生他的氣是很難的。

兒：對！以前我叫他做什麼事他就做，現在，他再也不肯聽我的了！

母：小華已經不像從前聽你的話了。

兒：是的，因為他不是小寶寶了嘛！誰喜歡老是當聽別人指揮的小寶寶？

母：你比較喜歡小華現在的樣子。

兒：對，如果我改一改老是想指揮他的毛病，或許我們就不會吵架了。如果我偶爾讓他做他想做的，你想會有用嗎？

母：你在想如果你有時候肯讓他的話，也許會有用。

兒：是啊！也許會有用，我下回就試試看。

在上述利用主動傾聽達到情緒解放之後，本階段便開始試著讓孩子自己解析問題的責任，重新反省，因為唯有在較平和的情緒狀態下，才有成長轉變的機會，進而找到解決的辦法，這可以稱作「治療性的主動傾聽」。

通常，「父母效能訓練」班中的父母初次接觸到這種新的談話方式時，會覺得彆扭不習慣，甚至認為讓孩子振振有辭地說下去，會不會增強了他們的錯誤觀念或變得任性？因此，父母總是習於插手干涉、矯正，或呈現他們認為正確或成熟的一面給孩子看。這種動機無可厚非，但流於自我中心而不免採用了「典型的十二種絆腳石」時，必然的結果就是孩子閉上嘴不再吭聲，其實孩子並非默認遵從，而是口服心不服，這對親子關係根本就沒有助益。

「父母效能訓練」課程經驗顯示：即使沒有受過大學心理學訓練的父母，只要有心又有適宜的態度，學習主動傾聽的成效往往令專業人員大為振奮，反之，如果沒有真心誠意的主動傾聽，學到的也只是膚淺的表面功夫而已，敏感的孩子很容易察覺得出來。因此在父母運用主動傾聽技巧時，必須具備以下的態度：

1. 父母必須真的想聽孩子說話，且真心誠意想要幫助孩子，萬一沒空也要坦白告訴孩子，不要虛假地接受，又顯現出趕時間焦急的樣子，會使孩子的感受更不好。

2. 父母必須能夠接受孩子也可以有不同的看法，這個態度並不容易，需要假以時日才能養成。

3. 父母必須相信孩子有能力處理自己的問題，因為父母的信任和賦予機會，孩子解決問題的能力才更能成長。

4. 父母毋須害怕傾聽孩子傾吐感受，情緒只是一時的，感受時刻在改變，只要父母主動傾聽，這些感受就不會烙印在孩子心裏，進而轉化成較正向的知覺。

5. 父母必須將孩子視為不同於你的獨立個體，你只能陪孩子走過苦澀，但不能替他解決，這是他自己的人生。

・運用「我訊息」來表達父母的感受

在許多親子溝通互動中，父母的反應句經常以「你──」來開頭，這些說話方式，常在傳達「貶損」訊息（例如：嘲笑、責備、教訓等），要不就是傳達「解決辦法」的訊息（例如：建議、命令、恐嚇等）。這些訊息有意無意地告訴孩子：你是不優秀的、惡劣的、無能的……所以你應該受我的指揮和控制，父母一定是「比較行」的。例如：

「你不可以用這種態度跟媽媽說話！」（命令）
「你如果繼續這樣下去，試試看好了……」（恐嚇）

「你要尊敬長輩才對！」（教誨）

「你如果不想讀書，以後打算做什麼？」（提出問題）

「你這麼大了，東西用完了以後，是不是應該收一收？」（建
議）

　　由於童年時期是形成自我概念的重要階段，因此，經常接受
此種貶損訊息，日後往往容易種下孩子心理障礙的病因。「父母
效能訓練」發現：其實絕少父母真正有意要傷害孩子，他們只是
沒有學到更好的方法。

　　運用「我訊息」便是值得採納的良策，所謂「我訊息」乃是
父母坦率地將自己的感覺傾訴出來，告訴孩子他的行為對父母造
成的影響，比起暗示孩子他的行為是不對的，或是直接斥責他的
不是，其恐嚇意味減少許多，請見下例：

　　當孩子生氣打父母親時，家長可以有兩種不同的表達方式：

　　「哎喲！好痛哦！我不喜歡被打」──「我訊息」

　　「你怎麼可以打人呢？以後不准再這樣打任何人！」──「你
訊息」

　　第二個「你訊息」中告訴孩子他很壞，並且警告他下次不准
再犯，孩子對兩項指控都可能會反彈，尤其第二項指控根本尚未
發生呢！反觀第一個「我訊息」則告訴孩子自己被打的真實感
覺，以及該行為造成的影響。「我訊息」目的只在於把實情說出
來，其補救措施則讓孩子自己去設想，讓孩子擔負起改變現狀的
責任，這同時也意味著相信孩子有能力處理，信任他會尊重你的
需求與感受。因此，運用「我訊息」來表達父母的感受，會較
「你訊息」有效的原因，主要有下列三項：

　　1.「我訊息」是誠實的，可以影響孩子也對父母表達真實的
感受。

2.「我訊息」傳達實際上的根本感受，而將採取應對補救措施的責任留給孩子，能幫助孩子成長，學習替自己的行為負責。

3.「我訊息」向孩子坦承自己也是眞實的人，可以有效提升親子關係。

・使用「沒有輸家」的方法以解決衝突

　　在家庭中因爲彼此的需求而發生的衝突是無法避免的，如果父母向孩子表達了「接受」，眞誠坦率地表達自己的感受，也運用了主動傾聽或「我訊息」之後，孩子卻依然我行我素時，該如何是好呢？　Gordon後來發現，實際上造成親子衝突，或使父母左右爲難的根源所在，實乃父母不肯妥協的「非輸即贏」的錯誤觀念，大多數父母會把和子女之間的衝突看作權力爭奪戰，非要比出勝負看哪一方退讓妥協才行。

　　Gordon在「父母效能訓練」課程中分析父母解決衝突的方法，常見的就是「贏」和「輸」兩種，他並稱之爲「第一方法」和「第二方法」，這兩種方法都是只有一方贏，另一方則必須屈從而無法如願。此兩種情境中，雙方都想照自己的心意去做，才會起衝突，結果不論誰贏，均有一方覺得打敗仗而生對方的氣，甚至勝利的一方也不見得愉快。因此，「父母效能訓練」課程提出了一個革新的方法，即「沒有輸家」（no-lose）的「第三方法」。以下說明運用此三種方法的後果：

1.父母是贏家的「第一方法」：依靠「第一方法」來解決衝突的父母，多半信賴傳統教養觀念，認爲使用權威是件理所當然的事，即使付出慘痛的代價也不退讓。尤其在親子關係中，父母是擁有較多權力的一方，孩子總是仰賴父母的時候多，也讓父母順理成章地習於當贏家，但是，「第一方法」卻非萬靈丹，信奉父母一定要當贏家的後果經常

不是孩子心不甘情不願地屈從後，對父母心存怨恨或敵意，就是因為被迫屈服，提不起勁來做事而敷衍了事。父母往往為了維護權威，事後必須花很多時間去檢查孩子是否確實做到，一再地囉唆叮嚀，反而剝奪了孩子學習自律的機會。

2. 父母是輸家的「第二方法」：「第二方法」的父母老是輸家，子女總是為所欲為，孩子雖然不會有如「第一方法」之下的敵意、依賴或退縮，但是，反而常被鼓勵去逼迫父母以獲勝。這類型的父母大都是因為個性上害怕和孩子起衝突而寧願順從，不惜以任何代價換取風平浪靜就好。要對一個經常予取予求的人，表現出真正的接納和關愛，是很困難的，即使是父母也不例外，因此，「第二方法」的父母並不快樂，他們甚至會逃避和子女相處，或羞於帶孩子外出作客，因為這種總是常勝軍的子女，容易因為過度自我中心而不尊重他人的感受，甚至為所欲為，造成同儕相處和學校適應的困難。

3. 沒有輸家的「第三方法」：Gordon在主持「父母效能訓練」課程的經驗中發現，以上兩種方法都會給家庭親子關係帶來不良的影響，也發現大多數家庭其實並不單純只是採用一種方法而已。他發現有的是父母一方專用「第一方法」，一方專用「第二方法」，孩子變得情緒多變或易於取巧於二者之間；有的父母對長子用「第一方法」嚴加管教，對第二個孩子卻改用「第二方法」，於是老大會覺得父母偏心而討厭弟妹；也有的父母在孩子小時候採用「第二方法」，等到長大越來越獨立自主後，卻又改採「第一方法」。以上這些狀況都會使親子關係變得更複雜，問題叢生難解而已。因此，Gordon便提出一個革新的方法，稱之為「第三方法」──「沒有輸家」，或所謂「雙贏」的方法。

　　「父母效能訓練」認為衝突的解決，並非只靠兩極化的方法，因此訓練父母從觀念上先接受「願意為了解決衝突另闢蹊徑」的想法，再進而瞭解原來的兩種方法為什麼無效？有何不良影響？更進一步再使父母體認到「第三方法」的效益，並在實際情境中運用。沒有輸家的「第三方法」效果頗佳，消極上對衝突解決有效，積極上則對良好親子關係和家庭經營均有裨益。由於減少權力的需求，因此親子彼此合作、互相尊重的心態油然而生，加上使用「參與原則」，讓孩子有實現解決辦法的動機，因此較不需要強制執行，也更有機會表現出有創意、有效益的高品質解決辦法。

　　運用「第三方法」時，必須事先和孩子說明何謂「第三方法」。父母可以運用訓練班的圖表、教材向孩子解釋以前習慣的「第一方法」和「第二方法」會有何種結局，並表達父母想要停止以往那種「非輸即贏」的戰爭，再進一步導入「第三方法」的目的與技巧，和孩子一起尋求更好的解決途徑，並具體執行。此外，Gordon亦強調：整個溝通過程中，發送「我訊息」是很重要的，因為可以讓孩子知道父母的感受和想法，而不致落入溝通絆腳石的狀況，否則所有討論將又變成另一場爭執。

■「父母效能訓練」在親職教育上的運用

　　Gordon博士認為：「父母應該在孩子還小的時候就學習這門新的教養哲學」，整體來看，「父母效能訓練」這個經過測試的訓練方法，已經可說是在現代親職教育實施方法中，占有相當重要的一席之地，在美國及世界二十多個國家中，也已受到學校、民間組織及其他親職服務機構的認同和推崇，嘉惠了數以萬計的家庭。但是，天底下並沒有一套技巧或方法能適用於所有的情境，或是永久有效的，Gordon便指出：「八個星期一梯次的『父母效能訓練』課程，不可能改變所有的父母——特別是那些多年來都

在使用無效的管教方式的父母，『父母效能訓練』課程難以使之做一百八十度轉變」（張海琳等譯，1994）。「父母效能訓練」所揭示的主要是一些理念原則，更重要的是提出了一些革新的觀念與作法，重新界定親子互動關係，但在應用時仍須因時制宜彈性應變的。

(二)行為改變技巧（Behavior Modification Technique）

■理論依據與主要代表人物

1.行為主義學派（Behaviorism）：
　(1) I. P. Pavlov 的古典制約、J. B. Watson 的情緒制約。
　(2) B. F. Skinner 的操作制約。
2.社會學習論（Social learning theory）：A. Bandura。
3.認知行為改變理論：
　(1) A. Ellis 的理情治療法（Rational-emotive therapy）。
　(2) P. H. Meichenbaum 的自導訓練法（self-instructional training）。

■發展簡述

早在一九五三年Skinner等人在醫院為精神病患從事矯治工作時，便提出「行為治療」一詞，而「行為改變技術」一詞則最早出現在一九六二年 R. I. Watson所發表的文章中（陳榮華，1995）。我國乃於一九七六年教育部公布之「特殊學校教師登記辦法」中，正式將「行為改變技術」作為一教育專業科目，並逐漸推展成為自大學至幼稚園所常採用的技術。

早期的行為改變技術較偏向於應用制約學習的方法去矯正不良的行為，到了後期，行為改變技術沿用到了教育、特殊教育、臨床心理及醫療等各實務界，並引進了不同的學理和原則，進展到兼顧良好適應行為的塑造。

■相關理論與技術介紹

・古典制約學習理論（Classical conditioning）

　　主要是由 I. P. Pavlov（1849-1936）及 J. B. Watson（1878-1958）的實驗而建立。

　　Pavlov的實驗研究對象為狗。將無關聯的刺激與反應間建立出新關係的過程，即為制約學習，可簡化如**圖10-3**。

　　Pavlov的實驗被用來解釋許多人類行為形成或學習的歷程，也成為日後行為治療者據以矯治各類焦慮症或心理異常之主要原理。

　　Watson的實驗研究對象是小男孩亞伯特（Albert），重點在於瞭解懼怕情緒的制約歷程。這個實驗流程如**圖10-4**所示。

・學習前

　食物（UCS非制約刺激）→分泌唾液（UCR非制約反應）

　鈴聲→不分泌唾液

・學習過程

　鈴聲（CS制約刺激）→食物（UCS非制約刺激）→

　分泌唾液（UCR非制約反應）

・學習後

　鈴聲（CS制約刺激）→分泌唾液（CR制約反應）

圖10-3　Pavlov的制約學習實驗簡圖

・學習前

　白兔（UCS）→撫摸（UCR）

　巨響（UCS）→恐懼（UCR）

・學習程程

　白兔（CS）→巨響（UCS）→恐懼（UCR）

・學習後

　白兔（CS）→恐懼（CR）

・刺激類化：白鼠、聖誕老人白鬍子，均能引起「恐懼」的制約反應

圖10-4　Watson的制約學習實驗簡圖

　　Watson認為情緒是可以由古典制約學習而建立的，甚至會有「刺激類化」現象，例如亞伯特最後不只怕白兔，連帶地也害怕類似的物體。我們的俗諺所謂「一朝被蛇咬，十年怕草繩」也是類似的道理。

・操作制約學習理論（Operate conditioning）

　　主要是由 B. F. Skinner（1904-1990）以老鼠為對象的實驗──史金納箱（Skinner box）而建立（**圖10-5**），根據這個實驗，Skinner認為在「某刺激」的情境下，由於個體自發性的（非由該刺激所引起）反應，帶來的結果導致該反應強度的增加，而後終能在「某刺激」間建立新聯結關係的歷程，稱之為操作制約學習或工具制約學習。

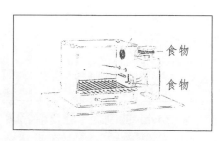

圖10-5　史金納箱

　　而後，許多學者根據此一實驗理論提出許多相當實用的工具，如增強、懲罰、塑成、削弱、代幣等技巧，是行為改變技術中最常被運用的原理，茲將各技巧原理介紹如下：

　　首先要介紹的是增強原理（reinforcement）。

　　所謂「增強」乃指：在學習情境中安排設置任何有助於聯結某刺激與某反應間之人、事、物的方式，即稱為增強作用。增強作用又可分為正增強（positive reinforcement）和負增強（negative reinforcement）兩種。

1. 正增強：利用或安排能滿足個體需要或帶來愉悅的事物以達到學習效果，便稱為「正增強」。正增強物不限於只是直接滿足生理需求的事物而已，而是凡能滿足個體內在、外在需求以及解決某問題的需求等，均應包括在內。所以，他人的讚美關愛（又稱作「社會性獎賞」），甚至知識技術等都可以應用來作為正增強物，只要那是個體所渴望得到的均屬之。

2. 負增強：移去或消除個體所避免或不想要的厭惡性刺激，此種學習歷程即稱為「負增強」。一般人常常誤以為負增強就是懲罰，這是不對的。最根本的差異是：「懲罰」是在遏阻不受歡迎的不良行為，而「負增強」則是透過對負增強物的安排來強化受歡迎的所欲行為。承受懲罰，大半是痛苦的不愉快的，而負增強的後果則是使個體如釋重負，是愉快喜悅的。有時候，負增強也會造成不良行為的養成，所以在使用懲罰時必須特別小心，若只是為了懲罰而懲罰，而沒有在懲罰後引導正向行為，常會有反效果產生，而且懲罰的效果常是暫時的，出現不良行為的機率仍可能回升，故教保人員宜慎用。

有關正增強、負增強和懲罰之比較分析，請參考圖**10-6**。

	＋喜歡的事物	－厭惡的事物
＋增加	正增強	懲罰
－移除	懲罰	負增強

圖10-6 正增強、負增強和懲罰之比較分析

關於增強物安排方式，則有立即增強／延宕增強、連續增強／間歇增強等。

應用增強原理之原則如下：

1. 確切指明應予增強的目標行為，目標行為越具體明確則增強成效越佳。
2. 增強物的合宜性是增強效果能否成功的重要關鍵，增強物要因人因時而異。
3. 增強次數要因時制宜，善用間歇性增強。
4. 必須針對良好行為即時施予增強，掌握時效性，切勿拖延太久。

第二個要介紹的是削弱原理（extinction）。

經由增強作用而形成的行為，可能因增強效果的終止又趨於遞減。換言之，已制約成功的某一行為，若未能再獲得增強，則出現頻率將減少，此一現象即稱為「削弱」。

削弱最好應用在「減少不受歡迎的行為」上，因為兒童的若干不良行為，往往是在父母或教師無意中增強而建立的，如孩子以哭叫、耍脾氣來獲得父母的注意與關懷，學生以惡作劇來獲得老師的注意等，若能善用削弱原理（如置之不理），則可能糾正其

不良行為。

　　許多專家發現，只有單獨用削弱原理企圖減少不適當行為的頻率，不如再配合增強原理來得有效果，因此，當我們運用削弱原理來減弱不良行為時，最好對與不良行為相對立的良好行為也同時加以正增強，雙管齊下的方法會更有效果。

　　第三個要介紹的是塑造原理——行為的逐步養成（shaping）。

　　所謂「塑造」就是把達成目標行為的歷程加以細分成漸進的若干階段，再運用增強原理逐步訓練以養成目標行為。人的行為有的簡單，有的複雜，不完全是可以用簡單的一個S→R公式即可代表，有的行為是要聯結數個S→R公式才能表示。因此，簡單的行為容易一學即成，複雜的學習行為則須「逐步養成」，按部就班地、由易而難地、由簡而繁地學習方有成效。此外，某些所欲建立的行為或許出現頻率並不高，若要等待它出現再給予增強，實在缺乏效率又費時，況且有些行為根本是個體本身便不具有的，所以適時的採用「塑造」來逐步養成目標行為是必需的作法。

　　以下舉一個利用「塑造」來逐步訓練小孩自己穿褲子的例子。

1.首先挑選孩子最容易自己做到的動作為起點（如穿鬆緊腰的褲子），一步一步漸進地訓練，每完成一小步驟，都要給予增強。

2.漸次提高要求的標準，如剛開始只要孩子能將已穿至臀部的褲子拉上來到腰部便給予正增強，待此動作熟練後，便只幫他穿到膝蓋再鼓勵他自己把褲頭拉上來穿好，如此依照設計程序一邊增強一邊提高要求標準。

3.達到更高標準時，原本的步驟便採用削弱原理不再增強，要達到較高水準才予增強。

在行為改變技術中，「塑造原理」的成效特別顯著，使用率

也特別高且應用範圍廣,原因在於它不獨使用了增強原理,同時也運用了削弱原理:只要訓練對象達成了所設定的每一小階段目標即立刻增強,以期增加信心並熟練此階段之行為,但是當訓練對象已進入次一階段時,前一階段的行為就不再增強,代之以削弱舊反應,以期逐步向目標行為邁進。應用塑造原理時,須注意以下事項:

1.首先必要確認目標行為(終點行為)。

2.要審慎選擇從哪一行為開始(起步行為)。

3.仔細規劃塑造的步驟,並具體描述每一階段的中程目標與運用適當增強物。

4.執行塑造過程計劃時應隨時做「過程評量」,並修正標準。

5.選擇增強物時應注意個別差異。

第四個要介紹的是代幣制。

代幣制起源於 T. Ayllon在一九六一年於美國伊利諾州安娜州立醫院所做的精神病患行為治療之研究,他和同事設計一套完整的增強辦法,稱之為「代幣制」(Token economy),用以改善一群精神病患的自我照顧技能(陳榮華,1995)。由於功效良好,代幣制便漸漸流傳且被改良得更精巧完善,是影響十分深遠的一項行為改變技術。

「代幣」是指「將一種原本不具有增強作用的物品,與增強物相聯結,以使此物品也具有增強力量,而且通常也可以累積兌換其他增強物」。在行為改變技術中,較常被使用作為代幣的有:積分卡、貼紙、蓋印章等,任何可以累積集點數的東西都可以充當代幣,以供個體換取所喜歡的制約增強物,故代幣也稱為「類化增強物」。在教育界,尤其是幼兒教保實務領域中,代幣即經常被使用來引導孩子表現教保人員所欲行為;在精神病患行為控制、智能不足兒童、自閉症兒童及少年犯罪矯治領域,也均有眾多成

功之應用經驗。

　　在增強、塑造原理中，均一再強調增強物的設置適當與否，往往也是成功的關鍵。有組織地安排代幣，恰可作為一更理想之增強方案，因為使用代幣可以避免因重複給予相同增強物而產生的飽和現象（如一直給糖果，久之對糖果便不再喜愛而失去增強效果），代幣又可以儲蓄累積起來，等個體覺得想要時，再兌換當時認為需要的增強物，而且代幣施予方便，攜帶也方便，實為實用有效的制度。應用代幣制時，應注意以下原則：

1. 在實施代幣制時，最好有其他措施（如社會性增強或間歇性增強）來增強，避免一旦取消代幣後，原已建立的行為又迅速削弱。
2. 代幣制所換取之增強物應善加規劃設計，瞭解受訓者真正有興趣的增強物。
3. 使用代幣制建立某種行為後，不一定會類化到其他行為。
4. 代幣制的效果是有期限的，並非一成不變。

・社會學習理論（Social learning theory）

　　創始人班度拉 A. Bandura於一九七七年發表社會學習論的大著，該理論奠基於之前的制約學習論成為一九八○年代興起的新派學習理論。它和制約學習最主要的不同是：制約學習採用的增強效果概念，個體經常是處於「被動反應」地位，Bandura則強調了「個體的自主性」，提出個體的認知歷程也是主宰行為反應的要素，強調個體既不單純受驅於內部力量，也不全然受制於外界壓力，應該是「行為、環境和認知」三因素交互作用而成。

　　社會學習論另一個重要貢獻是提出「模仿學習」的理念：個體的學習並非全靠親身嘗試、操作而得，也可以透過對某一「楷模」（model，觀察模仿的對象）的觀察與模仿而獲得。這個楷模可以是生活中的一個人，也可以是電視、電影甚至小說、故事中

的主角等，個體藉著看或聽等觀察方式而決定學習楷模的行為，或是警惕自己不要學習這種行為。由於這樣的學習並非個體親身試驗，故又稱為「替代性增強」或「替代性學習」。

在現代社會中，大眾傳播的力量無遠弗屆，這些公眾人物或媒體的示範效果，是否對成長中的幼兒或兒童，甚至於青少年、成人產生模仿學習的結果？模仿學習可以經過觀摩而習得好行為或是符合社會規範的行為，抑制表現不受歡迎的行為，但也可能習得不良行為。因此，對成長中的兒童而言，模仿學習的提倡實有其積極意義，對親身接觸兒童的教保人員更有警惕作用，因為身為教保人員相當容易被當作楷模對象。

· **認知行為改變理論**（Cognitive behavior modification）

古典制約學派強調唯有客觀可觀察的「行為」才是心理學研究的對象，而且認定行為完全受外界因素所控制。反之，認知行為改變論者則引用古代西方哲人Epictetus的一句名言：「人們的困擾不是來自事情的本身，而是來自人們對事情的看法」，認為個體的行為乃受到思想、知覺，以及動機的影響，因為人有不合理的思考形態，才會引發情緒困擾，因此將治療的重點放在個案不合理的思想、感受，及其他隱藏事件等。認知行為改變技術常被用來進行如焦慮症、肥胖症、酒精中毒等矯治工作。以下是認知理論中較常被運用的兩個方法技術：

第一個方法是 A. Ellis的理情治療法（rational-emotive therapy）。

A. Ellis認為情緒困擾的原因，乃是由於個人的不合理信念所引起，所以教導個案學習用「理性的思考方法」來替代「非理性的想法」。實施的程序包括五個連鎖階段：A－B－C－D－E：

A（Activating events）：個案所面對的外界事件。

B（Belief system）：個案對A事件的想法。

C（Consequence）：指由B段所引發的情緒或行為。

D（Dispute）：指治療者企圖幫助個案改變或駁斥其在B段的非理性想法。

E（Effect of dispute）：經由D段後所產生新的行為。

　　此法對於那些導因於情感因素，對事情有不正確認知而外顯於行為表現者，會比使用制約行為改變來得有效，例如一個因父母離異而焦慮不已的兒童，可能使用暴力來發洩不安的情緒，或是退縮造成不合群的假象，這些行為表現實乃導因於其非理性的想法——我不乖所以爸媽吵架、爸媽不要我了等，此時使用理情療法可以引導幼兒面對父母離異並非他所造成，幫助幼童改變其非理性想法，並以同理與接納的態度協助矯正不當行為。

　　第二個方法是 P. H. Meichenbaum的自導訓練法（self-instructional training）。

　　P. H. Meichenbaum整合 Ellis、Beck等人的方法，提出一套對於修正兒童的衝動、焦慮、憤怒及痛苦等行為，和成人精神分裂症頗具成效的自導訓練法。其實施步驟如下：

1.訓練患者確認自己不適當的想法。

2.示範適當的行為，說明有效的活動方式及策略。

3.配合口頭說明，讓個案自導自演幾次，然後再經由想像在內心重複演練幾次。

■行為改變技術在親職教育上的應用

　　在我國，行為改變技術無論是在班級經營或親職教育實務領域中，均占有重要地位，其應用範圍廣泛，尤其在培養兒童的動作、技能、習慣，以及學習行為上均見宏效。因為行為改變技術所欲改變者，經常是一些小行為，因而容易被誤認為是輕而易舉的小事，但兒童行為習慣的培養，以致人格的形成，均是靠點滴

累積建構而成的。在親職教育內涵中，管教問題及行為矯正是核心所在，行為改變技術正可以提供最基本的方法，從良好的生活習慣開始培養，則漸漸形成自律、自治的兒童。此外，因為人不是機器，而是一個有獨立思考能力的個體，所以行為改變方案的設計應著眼於生態環境的改變（如楷模設置等），慎選對兒童有最大助益和最小傷害的作法，多用積極增強物，少用厭惡性刺激，以引發出個體自然而然的行為改變，才會是成功有效且持久的行為結果。

四、親職教育的實施過程

親職教育的落實應掌握父母的需求，唯有需求被滿足後，才能引發父母的參與動機。因此，親職教育活動首須藉由需求評估，以瞭解社區居民的屬性，以及幼兒父母之需求與興趣所在、方便參與之時段、交通便利之場所、喜好的活動方式、屬意的講者之後，再由機構統整規劃課程內容。以下歸納整理出實施親職教育的過程與步驟：

(一)需求評估

「需求評估」是幫助親職教育服務做決策的一種重要工具和方法，如學校要舉辦何種類型的親職教育課程？針對哪一類家庭？使用何種方式？主辦單位不僅需要評估家長需要哪些親職課程，還需要瞭解提供的內容是否足夠，是否能滿足家長的需求。

■評估步驟

1.確認使用者及用途（如服務對象、服務目的）。

2.挖掘問題與解答（如親子問題、解決之道）。

3.描述服務環境（如家長背景、服務場所）。

4.評估需求的優先順序（衡量重要性與服務宗旨）。

5.呈現評估的結果（以口頭溝通或書面報告的方式）。

■評估方法

1.社區資源調查——如社區機構所提供的服務。

2.社會指標分析——如人口普查、兒虐統計資料。

3.家長需求調查——如問卷調查、電話訪問。

4.服務使用分析——如參加人數、家長背景分析。

5.團體方法——如親師座談會、焦點團體。

(二)籌備課程

在確定服務對象與其特點後，便要開始籌備親職課程。規劃者可以選用現成課程或依據相關理論與家長需要自行編寫。一個有效的親職課程至少要有十小時以上，但也不宜超過三十小時，以免使有興趣的家長卻步。以下是籌辦親職課程的要領：

1.組成籌備小組。

2.物色合辦或協辦單位。

3.選擇活動日期、時間和地點。

4.師資的篩選。

5.決定收費標準。

6.活動行銷與文宣——海報或媒體。

7.招生事宜——親職教育說明會。

(三)決定實施方式

■以對象區分

1.個案方式——個別指導與諮商、個案管理。
2.團體方式——研習會、工作坊、成長團體、互助團體。

■以活動性質分

1.資訊性：機構參觀、聯絡簿、電話訪問、家庭訪問、親師座談會、親職講座、資訊張貼（布告欄）、刊物寄發。
2.聯誼／休閒性：親子活動（郊遊聚餐）、特殊節慶活動（園遊會）。
3.課程參與：園務協助、教室助理、課程設計。
4.決策性：家長委員會、成長團體。

五、親職教育的實施內涵

　　親職教育是教學的上游工作，做好親職教育可以減輕下游教學工作的費時與費力，而且家長與教師間的合作對於兒童的學習有激勵作用，如果教師在班級經營中具體落實親師合作，將讓教學達到事半功倍的效果（曾端眞，2001）。親職教育的實施內涵包括三大部分，首先是協助家長扮演稱職父母角色的親職教育，包括適應新環境、親職資訊的提供等；其次是促進親師合作的親職教育，包括鼓勵父母參與的各項措施；最後則是機構經營管理者或教師對各項親職教育方案的規劃與實施。從初次會面到導引兒童與父母逐漸適應機構之過程，是爲「親師合作」與「父母參與」

奠定基石的大好時機，以下是各階段親職教育的實施內涵：

(一)準備入學階段的親職教育

本階段的親職教育活動是以預防性為主，在兒童進入團體生活前提早做準備，亦是建立往後親師合作的基礎。

■初次會面與機構參訪

幼兒的親職教育工作是從幼兒尚未入園之前便應開始著手了，教師可以利用父母選定托育機構或為孩子註冊時的初次談話，徵詢父母有關幼兒的基本資料（如家庭作息、健康狀況等），以及父母對幼兒的教養方式與期望，為幼兒入學以後的適應提早做準備，並藉此機會彼此認識，建立往後親師合作的基礎。此外，教師與幼兒的初次會面也很重要，在尚未開學前，建議父母先帶幼兒到幼兒園參訪，將更有助於幼兒日後的適應。機構參訪時，應避免在團體活動之際進入教室參觀，而使幼兒承受過多的壓力而感不安，建議剛開始可以用玩或聊天的方式，先和教師建立關係，有助幼兒在入學後接納新教師，然後在班級內只有少數幼兒活動的時刻（如戶外活動時間或放學後），導引孩子進入教室觀看各學習區中有趣的玩具，並乘機介紹其他在場的孩童給新進幼兒認識，使其在入學第一天就能在園所中見到數張熟面孔，有助於幼兒對新環境的適應，如果保育員可以事先在專屬置物櫃上貼上幼兒的名字或照片，則更能提高幼兒的歸屬感。如果整班都是新生，則可利用新生家長座談的機會，導引幼兒參訪新環境。

小學中的親職教育則以小一最為關鍵，如果幼兒園可以在幼兒畢業之前安排一次集體的國小參觀，瞭解學校的作息與上課形態，將有助於入學後的適應。通常親師間的第一次會面被選定在學校日，如果學校能在開學日當天就開始協助父母做個有效能的

父母，則對往後學童的學習生涯有莫大助益。

■舉辦新生家長座談會，建立雙向溝通的管道

　　舉辦新生家長座談可以增進教師與新生家長的認識，並讓各家長與兒童間能彼此熟悉。藉新生家長座談的機會，教師可以發給家長手冊，並略加解說機構或學校的教育理念與運作方式（如生活作息、教學方式、父母參與方式等），此外，父母手冊的內容也可提供各年齡層兒童的發展特質與親職資訊，以便父母參考。要注意的是，新生家長座談會不應淪為行政報告會議，在負責人或行政人員報告完園務／校務概況之後，應正式介紹各班導師給家長與新生認識，並安排一個溫馨隱蔽的空間讓各班帶開，讓教師與新生家長能進一步認識，瞭解彼此的期望。

　　國小的新生家長座談會大都在「學校日」舉行，那一天通常也是家長和新生第一次和班導師會面，為了有助座談會的暖身與進行，教師事前的準備工作不可或缺。一般而言，台灣國小教師的角色地位不同於保育員，家長多抱持敬而遠之的態度，所以第一次的印象十分重要，教師應在舉手投足之間散發出溫暖的訊息，除了可以寬解新生學童的畏懼心之外，更有助於日後的親師合作。新生座談會中，除了教學計畫大綱與相關配合事項的說明之外，有些老師會用「給父母的一封信」的方式來傳達親職教育的訊息，父母對這種軟性訴求的方式反應大都很好。曾端真（2001）亦曾於文獻中介紹另一種親職教育的方法——邀請家長寫一封子女介紹信給導師，提供父母與教師雙向溝通的管道，可以看出父母均十分重視這種對話的機會，並透過書信喚起其內心對子女的愛與欣賞，而學生也藉由老師轉述父母的描述，在班上變得懂事許多。一封簡單的信，神奇的拉近了新生、家長與教師間的距離，如果再能透過班級經營形成合作的鐵三角，將為學童國小的學習生涯創造「三贏」的契機。

(二)新生適應階段的親職教育

　　本階段親職教育的目標，主要在於協助兒童及早融入團體、適應學校生活，並維持親師間溝通管道的暢通。

■處理分離焦慮，養成正常作息習慣與基本生活自理能力

　　一個新生融入團體需要時間漸次調適，除了先前各項準備工作之外，教師應與兒童父母合作，視兒童的適應情況彈性調整上課時間。例如是學齡前幼兒，則可以將入園的時間由半天漸進拉長到午餐、睡完午覺、而至放學；國小新生的上課時間則統一都是半天。對於初次與父母分離的幼兒，應允許父母進入教室陪伴一旁，並將彼此身體距離逐漸拉大，陪伴的時間漸次減短，當幼兒可以適應與父母暫時性的分離時，父母必須具體確切的交代接回幼兒的時間，且信守承諾，讓幼兒瞭解短暫分離並不會失去父母（邱書璇，1996）；此外，讓學齡前幼兒攜帶小毛毯、玩偶等安慰物，藉以得到慰藉，亦不失是一個好方法。至於焦慮不安的國小新生，則可邀請父母進教室與子女同坐，先以同理的傾聽讓父母及幼兒釋放分離焦慮，再藉機給予親職教育與始業輔導，藉以安定親子雙方的情緒，然後再靠團體的力量讓新生學習獨立，盡早融入團體生活。

　　教師在新生適應階段的親職教育重點，除了協助兒童與父母處理分離經驗之外，運用行為改變技術等方法，養成兒童正常的作息習慣與基本的生活自理能力亦相當重要，尤其是「起床的戰爭」如果處理不慎，將延續到以後整個學習生涯而不止息。至於食衣住行等生活自理能力，除了直接影響身體發育外，亦將間接危及兒童的人際關係，父母如果在家做盡子女的奴才，子女來到

學校便會成為同儕間的蠢才。

■保持親師溝通管道的暢通

　　教育目標的達成需要父母與教師二者在教保工作上的一致並互相延續，以增強幼兒在不同情境中的各種經驗，如果二者未能一致且各自為政，勢必將抵消彼此的教保功能。如何使兒童在各領域之學習經驗能成為一個彼此銜接的連續過程，進而有助於兒童的總體發展，則有賴於父母與教師頻繁且開放的溝通。因此，一個成功的教師必須將父母視為教育工作上的夥伴以及朋友，藉由以下各種管道維持親師間的溝通。

　・父母接待區

　　幼兒園中應設立一個溫馨明亮的「父母接待區」，作為父母與保育員之間交換資訊的區域，有關園所之園務刊物、活動訊息、健康資訊、教保新知、親職書籍，以及與保育相關的雜誌期刊都適合放置於其中，以供父母及保育員參考。

　・每日交談

　　父母每日至機構或學校接送幼兒的交談時刻，是親師間最常使用的溝通方式，父母與教師可藉此交換孩子每天在校中的種種訊息。此外，對於有時效性的議題也是相當有效的溝通方式。因此，教師應鼓勵父母親自接送孩子到教室，以便於親師間的互動。

　　此外，教師須妥善計劃時間與空間，以利親師間每日高品質的接觸。例如保育員招呼孩子與父母後，即可交棒給助理安頓幼兒，並與有需要的父母交談；保育員與父母交談的空間位置也須注意，應站在教室門外，以便與父母接觸。

　・家庭聯絡簿

　　父母與教師可以藉著家庭聯絡簿交換意見，作為親師分享幼兒生活點滴、雙向討論與問題解決的一個空間。聯絡簿也可附上

一些幼兒在園內的簡單作品（如圖畫、作品照片等），使親師共享幼兒的發展進程；或是嘗試讓開始練習寫字的國小新生繕寫小日記，均能豐富聯絡簿的內涵與功能。關於繕寫家庭聯絡簿的頻率與方式，因應時代的變遷，已有一些彈性的改變，大部分幼兒園約一週交回一次聯絡簿，主要作為聯絡事情之用，至於聯絡感情的功能已日漸式微，此外，不受限於時空限制的電子聯絡簿@化溝通橋梁也逐漸被各園所採用。

・電話訪談

　　對於兒童生活事件的聯絡與溝通，較具時效性的電訪已經逐漸取代聯絡簿的功能。電訪除了可立即處理緊急事務，表達教師對兒童關切之意外，對於平常無法與教師接觸的父母，電訪也是親師分享的一種方式。電訪的時間須固定，並以父母方便接聽的時段為主，以便父母有所準備，並將可能的打擾減至最低。

・家庭訪問

　　學期中的家訪可使教師對幼兒的家庭結構、家庭成員間的互動、父母教養形式，以及對幼兒的期待、幼兒在家的學習環境與生活作息等，能有深切、具體的瞭解。教師的家庭訪問無疑是將對兒童的關懷，由學校延展至家庭，增進了三者間的信賴感。每次的家訪，教師除了安全上的考量須結伴而行之外，亦應根據訪問目標，事先擬定家訪記錄表，使每次家訪都能有實質上的收益。

　　許多家庭對教師的造訪有負面的刻板化印象，例如猜測兒童可能在校有不好的表現，因此，事前知會父母關於家訪的日期與目的，將能使其負面感覺減低。此外，雙薪家庭的家訪大都只能選擇週末或假日，因此機構對教師額外工作的補貼是有必要的。家訪時，對不同於自己社經地位及文化的家庭不可心存偏見，應保持開放的態度，敏感的社交技巧，訪問後的記錄與成效檢討是不可或缺的工作。

‧園務通訊或班訊

　　幼兒園中可以定期或不定期的發行園務通訊，來傳達園所中已進行（或即將進行）之課程與活動、幼兒之學習經驗與成就、配合時事的幼兒教育相關議題探討、老師的教學心得、家長參與學校活動感想、親職教育文摘、親職活動預告等。園務通訊最好由專責人員負責邀稿編寫，視園所設備採文字或網路通訊方式均可，但要確認每位幼兒家長都有收到。

　　至於國小則可透過班訊或班級網站（目前台北市學校均已開始試辦架設），讓家長瞭解班級活動、班費收支、學生花絮與學習情形等訊息，亦能具時效性地傳遞親職教育資訊，惟時下網路犯罪當道，在班級網站上公布學生個人資料時，須十分小心保全措施，以免淪為犯罪的工具。

‧公布欄

　　對於較獨來獨往的家長，公布欄是使其獲得有關幼兒與保育機構各種資訊的地方。一般而言，幼兒園中的公布欄可以分為兩種，一種是班級公布欄（或稱作品展示欄），可放置於教室外牆上，張貼有關當日課程、活動、餐點、每日快訊、幼兒作品（須注意每位兒童皆有機會展示其作品），以及給予家長的相關訊息。全校性的公布欄則可布置在家長接送幼兒必經且明顯之處，並張貼有關幼兒保育的相關短文、活動照片、園所或社區相關活動的訊息，以及家庭資源交換的廣告等。至於國小的公布欄則應設置在校門口警衛室或家長接送區旁，以便家長接送子女上下學時讀取資訊。公布欄的設計須醒目、具巧思，才能吸引家長的注意，並須不定期更換主題及內容。

(三)促進親師合作階段的親職教育

　　台灣目前親職教育活動的安排大都以資訊性與休閒性為主，

除了入學時的新生家長座談會外，親師接觸的機會大都是以親子旅遊、園遊會等娛樂性活動為主，鮮少為了促進親師合作而做安排。近年來，教育界大力推動班級經營的理念與方法，並將親職教育視為班級經營中相當重要的一環，其認為親師間的合作能增進兒童的生活適應與學習效果。目前國小的親職教育是由輔導室主導規劃，因此能帶入一些父母效能訓練等專業課程充權父母，甚至鼓勵父母參與，但是幼兒園對於親師合作機制則較為缺乏，以下提供一些促進親師合作的親職教育活動以為參考。

■藉由教室觀察或教學觀摩瞭解子女各領域發展的全貌

對參與教育工作有興趣的父母，教室觀察或是教學觀摩能幫助他們瞭解園所或學校的教育方式及內容，藉由觀察兒童在教室內與各種人、事、物的互動，更能獲得孩子在各領域發展的全貌。至於將進入教室擔任義工的家長，事前的教室觀察將有助於教室父母角色的扮演，此外，教室參觀往往也提供親師會議的討論議題。機構中若設置有觀察室或觀察角，則家長在進入參觀時較不會對兒童與教師造成干擾，若是直接在教室內參觀，則兒童及教師都須被事先告知。現今，歐、美等國均已發展出教室攝影設備與電腦網路連線的教室觀察系統，以便於父母對兒童的觀察與瞭解。

教室觀察對教師往往造成不小的威脅，因此克服親師合作的潛在障礙，首在增進教師的自我感與專業知能，將有助於保育員以開放的態度，歡迎家長參觀教學。教學觀摩可先由較不造成威脅的戶外活動參與，漸進至教室內的教學觀察，並提供父母觀察引導指南，以使家長的參觀更具效能。

■親師座談提供親師溝通的機會與合作的管道

「親師座談」的形式與目的不同於「每日交談」或「親職講座」。每日交談雖然是父母與教師間最頻繁的互動方式，但是對於某些較隱私或深入的話題，並無法在接送的公開場合或短時間內理出頭緒；而親職講座則是針對教養議題或教育新知由專家做資訊性傳遞。至於親師座談會則提供較長的時間，讓親師之間可以有更深入溝通的機會與合作的管道。

在新生融入團體、適應學校生活之後，應排定一段較長的時間，在一個不被干擾且安靜舒適的場所，讓親師之間能面對面的深入溝通相關教育議題與兒童學習情況，促進家長參與。有些老師會對家長過多的質詢感到不自在，有些是因高社經地位家長在氣勢上的威脅，有些則對複雜家庭問題的卻步，甚至有些年輕的保育員會因為自己沒有小孩，而怕被質疑如何教養小孩，這都是人性因素的障礙，有待教師提升本身的自尊與專業能力來因應。

此外，時間、空間等外在因素所造成親師合作的潛在障礙，亦須加以控制，因此事先的準備是必要的，除了安排家長方便的時間外，明亮適溫的環境能令人感到舒適，點心或飲料的準備也可使家長放鬆自在，當然，最重要的還是要配合探討的主題，蒐集相關資訊，保持開放的態度，可以讓親師會議的內容更深入主題。此外，教師在會議的開始應以兒童正向的一面談起，讓家長感受教師對兒童的肯定及關切，再漸進切入主題，並邀請家長一起合作，協助教育工作的進行。此外，專業倫理須在會議中實踐，例如保障家庭之隱私，並不道他人之長短。

■鼓勵父母參與，藉由親師合作落實班級經營

親職教育活動成效的彰顯，不是教師單方面的努力就能獲致的，必須是父母及教師清楚掌握自己所扮演的角色，共同盡一己

之職，因此，合理的分工、彼此的配合，才能相輔相成相得益彰。「父母參與」的觀念是近代親職教育中的主軸思想，包括父母教育、義工服務、課程參與、甚至政策決定與籌募基金等工作。父母參與並沒有一定的模式，包括從不會挑戰到老師專業見解或是學校決策權力的較低層次活動（如志工服務等），到較高層次讓父母參與課程設計的機會。最高層次的父母參與是在於學校相信老師和父母雙方都是專業者，父母和學校雙方都擁有決策權力，經由多方溝通，共同為孩子的教育事業做決策。

　　我國的教育體系中，皆將班級老師置於家庭和學校接觸的前線，希望藉由親師合作為發展中的孩子創造一個支持的環境。老師可鼓勵父母依自己的時間、興趣、職業專長、甚至文化背景等，來參與兒童在機構或學校中的學習活動，可以使兒童的學習觸角有機會多元的向外延伸，而學習內容也更多采與豐富。

・時間

　　鼓勵幼兒父母撥出空閒時間協助教保事務的進行，例如：擔任愛心父母以指揮交通，或協助園所行政瑣務，或在上課前後（如早自習或課後安親）照顧兒童以減輕教師的工作負荷，讓教師有更充分的時間準備教案，提供高品質的教保服務，並專注於活動的帶領與實施，而家長們則可對兒童各領域之發展需求及學習方式多所瞭解，並由教師身上學得更受用的保育與教養技巧，進而對教師的專業能力與辛勞加以肯定。

・職業

　　藉著不同家長對自己職業的介紹，不僅讓兒童瞭解自己父母工作的內容與辛勞，更有助於兒童對社會各行各業有更深入的認識，此外，家長所從事工作的專長及剩餘材料，也往往是有助於兒童的學習經驗。例如擔任木工的家長可以協助幼兒園木工區的架設，或在國小美勞課中教導兒童嘗試基礎的木工活動；擔任餐飲業的家長可以協助生活區的規劃，並指導兒童基礎的烹飪技巧。

・興趣

　　家長的興趣及所從事的娛樂也能提供兒童額外的學習資源，有助於兒童的學習經驗。例如一位喜好繪畫藝術的家長，可以帶來各種不同素材的美術作品，並讓兒童體驗塗鴉創作的樂趣，讓他們親身感受一趟藝術之旅，這樣的方式會比老師一個人唱獨腳戲的效果來得印象深刻，效果顯著。

・文化

　　一個調和著多元文化的社會將是多采又多姿的，試著將不同家庭的文化背景帶入班級，以生活化、具體化，及趣味化的方式呈現兒童眼前，能使兒童認識、欣賞與接納不同的文化，避免落入刻板化印象，此外，這也是鼓勵外籍新娘家庭參與子女教育的良機。不妨邀請不同種族文化的家長（如客家人、原住民、泰國或馬來西亞等）到教室介紹有關該文化之食、衣、佳、行、節慶、語文、宗教等，這也是「地球村」教育的一環。

■協助父母建立社會支持網絡，藉由自助助人達到充權始能的效果

　　父母教育的目的是要協助家長學習有關幼兒的發展與成長，增進瞭解現代教養知能，藉以增強孩子的成就、提供與學校連續與一致的活動，成為孩子教育過程中重要的助力。父母教育的實施可因家長背景、需求、興趣的不同而有異，一般而言，父母教育可以採取親職教育講座、父母成長團體，或資源中心等方式實施，父母可藉由父母教育的主題內容重新評估、質疑自己慣常的想法與行為，進而獲得較有效能的教養方式，並化為具體行動。

　　因為父母是親職教育活動中的主角，有些機構或學校在規劃親職教育活動時，會給家長相當的自主權，委由家長會來策劃承辦，學校僅站在行政協助之立場。由於家長間彼此頻繁的聯繫、誠摯的邀約，提升了父母參與活動的意願，無形中也就形成彼此

關切、支持、與協助的社交網絡，並藉由自助助人達到充權始能
的效果，此亦是實施親職教育的遠景。

參考書目

行政院主計處（2003），〈1983至2003女性勞動參與變化〉，行政院主計處網站。

內政部戶政司（2004），〈台閩地區近六年外籍嬰兒數統計年報〉，內政部戶政司網站。

內政部統計處（2001），〈台閩地區兒童生活狀況調查報告〉，內政部統計處。

天下編輯（2000），《從零歲開始》，第一版，台北：天下雜誌。

楊艾俐（2004），〈撕裂的痛苦—百萬台商之子〉，《天下雜誌》，296期。

薛承泰（2001），〈台灣單親戶及其貧窮之趨勢分析〉，台灣單親家庭之現況與政策研討會，國家政策研究基金會。

薛承泰（2003），〈台灣地區婚姻的變遷與社會衝擊〉，《國家政策論壇季刊》，九十二年秋季號，國家政策研究基金會。

林家興（1997），《親職教育的原理與實務》，台北：心理。

邱書璇、林秀慧等（1998），《親職教育》，台北：啓英文化。

邱書璇譯（1996），《親職教育》，台北：揚智文化。

郭靜晃（2001），〈邁向二十一世紀兒童福利之願景—以兒童爲中心、家庭爲本位，落實整體兒童照顧政策〉，《華岡社科》，15期，頁1-13。

郭靜晃、邱書璇（1995），《親職教育》，台北：揚智文化。

陳榮華（1995），《行爲改變技術》，台北：五南圖書。

張海琳等譯（1994），《父母效能訓練》，台北：新雨。

張春與編（1981），《心聲愛意傳親情》，台北：桂冠。

張素貞（1991），《台北縣國民小學推展親職教育現況及改進之研究》，文化兒福所碩士論文。

曾端眞（2001），〈國小班級經營與親職教育〉，《諮商與輔導》，190期，頁42-46。

黃德祥（1997），《親職教育》，台北：偉華書局。

鄭麗娟（2003），〈教師如何協助小一家長進行親職教育〉，《南縣國教》，12期，頁36-37。

Chapter

11

第十一章　兒童行為輔導

賴宏昇

・中國文化大學兒童福利研究所碩士
・中國文化大學社會福利系兼任講師
・國立空中大學生活科學系兼任講師

一、兒童行爲輔導理論

(一)兒童輔導基本理念

輔導是一種專業的助人工作，Shertzer和Stone（1981）認爲輔導是協助個體瞭解自我及周遭環境的一種過程。它包含對個體提供協助的觀念，將每個人視爲獨立的個體，尊重個別差異的存在，認爲人可以抉擇自己的價值觀與生活方式，並爲此負責；輔導也協助個體自我覺察，建立個人的自我統合形象，協助個體體驗所生存的周遭環境並與之互動，透過這種過程，在一段相當長的時間中協助個體改變行爲。

幼兒自出生到學齡前期（四至六歲）階段，主要活動範圍爲家庭，隨著年齡增長進入學齡期（六至十二歲），在學校中的活動時間增加，教育場所對兒童成長與發展的影響不容忽視，在教育理論中，兒童輔導工作是教育行政中重要的一環，是一種專業性的工作，需要具有耐心、愛心與專業知能的輔導人員來進行，以全體學生爲對象，透過傾聽、同理心的運用，從溝通的過程中瞭解學生的問題與困境，以共同尋求解決的方法，達到助人自助的目的；此外，輔導工作的推展須結合各項人力與資源分工合作，才能達成目標。

兒童輔導工作是心理輔導工作的先鋒，心理學家Alfred Adler和Carl Rogers均是以兒童諮商工作爲其推展之起點，爲了培育身心健全發展的下一代，除了重視良好的營養與完善的教養，亦須重視積極的輔導，因此，兒童輔導工作的思想根源來自三方面（廖鳳池，1998，1993）：

1. 對兒童健全發展所需條件的理解：要有健全的兒童，必須有正常的遺傳、豐裕的飲食和居住環境、健康的身體及外貌、良好的家庭氣氛、適當的教養方式，及安全的社會（人際）環境，兒童輔導工作者必須對這些條件的重要性加以探討，呼籲政府、社會及為人父母師長者，負起提供兒童健全發展環境條件的責任，以保障兒童健全成長的基本環境。

2. 對兒童基本人權的強調：根據聯合國兒童權利宣言，兒童的基本人權包含被關愛與被瞭解、充足的營養與醫療照顧、受教育、遊戲與娛樂……等權利，兒童輔導工作者應熟知兒童應享之基本人權，積極創造良好的環境，鼓吹尊重、接納、關愛、照顧兒童的基本理念，如果兒童受到不當對待，應對受害兒童加以協助，使其復健，重新獲得正常快樂的童年。

3. 瞭解社會變遷與兒童問題之關係：兒童缺乏自我保護的能力，而社會變遷所造成的不良適應對兒童的成長帶來極大威脅，尤其雙生涯家庭對子女照顧的問題、隔代教養與觀念上的差異、保母是否盡職提供照顧等，都會影響兒童人格成長，另外單親家庭的增加，造成兒童情感上的創傷及生活處境上的困頓，以及兒童虐待的問題，都是兒童輔導工作者必須加以關注並提出對策及採取行動的。

　　由於兒童尚處於人生發展的初期，認知與行為都未成熟，情感亦極為脆弱，表達的方式也明顯和成人有所不同，因此從事兒童輔導工作者應該對兒童相關的基本觀點有所認識（廖鳳池，1998，1993）：

1. 兒童的身心成熟度決定兒童的行為方式：瞭解兒童身心發展的階段屬性及成熟程度，才能確定兒童的哪些行為屬於

正常的發展現象，哪些是異常的，並進一步探討該如何教養或輔導。

2. 兒童的行為受環境的影響極大：兒童的認知未臻成熟，行為缺乏自制力，在環境中較處於受制的狀態，缺乏改變環境的能力，因此，兒童輔導工作者對兒童的不適應行為，應先瞭解其環境背景的因素，排除不良的環境影響及安排妥適的環境，如此經常可以直接消除兒童的不良行為。

3. 家庭氣氛及父母管教的方式決定兒童的基本生活形態：家庭對兒童的影響極為深遠，兒童在四、五歲時受家庭氣氛及父母管教方式的影響，逐漸發展能對環境加以組織、瞭解、預測和控制的信念，這些信念構成他的基本生活形態，而這種形態一經形成便很難改變。兒童輔導工作者對兒童的行為應從整體性加以瞭解，並且探究兒童的基本生活形態和家庭氣氛與父母教養方式之間的關係。

4. 兒童的自我觀念與人際態度影響其未來的發展：教養或輔導兒童時，不能只以改變行為為目標，兒童不再出現不良行為或是獲得較好的學業成就，不代表未來一定有正向的發展，真正會深遠影響兒童未來發展的因素有二：一是兒童對自己的看法，如果兒童覺得自己是個有能力、善良及受到關愛的人，他便會表現正向的行為，並且追求更符合社會贊許的正向行為發展；另一個因素則是兒童的人際態度，兒童待人及與人合作時，若能有所隸屬及參與，未來才能發展良好的人際關係及融入正常和諧的社會生活，因此，這兩個因素可說是兒童輔導的基本目標。

　　總之，兒童正處在發展快速的關鍵期，許多認知與行為表現除了自然發展外，也經常是透過教育與模仿而來，此時期發展的好與壞，往往影響人生全程發展極大，因此需要適時給予兒童輔

導，而兒童輔導工作並非只針對問題面來實行，應有其基本原則
（Shertzer & Stone, 1981）：

1. 輔導係主動而持續地關心個人的發展：在全人發展中其更
   積極意涵乃是創造個人的人生意義。
2. 輔導要植根於對個體價值、尊嚴及做決定權利的肯定：輔
   導是一項建立在人性價值及尊嚴的工作，堅信人有權利選
   擇生活的目標，以及選擇達到其目標的各種方法。
3. 輔導實施的主要方式是藉由個人行為歷程：輔導者以引導
   者的角色，藉由個別晤談、諮商關係，透過輔導的歷程，
   聯繫起學生對其主觀心理狀態及客觀環境事實之間的認識
   與瞭解，使個體能自行主導其經驗、態度與意義，邁向自
   我控制的個人發展。
4. 輔導乃基於合作而非勉強：就是不脅迫、不施壓，只有學
   生出自內在動機，真心願意去做，行為才有改變的可能。
5. 適時激勵以發揮其潛能：這是每位輔導人員必須秉持的原
   則。只要給予機會，人人都希望向上，都希望自我的表現
   獲得讚賞與肯定。
6. 輔導是一個連續的、系列的、教育的歷程。

(二)兒童輔導相關理論

　　兒童輔導工作者在從事輔導工作時，若能先有理論的引導，
除了能在既有範圍內發展有效助人關係時有所依循外，也能依此
架構瞭解求助者的問題重點及處理方向，較能預測及評估求助者
的情形，並且較能產生對這個專業的認同感，進而發展出自己的
風格，因此瞭解輔導理論是有必要的。兒童輔導工作的推展已受
到社會大眾的重視，其輔導理論、技巧與方法可溯及二十世紀初

的心理分析學派、行為學派與人本主義學派,主要理論介紹如下
(廖鳳池、王文秀、田秀蘭,1998):

■心理分析學派

Sigmund Freud(1856-1939)是本學派的創始者,他由臨床經
驗中逐漸發現,隱藏在病患生理症狀底下的往往是心理的困擾,
而且這些衝突或困擾常常是在潛意識底下運作的,Freud以三種層
面來形容人格結構:享樂主義的本我、現實原則的自我、道德原
則的超我,當人格結構中的自我遭遇困擾時,自我防衛機制便會
協助個體調適,以免造成更大困擾。

本學派認為輔導工作者的角色是較權威的專家角色,運用自
由聯想、轉移或催眠等技巧,鼓勵當事人盡情表達其內心的想法
與感受,尤其幼年的經驗,其任務是藉著分析解釋當事人的潛意
識內容,協助求助者從過去未完成的經驗加以統整而得到頓悟,
其主要技巧包括:

1. 自由聯想:邀請當事人在不受任何約束的情況下,將浮現
   在腦海的任何念頭或感受全部呈現出來,亦即放鬆對本我
   的限制而讓自我及超我暫退居幕後,輔導者藉著解釋的作
   用挖出當事人的潛意識,有時並處理當事人的抗拒。

2. 夢的解析:透過夢可以將潛意識中的童年經驗、對性的幻
   想以及平日壓抑的想法與感受呈現出來,輔導者藉以協助
   當事者解決其困擾。

3. 轉移的分析:治療過程中,輔導者與案主的關係一旦開
   始,當事人不自覺的會將其以往經驗中,對某些人的正向
   或負向情緒,轉移到治療者身上,當輔導者覺察此轉移現
   象時,即透過解釋讓當事人有所洞察,不至於讓這些複雜
   情緒擾亂其生活,進一步可將這些精力投注到其他方面。

4.抗拒的分析：由於治療過程有時會讓當事人不得不去面對自己最脆弱痛苦的部分，或是產生對治療者的轉移現象，因此可能不自覺的藉著一些行為（如遲到、失約）表達自己的抗拒，因此治療者對於當事人的抗拒要能立即處理，協助當事者探討並處理其內心的真正想法。

■阿德勒學派

Alfred Adler是本學派創始者，他對人性持樂觀看法，重視人的整體性與潛能的發揮，人不僅受過去經驗影響，最主要還受自己對未來所設定的目標左右；他也認為人天生有自卑情結，若成長過程無法克服，將使終身處在自卑心態中；Adler強調家庭環境與家庭氣氛對個人人格成長具有影響力。

在此學派中，輔導者與個案維持平等的關係，雖然輔導者無可避免的會扮演教師或診斷者的角色，但其重視的是雙方處於開放坦誠的地位，提升當事人為自己做決定和負責任的態度與能力。本學派在輔導兒童時的主要技巧包括：

1.面質：以面質挑戰當事人內在邏輯的不合理性，或是當事人所呈現不一致的地方。
2.問問題：藉著開放式的問題提醒當事人從不同角度來探討問題。
3.鼓勵：輔導者藉著對當事人的努力加以肯定，以加強其進一步改變的動機。
4.假如是真的：為了不讓當事人只是言而不行，輔導者可透過假想讓當事人身歷其境進行演練，並表現他想成為的樣子。
5.潑冷水：輔導者為了讓當事人覺察他的行為是弊多於利的，且可能會付出代價，因此輔導者會以此形態語言提醒

當事人。

6. 自我覺醒：為了不讓當事人不自覺陷入自我貶抑或自我毀滅的想法及行為中，輔導者會教導當事人如何警覺到自己正在重蹈覆轍，並適時停止。

7. 家庭星座：治療者藉由兒童的家庭氣氛、出生序、親子關係等資料，形成對兒童的診斷與瞭解，進一步形成診斷策略。

8. 早期記憶：輔導者蒐集有關兒童對自己生命過程中的早期印象與感覺，藉此找出兒童的生活方式、對生命的基本看法或是一些錯誤目標的由來。

9. 自然合理行為結果：這個技巧是讓兒童承受其行為所帶來直接且自然的後果，如此可讓兒童學習判斷自己的行為是否合宜，以及學習為自己的行為負責任。

■個人中心學派

Carl Rogers是本學派創始者，他認為人性是積極向善的、具建設性、現實感且得信賴，每個人從出生開始即具有覺察的能力，能夠自我引導，並朝向自我實現的境界。個人中心學派的輔導者不是光用其技巧或理論在處理當事人的問題，而是將自己全部投入此一關係中，經營出雙方溫暖正向的氣氛，讓當事人能充分探索自我的每一層面，Rogers將其稱為"I-Thou"關係，輔導者能敏銳地瞭解當事人的口語及非口語訊息，能將當事人的瞭解反映回去，雙方並無具體明確的治療方向，但由諮商過程中，輔導者信任當事人有能力自我引導。

由於個人中心學派重視輔導者對當事人的尊重、接納等態度，而這些又是在諮商關係中呈現出來，因此諮商技巧並非其主流，Hart將諮商技巧的演變分為三個階段：

1. 非指導時期（1940-1950）：此階段強調輔導者所營造的非評價性、非介入性的氣氛來建立諮商關係，主要的技巧是內省與澄清。

2. 反映時期（1950-1957）：輔導者努力建立讓當事人不感受到威脅的溫暖關係，運用的技巧是反映出當事人的感受及言外之意。

3. 體驗性的時期（1957-1980）：Rogers提出「諮商的充分必要條件」，即同理、積極關注（接納）與眞誠一致。

一九八〇年以後，此學派致力於擴充其技巧，例如輔導者有限度的自我表露，綜言之，本學派首重諮商態度，而輔以積極傾聽、同理、澄清、總結、引導及立即性等技巧。

■行為學派與認知行為學派

認知行為學派的發展受到行為學派的影響很大，行為學派強調以較客觀科學的方式瞭解、預測並控制人類的行為，認為人之所以有困擾是因為某些行為過度或缺乏或不適當，這些行為都是學習來的，所以可以經過重新學習的過程加以改善，J. B. Watson是此學派的代表人物，Pavlov的古典制約與Skinner的操作制約均屬此學派的產物，而社會學習論強調藉著觀察別人的行為而學習到是否要模仿該行為，也屬於此派之觀點。

行為學派的輔導者具有教師、增強員及諮詢員的角色，主要在協助當事人具體明確的界定其所要改變的行為，以獲得最佳之適應。此派較常運用之技巧包括：正增強、負增強、塑造、削弱、系統減敏感法、示範法、自我肯定訓練、嫌惡治療法、洪水法及懲罰等，近來又增加許多結合認知行為學派之技巧，如思考中斷法、壓力免疫法等。

認知行為學派強調思考可以影響個人的行為與情緒，本派以

A. Ellis的理性情緒治療、A. Beck的認知治療,與D. Meichenbaum
的認知行為治療最具代表性。理性情緒療法認為人有許多不合理
性的想法困擾著自己,輔導者的角色是要主動積極致力於教導並
駁斥當事人不合理的想法,其目標是讓當事人瞭解他們有能力快
樂地生活,因此致力於澄清當事人深信不疑的不合理想法,並轉
換成正向合理的想法。認知治療法則強調找出當事人不良的思考
模式,改變其規範及認知謬誤,使當事人能夠以較客觀理智的態
度來面對自己及他人。至於認知行為改變法則認為個人的情緒或
行為是受其內在對話的內容所影響,而且通常是負向的較多,因
此輔導者可採用結合行為學派的諮商策略及生理功能的回饋來進
行,最常見的如「壓力免疫訓練」,這是由輔導者針對令當事人感
到壓力的事件,經過「教育」、「演練」及「應用」等過程來克服
壓力感受。

二、兒童期偏差行為探討

(一)偏差行為的定義

偏差行為(Deviance)是指導致他人社會非難的個人屬性或
行為(Ward, Timothy & Robin, 1994),具有三個要素:(1)有「人」
表現某種行為;(2)以「規範」作為行為指標,來辨別行為是否為
偏差;(3)有「社會大眾」對該行為採取反應。通常偏差行為具有
下列一種或多種特徵:(1)不道德;(2)對他人或其財產具有危險
性;(3)破壞社會互動;(4)對偏差者有害;(5)對國家或社會有害。
偏差行為的類型包含(徐錦鋒,2003):

1.偏差行動：必須有具體動作或行為才能完成之偏差行為，如犯罪行為、性偏差行為、自殺行為。

2.偏差習慣：一些不為社會所贊同或認可之習慣或嗜好，如酗酒、藥物濫用。

3.偏差心理：指心理疾病患者易因攻擊衝動而產生偏差行為。

4.偏差文化：指與社會正規文化有所差異之文化，如青少年幫派次文化。

上述對偏差的定義採用社會學的觀點，但實際上我們在探討兒童偏差行為時，大都傾向採心理與教育的觀點，許多時候會以問題行為、行為異常或情緒與行為困擾等名詞稱之，例如過去的特殊教育法中即採「性格及行為異常兒童」一詞，在一九九七年修訂後以「嚴重情緒困擾」取代。根據我國官方的定義，所謂嚴重情緒困擾是指：長期情緒或行為反應顯著異常，嚴重影響生活適應者；其障礙並非因智能、感官或健康等因素直接造成的結果。情緒障礙之症狀包括精神性疾患、情感性疾患、畏懼性疾患、焦慮性疾患、注意力缺陷過動症，或其他持續性之情緒或行為問題者。這樣的界定似乎比較接近心理與教育體系中的偏差行為意涵，在分類上，H. C. Quay認為行為異常計可分為行為失常（conduct disorder）、焦慮退縮（anxiety-withdrawal）、社會化攻擊（socialized aggression）及不成熟（immaturity）四種類型：

1.行為失常型：反抗權威、對權威人物充滿敵意、手段凶殘、攻擊他人、暴躁、過動、容易分心、虛偽、缺乏責任感、言語無禮等。

2.焦慮、退縮型：膽怯、害羞、過敏、柔順、自卑、緊張、容易受到傷害、壓抑、退隱、經常哭泣等。

3.社會化攻擊型：參加不良幫派、結夥偷盜、離家出走、逃

學、深夜遊蕩不歸等。

4.不成熟型：注意力短暫、動作協調性不佳、常作白日夢、偷懶、被動、終日昏睡、對課業缺乏興趣、做事雜亂無章等（王文科，1997）。

此外，一般學者在研究兒童問題行為時，大都以編製的量表來評估兒童的行為，不同學者所用的歸類方式並不一致，研究上大部分將兒童問題行為分為下列三方面：

1.外向性行為問題：如攻擊、過動、打架、反抗、反社會行為、暴躁。

2.內向性行為問題：如焦慮、退縮、強迫症、自我傷害、缺乏耐性、害羞。

3.學習方面：如不專心、違抗、不守常規、考試焦慮、懼學、學習困難、低挫折容忍力。

在教育系統方面，對兒童問題行為並無具體明確的分類，大都以一般性的詞彙來標定兒童問題行為，如「情緒困擾」、「行為異常」、「行為障礙」等（曾端真，1994）。另外，Achenbach將兒童的異常行為概分為：內化（internalized）與外化（externalized）兩型。有些兒童會將其所有的感受內在化，而使其身心受到傷害，但有的兒童則會將其不愉快的感受，以其環境中的人與物作為訴求的對象。前者即會出現內化型的行為徵狀，而後者則會表現外化型的行為特徵，且男女兒童在內化與外化型的行為徵候上亦有些許不同（王文科，1997）：

1.內化型：

(1)男童方面：恐懼、胃痛、憂慮、退卻、嘔吐、困惱、害羞、具有強迫觀念、失眠、哭泣、幻想、頭痛、退隱、冷淡等。

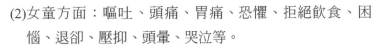

　　(2)女童方面：嘔吐、頭痛、胃痛、恐懼、拒絕飲食、困惱、退卻、壓抑、頭暈、哭泣等。

2.外化型：

　　(1)男童方面：不順從、偷竊、撒謊、打架、殘忍、具破壞性、逃學、放火、離家出走、發脾氣、炫耀、過動等。

　　(2)女童方面：不順從、撒謊、偷竊、打架、離家出走、咒罵、好爭吵、脅迫、逃學、具破壞性等心術不正、鮮有罪惡感、好吵架滋事、破壞財物、自私、好責難。

(二)兒童偏差行為的因素

　　每個人的每項行為都有其目的，兒童的偏差行為背後大都有其目的，也就是造成偏差行為的因素，例如在家庭方面，破碎家庭、不良家庭氣氛、不良父母範型、過高的期望、兄弟姊妹相互競爭、父母不良管教技巧等等均為可能因素；學校方面的因素包括老師不當的教學及管教技巧、不適合的課程或教材、不好的教室氣氛、不良的同儕互動等；社會方面則可能因模仿媒體所報導的負面事件造成。黃金源（1996）則認為偏差行為受個人內在、外在不可控制的因素所左右，由兒童本身擔負所有責任既不可能也失之公平，通常導致偏差行為的原因有三：一是個體先天的氣質及器質，也就是個體的生理因素；其二是外在環境因素；其三是環境與個體的互動因素。這三者都不是兒童所能控制。

　　Essa曾提出兒童產生偏差行為的幾個因素（周天賜譯，2001）：

　　1.社會學習：兒童的許多偏差行為是對其周圍環境及人的反應而習得，兒童在與友伴及成人互動時，學會在社會情境中反應與表現的方式，也得知他人會如何反應或應對我們

的行為。

2.物的環境：環境會助長或抑制某些行為的發生，例如室內
動線經過活動區易造成破壞行為或攻擊行為；器材不夠會
造成爭執或無所事事而閒蕩。

3.對兒童發展水準的不當期待：兒童期的發展有其獨特的特
徵、需求與行為，偏差行為的產生常是成人對其要求太多
或太少，造成挫折或厭煩所致，例如三歲兒童只能靜坐十
五分鐘聽演講，四歲兒童有時會不當地使用新學的字詞。

4.管教訊息的不一致：成人在不同時間對兒童的同一行為有
不同的期待，將會使兒童無所適從。

5.對刺激過於敏感：有些兒童可能因過度的顏色、噪音、活
動量、運動量等刺激負荷不了而有偏差行為，因此每一教
室須有寧靜區，使覺得刺激過度的兒童可歇息一會兒。

6.缺少明確的規則：成人應建立一套合理的、易使兒童瞭解
的、易於遵守的規則來防止偏差行為發生。

7.引人注意：許多偏差行為一再發生，是因為兒童認為這樣
能引起大人注意。

8.其他環境因素：如健康問題，身體不舒服時以攻擊行為來
表現；對食物或環境過敏而哭鬧無法專注；感官缺陷的兒
童有不安全感，也容易分心或違規；家庭中的壓力或變化
（如父母不和、搬家）也容易使兒童以偏差行為來因應。

(三)兒童偏差行為輔導策略

兒童的自我概念深受成人如何反應其行為所影響，因此適當
輔導兒童的行為是必要的，輔導方法對班級經營、行為偏差程度
及發生次數都有直接影響，有些特定技術可以維持好的行為及消
除不當行為（周天賜譯，2001），老師或父母可以依各種情境妥善

運用。

1. 增強：積極增強是首要的技術，應常適時使用；進而配合
   其他技術一起使用，以改變兒童的負面行為，告訴兒童已
   表現出所期待的行為，讓他維持。增強不一定都要用口語
   表達，透過微笑、觸摸、視線接觸、擁抱等方式都可傳達
   贊同其行為的訊息。另一方面，我們也可以運用增強技術
   來改變兒童的不當行為，也就是對兒童可被接受的行為給
   予積極增強，鼓勵其養成好習慣，但前提是必須讓兒童瞭
   解哪些行為可被接受，哪些不被接受；當希望兒童快速學
   會某種適當行為時，也可採取密集的連續增強來輔助。

2. 忽略：忽略是種相當有效的策略，但很難執行，當兒童一
   再重複出現同一行為來引起注意、激怒老師或破壞班級秩
   序時，可以採取忽略技術，但不適用於兒童會對自己或其
   他兒童造成傷害的情況下。父母師長或照顧者要對兒童的
   行為完全忽略是很難的，有時非口語的訊息（如皺眉或嘆
   息）也可能讓兒童意識到行為被注意，而使策略失效。無
   論如何，忽略是消除激怒與破壞行為的重要技術，採取此
   策略的同時，應配合增強正當行為來進行。

3. 隔離：採用隔離策略時應謹慎，當兒童出現攻擊行為能傷
   及自己或他人，老師在告知兒童的行為不被接受後，兒童
   仍出現攻擊行為時（至少連續兩次以上）使用，但這並非
   最佳方法。隔離並非懲罰，它是讓兒童靜下來並思考發生
   過的事，隔離前應向當事兒童及其他兒童說明原因，隔離
   期間不與兒童接觸，時間到了即讓兒童回到活動中，不要
   訓話，引導兒童行為上軌道。

4. 自選隔離：這是隔離法的一種變通方式，有時會有一些兒
   童發現自己無法負荷班上的噪音、活動量或一般刺激等，

可以給予一個安靜且較少刺激的隔離區讓兒童調適。當處理偏差行為的其他方法似乎都失敗，且兒童長期難以處理在班上的刺激時，可考慮採自選隔離策略。

5.預防：成人在仔細觀察兒童行為後，瞭解什麼原因會造成兒童的偏差行為，即可事先防患於未然，這個策略能協助兒童學習克服問題的技能與方法，對較難自我控制或表達自己意思的兒童特別有效。

6.討論：通常四、五歲以上的兒童較願意與老師共同解決行為問題，有偏差行為的兒童自己並不好受，若兒童有意願改變自己的行為，老師可以和他討論解決方法，討論的地點應該要安靜而隱私，若兒童努力於自我改變，老師應隨時予以協助，直到兒童學會適當行為為止。

7.特約時間：由於現代社會單親或雙薪家庭增加，父母在生活壓力下常疏於照顧兒童，也常使兒童意圖透過偏差行為與暴力來引起注意，因此，當老師懷疑兒童偏差行為的目的在於想引起注意時，可考慮採用特約時間策略，老師每天一次、每兩天一次或每週兩次給予兒童幾分鐘時間與兒童獨處，可彈性安排於早上、放學前、午休或下課時間等，並可請義工或其他教職員協助。特約時間盡可能依兒童意願做他想做的事，經長期採用此策略，發現能有效減少兒童偏差行為。

王淑娟與林欣瑩（2002）綜整行為學派、認知學派、羅吉斯學派、阿德勒學派、社會學習理論和交流分析理論，提出輔導兒童之策略：

1.維護孩子的自尊及保留顏面。

2.設定適當的規範。

3.改變情境中的某些事物。

4.釐清問題的歸屬。

5.指導更適當的行為。

6.給予線索提醒適當的行為表現。

7.藉由特定方式支持孩子運用較適當的行為：教孩子「自我酬賞」的新行為、指出錯誤的目標，並多給予鼓勵、運用有效的稱讚、代幣的使用。

8.必要時，忽視某些行為。

9.用轉移注意的方式指導幼童的行為。

10.用替代的方式指導較大孩子的行為。

11.運用積極的傾聽。

12.使用「我……」訊息。

13.運用合理的行為後果。

14.運用問題解決技巧解決衝突情境。

15.用關懷的態度處理強烈的情緒。

16.從某些特定的情境中抽離（並非隔離）。

(四)兒童常見偏差行為探討

■過動、情緒困擾

・過動症

　　過動症又稱「過動症候群」或「注意力缺陷過動症」（Attention Deficit Hyperactivity Disorder, ADHD），是兒童常見的行為障礙，過動兒童常有幾種行為特徵：(1)活動過度，兒童常會坐立不安、煩躁、總在跑動，運動量超出一般兒童的活動量，且活動是雜亂的、缺乏組織性和目的性；(2)注意力短暫，兒童在單調乏味的活動中往往精力不集中，無法專心做好一件事；(3)行為衝動，兒童對自己缺乏控制，或者行動前不考慮後果，是沒有思

維的行動；(4)紀律問題，過動兒童或多或少會有不良行為，如好打架、愛頂嘴、不服從、倔強、反抗等。

過動症的成因目前仍在探索中，幾個可能的假設包括：(1)先天體質缺陷，染色體異常或精神病等遺傳因素；(2)鉛中毒，研究發現一半以上的過動兒血液中鉛含量都較高；(3)食物過敏，身體對某種食物或調味品的過敏反應；(4)放射作用，研究發現電視的小量輻射與過動症有關；(5)輕度身體器官異常，如耳朵不對稱或形狀異常、第五個手指彎曲等與過動症有關；(6)心理的緊張，調查發現兒童過動症與不安環境引起的精神高度緊張有關。

對於兒童過動症的輔導，如果是因先天體質缺陷引起，則應先採用藥物治療，其次是採用飲食治療，第三是行為治療，訓練兒童採用合適的認知活動，改善其注意力，克服分心，也就是讓孩子執行一系列安排好的訓練程序，減少兒童在活動過程中的多餘動作和不良行為，透過行為指導幫助兒童培養自我控制能力，集中注意力順利完成活動。

・恐懼症

恐懼是一種害怕、憂慮和緊張的情緒。通常不只反映在口語上，也反映在內在實際感受威脅的存在，當兒童處在恐懼的情緒時，行為上常會表現出暴躁、哭鬧、大聲嚷叫、吃不下飯、健忘、過動、冷漠或做噩夢，在生理上會出現心跳加速、呼吸急促、胸口發痛、血壓升高、嘔吐、流汗、肌肉繃緊以及有窒息的感覺。恐懼是兒童常發生的情緒，常會影響兒童的正常生活。

恐懼的形成主要是對其所處環境的一種行為反應；父母對孩子的過度保護或限制，也往往會使孩子對該行為產生恐懼感（如禁止爬高）；日常生活中巨大的聲響或小蟲子也會使兒童產生本能的驚恐反應；而成人對一些事物和現象的恐懼態度也影響兒童恐懼的產生。

恐懼是在環境中透過制約反應不斷獲得，因此也可以運用制

約反應的原理矯正兒童的恐懼行為，例如孩子怕黑，成人可以陪他在黑暗的屋子門口站一會兒，然後讓孩子進屋看看，進而鼓勵他進屋裡找自己的玩具，對孩子的一點點進步都要給予肯定和鼓勵，逐步塑造孩子的行為。

·憂鬱症

隨著社會的急速變遷，患有憂鬱症的兒童越來越多，然而兒童憂鬱症狀的覺察相當困難，主要是孩子無法把內心的感受講出來，更無法辨認出心理壓力來自何處。憂鬱是指個體長期被不愉快的情緒困擾而產生的心理障礙，憂鬱症的主要症狀是情緒低落，對環境事物和活動失去興趣、食慾不振、睡眠不安，不是激動、躁動，就是呆板少動，注意力不集中，自尊感低落，有自卑和罪惡感，社會性退縮，迴避與人接觸等。

常見的憂鬱反應有兒童的情感依戀性憂鬱症，這是兒童突然離開母親或哺育者時所產生的一種生理和精神障礙。處理兒童憂鬱症時，應先找出原因，如調整父母與兒童之間的相互關係，解除兒童的分離焦慮，另外也可以透過讓兒童接觸新同儕，建立新的且能讓其依賴的人際關係，以減輕兒童的憂鬱症狀。

·退縮症

退縮症是指日常生活中的迴避障礙，特別是社會性活動，也稱為「社會退縮」，具有社會性退縮的兒童的社會行為表現為害羞、不大方、迴避等。造成退縮的原因主要是早期缺乏社會性互動，以致後來在社會性活動中產生社會和情感問題。

對於退縮症兒童的輔導應加強兒童與同儕的接觸與聯繫，參與共同的活動，使兒童體驗到合作的愉快，同時為兒童提供自我表現的機會，使其獲得成就感，增強自信心，並發展兒童的社會技能，鼓勵與同儕之間的交往。

■睡眠、飲食問題

‧睡眠障礙

　　睡眠是兒童生活的重要內容，是保證兒童正常生長發育的重要因素，兒童年紀越小，睡眠時間越長，若是睡眠不好，會使兒童精神委靡，注意力不集中，影響活動和飲食。睡眠障礙的發生原因可能是中樞神經發育不成熟，或是與日常生活中的焦慮有關（如受驚嚇、分離焦慮、受責罵等），兒童常見的睡眠問題包括夢遊及夜驚（陳幗眉、洪福財，2001）：

1. 夢遊：指在睡夢中突然起來行走，兒童的夢遊最初表現是夢中坐起於床上，兩眼呆視，但什麼也看不見，有時會離床四周行走，有時其夢遊症狀在實際行走前終止，夢遊完全是在無意識狀態下發生的，而且事後不能回憶。兒童夢遊的時候需要家長特別保護，因為這種睡眠障礙常會有難以預料的後果。
2. 夜驚：指睡眠中發生的驚嚇反應。夜驚的發生是非常突然的，還處在睡眠中的兒童突然從床上坐起來，並同時伴有尖叫、呼吸加快、面部顯現明顯緊張不安與恐慌，還會伴隨一些無意義的動作，夜驚兒童常會不知道方位，且事後不能回憶。

　　對於兒童睡眠障礙的解決，應減少兒童的精神緊張、疲勞和不良情緒，避免兒童過度興奮或恐懼，並養成按時睡覺的習慣。

‧飲食問題

　　正常的飲食對兒童生理成長是不可或缺的，飲食問題對兒童生理健康影響很大，也可能導致不同程度的心理與社會行為發展問題，兒童常見的飲食問題包括厭食症、偏食症、異食癖及肥胖症。

1.厭食症：兒童對食物不感興趣，缺乏食慾，吃得極少，經常迴避或拒絕進食，如果強迫進食，常常引起嘔吐。其成因大都與父母或照顧者餵食方法不當，或對兒童的飲食教育態度不一致有關，兒童長期厭食將會導致體重下降、面黃肌瘦、皮膚乾燥、貧血、體溫下降、低血糖、精神委靡，影響兒童的發育和健康。對厭食症的輔導應先瞭解為何兒童不吃飯，並採取適當的策略加以解決，例如「分餐制」，每次吃飯時給孩子一份飯菜，要其盡量吃完，平時教育孩子正常飲食才能健壯少病，且增加學習與工作效率；吃飯時，大人可以討論飯菜如何好吃，引起孩子對飯菜的興趣，誘導孩子主動吃；吃飯時不要過於注意孩子，也不要催促孩子快點吃；如果孩子吃飯有進步，應及時給予讚許；如果孩子不好好吃飯，對其進行「冷處理」，當大人都吃飽了，孩子仍不願好好吃飯，可把飯菜收起，並告知其肚子餓時再自己去拿來吃，這過程中絕對不能給孩子吃零食；此外，父母對孩子吃飯的教育態度應一致；家長在烹調食物時可做些變化，增加孩子對飯菜的新鮮感。

2.偏食症：兒童對某些食物比較偏好，而對另外一些食物表現拒絕的情形，多數兒童對甜食比較喜歡，而對蔬菜類食物排斥，有的則不吃豆製品，有的不吃魚類等。長期偏食將使體內缺乏某些營養素而導致疾病的發生。兒童產生偏食症的原因可能由於兒童味覺上的偏好所致，也可能是成人對兒童的影響所造成。要處理孩子偏食的問題，成人要以身作則，做良好的示範，避免讓兒童學會偏食；要以耐心和溫和的態度對待兒童，不勉強或強調食物的營養，避免造成拒食、嘔吐、哭鬧等反效果；在烹調上變化，將兒童喜歡與不喜歡的食物搭配，讓兒童在不知不覺中吃下；不要讓幼兒有交換條件（例如你吃下去就買玩具給你），這

樣只能解決眼前問題；培養吃健康與營養食物的習慣。

3. 異食癖：指兒童吃一些不可食用的物品的習慣。在嬰兒期，多數兒童以口探索外在環境，到一歲之後學會用其他方式學習和探索環境，並能區分可食用與不可食用的物品，所以如果一歲後還持續吃不可食用的物品，可能就是異食癖，這種情形常發生在二至三歲，兒童可能會撕咬或吞嚥紙張、煤渣、頭髮、顏料、泥土、污物甚至小蟲子等，導致身體損害甚至中毒。發現孩子有異食現象，應先檢查其是否缺乏某種維生素，及時提供一些相對應的補給品，並給孩子多吃一些礦物質豐富的食品；其次，要對孩子加強照護，避免孩子把異物放進嘴裡。

4. 肥胖症：目前台灣社會當中，肥胖體型的兒童越來越多，肥胖會使體內循環產生問題，引發晚期的心血管疾病，肥胖兒童還會受到同儕歧視，產生自我概念差或自卑等心理問題。造成肥胖的原因大都是貪食、缺乏運動，有的是因為遺傳，或是父母生活及飲食習慣的影響，也有的是因為食品廣告對飲食行為造成影響。如果肥胖不是因遺傳因素造成，那麼應該加強孩子的飲食調節與運動，首先要控制孩子的飲食，特別要控制甜食和脂肪類食品的攝取；其次調節孩子的進食時間和次數，少量多餐可以減少脂肪的累積，另外，也要加強孩子的運動量，增進其健康（陳幗眉、洪福財，2001）。

■反抗、攻擊、說謊、偷竊

・反抗行為

反抗行為是指兒童不聽家長或老師的話，以言行故意對抗，反抗行為是具有攻擊破壞性的。一般而言，兒童隨著年齡增長，學會判斷好壞是非，應能懂得成人的語意而不致有偏頗行為產

生，但如果已具備良好溝通能力的兒童經常反抗父母或師長，將被視為行為問題。反抗行為的產生往往與成人提出過多限制或要求、處處限制兒童行動、經常批評甚至辱罵兒童，或是嘮嘮叨叨等情形有關，此外，智力發展遲緩、學習障礙的兒童有時也有不順從的行為表現。

對於兒童的反抗行為，成人應在自己身上找原因，檢視自己是否要求太高或態度太嚴厲，此外在教養上應減少對孩子指示、命令、批評或懲罰，用尊重的態度來教育孩子，孩子如果有不聽話、不合作、發脾氣、生氣吵鬧等行為時，最好暫時加以忽略，或者停止他正在進行的活動，等他安靜下來再對其教育，如此可避免讓兒童有可以出現反抗行為的機會。

・攻擊行為

攻擊常常表現為一種對抗，是在自我肯定和自我堅持下都不能實現自己目的而出現的一種反社會行為。攻擊行為在兒童反社會行為中出現頻率最高，兒童的攻擊主要有兩種方式，一種是藉由身體動作所實施的攻擊，如對他人進行打、推、抓、挖、踢等動作；另一種是藉由語言所實施的攻擊，表現為對他人說髒話、罵人、挖苦人以及以尖刻的語言激怒他人的行為，一般情況下以身體動作攻擊方式較多。兒童的攻擊行為有幾項特點（陳幗眉、洪福財，2001）：

1. 非意識性攻擊：這是一種偶然發生的、非故意和非敵意的行為，但對他人造成傷害，發生此種行為的原因大都為兒童動作發展不協調所致，或者意識不到自己的動作可能會傷及他人。

2. 手段性攻擊：兒童為了達到一定的目的而對他人實施有目的性的攻擊，通常沒有傷害他人的意思，年齡小的兒童常會採取這種手段來達到自己的目的，主要因為兒童互動的

技能有限，在無計可施的情況下，只好採取攻擊行為。

3.表現性攻擊：這是以干擾、破壞他人的活動或行為為快樂的攻擊，目的不在於能夠從中獲得什麼物質利益，而在於以攻擊本身為目的，從攻擊中得到樂趣，也就是我們常說的「惡作劇」，又稱為「挑釁性攻擊」。

4.虐待性攻擊：這是兒童自覺或不自覺地對他人在身體上或心理上的損害，以造成他人的痛苦而獲得滿足的攻擊行為。

5.防衛性攻擊：這是在意識到自己可能被攻擊的情況下，為了自我保護而進行的攻擊，但仍屬反社會行為。

對於攻擊行為的輔導，可採下列方法：

1.父母或師長應發掘孩子所擁有的能力，進而給予鼓勵與讚賞，增強孩子自我肯定的信心，減少自卑感。

2.鼓勵孩子多參與團體活動，建立友誼關係，避免因人際關係不佳而引發的攻擊行為。

3.瞭解攻擊行為的成因。

4.以「增強」的策略，鼓勵兒童友愛的行為，並配合「削弱」的策略來減少兒童的攻擊行為。

5.請具有攻擊行為的兒童擔任老師的小幫手，養成其服務人群的態度與觀念，進而獲得成就，增強信心，減少以攻擊的方式與人互動。

・說謊行為

　　從認知發展的觀點來說，一般孩子到了四、五歲大時，仍然分不清楚事實和想像之間的差異，主要是因為他們正從自我中心發展到對外界事物的體認時期，想像力和創造力豐富，當幼兒置身於他的夢幻世界時，看到自己平日想做的事得以實現，這種從「白日夢」中得到的自我滿足情形，便是心理學所謂的「白謊」。

四、五歲是白謊出現的高峰，之後隨著兒童的理解力和各方面知識的增進，便會逐漸消失。白謊是當孩子在陳述時，相信確有其事，而說謊則是孩子明知其所描述的事並不存在，卻仍繪聲繪影地描述，可能為了自誇、誇大、自衛或規避責任，也可能只是因為好玩。此外，孩子可能為了吸引別人注意，或增加自我價值感而說謊，但多半是無意的謊言，更不明白會有什麼樣的後果。從行為主義的觀點來說，孩子可能曾經因為說謊而免於被處罰或是得到讚許，而形成行為上的增強，使說謊的再發率大大提高（王淑娟、林欣瑩，2002）。

　　其輔導方法如下：

1.瞭解兒童說謊的潛在原因。

2.利用行為改變技術中的「代幣制」來減少說謊行為，也可用削弱原理或角色扮演的方法來減少兒童不當行為。

3.引導兒童區辨真實與想像間的差異。

4.忽略兒童的謊，但同理其需求與期望。

5.當孩子說實話時要原諒、要教導。除了接納孩子懼怕的情緒，也容許孩子犯錯，培養其勇於認錯的態度，鼓勵誠實的作為，成人也要控制自我的情緒，避免嚴詞逼供。

6.對有關的經驗，可以做適度的自我坦露，提供孩子參考，引導其以更正向的態度去處理。

7.接納孩子的防衛，但積極與其建立良好的關係。

・偷竊行為

　　就心理學的觀點來看，嬰幼兒到八、九個月之後才對「物權觀念」有初步的瞭解，到十七至二十四個月左右，才逐漸發展出「你的」、「我的」、「他的」的概念，到二、三歲的時候才能瞭解簡單的所有權概念。小孩子喜歡拿他人的東西的原因可能有：(1)缺乏物權概念，以自我為中心，想要就拿，卻不會考慮東西不是

自己的；(2)容易受物品的刺激或因一時興起而將其占爲己有；(3)爲了引起父母或其他人的注意而產生偷竊行爲；(4)有時候孩子拿別人的東西只是爲了獲得同儕的接納與肯定；(5)報復、嫉妒與虛榮心作祟；(6)成人不正確的態度或貪小便宜的行爲直接或間接影響孩子。

對於偷竊行爲的輔導，可採下列方法：

1.瞭解偷竊行爲的原因，給孩子一些線索遵循正確的社會規範，導正其不良行爲。

2.發現偷竊行爲時，宜適時、適當地給予糾正，並提醒孩子正確適當的利社會行爲。

3.父母與師長應以積極的態度，雙管齊下，共同運用一致的輔導策略協助兒童，也要維護其自尊心，尊重其人格，給他一個改過自新的機會。

4.可運用行爲改變技術的行爲模塑，循序漸進地改掉孩子的不良行爲；或使用增強的技術，增強孩子正向的行爲，讓其偷竊行爲逐漸減少與消失。

5.「思考中斷法」可用來改正孩子的偷竊行爲或因一時興起所引發的慾望，而「自我指導法」可使兒童產生自知，並自制而改變行爲。

6.透過家庭訪問，實際瞭解眞正的原因，由親師共同合作協助孩子修正行爲。

7.給予心理的支持與輔導，糾正其不正常的觀念，引導孩子以合理的、社會贊同的方式來滿足自己心裡的慾望及內在需求。

■學習及課業問題

・拒學症

拒學症（school refusal）是指兒童害怕上學，並且有一些身心不適的症狀，如果強迫孩子上學，孩子會出現緊張的情緒，常想上廁所，甚至頭痛或胸痛等不適症狀。孩子害怕上學的原因有幾個可能：(1)在成長過程中未與父母建立安全依附，在獨自進入新環境時產生分離焦慮；(2)父母過度的保護，使得兒童很少接觸人群，自然對突如其來的人際或環境改變產生懼怕與抗拒；(3)成人對兒童的期望過高，或是課業壓力過大；(4)學校裡的不適應情境造成創痛，常會因此引發對學校情境的「制約焦慮」；(5)偏差的自我形象使孩子覺得不被重視、被討厭，而逃避上學。

對於拒學的兒童可採下列方法輔導：

1. 對於拒學兒童上學表現良好時，給予正增強，反之則運用削弱原理。
2. 用漸進的方式讓兒童熟悉環境，如先帶兒童參觀學校或試讀等。
3. 利用肌肉鬆弛，讓兒童身心放鬆，減少情緒上的焦慮與恐懼不安。
4. 老師可利用楷模學習法，稱讚在學校適應良好的兒童，讓拒學的兒童起而效尤。
5. 老師可在學校播放兒童喜歡的歌曲或抒情歌曲，消除兒童對學校情境的恐懼。

・學習障礙

學習障礙是兒童表現出的一種或多種基本心理障礙，其中涉及到理解、表達、閱讀、拼寫和計算方面與學習有關的障礙，從而造成學習能力低下、學習不良或學習失敗。他們並非愚笨，而

在學習中也表現安靜，不打擾他人，但就是無法學習，學習障礙兒童的自理能力較差，常有語言障礙，理解能力差，且有情緒與行為問題，導致學習不良。

學習障礙的形成原因並非由於智力落後或其他神經系統疾病引起，而是由於某些環境因素或生理因素引起的，例如早期某些傷病造成輕度腦傷或輕度腦功能障礙、母親在妊娠期間酗酒、服藥或營養不良、嬰兒出生時缺氧、出生後鉛中毒、發育遲緩、某些感覺功能障礙、運動不協調等，另外缺乏成人關愛，早期缺乏各種環境刺激和教育、營養不良、不當的教養等，都可能造成學習障礙。

對於學習障礙的兒童，首先應從家庭中給予幫助，父母必須瞭解兒童的困難，知道哪方面的問題存在；對於兒童較特殊的才能應給予鼓勵，增進其學習的信心；成人也應給予兒童更多的學習和鍛鍊機會，培養他們獨立生活的能力。

三、兒童行為改變技術

兒童偏差行為的產生往往來自錯綜複雜的因素，要對其加以矯正，則需要醫療、教育、輔導及環境等多方面配合，方能收其弘效，就輔導層面而言，適當運用各種行為輔導原理來協助兒童應是眾所期盼的，在此簡短介紹行為改變技術以供參考。行為改變技術以行為學派為基礎，相信所有行為都可由學習得來，並將此原理運用在許多人類情境（包含兒童養育、教育、輔導、心理治療、企業管理、社會工作等）。行為改變技術的功效，積極而言，可增進個體良好行為；消極而言，能消除個體之不適當行為。茲就其基本概念及其原理與應用，分別敘述如下（呂祝義，2004）：

(一)行為改變技術的基本概念

■反應性制約

「制約」是指一種事物的成立，以他種事物為先決條件，也就是說，某種行為要出現前，另一種事件必須先出現。反應性制約是刺激的配對與替代，是被動的行為。如：電視廣告運用此原理，人們看見美女產生愉快反應，使汽車（或化妝品）與美女伴隨出現，則會有購買的慾望。

■操作性制約

操作性制約是反應增強的作用，透過獲得愉快或滿足需求，而使反應頻率增加，促使產生主動行為的原因是「增強物」的介入，例如電腦遊戲的立即回饋，正確答案出現後的增強。

■社會學習

Bandura提出的觀察（模仿）學習，強調環境的重要，行為是個體與環境互動的結果。模仿學習可能是以正向行為為對象，例如學校的模範生選舉或好人好事表揚，也可能是負面行為的學習或警惕。

■認知行為改變

兒童對外在事件是否感到困擾，往往取決於本身對事件的看法，不合理的想法會造成情緒的困擾並帶來偏差行為。因此，要矯正不當行為，就要糾正當事人不合理的想法，改變其情緒，建立合理的信念。例如戒菸的正面認知是戒菸可以省錢，而戒菸的反面認知是抽菸會致癌，若能認知戒菸的正反面結果，就較容易

戒菸成功。

(二)增進個體良好行為的行為改變技術

■行為的塑造與串連（逐步漸進法）

行為是逐步養成的，例如體操、彈琴、電器操作手冊、學騎腳踏車、運動選手以播放影片慢動作而學習技能，都是由若干分解動作串連而成，先學會簡單基本動作，進而學會複雜行為。然而，行為塑造若使用不當，也會因誤用而產生反效果，例如小孩以哭鬧逐步養成作為滿足需求的手段。

■正增強作用

良好的行為應該獲得獎賞，守規矩的學生會得到鼓勵，所以更樂於守規矩，這即是正增強作用，而此策略對處於不適應狀態的人也有效。增強物大致分為三類：原級增強物、次級增強物、社會性增強物。原級增強物，指人類基本需求（如飲食），但若不缺時則無效；次級增強物，是能代替原級增強物的籌碼（如金錢）；社會性增強物，是概括性的增強物，例如教師對學生的關懷友情、鼓勵表揚讚賞、加分、榮譽、成就感教學等都是，且其效果往往大於物質增強。每個人對增強物的喜好有個別差異，所以應先瞭解哪些增強物對個體有效，使增強物配合個別需要。使用增強物應注意的原則是：增強物應以方便取得、手續簡便、可立即實現的酬賞為之；增強物要立刻提供，即時獎賞表揚的效果較好；增強物宜可重複使用；增強物有足夠效力，分量配合需求。

■負增強作用

　　負增強不同於處罰，而是個體為免於受制裁或痛苦的威脅，而增強目標行為，做出合格行為，以脫離厭惡的情境，例如老師告訴學生假如不寫作業，就要取消下課時間來寫作業。負增強作用分為兩類：一類是逃脫行為，例如上課專心，以免放學後留校一小時；另一類是防範行為，例如用功準備考試以防成績不好而受罰。

■類化作用與辨別作用

　　類化作用大致分為兩類：一類是刺激情境類似，兩種刺激越相似，越易類化。幼兒學叫爸爸，若形貌越像，越會讓幼兒強認爸爸；另一類是運用舊經驗，也就是我們常說的「一朝被蛇咬，十年怕草繩」。當刺激明顯不同時則會產生辨別作用，例如紅燈停綠燈行，辨別作用對反應而言是一種選擇增強，也就是要能做出正確的辨別行為，才給予獎賞。

■代幣增強作用

　　代幣法是以符號（象徵物）代替實物獎勵，例如積分制、點券、榮譽卡或貼紙等，以用來兌換獎勵。使用代幣制的優點有：實施方便、可避免飽足、具有客觀標準，且可同時用於多數人，但其使用亦有缺點，例如相互收受使用、卡片容易偽造，及購買實質增強物的花費大。

■模仿原理

　　兒童有些行為可以透過模仿學習加以塑造，例如父母或教師以身作則，提供良好學習楷模讓學生學習，或是用來警惕的觀察學習，例如考試作弊記大過乙次以儆效尤。模仿學習的要素之

一，是楷模的特性，年齡性別較接近者、社會地位高者、成功的名人專家，較易被模仿；其二是觀察者的特性，注意力集中、動機強烈者，較易模仿成功；其三是模仿的過程，也就是對楷模行為得到何種獎懲的觀察將深深影響模仿行為。

(三)消除個體不適當行為的行為改變技術

■削弱作用

削弱作用是使個體反應得不到回饋，而削弱其行為。此一策略可用來改變小孩哭鬧的情形，當其哭鬧時不予理會，待表現乖巧，才給予注意微笑，就會削減哭鬧，養成正當行為。使用削弱作用應注意的是：扣留增強到相當久，也就是必須確實做到不予理會，不可心軟，否則將前功盡棄。此外，管制增強要全面合作，態度一致，如訓練小孩於正餐吃飯而不吃零食，就要在除了正餐間以外，管制所有可能取得食物的機會，才能發生效用。

■增強相剋行為

甲刺激產生痛苦的反應，乙刺激產生愉快的反應，若使愉快反應強於痛苦反應，且兩行為不並存，則乙刺激會取代甲刺激。依此原理，則可安排無法並存的兩行為，以好行為代替不當行為。

■系統減敏感法

系統減敏感法是消除焦慮、緊張、懼怕的行為治療法。例如女生怕蛇，則設計安排有系統地呈現刺激，以逐漸降低消除恐懼症。首先在遠處呈現假蛇，由他人觸摸，並未有危險反應；再向前移近，也不見危險；繼之出現遠處真蛇，漸漸移近，手扶他人

手以摸蛇，最後親手摸蛇而不會懼怕。

■飽足法

　　飽足法是給予個體太多的增強物，多到不能處理而厭膩。例如某生上課喜歡轉動筆桿，難免分心，教師指定他不停地反覆此動作，直到產生厭煩痛苦而戒除該不當行為。

■撤除正增強

　　撤除正增強可分為「隔離法」與「虧損法」。「隔離法」的策略是以剝奪喜愛的事物來改變行為，例如喜歡遊戲的兒童，若不遵守規定，就不讓他參與遊戲。「虧損法」是扣除其所擁有的增強物。例如逾期還書要罰款。使用此策略時應注意的是，扣除增強物應考慮是否在當事人可以承受的範圍，若太過則可能造成反效果。

■遠離增強物

　　遠離增強物是指調整環境，避免引發偏差行為的刺激出現。例如煙毒勒戒所就是將吸煙毒者隔離於誘惑之外，以戒除煙毒之癮。

(四)認知行為改變技術

■合理情緒治療法

　　理情療法是以合理的認知來培養健康的情緒狀態。人們許多的情緒困擾，經常是當事人的不合理看法所造成，因此，觀念的重建與轉移情緒是化解之道。此外，人們的情緒困擾，或人與人之間的誤解，也常起因於成見與偏見。

■自我解惑法

自我解惑法是以有系統的思考步驟來分析解決問題，大致分成幾個步驟：(1)要面對困難，許多困難是不可避免的，要鼓勵當事人勇於面對困難，而不逃避問題；(2)要認清問題，透過討論將籠統的疑惑界定得更清楚；(3)列舉對策與研判對策，以腦力激盪法，想出一切可能的解決辦法，並考慮各對策的優劣得失與後果；(4)確定實施對策，找出最可行之對策並付諸實行。

■自我肯定訓練

自我肯定訓練是懂得拒絕別人的技巧，能表白自己的意願、有主見、有自信心、合情合理、不遷就他人無理的要求與干擾，以免造成埋怨、後悔、自責、膽怯的後果。自我肯定訓練的過程包括：真實的敘述、誠懇的表達、合理的聲明、明智的果決，坦誠地表明自己的主張。可以說是改變個人性格的重要措施，它所運用的原理仍屬行為改變的過程，但是含有相當多的認知成分。

■自我教導訓練

自我教導訓練是當事人教導自己應付焦慮、痛苦、恐怖的不利情境，面對現實，積極的看法。自我教導的語氣，常是自我支持、自我勉勵的話。例如當孩子在恐怖情境中出現恐懼行為時，告訴孩子「不要怕，要冷靜」，如此可以減少其負面行為出現。

總言之，行為改變技術容易施行，對於改變兒童偏差行為具有相當的效用，但是由於每個人的個別差異很大，並非所有的策略都適用在同樣的情境與偏差行為中，因此父母或老師要先評估兒童的能力與行為情境，採取最好的策略，才能收到最好的效果。

參考書目

一、中文部分

廖鳳池（1993），〈兒童輔導的基本理念〉，《諮商與輔導》，91期，頁22-25。

周天賜譯（2001），Eva L. Essa原著，《幼兒行為與輔導─幼兒行為改變技術》，台北市：心理。

王淑娟、林欣瑩（2002），《幼兒行為輔導》，台北：啓英文化。

陳幗眉、洪福財（2001），《兒童發展與輔導》，台北市：五南。

徐錦鋒（2003），〈偏差行為〉。載於《社會問題與適應（上）：個人與家庭》，台北：揚智文化。

廖鳳池、王文秀、田秀蘭（1998），《兒童輔導原理》，台北市：心理。

王文科（1997），《特殊教育導論》，台北市：心理。

黃金源（1996），《特殊教育論文集》，台中：國立台中師範學院。

呂祝義（2004），〈行為改變技術的原理與應用〉，載於http://home.netvigator.com/~yipsir/newpage5A-04.htm

曾端眞（1994），〈正視兒童的問題行為〉，《諮商與輔導》，97期，頁26-27。

二、英文部分

Shertzer, B. & Stone, S. C.(1981). *Fundamentals of Guidance* (4th ed.). Boston: Houghton Mifflin, Co.

Ward D. A., Timothy J. C. & Robin D. P. (1994). *Social Deviance*. Boston: Allyn & Bacon.

Chapter

12

第十二章　兒童安全

蔡嘉泇

· 中國文化大學兒童福利研究所碩士
· 國立空中大學生活科學系兼任講師
· 中國文化大學推廣部兼任講師

我國新修訂頒布之兒童及少年福利法延續了舊法的精神，以促進兒童及少年身心健全發展、保障其權益、增進其福利為目的，並明訂各項維護兒童少年權益及保護兒童的措施，公部門甚至訂立了「兒童安全日」，這樣的立法及舉措可以看出政府對兒童及少年安全的重視，同樣地，民間團體對於兒童少年安全的努力亦不遺餘力，然而，這些是否代表著我國社會中的兒童安全無虞？從幾個事例中，我們或許可看出端倪：女童悶死在娃娃車內、兒童不慎墜樓、幼兒反鎖家中，火災釀慘劇、兒童受凌虐、性侵害……等，不幸案件層出不窮，尤其在二○○四年五月期間，發生率更達到驚人的高峰，我們不禁要問，台灣的兒童真的安全嗎？

廣義而言，兒童安全泛指十二歲以下之兒童在生理上、心理上及生活各層面無危險之虞，也就是要兒童本身與其他相關人員（父母、家人、師長、同伴……）之間互動良好；在飲食、遊戲、教保、交通等活動過程中沒有危險；在與兒童活動有關的設備（園舍建築、居家環境、教保設施……）符合安全，在人事物三者達到安全的情況下，才能提供兒童一個有助於身心健康發展的環境。兒童正處於身心發展的關鍵期，父母教養、環境與心理健康均影響著發展的良窳，成人在照顧兒童時，應提供足以滿足生理需求的飲食與衣物，同時也要提供安全的環境，正如心理學家Maslow所提到的X理論：個體必須在生理需求、安全需求、愛與歸屬感需求、尊重需求獲得滿足的情況下，方能進一步尋求自我實現的心理需求滿足，而這些需求無一不是建立在個體與外界環境事物的良好互動基礎上，對兒童而言，唯有獲得父母老師等成人的愛、關懷與悉心照顧，方能在安全無虞的環境及心理狀態下成長，可見生理與心理的安全對於兒童來說是相當重要的。然而，台灣社會當中，層出不窮的兒童意外事故、環境安全問題、教養問題等，在在顯示我們的兒童安全工作需要更多的努力。

一、兒童與事故傷害

(一)兒童意外事故的因素

　　事故傷害是近二十年來兒童十大死因之首位。根據行政院衛生署（2003）統計資料顯示，事故傷害爲國人十大死因排行榜的第五位；二○○二年度一至四歲幼兒死亡率爲每十萬人口44.11人，其死因中以事故傷害14.12人爲最高；五至十四歲兒童死亡率爲每十萬人口16.54人，死因亦以事故傷害5.65人爲最高，合計一至十四歲兒童因事故傷害死亡率爲每十萬人口19.77人。再者，依據衛生署統計，幼童事故傷害中，機動車交通事故每小時就有一人死亡，溺水及意外淹水每天平均有兩人死亡，意外墜落每天平均有四人死亡，意外中毒及火災每天平均有一人死亡。

　　從統計數字來看，兒童期因意外事故死亡的比率總是居首位的情形，應與兒童尚處於發展未臻成熟階段有關，所謂「發展」，是個體從生命開始到終了的一生期間，其行爲上產生連續性與擴展性改變的歷程，在這個歷程中，個體的行爲繼續不斷的發生由簡單而複雜、由粗略而精細、由分立而調和、由分化而統整等多方面的變化；且變化的範圍同時包括生理和心理兩方面的功能（張春興，1977），由於發展是人生過程中連續的歷程，且在兒童期呈現快速變化，因此兒童期的生心理狀態並未臻成熟，再加上兒童探索外在世界的好奇心與因發展帶來的活動力驅使下，使得兒童發生意外的機率大大增加，除此之外，兒童期發生事故傷害的因素還包括：

■幼兒因素

1. 性別：兒童期男女生的特質不同，活動量也不同，一般而言，男孩活動力強，因此發生事故傷害的機率相對女孩來得高。

2. 年齡：不同年齡層發生的事故傷害類型不同，這是因為各年齡層的發展成熟度、判斷力與接觸環境不同所致，例如，年紀較小的兒童發生誤食藥品或異物的機率較高，年齡較大的兒童則較常發生跌傷。

3. 生理狀況：當兒童身體狀況好時，容易好動，發生事故機率較高；而當兒童處於饑餓、疲倦，或身體不適時，也較容易發生意外。

4. 情緒狀態：兒童的情緒發展未臻成熟，較容易衝動、不穩定及情緒化，如果未獲得適當紓解或安撫，則容易產生魯莽行為造成意外，有時可能傷及性命。

5. 智力：這是指個體解決環境中所發生問題的能力及對新情境的應變能力。一般而言，智力低的兒童，自我保護技巧較差，較不易覺察環境中的危險，面對危險時也無法立即想出辦法保護自己。

6. 先天氣質：對於兒童氣質的研究一直是心理學界關注的焦點，長久以來發現兒童的氣質與情緒及行為方面有密切關聯，兒童的氣質包括活動性、規律性、趨避性、適應性、反應、反應強度、情緒本質、注意力、分散度及堅持度等，過去研究發現兒童的活動性多寡與事故發生率有關，較粗心、好動、愛冒險、好奇、情緒反應強的兒童，發生事故的機率也較高。

■環境因素

1. 缺乏重視安全管理的觀念。
2. 園舍的空間設計不當。
3. 環境設備簡陋且安全度不足。
4. 各項遊具與設備的維修、保養不良或違規使用。
5. 園方危險物品的收藏不當。

■照顧者因素

1. 父母疏忽、健康狀況不佳、缺乏養育知識、教養態度與方式不當等。
2. 師長疏忽、高估幼兒能力、專業能力不足、對危險的敏感度不夠、缺乏臨危應變能力、課程設計不當等。

■情境因素

1. 照顧者忙碌時較易發生意外。
2. 夏季容易發生溺水；冬季容易發生一氧化碳中毒或火災。
3. 廚房及浴室較易發生意外。
4. 兒童上下學途中、校外教學時較易發生意外。
5. 下雨天較易發生意外。

(二)常見的兒童意外事故類型

　　由於兒童缺乏自我照顧的能力，需要大人隨時注意他們的周遭環境，負起陪伴照顧的責任，其實許多事故傷害是可以避免的，也可以找出危險因子並加以防範的，往往在最放心的地方也是最容易發生事故傷害的地點，例如「家」是兒童最常活動的地方，卻也是最常發生事故傷害的地方，值得父母及照顧者特別留

意。根據統計，兒童較常發生的意外事故包括：

■跌傷

兒童造成跌傷的原因多為滑倒、絆倒、互拉互撞、從桌椅樓梯跌落等，尤其六歲以下幼兒最常見，男生比女生的發生率高，受傷部位以頭部及顏面損傷最多，傷害程度多為輕傷，重者多為骨折。跌倒事件其中一半是發生在家中，而25％的事件是發生在學校。跌傷的傷害可大可小，但不可因小傷而忽視，應自行做簡易治療，嚴重者更應立即送醫處理，有關防止跌傷應注意事項包括：

1. 不管嬰兒會不會翻身，嬰兒一定要放在嬰兒床或地板上，以免跌倒。
2. 購買符合安全標準的照護用具。
3. 嬰兒助行器不能幫助成長反而有危險，尤其是家中有樓梯的。
4. 家中家具的尖角一定要有防護。
5. 檢查家中地板是否太滑。
6. 幫兒童買鞋時請考慮跌倒的防範。

■割（刺）傷

受傷原因多為被利刃或其他尖銳物品（如碎玻璃、木片等）所刺傷或割傷，造成的傷害多以撕裂傷為主，傷害程度亦多為輕傷。在日常生活中，兒童使用剪刀、刀片等工具的機會相當多，但必須十分注意以免發生利器割傷，尤其是鏽蝕的利器可能造成的破傷風。有關防止割傷或刺傷應注意的事項包括：

1. 教導小孩刀剪等工具的正確使用方法。
2. 園藝設備及廚房刀類應妥善收藏，嚴禁兒童使用。

3.碎玻璃及針、鐵釘、鋸子等工具不可隨意收藏。

4.若發生利器傷害，先用優碘消毒傷口。如果利器已生鏽或骯髒，應立即就醫治療，以防傷口感染惡化。

■夾傷

　　兒童在開關抽屜、門、摺疊桌椅時不小心而夾傷，造成的傷害多為肢體紅腫痛，傷害程度為輕傷，但近來亦常傳出摺疊桌椅夾死幼兒的案例。

　　兒童發生跌倒、割傷、刺傷、夾傷時，較常見的傷害為出血或骨折，其處理措施如下：

‧出血

1.辨別為動脈出血、靜脈出血或微血管出血。動脈出血的血色鮮紅，常隨心跳次數呈連續噴射狀流出，不易止血；靜脈出血的血色暗紅，血流緩慢，較易止血；微血管出血的血色赤紅，呈點狀出血，容易止血。

2.可採用直接加壓止血法、抬高出血部位止血法、止血點止血法、冷敷止血法、止血帶止血法等方法處理，嚴重者應盡速送醫急救。

‧骨折

1.急救者動作須敏捷而輕微，使患者安靜保暖，以免引起休克。

2.疑似骨折時，以骨折處理，不可隨意移動。

3.移動患者時須支托骨折肢體上、下關節，並避免旋轉，造成其他傷害。

4.選取長度適合的夾板，固定傷部以後，方可移動或輸送。

5.開放性骨折傷口，用清潔紗布覆蓋，以避免深部組織受污

染，勿企圖將突出於皮膚的骨推回。

6.患者衣物除去時，應先脫健肢再脫患肢，必要時可將創傷處之衣物剪開。

7.處理骨折前應先處理呼吸困難、大出血或意識喪失等情況。

8.在不影響骨骼排列序位的情況下，將患肢抬高，可有利於血液回流、減輕腫脹，並且又可控制出血。

9.盡速送醫處理。

■燒燙傷

兒童燒燙傷多是因熱水、火焰、熱食、腐蝕物等所致，多數燒燙傷的傷害程度較嚴重，五歲以下幼兒受到燒燙傷者超過九成須送醫緊急處理。一般燒燙傷傷口經治療即可痊癒，但若傷及顏面，除治療上困難度較高之外，治癒後的心理重建亦相當費時。

燒燙傷是造成兒童意外事故中最可怕的一種，經常發生在廚房、浴室及客廳，嚴重燒燙傷可能會導致長期住院、嚴重的疼痛或營養的不平衡，甚至全身性感染。燒燙傷的急救方式如下：

1.緊急處理原則：

3B：Burning Stopped（停止繼續燒傷）、Breathing Maintained（維持呼吸）、Body Examined（檢查傷勢）。

3C：Cool（冷卻）、Cover（覆蓋）、Carry（送醫）。

2.急救步驟：

沖：以流動的冷水沖洗傷口十五至三十分鐘。

脫：於水中小心脫去衣物。

泡：用冷水浸泡三十分鐘。

蓋：覆蓋乾淨的紗布。

送：趕緊送醫急救

3.處理過程應注意事項：

(1)不要使用黏性的敷料。

(2)不要在傷處塗敷牙膏、醬油或其他外用藥水或軟膏，以免傷口感染。

(3)不要弄破水泡，以免感染化膿延後癒合。

■異物侵入

　　多為灰塵或砂礫吹進眼中、小飛蟲或水侵入耳中、錢幣或鈕扣塞入鼻孔或口中、魚刺或食物梗住喉嚨等情形，在兒童期發生率亦相當高，情況輕微的可以用口吹或水沖等方式自行處理，但嚴重者亦可能危及性命。

　　出生六個月的嬰兒，睡覺時應保持仰臥，以避免可能的窒息。也不要將嬰兒放在水床上或其他超軟的寢具上，避免覆蓋口鼻影響呼吸。嬰幼兒會把各種東西放入嘴裡嘗試，千萬不要留下任何小東西在小朋友可能拿到的地方，以避免異物吸入導致窒息。也不要用如花生米大小、硬度的食物如瓜子、糖果、果凍、玉米、餅乾等餵食嬰幼兒，食物都應切成薄片，以避免吸入造成窒息。其他如錢幣、彈珠、鈕扣、塑膠袋、橡皮氣球、細繩等東西，也都是造成小孩子窒息的原因。兒童發生窒息時的急救方式如下：

1.嬰幼兒窒息時首先除去窒息的原因，如繩索、塑膠袋或口中的異物。可先試著讓兒童保持鎮定，以咳嗽的方法用力咳出。

2.將兒童倒提，或讓兒童趴於施救者膝上，頭部朝下，進行連續五次的背後敲擊。

3.若異物仍無法排除，則進行哈姆立克法，將兒童平放，用

單手掌根（對嬰兒則為食指與中指）置其肚臍與胸骨中間，再快速地向上向前推擠。

4.若異物為尖銳物或不明物品，不可給予服用瀉藥或其他食物，應立即送醫急救。

■咬傷

最常見的是被蚊蟲叮咬，偶有兒童被野狗咬傷及蜜蜂螫傷等意外，甚至兒童之間遊戲或衝突時互咬受傷亦有可能，咬傷的傷害程度大都較輕微，因而容易被輕忽。兒童會喜歡和小動物一起玩耍，但寵物的行為很難去預測，兒童因為缺乏經驗而且體型較小，所以特別容易受到動物的攻擊。其中約90％是受到狗的攻擊，而受到貓的傷害只占5％。被動物或昆蟲咬傷時，處理方法如下：

1.一般動物咬傷的處理：
　(1)近臉及頸部被咬傷應立即送醫治療。
　(2)以清水洗滌傷口，沖掉動物唾液，再用肥皂水徹底洗淨傷口，並用敷料包紮好，再送醫治療。
　(3)除非必要，否則不要殺死咬人的動物，以備檢查之用。
2.蜂類螫傷之處理：以消毒過的針或小刀挑出螫刺後，清洗傷口並在傷處冷敷以減輕疼痛，盡快送醫治療。
3.蜈蚣及蜘蛛類咬傷之處理：在傷口上方紮上壓縮帶，冷敷受傷部位二十分鐘，必須使受傷部位低於身體其他部位，讓兒童保持舒適、靜躺並注意保暖，盡速送醫治療。

■交通事故

交通事故是造成兒童受傷及致死的主要原因。而行走道路造成的受傷，則是所有機動車輛相關的事故嚴重度及死亡率較高的

一種。根據內政部警政署一九九九年的統計資料顯示：與兒童有關的交通事故件數共一百五十五件，占道路交通事故總件數6.2％，造成九十六名兒童死亡，一百二十九名兒童受傷；有63.2％的兒童事故發生類型是車與車相撞。按兒童活動狀況分，一百四十二名兒童（占63.1％）是在有保護者同在的一般活動中發生事故傷亡，在無人保護的一般活動中發生交通事故傷亡者亦達18.7％；此外有四十一名占18.2％是在學校活動（包括上下學中及旅遊）中發生事故傷亡（陳永炅、黃珮琪，2000）。因此，對於兒童在校園及從事戶外活動時，應特別重視交通安全，以防止不幸事故的發生，其預防措施包括：

1.正確的使用安全帶及安全座椅。
2.小朋友一定要坐在後座安全椅中且繫好安全帶。
3.不要讓小朋友在街上玩耍。
4.告訴兒童一定要有大人陪伴，才能橫越街道。

■中毒

可分為消化道中毒、呼吸道中毒及皮膚性中毒，消化道中毒可能是藥物服用過量或誤食藥物或有毒物質（如洗碗精、去污劑、生肉或腐壞食品）；呼吸道中毒則可能是吸入有毒氣體或煙霧（如殺蟲劑、一氧化碳）；皮膚性中毒則多為被植物（如夾竹桃或常春藤）或昆蟲（如蜈蚣或毒蜘蛛）的分泌物接觸或叮咬，所造成的中毒現象。誤食毒藥物導致中毒，大部分是發生在家裡。水管或浴廁清潔劑則可能對組織造成嚴重的傷害，甚至可能對消化道造成灼傷危及生命。學齡前兒童是最有可能造成嚴重中毒的年齡層，中毒時的處理方式如下：

1.消化道中毒之處理：
　(1)應盡可能讓兒童喝大量的水來沖淡毒物，或喝大量牛奶

以保護消化系統及降低毒物被吸收的速度。

(2)催吐（若是酸鹼性毒物，則不可催吐）。

(3)維持呼吸道通暢，必要時給予人工呼吸或心肺復甦術。

(4)盡快送醫治療，並將裝置毒物之容器、標籤及嘔吐物一併帶去。

2.呼吸道中毒之處理：

(1)立即將中毒者移至空氣流通處。

(2)維持呼吸道通暢，必要時給予人工呼吸。

(3)保暖。

(4)盡速送醫治療。

3.皮膚性中毒之處理：

(1)以先肥皂後清水的順序清洗兩次以上，直到清潔為止。

(2)若皮膚上有傷口，可用清潔紗布覆蓋。

(3)盡速送醫。

要避免中毒問題的發生，平時應做好預防中毒的措施：

1.所有藥物應由合格醫師處方，任何用藥問題，應向醫師或藥師諮詢。

2.藥物之存放應慎重，放在兒童不易拿到之處，最好儲存在防止兒童開啟的安全包裝容器中，同時不可與食物共同放在冰箱內。

3.各種肉類製品烹調時要充分煮熟。

4.各種食物均應儲存妥善，並消除環境中傳播病原的昆蟲。

5.充實有關預防中毒的知識，如瓦斯的安全使用方法。

■溺水

常發生在夏季的游泳池、水井、池塘、河邊或海邊等地點，也可能發生在家中的浴池或蓄水池，嚴重者常會致死。嬰兒可能

因五公分水深而溺水，家裡浴室的浴盆及抽水馬桶，對四歲以下的兒童都是具有危險性的，不到一分鐘的時間就有可能導致悲劇的發生。較大的學齡前兒童則因愛玩水，且不會游泳而發生溺水。兒童發生溺水時的急救方式：

1.將溺水者救離水面。
2.脫掉兒童濕衣服，並加蓋被服保暖。
3.檢查口鼻中是否有異物，並用手掏出。
4.可將兒童伏臥，腹部墊高，頭朝下，再用雙手壓其背部把水壓出。
5.若呼吸微弱，要立刻實施口對口人工呼吸；若沒有脈搏或心跳，則立即實施體外心臟按摩，每五次心臟按摩，要做一次口對口人工呼吸。

■中暑

主要因為人體體溫調節中樞的能力受損或汗腺排汗功能不良而引起。大多數中暑是突發的，開始時的症狀有頭痛、皮膚發熱、噁心、眩暈、臉色發紅等，然後體溫遽升，可達攝氏四十一度以上，可能會導致昏迷、抽搐、休克等，甚至危及性命。中暑時，處理方式如下：

1.盡快將兒童移到陰涼通風處，並鬆開衣服散熱。
2.用冷水浸泡或用冷水潑在身上，或用涼濕毛巾裹住頭部並以濕床單包裹全身，持續測量體溫，直至體溫降至攝氏三十八度以下為止。
3.以海綿沾33％酒精，輕拍患者身體幫助散熱。
4.由下而上朝著心臟部位按摩患者雙腿。
5.患者若在清醒狀態下，可給予冷開水或其他不具刺激性之冷飲。

6.迅速送醫檢查治療。

二、教保場所中的兒童安全

　　台灣地區的兒童平日待在教保場所（如小學、幼稚園、托兒所、課後照顧機構）中的時間相當長，有時甚至比在家庭中的時間長，從林佩蓉與馮燕（1999）的調查結果，六歲組（五歲時入學）幼兒的入園率為97.35％；五歲組為89.57％；四歲組為48.98％；且高達87％的幼兒都上全日班。而六歲至十二歲之兒童屬於國民義務教育階段，其就學率亦將近百分之百。無論就讀幼稚園或小學，相當比例的兒童放學後還要到安親班或才藝班待上二至三小時，合計兒童每天在教保機構中的時間通常超過八小時，在這段時間內，兒童的活動包括學習、遊戲、飲食、創作、乃至交通運輸等，對於精力充沛而又缺乏足夠安全意識的兒童來說，發生危險的機率相對增加，因此，亟需教保場所中的照顧者（老師、保育人員）多加留心，以下就教保場所中的環境設備、活動、器材、遊戲、人身及交通安全等部分加以探討。

(一)環境與設備的安全

　　環境與設備安全指的是校園裡的學習、遊戲、生活環境以及硬體設備的安全事項，一般而言，校園內的硬體設施安全應注意的原則包括：

1.大門高度與寬度（幼稚園托兒所寬二點二公尺、高一公尺）依規定設置，門底空隙不宜太大，避免貓狗跑進校園，若使用遙控電動鐵門，應由警衛管控，並確定無兒童在周圍

時才開關，避免人車同時使用大門進出。

2.圍牆不要使用柵欄式，可避免外物侵入及兒童玩耍時鑽入，圍牆頂端不可使用尖突物。

3.廚房與餐廳應做好衛生管理，避免食物中毒。

4.地下室可作為防空或儲藏室使用，亦可作為團體活動室，地下室要有良好的排水及防火設備，要通風良好，要有兩個出口。

5.教室外走廊寬度（幼稚園托兒所為二點七至三點四公尺）應依規定建置，廊上的柱子最好採圓形設計，並盡量用海綿包覆，以免碰撞危險。

6.樓梯的設置，以幼稚園為例，寬度至少要有一點八公尺，以不小於走廊為宜，樓梯斜度為三十度左右，深度約二十六公分，每階高度不超過十四公分，階梯宜分為二至三段，每段中間設平台，階梯面之材質不宜太光滑或太硬；扶手高五十二至六十八公分為宜，欄杆不設置橫條，縱條間隙不超過十二公分。

7.廁所中的便斗及尿斗應考量兒童身體發展，洗手台不宜過高，且須設置充足。

8.遊戲場各項遊戲器材之設置應符合安全標準，地面材質不宜過硬。

校園內除了硬體設備上的安全維護外，環境安全亦須重視，也就是校園的防盜、防火及防震措施必須能落實，以建構安全的學習及生活環境，當然這些預防措施在許多方面也屬於校園硬體設備的一部分，例如許多校園利用鐵鋁門窗來加強防盜，有時卻忽略這些設備也須符合安全要求，又例如學校疏於防火設施的設置，一旦發生火災，往往造成生命財產的損失，因此，安全的環境除了藉由設置符合安全標準的設備來建立之外，也需要定期的

檢查與維護，如此將更能增進校園學習及生活環境的安全。

(二)遊戲設施

在兒童每天玩耍的遊戲設施中其實隱藏了許多危險，根據靖娟兒童安全基金會調查發現，每十位兒童中就有三位因為使用遊戲設施而受傷。最不安全的遊戲場所則是公園、速食餐廳和國小，兒童使用遊戲設備受傷的原因包括撞擊、突出物割傷、墜落等，而造成遊戲設備不安全的根本問題是公園、學校裏設備的安全根本沒有人把關（中廣新聞網，2004.06.23）。台北醫學院附設醫院蔡卓城主任曾在二○○二年針對台北縣及嘉義縣幼稚園進行調查，發現高達四分之一的幼稚園遊戲場安全不合格，且38.4％的老師未受過相關的急救訓練。林貞岑（2003）指出遊戲場最容易潛藏的危險包括：(1)鋪面材質不具保護功能；(2)遊戲設施結構不穩固；(3)遊戲器具高度落差太大；(4)缺乏適當維修；(5)設計不良；(6)家長大人未陪伴在旁；(7)夾人的搖椅與鞦韆。可見兒童遊戲場內處處危機，對於遊戲設施的安全管理應予以重視。

遊戲對兒童既然重要，其設施安全就更值得成人注重，遊戲器材應要能符合兒童人體工學的要求，並做正確的安置，以確保遊戲時的安全，其注意事項包括：

1. 戶外遊戲器具設置的地面材質應以草地、沙地或軟質護草墊為宜，地面要平整，高度與鄰接地一致。
2. 遊戲器材的支承架應埋入地基中，深度要夠，土質亦應具良好的排水性。
3. 攀爬的遊戲器具若高度超過四十公分，其四周須加護欄，繩索磨損或老化應即更新。
4. 結合器材使用的螺釘或交叉點，最好採用嵌入式，以免兒

童鉤住或撞擊受傷。

5.設置鞦韆及搖椅等盪態遊戲器材時，其四周應預留較多空間。

6.遊戲器材的高度應不超過一百八十公分。

7.輪胎等防撞器材，應擺放固定位置，或使用後應歸回原位，以避免兒童絆倒。

8.鐵質遊戲器材應避免置於陽光直照及容易雨淋的地點，以避免發燙或生鏽，造成兒童意外受傷。

除了遊戲設施的安全問題外，兒童遊戲時所接觸的玩具也必須注意其安全性，也就是要重視安全玩具的選擇，玩具提供了兒童娛樂及學習的來源，玩具可發展兒童的創造力，可幫助我們教育及娛樂兒童，並且增加生活中的樂趣。雖然目前市售的玩具大部分是安全的，但每年仍有兒童因此受傷甚至死亡的案例，而大部分的案例是小於五歲的，因此在玩具安全方面應注意：

1.讓你的孩童遠離橡皮氣球。

2.讓你的孩童遠離尖銳或小的玩具或其組成的部分。

3.檢查孩童的玩具布偶，並請確定眼睛及鼻子是固定的。

4.請確定孩童的玩具是夠大、完整、耐用而不易被拆散。

5.若認為玩具會對孩童造成傷害，則請破壞而不要特意送給其他小朋友。

(三)飲食衛生

飲食是每天生活所必需的，對於在學校活動一整天的兒童而言，飲食除了考量攝取熱量以維持活動力與生命力外，其衛生安全亦須重視。無論在校園或家中，食物在烹調前，除了要有計畫性的採購及慎重選購外，買回來之後，還要適當的儲存及注意烹

調的前置作業，其調理過程應注意四項原則：

1. 清潔：食物在選購、運送、儲存、加工到食用前，都應維持清潔，減少並防止細菌污染，因此食物本身的清潔、廚房設備、工具、容器包裝、餐具、儲存工具及工作人員的清潔均須重視。
2. 迅速：食物一經選購，應盡速處理及烹飪，烹調後的食物及開封或開罐後的加工食品應盡快食用，以避免滋生細菌。
3. 加熱與冷藏：食物在室溫攝氏十度至六十度中最易滋生細菌，因此儲存食物時應採用十度以下低溫冷藏，減緩細菌繁殖，冷藏於零下十五度以下則可抑制細菌滋生；加熱烹調可以破壞毒素並滅菌，肉類食品應加熱烹調後再食用。
4. 明辨：購買食物應辨識其來源、製造日期、保存期限、成分及安全性，以避免食物中毒。

對於飲食衛生的簡易檢驗方法，可參考行政院衛生署出版之《食品衛生檢驗手冊》，檢驗食品衛生的幾個簡易可行方法如下：

1. 光度檢查法：此法採用光度計來檢驗，光度充足的場所才不致影響工作人員的眼睛，也較易看出食品及器材或容器受污染等情形，調理場所的光度以二百米燭光（Lux）以上為宜。
2. 糖度檢查法：此法採用糖度計來檢驗人工甘味劑，先將糖水用舌頭試嚐後，再以糖度計測量，如果糖度低而試嚐很甜時，其糖水必屬人工甘味劑。
3. 溫度檢查法：運用溫度計檢查冷藏設備之溫度是否合乎標準，將溫度計放在受測試之處所，經過十至十五分鐘後，查看其溫度。

4.紫外線檢查法：利用紫外線照射，觀察其螢光反應來判斷食品、餐具及環境是否受污染，一般蛋白質系食品（如獸肉、鳥肉、魚貝、蛋等）如果不新鮮時，均會呈色或光不均勻，餐具洗滌不充分時，亦會有螢光反應。

5.澱粉性殘留物檢查法：採用碘或碘化鉀來檢驗餐具或食物容器上有無殘留澱粉質，如有殘留澱粉，則碘會呈藍紫色。

6.脂肪性殘留物檢查法：利用酒精或Sudan IV試藥來檢驗餐具或食物容器上是否殘留油脂，若有殘留，則試劑會呈紅棕色。

有關食物調理場所──廚房的衛生把關也是校園中的一項重點，依據「食品業者製造、調配、加工、販賣、貯存食品及食品添加物之場所及設施衛生標準」及「公共飲食場所衛生管理辦法」之規定，廚房基本設施應注意的衛生事項包括：

1.牆壁、支柱和地面一公尺以內之部分應鋪設瓷磚，塗油漆或磨石子，地面應使用不透水、易洗、不納垢之材料鋪設。

2.廚房應與廁所及其他不潔處所隔離。

3.廚房內採光一般在一百米燭光（Lux）以上，調理台應在二百米燭光以上，並應設有良好的通風及排氣設施。

4.應裝置紗窗及紗門。

5.垃圾桶應加蓋。

6.應有優良的排水系統，排水溝應加蓋，出口處應有防止病媒侵入之設施。

7.電冰箱冷藏力應保持在攝氏七度以下，冷凍力應在零下十八度以下。

8.樓板或天花板應為白色或淺色，表面要平滑以易於清洗。

9.洗手設備應設置於適當地點且數量充足。

10.須有預洗、清洗、消毒之三槽式餐具洗滌殺菌設備，並設有充足的流動自來水。

其他有關廚房設備及調理器具的衛生注意事項包括：

1.冷藏設備應做好溫度管理及防止污染：裝置容量應在50％至60％之間，不可過滿，以利冷氣循環，盡量減少開門次數及時間；定期清洗與消毒；蔬果、水產及畜產原料或製品應分開貯藏，避免交互感染。

2.食品或原料儲藏庫之管理：物品應分類放置並設置平面圖及卡片加以標示及記錄；食品及原料應置放於金屬棧板或置物架上；保持良好通風與採光，維持適當溫度及濕度，防止病媒侵入；由專人負責管理並定期清理，確保清潔。

3.餐具管理：餐具以不鏽鋼製或紙製為宜，避免使用保麗龍及塑膠製品，存放餐具的櫥櫃亦以不鏽鋼製為宜，餐具分類存放，餐具洗滌應以清水預洗，以刷子等器具或手在攝氏四十三點五度含有清潔劑的溫水清洗，再以溫水沖除清潔劑，隨後將餐具浸在攝氏八十度以上熱水兩分鐘，或以一百度沸水煮沸一分鐘以上消毒，最後將餐具整齊置於架上瀝乾。

4.調理器具管理：處理食品時常須使用刀、鍋、杓子、鍋鏟、濾網等器具，此類器具使用後應先清洗，然後以熱水、氯水或紫外線消毒，並置放專有位置；調理用的砧板應分類並標示用途，避免蔬果、水產及畜產類共用砧板，材質選擇上以合成塑膠砧板為宜，砧板使用後應立即清洗並消毒，並側立置放專門位置。

在許多食物中毒的案例中，飲食不潔的主要原因來自於病媒

對食物的污染，病媒（vector）是指將病原體自一寄主帶至另一寄主的攜帶者，多數的傳染病是以節肢動物爲媒介，因此一般所謂病媒管制專指蚊蠅、蟑螂、臭蟲、跳蚤、蝨、鼠等動物的防治，有關病媒防治的方法包括：

1. 防止病媒侵入：廚房或貯存食物之場所應加裝紗窗及紗門，也可在門上裝設空氣簾，利用強風阻止昆蟲飛入，或在進出口安裝塑膠簾；廚房周圍水溝採用水封式水溝爲宜，出口設計爲U形管道並加裝0.6公分孔目的金屬網；此外，抽風機及通氣孔的出入口處亦應裝設紗網或塑膠簾。
2. 杜絕食物來源：垃圾及廚餘應密封處理，且保持垃圾桶周邊清潔；食物原料及成品要以適當容器保存；廚房內禁止飼養牲畜。
3. 消除藏匿場所：應定期清除廚房及貯存場所附近的雜草；清理倉庫及雜物；暢通水溝；避免死角；廁所應保持衛生。
4. 捕殺病媒：利用化學藥品、捕蟲燈、捕鼠籠等器具捕殺病媒，使用時應注意避免造成食物污染。

(四)人身安全

近年來兒童安全問題的焦點，不單純只在生活、學習與遊戲等層面的關心，因爲與兒童生命相關的人身安全問題日漸增加，教養或管教上的不當產生的虐待、犯罪對象擴及兒童衍生了綁架勒贖、引誘或強迫兒童犯罪，甚至猥褻及性侵害等問題，使得許多父母對兒童的安全問題感到憂心，而這些問題一旦發生，對兒童的心理將造成不良影響，甚至更長遠影響其家庭關係、社會關係、學習表現、行爲模式及價值觀念等，因此應多加重視並加以

預防，以下就兒童虐待、綁架、性侵害等問題的預防加以陳述。

■預防兒童虐待的措施

兒童虐待是「父母、監護人或其他對於未滿十八歲之兒童（少年）負有照顧責任之人，非意外地對兒童造成生理、心理或情緒的傷害，包括身體虐待、性虐待、精神虐待、疏忽等」（賴宏昇，2000）；許多研究證實虐待對兒童的生理、心理、社會等層面有相當負面之影響，因此成人須加關注及預防。

1. 平時應多留意兒童是否出現受虐待跡象：
   (1) 經常出現傷痕：如瘀傷、毆傷、鞭痕、勒痕、骨折等。
   (2) 顯現退縮行為：過度害羞或膽怯，不信任他人。
   (3) 有反抗或破壞性行為：表現出具攻擊性或反抗性的負向行為，或有明顯說謊或暴力的傾向。
   (4) 缺乏照顧：顯現營養不良、外觀邋遢，經常獨自在外遊蕩。
   (5) 遭受性虐待的徵兆：厭惡與大人身體接觸，且有明顯防衛動作；走路或坐下似有困難；下體有裂傷或腫痛現象；出現不尋常的性知識或遊戲方式。
2. 建立兒童自我保護的觀念，並教導其向外求助的能力。
3. 加強父母的親職知能，可透過活動或親職教育課程，建立父母尊重孩子的觀念及適當的教養方式，增進親子互動與情感溝通。
4. 加強宣導兒童保護工作，建立社會大眾保護兒童的觀念。

■防範被綁票的安全措施

1. 教導兒童外出遊玩、上下學、買糖果時，應有大人隨行或較長之兄姊或小朋友結伴同行。

2.未經父母或老師同意，不接受任何人的邀約、金錢或禮物，不食用陌生人饋贈的食物，不讓任何人接走或搭便車。

3.駕車或騎乘機車的人問路，應與其保持距離，不可貼近車身，必要時快步離開，走向人多的地方。

4.與幼童外出，應照顧好他們，注意不要讓其離開視線可及之處。

5.充分瞭解孩子的作息時間、地點，並妥爲安排接送事宜。

6.養成孩子外出一定告知行蹤的習慣。

7.學校老師應確認接送兒童之人員，若有疑問，應隨時與家長聯繫。

8.校方應密切注意校園內外的可疑分子，必要時應報警處理。

■防範遭受性侵害的措施

1.幼童遭性猥褻事件，受害的對象可能是女童，也可能是男童，父母不可輕忽。

2.保護自己的身體：子女必須瞭解他們的身體屬於他們所有，尤其是泳衣所遮蓋的私處，任何人（包括熟人、親戚）不得隨便觸摸。

3.要坦白相告：必須將所發生令他們不安的事說出來，而父母親不會因所發生的事責怪他們。

4.不要保密：如果有人撫弄他們而要他們保守秘密，告訴子女，有些秘密是不應保密的，一定要將發生的事向你報告。

5.不要與陌生人談話：若有陌生人試圖與他們談話，或拿糖果、餅乾、飲料、玩具、金錢給他們，不要接受，且要求他們要向你報告。

6.要告知行蹤：外出時，要讓家人知道去處，若外出地點有
聯絡的電話或聯絡人，也要讓家人知道，一個人不要單獨
到荒涼無人的地方玩耍。

7.不搭乘陌生人的車子。

8.如你的子女告訴你有人曾打擾他們，要求你幫助，你要以
認真的態度瞭解他們所指的事情，不要加以拒絕或敷衍，
應相信他們，小孩子很少會在這類事情上說謊的。

9.常與學校聯繫，勤於參加學校舉辦的各種活動，並知道子
女班上老師的辦公室與晚上聯絡的電話住址。

(五)行的安全

根據調查，兒童在上下學途中發生交通事故傷亡的比例約為
12％，台灣地小人稠，加上經濟發展後，車輛自有率大幅提升，
形成人多車也多的現象，尤其都會地區的人車密度高得驚人，加
上許多地方的道路設施、交通號誌、標誌動線規劃不夠完善，使
得交通顯得紊亂而擁擠，再加上許多道路使用者不遵守交通規
則，缺乏公德心，導致交通事故不斷發生，兒童不管是自己走路
上下學、家長接送或搭乘幼兒專車，經常是處於危機之中。此
外，兒童在道路使用上屬於相對弱勢，不但缺乏保護自己的能
力，面對危險的應變能力亦較不足，因此對於兒童行的安全應加
強宣導及防範事故發生，茲就行路安全與幼兒專車安全注意事項
加以陳述。

■行路安全指導

1.確實教會兒童交通規則，並養成遵守規則的習慣。

2.遵守通行規定，上學時應行走有學校導護的交通路線，過
馬路應行走天橋、行人穿越道或地下道，不可任意穿越馬

路。

3.確實遵守號誌及標誌，紅燈停、綠燈行，通過平交道應
　停、聽、看。

4.專心迅速通過馬路，避免兒童過馬路時不專心或追逐嬉
　鬧，且時時提高警覺，避免一個人通過馬路。

5.應注意不守規則的車輛，並學習保護自身安全。

■幼兒專用車（娃娃車）的安全措施

1.購買或租用合格、性能良好的車輛，並定期檢修，做好車
　輛保養。

2.慎選專用車司機，應遴選有合格駕駛執照者，並注意其身
　心狀況是否健全，有無不良習慣，態度要溫和親切，具有
　耐心與愛心，駕駛技術優良，無不良違規紀錄。

3.隨時考核司機工作狀況，並適當安排工作，避免在精神或
　情緒不佳或體能超過負荷的情形下工作。

4.車輛使用前應做好例行安全檢查，且嚴禁超載或超速。

5.司機應確實遵守交通規則，並隨時注意車輛與人員之安
　全。

6.妥善規劃行車路線，可使接送方便並減少司機與兒童之疲
　勞。

7.隨車教師應確實掌握兒童人數，並與家長協定接送的時間
　地點，避免兒童失蹤。

8.隨車教師應具備基本急救護理常識及緊急應變能力，並隨
　時注意車上兒童的身心狀況。

三、建立安全措施

俗云：「預防勝於治療」，在兒童安全的領域中也是同樣的道理，凡事如果能事前做好預防工作，就能減少許多危險，花極少的成本卻能避免極大的代價，因此如何建立完善的安全措施是我們亟須用心思考的。

(一)改變幼兒的行為

幼兒期至學齡期的兒童，認知發展尚處於具體運思期，對於危險的認識不足且較缺乏應變能力，因此需要藉由成人協助其建立安全行為，黃松元（1993）認為幼兒安全行為的形成，是經由確認、評估、決定、表現、評價、修正與應用等七個階段，才逐漸建立良好的習慣、適當的態度、熟練的技術與正確的知識（見**圖12-1**）。想要改變兒童的行為，照顧者要先學習掌握幼兒的天性而後引導兒童去學習，其原則包括（曹瑟宜、陳千惠，1999）：

1. 具體化：可以用講故事或角色扮演的方式，並使用兒童容易瞭解的詞彙，將事故傷害的情境、發生原因及應變措施具體化，增進兒童瞭解。
2. 步驟化：將事故發生的過程有條理脈絡地讓兒童瞭解，並讓兒童實際模擬演練，以加深印象。
3. 生活化：以兒童的思考角度出發，配合生活中的實例，以兒童最常接觸的問題為中心，讓兒童自由自在地談事故傷害與安全措施，才能有效進入兒童心理。

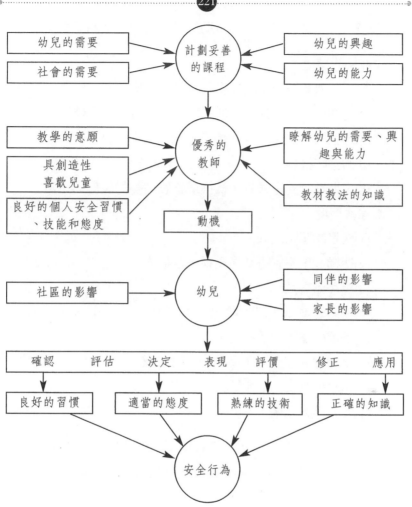

圖12-1　安全行為的發展

資料來源：黃松元（1993），《健康促進與健康教育》。

(二)改變環境

　　環境與個體的行為息息相關且相互影響，就兒童安全而言，兒童處於被動接受環境的塑造，以行為反應其對環境的態度，因此，安全的環境能建立安全的行為，亦即父母教師須由環境著

手，改變不安全的環境，才能有助於兒童安全行為的產生。

1. 校園的環境：
   (1)依照法規等標準設置安全的環境設備。
   (2)定期檢查校園建築及活動場地是否合乎安全標準。
   (3)加強對自然災害（如地震、風災）與人為災害（如火災）的預防措施。
   (4)定期舉行安全檢查，汰換或整修破損的設施。
2. 家庭環境：
   (1)充足的照明設備。
   (2)樓梯坡度不宜過陡，階梯高度適中。
   (3)廚房應寬敞。
   (4)住家的地面（如走廊、浴室）要平坦，不宜太光滑。
   (5)各種開關的位置不可太低
   (6)藥物應放在兒童不易見到之處，或鎖入櫥櫃中。
   (7)鐵窗要有安全活動門。
   (8)要有防火設備。

要落實兒童安全，除了上述各項事故的預防與處置，以及設施器材安全的要求與維護之外，建立兒童自身安全意識更是不可忽略的工作，這項工作需要透過教育來達成，也就是教導兒童安全知識的教育，兒童安全教育的目的是防止意外的發生，並培育身心健全的兒童，曹瑟宜與陳千惠（1999）認為兒童安全教育的具體目標包括：

1. 瞭解「危險」的概念，並知道怎樣才是安全的。
2. 認識可能的危險。
3. 遇到非己身能力所能處理或預防的危險事物，應立即告知成人處理。

4.遇到一件新的工作，自己能力技術沒有十分把握時，應請他人示範。

5.以合作的方式接受他人的安全建議，但必須經過分析判斷後，方可實施。

6.養成以安全的方式從事例常活動的習慣。例如拿剪刀給別人的方法。

7.學習由情境判斷保護自身安全的措施。

8.幫助自己與他人具有良好而安全的期望。

9.能提供改進安全情境的建議。

10.能小心評估安全的情境。

　　為了有效執行兒童安全教育，除了依循上述之目標進行規劃外，還必須妥善安排人員確實執行，並與家庭和社會合作，落實到教保活動及日常生活中，才能達到理想的安全教育目標。在規劃安全教育時有幾個可注意的事項（王煥琛，1980）：

1.對我們生活中的若干危險，應擬定安全教育計畫，以作為學校基本課程的一部分。

2.安全教育計畫須兼顧一般性的教育目的，也就是應促進個人內在能力的發展與社會民主的實行。

3.教師、行政人員及其他職員均須負有安全教育的責任，除貫徹整個程序外，亦應以自己的態度和習慣做為兒童安全生活的示範者。

4.安全教育計畫須能協助兒童建立良好的習慣與行為，養成新的適應，並使其由每天所獲得的安全經驗，供作終身應用。

5.安全教育的教授方法須力求明顯，重點在協助兒童作良好的行為反應，而非憂慮與恐懼的灌輸，同時應告訴兒童做事要勇敢，但並非有勇無謀。

6.安全教育必須能促進兒童產生對社會的自覺和對社會的責任。

7.計畫必須能配合學校的其他各項活動或教育。

8.學校雖自訂不同的安全制度，但外部的各種機構必須予以鼓勵和支持，並做同等努力，使每個兒童享有安全的生活。

　　兒童安全教育在實施上的具體措施（曹瑟宜、陳千惠，1999）如下：

1.意外事故防範計畫的擬定與修正：為防範危險事故發生，應事先蒐集各類型意外事故的資料，參閱法令規章，並擬定各項事故的安全教育計畫與緊急應變流程，平時做好人力與社會資源的聯繫網絡，並定時進行模擬演練，尤其須加強全體教職員、家長及學校外部人員間的配合，演練後亦須針對疏漏處加以修正，以收實效。

2.相關法令規定的蒐集與執行：教保工作的相關法令以及與兒童安全相關之法令規章，均是從事教育與保育工作者所必須知悉的，平時應留意與工作內容相關之法令，並依規定從事教育與保育工作，以建立安全的環境並培育健康的兒童。

3.環境設計的規劃與配合：校園內的各項環境設備都要符合安全規定，例如：

(1)要設置防火設施、逃生設備及消防設施，並定期檢查保持堪用狀態。

(2)娃娃車要做好定期保養與檢查。

(3)要有安全的遊戲器材並定期維護和保養。

(4)適當的照明和空調設備。

(5)幼兒的活動空間要符合發展需求並有良好動線。

(6)樓梯及活動空間的地板要有防滑設計。

(7)防撞、防跌、防潮、防震的安全防護設施。

4.安全小組的設置、分工與執行：教保場所應依照安全維護之需求，選擇具專業能力及敬業精神的人員編制安全小組，採分層負責、分工合作方式執行安全維護與教育，並定期檢討與改進，安全小組應包含緊急事件應變小組，以便處理緊急事故。

5.平安保險措施：為減少意外事故發生時善後處理之困擾，並保障兒童之安全，對於兒童個人投保適當的保險確實有其必要性，目前全民健康保險為強制性質，老師在平時應注意學生家長是否確實投保。另外，一般平安保險為學校或園所為兒童加保，可保障在教保機構內的兒童；旅遊平安險是當學校或園所舉辦校外教學等活動時，必須為兒童投保的，這些對保障兒童都是不可或缺的。

6.實施安全的教保活動：「生活學習」對兒童而言是最直接的經驗學習，老師除了平日安排各種安全教育活動外，也應引導兒童認識學校或園所內的各項環境設施的正確使用方法與潛在危險，並透過機會教育增加兒童自我保護觀念與技巧，也可以定期安排防火、防震及防盜的演練，以及在日常生活中不斷提醒兒童確實遵守安全規則。

7.全校教職員危機意識的形成與教育訓練：在教保場所中，教師的行為往往是兒童學習模仿的對象，因此除了兒童要有安全的知識外，教職員工也都要有危機意識，學校可定期舉辦安全教育的在職訓練，使教職員人人隨時具有危機意識，如此才能提供安全的行為模式讓兒童學習，此亦為安全教育重要的一環。

8.學校與家庭的關係與配合：學校或園所可透過幾個方法來建立與兒童家庭之間的合作關係，例如：

(1)建立緊急聯絡資料。

(2)確實做好親職教育工作，建立互信與共識。

(3)設計有關兒童安全教育之親子活動，並鼓勵家長觀摩或參與。

(4)提供家長安全教育的實際訓練課程，如演講、防火演習、心肺復甦術訓練。

(5)借重家長資源，提供必要的人力支援，共同維護兒童安全。

9.社區資源網絡的建立與使用：學校、家庭與社區的網絡合作模式越來越受重視，社區中的許多機構可以提供學校或園所相當豐富的資源與協助，例如醫療院所不僅是處理緊急事故的場所，也能提供兒童學習健康生活的資訊；消防局除了處理火災事故外，也能協助學校進行消防演練及防火觀念的宣導，因此學校在平時應主動發掘各種社區及社會資源，並與其建立良好互動網絡，以強化校園中人與物的安全。

透過安全教育可提高學校園所內老師及照顧者的事故傷害預防的知識，改善校園內外環境及安全管理的可行性，並希望能建立安全管理制度，提升兒童安全教育的知識、態度與行為，期盼藉由相關單位的監督管理，由學校確實執行，並結合家庭父母的參與，共同為兒童建立最安全之環境。

參考書目

王煥琛（1980），《安全教育》，台北市：正中書局。

行政院衛生署（2003），〈台灣地區主要死亡原因〉，行政院衛生署統計資料。

林佩蓉、馮燕（1999），〈七歲以下幼兒就讀學前機構比例之調查研究〉，教育部委託專案計畫成果報告。

林貞岑（2003），〈小心！兒童遊戲場的七大危機〉，《康健雜誌》，2003年4月。

張春興（1977），《心理學》，台北市：台灣東華。

曹瑟宜、陳千惠（1999），《幼兒安全教育》，台北：啓英文化。

黃松元（1993），《健康促進與健康教育》，台北：師大書苑。

蔡維謀（2003），〈兒童事故傷害防制〉，《都會時報》，2003年3月4日。

賴宏昇（2000），《國小學童因應父母不當管教歷程之研究》，中國文化大學兒童福利研究所碩士論文。

陳永炅、黃珮琪（2000），〈道路交通事故統計分析〉，http://www.moi.gov.tw/stat/topic/topic131.htm

中廣新聞網（2004.06.23），最不安全兒童遊戲場所：公園、速食餐廳、國小，http://www.bcc.com.tw/all_net/news/n-news/newsindex.htm

Chapter

13

第十三章　初等教育

沈月清

- ・私立中國醫藥學院藥學研究所畢業
- ・台中市南屯區黎明國民小學校長

一、九年一貫課程

　　展望二十一世紀，將是一個資訊爆炸、科技發達、社會快速變遷、國際關係日益密切的時代。知識經濟衝擊，帶來了人才特質變革，同時也牽動教育改革。二十一世紀的人才必須是具備創新能力、網際網路能力、領導能力的國際競爭高手。為因應此一重大變革，乃有「九年一貫課程」的教育改革之規劃。因此九年一貫課程的實施是一次國民教育品質得以躍升的契機，關係著國家未來競爭力。

　　九年一貫課程政策，是教育改革工程的重要環節之一，其思維觀點受到人文主義、後現代主義、知識社會論、建構主義等理論思潮的深切影響。教學創新九年一貫課程之推動，被關心教育發展人士視為近四十年來台灣最大的課程變革，可謂是一場「寧靜的改革運動」，其影響之深，不僅觸及課程及教學之根本問題。對於教育人員與家長的思維、價值觀念，甚至於校園組織文化，都必須調整再造，才得以因應此一變革。

(一)課程精神與理念特色

■課程精神

　　由於時代變遷，社會價值趨向多元，牽動教育的運作思維與序列，課程革新亦須因勢利導，並直接影響教學典範的轉移。課程與教學之核心價值，不僅限於教師之教學成果或學生之學習成就，而是透過新課程之發展與實施，逐步擺脫學校的平庸化、固著化，慢慢形成新校園、新文化的蛻變運動，更擴而大之帶動生

活社區之重整與營造。

1. 課程改革的願景：建構新校園發展、新教育——激發學生潛能，把每個學生帶上來，因應新世紀來臨。
2. 課程改革的主權：老師校長是參與改革者，不是被改革者。
3. 課程改革的團隊：家長、教師、校長、學者、教育行政人員、教育決策者共構的。
4. 課程改革的策略：組織再造、概念重建、系統思維、配套周延。
5. 課程改革的特質：是全面的、是前瞻的、是精緻的。
6. 課程改革的進程：有階段、有步驟、有行動、有進展。
7. 課程改革的落實：是團隊共構、專案管理、績效責任。

■課程理念

教育之目的以培養人民健全人格、民主素養、法治觀念、人文涵養、強健體魄及思考、判斷與創造能力，使其成為具有國家意識與國際視野之現代國民。本質上，教育是開展學生潛能、培養學生適應與改善生活環境的學習歷程。因此，跨世紀的九年一貫新課程應該培養具備人本情懷、統整能力、民主素養、鄉土與國際意識，以及能進行終身學習之健全國民。因此其基本內涵至少包括：

1. 人本情懷方面：包括瞭解自我、尊重與欣賞他人及不同文化等。
2. 統整能力方面：包括理性與感性之調和、知與行之合一，人文與科技之整合等。
3. 民主素養方面：包括自我表達、獨立思考、與人溝通、包容異己、團隊合作、社會服務、負責守法等。

4.鄉土與國際意識方面：包括鄉土情、愛國心、世界觀等（涵蓋文化與生態）。

5.終身學習方面：包括主動探究、解決問題、資訊與語言之運用等。

■課程的特色

九年一貫課程強調在彈性多元教育環境之下，整合學生生活學習重心，引導自主學習，並以生活為核心實踐體驗課程。實施人性化、多元化的教學評量，展現能力的教學與課程設計。由下而上的學校經營模式重視學校經營的績效責任。依據課程綱要能力指標研發班群或教師團的協同教學。

1.課程規範的鬆綁：以「課程綱要」取代「課程標準」。

2.中小學課程銜接：國民小學與國民中學課程連貫。

3.學習領域的統整：統整現行國小十一科國中二十一科成七大學習領域。

4.社會新興議題的融入：將資訊、環境、兩性、人權、生涯發展、家政融入課程。

5.學校本位的課程發展：引導學校發展特色。

6.協同教學的重視：組織教學團隊依教師專長分工合作。

7.基本能力的培養：協助學生將知識轉化為智慧能力表現。

8.本土國際的觀點：推動鄉土語言和英語教學。

9.重視活動課程：將綜合活動變成正式統整課程。

10.建立課程品質管理機制：實施各學習階段的「基本能力測驗」。

(二)課程目標與能力指標

　　國民中小學之課程理念應以生活爲中心，配合學生身心能力發展歷程；尊重個性發展，激發個人潛能；涵泳民主素養，尊重多元文化價值；培養科學知能，適應現代生活需要。

　　國民教育之教育目的在透過人與自己、人與社會、人與自然等人性化、生活化、適性化、統整化與現代化之學習領域教育活動，傳授基本知識，養成終身學習能力，培養身心充分發展之活潑樂觀、合群互助、探究反思、恢弘前瞻、創造進取，與世界觀的健全國民。爲實現國民教育目的，須引導學生致力達成課程目標，爲達成課程目標，國民教育階段的課程設計應以學生爲主體，以生活經驗爲重心，培養現代國民所需的基本能力。

1. 瞭解自我與發展潛能：充分瞭解自己的身體、能力、情緒、需求與個性，愛護自我，養成自省、自律的習慣、樂觀進取的態度及良好的品德；並能表現個人特質，積極開發自己的潛能，形成正確的價值觀。
2. 欣賞、表現與創新：培養感受、想像、鑑賞、審美、表現與創造的能力，具有積極創新的精神，表現自我特質，提升日常生活的品質。
3. 生涯規劃與終身學習：積極運用社會資源與個人潛能，使其適性發展，建立人生方向，並因應社會與環境變遷，培養終身學習的能力。
4. 表達、溝通與分享：有效利用各種符號（例如語言、文字、聲音、動作、圖像或藝術等）和工具（例如各種媒體、科技等），表達個人的思想或觀念、情感，善於傾聽與他人溝通，並能與他人分享不同的見解或資訊。

5.尊重、關懷與團隊合作：具有民主素養，包容不同意見，平等對待他人與各族群；尊重生命，積極主動關懷社會、環境與自然，並遵守法治與團體規範，發揮團隊合作的精神。

6.文化學習與國際瞭解：認識並尊重不同族群文化，瞭解與欣賞本國及世界各地歷史文化，並體認世界為一整體的地球村，培養相互依賴、互信互助的世界觀。

7.規劃、組織與實踐：具備規劃、組織的能力，且能在日常生活中實踐，增強手腦並用、群策群力的做事方法，積極服務人群與國家。

8.運用科技與資訊：正確、安全和有效地利用科技，蒐集、分析、研判、整合與運用資訊，提升學習效率與生活品質。

9.主動探索與研究：激發好奇心及觀察力，主動探索和發現問題，並積極運用所學的知能於生活中。

10.獨立思考與解決問題：養成獨立思考及反省的能力與習慣，有系統地研判問題，並能有效解決問題和衝突。

(三)學習領域

為培養國民應具備之基本能力，國民教育階段之課程應以個體發展、社會文化及自然環境等三個面向，提供語文、健康與體育、社會、藝術與人文、數學、自然與生活科技及綜合活動等七大學習領域。

1.學習領域為學生學習之主要內容，而非學科名稱，除必修課程外，各學習領域得依學生性向、社區需求及學校發展特色，彈性提供選修課程。

2. 學習領域之實施，應掌握統整之精神，並視學習內容之性質，實施協同教學。

3. 各學習領域主要內涵：

(1)語文：包含本國語文、英語等，注重對語文的聽說讀寫、基本溝通能力、文化與習俗等方面的學習。

(2)健康與體育：包含身心發展與保健、運動技能、健康環境、運動與健康的生活習慣等方面的學習。

(3)社會：包含歷史文化、地理環境、社會制度、道德規範、政治發展、經濟活動、人際互動、公民責任、鄉土教育、生活應用、愛護環境與實踐等方面的學習。

(4)藝術與人文：包含音樂、視覺藝術、表演藝術等方面的學習，陶冶學生藝文之興趣與嗜好，俾能積極參與藝文活動，以提升其感受力、想像力、創造力等藝術能力與素養。

(5)自然與生活科技：包含物質與能、生命世界、地球環境、生態保育、資訊科技等的學習、注重科學及科學研究知能，培養尊重生命、愛護環境的情操，及善用科技與運用資訊等能力，並能實踐於日常生活中。

(6)數學：包含數、形、量基本概念之認知、具運算能力、組織能力，並能應用於日常生活中，瞭解推理、解題思考過程，以及與他人溝通數學內涵的能力，並能做與其他學習領域適當題材相關之連結。

(7)綜合活動：指凡能夠引導學習者進行實踐、體驗與省思、並能驗證與應用所知的活動。包含童軍活動、輔導活動、家政活動、團體活動，及運用校內外資源獨立設計之學習活動。

4. 各學習領域學習階段係參照該學習領域之知識結構及學習心理之連續發展原則而劃分，每一階段均有其能力指標。

表13-1 各學習領域階段劃分情形表

年級 學習領域	一	二	三	四	五	六	七	八	九
語　　文	本國語文			本國語文			本國語文		
					英語		英語		
健康與體育	健康與體育			健康與體育			健康與體育		
數　　學	數學			數學		數學		數學	
社　　會	生活			社會		社會		社會	
藝術與人文				藝術與人文		藝術與人文		藝術與人文	
自然與 生活科技				自然與 生活科技		自然與 生活科技		自然與 生活科技	
綜合活動	綜合活動			綜合活動		綜合活動		綜合活動	

(1)語文學習領域：

A.本國語文：分為三階段，第一階段為一至三年級、第二階段為四至六年級、第三階段為七至九年級。

B.英語：分為兩階段，第一階段為五至六年級、第二階段為七至九年級。

(2)健康與體育學習領域：分為三階段，第一階段為一至三年級、第二階段為四至六年級、第三階段為七至九年級。

(3)數學學習領域：分為四階段，第一階段為一至三年級、第二階段為四至五年級、第三階段為六至七年級、第四階段為八至九年級。

(4)社會學習領域：分為四階段，第一階段為一至二年級、第二階段為三至四年級、第三階段為五至六年級、第四階段為七至九年級。

(5)藝術與人文學習領域：分為四階段，第一階段為一至二

年級、第二階段為三至四年級、第三階段為五至六年
級、第四階段為七至九年級。

(6)自然與生活科技學習領域：分為四階段，第一階段為一
至二年級、第二階段為三至四年級、第三階段為五至六
年級、第四階段為七至九年級。

(7)綜合活動學習領域：分為四階段，第一階段為一至二年
級、第二階段為三至四年級、第三階段為五至六年級、
第四階段為七至九年級。

(8)生活課程：一至二年級社會、藝術與人文、自然與生活
科技學習領域統合為生活課程。

(四)課程實施要點

■實施期程

國民中小學九年一貫課程，自九十學年度起由國民小學一年
級開始實施。另，國小五、六年級於九十學年度同步實施英語教
學。

九十學年度：一年級開始實施。

九十一學年度：一、二、四、七年級。

九十二學年度：一、二、三、四、五、七、八年級。

九十三學年度：一、二、三、四、五、六、七、八、九年級
全面實施。

■學習節數

1.全年授課日數以兩百天（不含國定假日及例假日）、每學期
上課二十週、每週授課五天為原則。惟每週上課天數應配
合行政院人事行政局政府行政機關辦公日數之相關規定辦

表13-2 各年級每週學習節數分配表

節數 年級	學習總節數	領域學習節數	彈性學習節數
一	22-24	20	2-4
二	22-24	20	2-4
三	28-31	25	3-6
四	28-31	25	3-6
五	30-33	27	3-6
六	30-33	27	3-6
七	32-34	28	4-6
八	32-34	28	4-6
九	33-35	30	3-5

理。

2.學習總節數分為「領域學習節數」與「彈性學習節數」（見**表13-2**）。

3.學校課程發展委員會應於每學年開學前，依下列規定之百分比範圍內，合理適當分配各學習領域學習節數：

(1) 語文學習領域占領域學習節數的20％至30％。惟國民小學一、二年級語文領域學習節數得併同生活課程學習節數彈性實施之。

(2)健康與體育、社會、藝術與人文、自然與生活科技、數學、綜合活動等六個學習領域，各占領域學習節數之10％至15％。

(3)學校應依前揭比例，計算各學習領域之全學年或全學期節數，並配合實際教學需要，安排各週之學習節數。

(4)學校應配合各領域課程綱要之內容及進度，安排適當節數進行資訊及家政實習。

4.每節上課以四十至四十五分鐘為原則（國小四十分鐘、國

中四十五分鐘），惟各校得視課程實施及學生學習進度之需求，彈性調節學期週數、每節分鐘數，與年級班級的組合。

5. 「彈性學習節數」由學校自行規劃辦理全校性和全年級活動、執行依學校特色所設計的課程或活動、安排學習領域選修節數、實施補救教學、進行班級輔導或學生自我學習等活動。

6. 學習活動如涵蓋兩個以上的學習領域時，其學習節數得分開計入相關學習領域。

7. 在授滿領域學習節數的原則下，學校課程發展委員會可決定並安排每週各學習領域學習節數。

8. 導師時間及午休、清掃等時段不列在學習總節數內。有關學生在校作息及各項非學習節數之活動，由學校依地方政府訂定「國民中小學學生在校時間」之規定自行安排。

■課程實施

1. 組織：

(1)各校應成立「課程發展委員會」，下設「各學習領域課程小組」，於學期上課前完成學校課程計畫之規劃、決定各年級各學習領域學習節數、審查自編教科用書，及設計教學主題與教學活動，並負責課程與教學評鑑。學校課程發展委員會之組成方式由學校校務會議決定之。

(2)學校課程發展委員會的成員應包括學校行政人員代表、年級及領域教師代表、家長及社區代表等，必要時得聘請學者專家列席諮詢。

(3)學校得考量地區特性、學校規模，及國中小之連貫性，聯合成立校際之課程發展委員會。小型學校亦得配合實際需要，合併數個領域小組成為一個跨領域課程小組。

2.課程計畫：

(1)學校課程發展委員會應充分考量學校條件、社區特性、家長期望、學生需要等相關因素，結合全體教師和社區資源，發展學校本位課程，並審慎規劃全校課程計畫。

(2)學校課程計畫應含各領域課程計畫和彈性學習節數課程計畫，內容包含「學年／學期學習目標、能力指標、對應能力指標之單元名稱、節數、評量方式、備註」等相關項目。

(3)有關兩性、環境、資訊、家政、人權、生涯發展等六大議題如何融入各領域課程教學，應於課程計畫中妥善規劃。

(4)各校應於開學前，將學校課程計畫送所轄教育行政主管機關備查。並於開學兩週內將班級教學活動之內容與規劃告知家長。

3.選修課程：

(1)各國民中小學應針對學生個別差異，設計選修課程，供不同情況之學生學習不同之課程。

(2)學生選修各類課程，應考量本身學力程度及領域間之均衡性，惟選修節數仍受各領域比例上限之規範。

(3)國小一至六年級學生，必須就閩南語、客家語、原住民語等三種鄉土語言任選一種修習，國中則依學生意願自由選習。學校亦得依地區特性及學校資源開設閩南語、客家語、原住民語以外之鄉土語言供學生選習。

(4)學校可視校內外資源，開設英語以外之第二外國語言課程，供學生選習。其教學內容及教材得由學校自行安排。

■教材編輯審查及選用

1. 國民中小學教科用書應依據課程綱要編輯，並經由審查機關（單位）審定通過後，由學校選用。審查辦法及標準由教育部另定之。

2. 除上述審定之教科圖書外，學校得因應地區特性、學生特質與需求，選擇或自行編輯合適的教材，惟全年級或全校且全學期使用之自編自選教材應送交「課程發展委員會」審查。

■課程評鑑

1. 評鑑範圍包括課程教材、教學計畫、實施成果等。

2. 課程評鑑應由中央、地方政府分工合作，各依權責實施：

　(1)中央政府：

　　　A.建立並實施課程評鑑機制，以評估課程改革及相關推動措施成效，並作為未來課程改進之參考。

　　　B.建立各學習領域學力指標，並評鑑地方及學校課程實施成效。

　(2)地方政府：

　　　A.定期瞭解學校推動與實施課程之問題，並提出改進對策。

　　　B.規劃及進行教學評鑑，以改進並確保教學成效與品質。

　　　C.輔導學校舉辦學生各學習領域學習成效評量。

　(3)學校：負責課程與教學的評鑑，並進行學習評鑑。

3. 方法應採多元化方式實施，兼重形成性和總結性評鑑。

4. 結果應做有效利用，包括改進課程、編選教學計畫、提升學習成效，以及進行評鑑後的檢討。

■教學評量

1. 有關學生之學習評量，應參照學生成績評量準則之相關規定辦理，其辦法由教育部另定之。

2. 教育部為配合高中職多元入學制度之推動，應參酌本課程綱要內容舉辦「國民中學基本學力測驗」，據以檢視學生學習成效，其分數得作為入學之參據。

3. 有關國民中學基本學力測驗之編製、標準化及施測事宜，應參照國民中小學課程綱要之能力指標及相關法令之規定辦理。

二、課程發展與設計

(一)課程統整

■課程統整的意義

「課程統整」乃是尋求「現在與過去」、「學校與社會」、「學科與學科」的聯結，而設計為一個特殊的整體之課程。它是一種課程發展的方式；此課程發展方式在延伸學科的聯結至跨領域的學習技巧，以及非單一學科能速構的主題，它是指一種教學方式，也是一種計畫與組織教學方案的方式，使零散分立的教材能取得相互關聯，其目的在符應學生的需求，並且促使其所學與過去和現在的經驗取得聯結，因而獲得較深遠的意義。

課程統整的目標，在更明確的釐清重要課題或主要問題的相關概念；而此相關概念則是透過學生分析、綜合、歸納所蒐集的

資訊加以運用而得的。統整課程是一種科際整合的課程，強調的不僅是學科的統整，更重要的是它強調生活與學習能力的統整。

　　課程統整旨在協助學生從經驗建構自己的知識，從知識觀點而言，使學生獲得有意義的個人知識；從課程設計觀點言，學習是透過活動的安排使學生體驗世界；而教師的角色乃是學習的促進者、引導者、催化者，學生的角色乃是活動的主角，透過經驗創造個人知識。

(二)課程統整的原則

　　統整原則兼顧課程統整的各層面，含經驗的統整、社會的統整、知識的統整，以及課程的統整四個層面。以當代重要課題、學習者關切的主題，或相互融合的學科內容為教材，規劃具有彈性、鼓勵合作、結合生活、尊重個性、共同參與、持續發展等特性之教學計畫，以培養具有自學能力、能思考懂生活、會解決問題的二十一世紀公民為教學目標，進而在課程實施中省思教學歷程，與持續發展課程。

　　課程統整的四個層面：

1.經驗的統整：強調知識與經驗做有意義的統整，將學習落實於情境中，讓文化背景後設認知與個人經驗密切結合。
2.社會的統整：強調課程以個人或社會爭論為核心，學校和社區生活結合。
3.知識的統整：強調知識的脈絡化，視知識為真實生活中統整的整體，使學習更有意義。
4.課程的統整：強調掌握統整課程的特徵來設計課程，顧及學習者個人經驗、社會的關注，與知識的應用。

■課程統整的策略

1. 統整的依據：根據教育部頒九年一貫課程綱要之三大課程目標、十大基本能力、六大議題等內涵，建構統整課程，從課程規劃的統整到教材發展的統整；從能力架構的統整到領域及相關議題的統整，旨在讓學生獲得完全知識以適應現代的生活。

2. 課程統整之基本思維：

   (1)課程核心統整：單科統整、合科統整、科際統整、領域統整。

   (2)議題統整：環境、兩性、人權、家政、生涯發展等議題的融入。

   (3)能力統整：認知統整、生活經驗統整、問題情境統整。

   (4)教材發展統整：目標統整、課程規劃統整、主題內涵統整、活動設計統整、教學策略統整、教學評量統整。

   (5)活動空間統整：學校活動統整、社區活動統整、社會活動統整。

3. 教育議題的融入：教學應配合社會脈動、社區需要和學生全面發展之需求，因此除基本領域所規範之教學內涵外，必須融入其他與生活及適應未來社會之相關議題。本教材的設計，是先將各單元主題的教學目標做分析，再配合環境、兩性、人權、家政、生涯發展等教育議題的能力指標，做統整性的融入，配合各單元的教學活動來進行教學。

   (1)環境教育：環境教育是概念認知和價值澄清的過程，藉以發展瞭解和讚賞介於人類、文化和其生物、物理環境相互關係所必需的技能和態度。環境教育的實施原則為整體性、終身教育、科技整合、主動參與解決問題、世

界觀與鄉土觀的均衡、永續發展與國際合作。

(2)兩性教育：即為性別平等教育，「性別」其意為生理的性別因素而衍生的差異，包括社會制度、文化所建構出的性別概念；而「平等」除了維護人性的基本尊嚴之外，更謀求建立公平、良法，使「兩性」都能站在公平的立足點上發展潛能，不因生理、心理、社會及文化上的性別因素而受到限制，更期望經由教育上的兩性平等，促進男女在社會上的機會均等，在兩性平等互助的原則下，共同建立和諧的多元社會。

(3)人權教育：人權是人與生俱來的基本權利和自由，不論其種族、性別、社會階級皆應享有的權利，社會或政府不得任意剝奪、侵犯，且應積極提供個人表達和發展的機會，以達到尊重個人尊嚴及追求美好生活的目標。人權教育是關乎人類尊嚴的教育，在幫助我們瞭解「人之所以為人」所應享有的基本生活條件，包括生理、心理及精神方面的發展。人權教育為尊重、合作、公正、正義等觀念的體驗，並進而促進個人權利與責任、社會責任、全球責任的理解與實踐。

(4)家政教育：家政教育在透過多元文化的飲食、衣著、居住及家庭生活學習，以發展學生獨立的思考判斷與自我抉擇，建立和夥伴相互合作與和諧共事的知能，進而養成宏遠的世界觀。

(5)生涯發展教育：生涯教育為全民教育之一環，同時具備學術與職業功能，在培養個人能夠創造有價值的人生，以發揮教育真實價值的整體構想。生涯發展教育目標旨在培養學生自我瞭解，並養成獨立思考與自我反省之能力，使個體潛能充分開發，得到適性發展。

■課程統整具體作法

1.統整課程設計主要步驟：

(1)腦力激盪各類主題。

(2)選擇適切主題。

(3)研擬主題課程目標。

(4)設計統整架構。

(5)發展教學活動。

(6)規劃教學評量。

(7)檢核統整課程設計。

2.選擇主題應考慮的原則：

(1)切合學校教育願景及目標程度。

(2)單科單領域跨領域整合程度。

(3)符合學生生活經驗的程度。

(4)能引發學生興趣、自主學習、探究主題行動的程度。

(5)教師的專長。

(6)行政機關、家長、社區支援的程度。

(7)配合時令節慶、民俗活動、學校行事曆或結合社區活動。

(8)主題教學實施的時間要恰當。

3.課程統整的規劃與實施：

(1)組織課程發展委員會。

(2)確立課程統整目標。

(3)發展全校性課程架構。

(4)決定課程統整的實施方式。

(5)組織教學團。

(6)編寫整學年的教學計畫。

(7)布置豐富的學習情境。

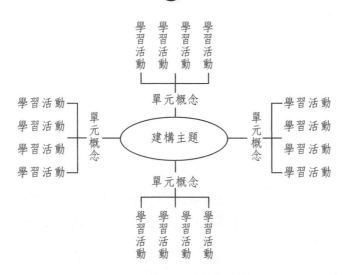

圖13-1　主題課程統整架構圖

(8)運用各項有利的資源。

(9)改進教學評量方式。

(三)教科書選擇與評鑑

　　為因應世界潮流趨勢，符應社會的多元特性，政府於一九九六年起開放國民中小學教科書，鼓勵民間出版社參與教科書的研發編輯，於是國中小的教科書朝向審定制度，一時百花齊放百家爭鳴，但當面對教科書的開放一綱多本的衝擊，卻引起學生家長恐慌造成很大的爭議。教科書的發展經過由過去的國立編譯館的統編本到今日開放民間的審定本，吾人從反對教科書統編制度的時代，面臨今日一綱多本的疑慮，是一種退步、轉型、懷舊？還是解構與重塑時空背景下的權力與發聲機制？所以教科書的選擇與評鑑是一個值得我們重視的問題。

■教科書的定義

國民中小學教科用書，應依據課程綱要編輯，並經由審查機關審定通過後，由學校選用，其內容包含教科書、教師手冊、習作等。審查辦法及標準由教育部另訂之。

教科書是課程的一部分，但並不是課程的全部。所以教師應發揮專業自主的能力，活用教科書。學校得因應地區特性、學生特質與需求，選擇或自行編輯合適的教科用書和教材，以及編選彈性學習時數所需的課程教材，自編教科用書應送交「課程發展委員會」審查。

■教科書的編輯與審查

1.教科書審定辦法（教育部89.6.21）：

(1)本辦法所稱教科圖書，指依本部發布之國民中小學九年一貫課程綱要，所編輯之學生課本。

(2)本辦法所稱審定機關指本部，必要時得將審定事項委託國立編譯館。

(3)審定文件含：申請表、一至九年課程大綱、所屬階段之教材細目表、教科圖書及教師手冊、公司執照及營利事業登記證。

(4)審定機關應組成審定委員會，依本部發布之課程綱要，及各學習領域審查規範，審定教科圖書。

(5)審定執照之有效期限，自發照之日起算六年，並得沿用至期限屆滿之該學期結束為止。

2.審查規範：

(1)教科圖書的編輯應秉持九年一貫課程改革的基本理念。

(2)教科圖書的編輯應致力引導學生達成國民教育階段的課程目標。

(3)教科圖書的編輯應配合實施要點。

(4)教科圖書的編輯應以學生的學習為主題,以學生生活的經驗為重心,重視培養學生具備現代國民所不可或缺的十大基本能力。

(5)教科圖書的編輯應除了包含各自的學習領域外,也要能夠兼顧環境教育、兩性教育、人權教育、資訊教育、家政教育和生涯發展教育等社會關注的重要議題。

(6)教科圖書的編輯應配合學生認知發展的順序,由淺入深,且循序漸進,也要重視及考慮各級學校教育的銜接性和完整性,並且兼顧實施的可能性。

■教科書的評選與應用

1.教科書選用及採購注意事項(教育部90.6.8):

(1)辦理教科書選用,應秉持公平、公正、開放、透明、合法原則,以教育專業態度,採選適合學生之教科用書,嚴禁接受回扣抽取佣金等情事。

(2)教科圖書應由學校自行選用,不得由地方政府統一選用。

(3)學校應盡量延後選書時間,並盡早決定教師下學期擔任教學之年級,俾使選用合一。

(4)學校必須由校務會議訂定教科圖書選用辦法,並公開選用之,且應由各有關人員以會議形態議決之,不得以個人決定。

(5)學校選購教科圖書,應查閱該書是否領有教育部核定之有效執照。

(6)教科圖書之採購作業,得依政府採購法第二十二條第一項第二款,以該公司為獨家供應廠商,採限制性招標,並依政府採購法規定之相關程序辦理。

2.教科書選用規準：

(1)物理屬性：外觀、印製、字體、裝訂、紙質。

(2)內容屬性：理論取向、目標範圍、順序正確性、時效性、均衡性、內容設計生活化。

(3)教學屬性：教學形態可讀性、可理解性、學習評鑑、教學技術。

(4)服務屬性：發行者、作者、研究過程、服務管道。

3.對教科書的建議：

(1)建立公正的教科書評鑑機制。

(2)及早因應九年一貫實施課程銜接問題。

(3)教育部應有責任協調書商發展開放市場公平競爭的規則。

(4)鼓勵書商或全教會研發多元教材。

(5)學校應建立公平公開公正的教科書選用辦法。

(6)盡早安排確定新學年度教師的課務，以便由任課教師進行教科書的評選。

(7)各校得依實際需要購置各版本教科書存放圖書館以供教師參考。

(8)發揮教師課程設計的專業能力。

(四)教師手冊與習作概覽（以自然與生活科技領域為例）

■教師手冊

教師手冊是老師教學時之主要參考資料，雖然各家出版社各領域編輯的方式不盡相同，但其主要內涵可以歸納出下類幾項重點。前面是總論部分，主要呈現該出版社編輯的理念和特色，並

說明該領域教科書設計的課程架構內容。而各主題單元部分，主要是介紹該主題設計的理念目標、教材分析，和詳細的教學活動流程以及評量，並提供該單元相關資訊延伸補充教材等。

1.總論部分：
　(1)編輯要旨：說明編輯的依據、編輯的理念和課程主要內涵等。
　(2)目錄：呈現各主題單元次序頁數關係。
　(3)課程目標：含該領域課程總目標和分段能力指標。
　(4)編輯的理念特色：說明該教科書編輯的理念和特色。
　(5)課程內容架構：教材內容的概念綱領課程架構關係。
　(6)課程實施要點：含時間的安排教學重點評量方法等。

2.主題單元部分：
　(1)主題設計理念目標：說明設計該主題的依據和目的。
　(2)配合的能力指標：依據課程綱要分段能力指標設計。
　(3)主題架構：圖示或文字說明，該主題單元活動相互間的關係。
　(4)教材分析：依概念認知結構，分析該主題單元相關教材。
　(5)學習目標：依認知情意技能分析該主題單元學習的目標。
　(6)活動流程學習重點：詳述各主題單元教學活動進行的步驟。
　(7)學習評量：說明該單元評量方法、評量標準。
　(8)相關資訊或延伸補充教材。

　　教師進行教學活動時應能善用教學手冊，根據課程綱要的精神，配合該領域的分段能力指標，掌握教學的目標，參考教師手冊所提供的教學活動流程，引導學生進行有意義的學習。其實教

師手冊並非教學的萬靈丹，而只是教師教學之參考資源。教師更
應該發揮其專業自主的精神活用教師手冊，依據學生的需求以及
所處環境的條件，設計出更適合學生需要的教學活動，以落實課
程改革的理念。

■習作

　　習作是教學評量的一部分，屬於形成性評量，也可以當作診
斷性評量之參考。教師於教學活動進行之中，可以視教學之需要
隨時進行習作的評量，也可以一個單元結束之後再進行習作評
量。教師可以從學生的習作評量中發現學生學習上的困難，隨時
進行補救教學。雖然各領域教科書習作的設計方式、內涵不盡相
同，但可以歸納出幾項重點：

1.習作的設計均配合教科書的內容而設計。
2.採多元評量的精神，有文字的評量，有實作的評量或作品
　檔案的評量等。
3.評量注重認知、情意、技能等向度。
4.題目兼顧其難易度和鑑別度。
5.評量的標準採多元評量的精神，不要求統一的標準答案。
6.評量結果的分析，並提供教師補救教學之參考資料。

　　習作的指導應把握多元評量的精神，習作的設計為形成性評
量，教師應於教學中配合各活動來使用，以評量學生是否達到各
階段預期的教學目標。於活動中透過合作學習參與討論、發表，
教師觀察記錄學生整體的表現，作為平時成績之參考。教師也可
以用自評互評等方式，讓學生自我反省，來評量學生是否能把學
到的知識概念，落實應用於日常生活之中。

■舉例

以九年一貫課程之自然與生活科技領域為例說明如下：

‧基本理念

人類觀察自然，並且研究各種現象變化的道理，於是產生科學；同時對其巧妙的運用，以適應環境、改善生活，於是乃有技術。自然、科學、技術三者一脈相連，前後貫通，我們對其有以下幾點基本的認識：

1. 自然與生活科技的學習應為國民教育必需的基本課程。
2. 自然與生活科技的學習應以探究及實作的方式來進行，強調手腦並用、活動導向、設計與製作兼顧、知能與態度並重。
3. 自然與生活科技的學習應以學習者的活動為主體，重視開放架構和專題本位的方法。
4. 自然與生活科技的學習應該培養國民的科學與技術的精神及素養。

‧課程目標

1. 培養探索科學的興趣與熱忱，並養成主動學習的習慣。
2. 學習科學與技術的探究方法及其基本知能，並能應用所學於當前和未來的生活。
3. 培養愛護環境、珍惜資源及尊重生命的態度。
4. 培養與人溝通表達、團隊合作以及和諧相處的能力。
5. 培養獨立思考、解決問題的能力，並激發創造潛能。
6. 察覺和試探人與科技的互動關係。

‧分段能力指標

茲將自然與生活科技課程，學生在學習各階段所應習得之能

力指標列之於後。在設計教學活動時，宜依指標所提示的基準，於教學中達成之。

1.過程技能。

2.科學與技術認知。

3.科學本質。

4.科技的發展。

5.科學態度。

6.思考智能。

7.科學應用。

8.設計與製作。

〔編號說明〕在下列「a-b-c-d」的編號中，「a」代表能力指標，「b」代表學習階段序號：1為第一階段一、二年級；2為第二階段三、四年級；3為第三階段五、六年級；4為第四階段國中一、二、三年級。「c」代表能力指標之次目標序號；「d」則代表流水號。

·教材選編

1.教材的選編應依國民教育課程綱要所提示之課程目標、分段基本能力指標之達成為考量原則。

2.各校教師在依循課程綱要的原則下，可自主的做教材選編及教學活動規劃。選編教材，應依各地區學生的需要和能力、興趣和經驗，來做適當的調節，以調適各地區、各校的特殊性，各地教材可具歧異性，但培養之基本能力其目標則同一。

3.選編教材時，應掌握統整的原則，以自然與生活科技為一個學習領域來規劃。在各學習階段，應注意到概念做有系統有層次的縱向發展，以及同一問題可由不同學科、以不

同角度去瞭解的橫向聯繫。

4.教材的組織可依生活上及社會上關心之議題、鄉土的題材來選編，也可依學科概念展延的方式來發展，或用幾種基本大概念如演化、能的轉換等來統合，或以自然現象的表徵分類，如時空變化、平衡驅動、溫度與熱等分項來探究。其組織形式可有多樣選擇，但編輯所依循的原則須在教材的組織結構中明白呈現。

5.選編教材時，應充分提供相關的圖表資料，供探究時參考。而這些資料若超出課程範圍，則不應列入學習成就考核評量，或在評量時提供是項資料，以免加重學習上的負擔。

6.教材選編時，可融入科學發現過程的史實資料，使學生得以借助科學發現過程之瞭解，體會科學本質及科學探究的方法和精神。

7.教材內容應兼顧認知、技能與情意的學習。選編的教材其分量要適當，分量的多寡可由探究的深入程度、涉及的問題範圍、學習活動的方式等來調節。

(五)教學活動實施

　　教學活動的進行，教師應掌握課程綱要的精神，依據課程的基本理念暨課程目標來規劃適當的活動。教師並應熟悉各學習領域分段能力指標，根據教材編輯原則做好教學準備，善用各種教學方法教學策略，把握教學重點，實施多元教學評量。發揮教師專業自主能力，以落實九年一貫課程精神。

■教學準備

　　1.教師宜對整個學年、階段性的短期或各單元之教學活動擬

定教學計畫，使教學得以在有目標、有規劃的情形下，循序漸進的進行。

2.教師宜設計及經營學習的環境，使學生有時間、有空間從事學習活動。例如安排時間使學生從事延伸性的探究活動。鼓勵做課外的主題研究，以使學生獲得深切探索科學的機會。創設科學的社團、研討會、科學營等，以促進探究的風氣。

3.運用學校、社區或校外自然環境，提供學生各種可供學習的資源。配合自然科學學習的需要創設教材園、運用社區內的環境資源、參觀博物館、農場或做野外考察、利用圖書館、教育資料館，以及備供諮詢的專家等，以幫助學生做有效率的學習。

4.教學時可利用各種教學媒體與資源來進行教學，除了可利用掛圖、海報、幻燈片、投影片、錄影帶等教學媒體外，電腦與網路的使用也可幫助學生蒐集相關資料。

5.學校應提供安全的工作環境。如實驗室器材的妥善安排與應急設施，校園各種活動設備的安全防護等。須使用機器、工具和設備時，應特別指導學生對機具的使用方法和操作安全，並做妥善的管理，以維護安全。

6.廣泛運用各種教學策略及適當的教學方法，以提升學生的學習興趣。同時，教師本身亦應能時時表現出對求知的熱忱，以激發學生對學習的熱情。

7.教師應參酌學生的學習能力，調整其教材教法。並照顧到特殊需求及學習性向和能力等方面的個別差異，給予適當的輔導。

■教學方法

1.教學應以學生活動為主體，引導學生做科學探究，並依解

決問題（problem-solving）流程進行設計與製作專題。

2.教學時應提供合適的機會，讓學生說明其想法，以瞭解學生先前的概念和經驗。教師可以運用問題來導引學生思考、引領活動進行的方向、營造熱絡的求知氣氛。使學生參與討論、發表自己的看法，進行實驗、提出自己研判的結果；進行實作、展示自己工作的成果。教學後宜評量，以瞭解其學習的進展。

3.教學應以能培養探究能力、能進行分工合作的學習、能獲得科學智能、習得各種操作技能、達成課程目標為原則。因此，教學形式應不拘於一，視教學目標及實際情況而定，可採取講述方式，或小組實驗實作方式，或個別專題探究方式，或戶外的參觀，或植栽及飼養的長期實驗，惟不宜長期固定於某一形式。

4.教師應參酌學生的學習能力，調整其學習內容，並針對學生的特殊性向及學習能力之個別差異，給予適當的指導。

5.教師可安排學生進行個人或小組合作的學習模式，養成學生主動學習，及能經由合作方式獲得學習的能力。

6.教學活動的設計應以解決問題策略為中心，並循確認問題、蒐集有關資訊、擬訂解決方案、選定及執行解決方案，及進行方案評鑑與改進等程序實施教學。

7.帶領學生從事探究的活動時，應注重科學態度的培養，使學生能獲得發現的樂趣及養成求真求實的工作精神。

8.在教學過程中，如果需要使用儀器與藥品，應特別指導對儀器、藥品的使用方法和操作安全，並做妥善的管理，以維護安全。

■教學重點

1.掌握教學目標，配合能力指標：教學目標是教學預定的鵠

的，主要是為配合能力指標以培養學生十大基本能力。進行教學活動時，教師應熟識教育目標隨時加以檢視，是否達成單元的教學目標。

2.彈性運用教學資料：

(1)教學時間：每一單元只列出基本節數，彈性節數留給老師彈性運用，在不違背教學目標的前提下，教師可以依兒童興趣或教學實際需要，彈性調整教學活動時間。

(2)單元順序：為達到課程統整的目的，在不影響兒童概念結構的情形下，教師可以依實際需要，調整單元活動順序，以利教學。

(3)教材內容：教材單元設計僅在提供教師基本教材部分，教師可依據地方特性、學校特色、學生特質，或當前情況實際需要，彈性設計教材，本教材各單元活動之系統思考模式，可提供教師擴散性思考，設計彈性教材之參考。

3.運用教學策略：

(1)鼓勵兒童參與：教師應多鼓勵兒童參與，肯定兒童的表現，營造良好的學習氣氛，協助兒童主動建構自己的知識或概念，提出具批判性的思考問題以激勵學習興趣，培養學生主動學習與解決問題的能力。

(2)活用教學方法：教師可以利用問答、討論、觀察、調查、蒐集、製作、閱讀、發表報告、練習、表演、創作……等方法，以提高兒童學習興趣，充實兒童學習內涵，以達到生活化的課程統整目標。

(3)善用教學資源：學校應盡量利用社會資源以充實教學設備，教師應善用教具或媒體視聽設備，以提高學習興趣，並鼓勵教師配合教學需要，自製教具，以豐富教學內涵。

■教學評量

1. 評量的主要目的在於瞭解學生學習實況，以作爲改進教學、促進學習的參考。

2. 評量應具有引發學生反省思考的功能。導引學生能珍惜自我心智的成長、持平面對自己的學習成就、察覺自己學習方式之優缺點。評量要具有敦促、鼓勵的效果，使學生相信只要自己努力或更加專注，定能獲得更好的學習成效。

3. 教學評量應以課程目標爲依歸，考查學生是否習得各階段之基本能力及學習進度情形。教學評量應伴隨教學活動進行。

4. 教學評量不宜局限於同一種方式，除由教師考評之外，得輔以學生自評及互評來完成。其形式可運用如觀察、口頭詢問、實驗報告、成品展示、專案報告、紙筆測驗、操作、設計實驗及學習歷程檔案等多種方式，以能夠藉此瞭解學生的學習情況來調適教學爲目的。例如，教學目標若爲培養學生的問題解決能力，則可採用成品展示或工作報告的評量方式，而非純以紙筆測驗的方式做評量。

5. 在選編教材時，常爲了培養學生分析、推理的能力，提供相關的圖表資料供學生參考，評量時應提供這些資料以供學生參考，不應要求學生記憶。

6. 教師對於自己的教學工作如教材選編、教學策略的引用、班級管理等等，能時常參考評量的結果做自我評鑑，並做調適。

7. 評量的層面應包括認知、技能與情意。評量的時機應兼顧形成性評量與總結性評量。評量的結果應用於幫助學生瞭解自己學習的優缺點，藉以達成引導學生自我反思與改善學習的效果。

三、學校行政

(一)行政組織與職務分掌

■學校行政組織（組織編制視學校規模大小略有差異）

　　學校行政就是指對學校教學以外的事務做系統化的管理，以求經濟有效的達成教育目標。為達到上述目的，學校設有行政組織，分層負責、各司其職，一般均置校長一人、主任六人、組長二十人左右。

1. 教務處：教學組、註冊組、設備組、資訊組。
2. 訓導處（學生事務處）：生活教育組、訓育組（學生活動組）、體育組、衛生組。
3. 總務處：事務組、出納組、文書組。
4. 輔導室：輔導組、資料組、特教組（設有特殊教育班的學校）。
5. 人事室：兼辦政風業務。
6. 會計室：學校營繕採購業務監辦。
7. 相關組織或委員會：家長會、班親會、教師會、愛心義工組織、員生消費合作社、校務會議、教師評審委員會、考核會議、午餐委員會、營繕稽核小組、教科書評選委員會、課程發展委員會、特教推行委員會、學生申訴評議委員會……等。

■行政工作分掌

・教務處

1. 教務主任：主持全校教務事宜、審查各科補充教材及教學進度、抽查作業、督導教學正常化、分配課務、督導教學環境布置、辦理教師進修。
2. 教學組：編排日課表、調閱學生作業、辦理教學觀摩、定期成績考查、視聽教育、科學教育之推廣。
3. 設備組：教科書請領、分發、統計、出版校刊、教具蒐集保管、專科教室設備管理、圖書充實。
4. 註冊組：辦理新生入學、註冊編班、轉學休學、復學、畢業證書、獎學金、學籍、中輟生通報。
5. 資訊組：學校電腦設備之規劃及管理維護、學校網站之建置與維護更新、資訊競賽之辦理、學校師生資訊研習課程之規劃與實施。

・訓導處

1. 訓導主任：主持全校訓導事宜、策劃各種慶祝活動、辦理校外教學、處理學生偶發事件、午餐教育。
2. 訓育組：辦理人權法治教育、社會教育、模範生選拔、辦理幼童軍活動、育樂營、課後照護、防範犯罪、防毒、戒菸等宣導教育。
3. 生教組：訂定學生日常公約與常規管理、辦理交通安全教育、組訓糾察隊、規劃導護工作、春暉專案、防空防護及各項災害研習訓練、遺失物處理。
4. 體育組：辦理運動會及各項體育表演競賽活動、組訓田徑隊、球隊等團隊、體育器材設備場地管理。

5.衛生組：學校環境衛生教育、垃圾分類、資源回收、組訓衛生隊、推展環保工作、法定傳染病教育宣導通報事宜。

・總務處

1.總務主任：主持全校總務工作、學校預算之編列校舍興建與修繕事宜、教室調配與設備管理、美化綠化、工友的調配與管理、辦理校長交接事項。

2.文書組：辦理公文之登錄、分類、查詢、歸檔、銷毀、校史資料及學校大事記載整理、學校印信管理。

3.出納組：各項出納簿冊編製與登記、各項代收代繳事項、公庫現金票據及有價證券之保管、所得稅扣繳與證明單之核發。

4.事務組：財務分配、購置、管理、鑰匙分配保管、全校房舍門窗管理、災後搶救、水電維護、防空防護設備之維護、警衛人員之僱用、預防災害各項措施。

・輔導室

1.輔導主任：主持全校輔導工作、召開輔導會議及執行決議事項、規劃教師輔導知能進修、辦理特殊兒童之輔導安置與轉介、辦理親職教育活動。

2.輔導組：推行輔導活動、處理輔導信箱有關事宜、辦理志工業務、中輟生之追蹤輔導、認輔工作、團體輔導等。

3.資料組：策劃家庭訪問事宜、建立及管理學生輔導資料、辦理學生心理測驗、出刊各種輔導刊物、輔導資料蒐集整理。

4.特教組：進行特殊學生的個別與團體輔導、辦理特殊學生調查鑑定通報轉介等工作、協助殘障學生申請補助款及輔具、實施特殊教育諮詢。

· 人事室（兼政風）

1. 教師登記之辦理，教職員敘薪案件之審查核轉，代理教師之遴用報審。

2. 教職員成績考核及獎懲案件之辦理，勤惰之考察登記及差假之審查。

3. 教職員工訓練進修及其案件之簽擬轉報。

4. 教職員待遇核簽及眷屬保險業務辦理，公務人員及眷屬保險業務。

5. 教職員退休、撫卹、資遣案之辦理及核轉教職員福利及互助業務。

6. 人事資料之調查、登記、統計、編報及轉移。

7. 端正政風整肅貪污工作之推行，學校公務機密維護業務之推行。

8. 行政革新宣導及執行，學校弊端檢舉案件之處理。

9. 協辦公職人員財產申報法相關規定。

10. 其他有關人事事項。

· 會計室

1. 編製年度預算書表，經常費及臨時費收支審核與請領報銷。

2. 編製會計憑證及付款憑單，登記會計簿籍及編造會計報告。

3. 代收款、保管款及暫付預付等款項收支及清理。

4. 營繕工程購買變賣財物之監標及監驗。

5. 員工薪津及各種補助費之核算。

6. 核對現金結存表及財產帳，有關會計、歲計、統計案件之擬辦核會。

7.其他有關會計統計月報事項。

(二)學校愛心義工組織

學校愛心工作隊的緣起,是依據國民教育法第十條規定而設立,其成立的主要目的在促進家長關懷學校教育,積極主動服務學校;充分利用社會資源,以結合社會教育、學校教育與家庭教育,共創總體的學習型社會。

■實施目的

1.倡導親職教育,維護學生身心健全發展,以促進社會之祥和。
2.鼓勵家長協助學校和教師,照顧學生之安全與健康。
3.促進家長關懷學校教育,積極主動服務學校,回饋社會。
4.引導家長參與及協助學校各項工作,充分利用社會資源。
5.結合社會教育、學校教育與家庭教育之力量,藉以造福莘莘學子。

■組織及工作分組

1.交通服務組:協助兒童上、下學路隊進出學校秩序及安全維護。
2.圖書服務組:協助學校圖書室書籍的整理、借還手續或指導兒童閱讀課外讀物,並養成良好的閱讀習慣。
3.教具服務組:協助教具室提供實驗器材、模型、圖表等教具之維護與借還。
4.愛心服務組:協助輔導室為小朋友縫鈕扣,個別談話輔導及有關學生問題之處理。
5.親職教育組:協助推動親職教育及親子活動。

6.午餐服務組：協助廚房午餐供應有關事宜。

7.社區聯絡組：在學區內做不定期、定點巡查，發現學生有不良行為表現，路上逗留或出入不當場所，以委婉方式勸導學生盡速返家。

8.課業服務組：輔導學生課業之督導。

9.才藝服務組：以才藝專長導引學生身心健全發展。

10.晨光服務組：指導學生美語、鄉土語言、讀經及說故事等活動。

■工作項目

1.協助圖書館（室）、實驗室、體育器材室、教具室、教材園等教學活動場所之管理。

2.協助學生上、下學的導護、交通指揮、學生校外生活指導，課間、午間學生安全、校園安寧的維護，並協助處理偶發事件。

3.協助辦理學生午餐與學校衛生、醫療、服務、體育及康樂活動。

4.協助辦理教學設備之檢修、維護、改善校園環境、加強綠化、美化及垃圾廢棄物處理。

5.協助推展社團活動、民俗技藝教育及才藝教育，如運動會、聯誼會、媽媽教室、才藝表演、學藝競賽等活動。

6.協助推動親職教育及親子活動。

7.協助晨光時間指導各項活動。

■實施方法

1.印製通知單及推薦表、報名表，並請級任教師鼓勵、推薦之。

2.舉辦座談會，調查意願填寫服務項目。

3.編造名冊。

4.按意願編組及安排輪值表。

5.舉行成立大會頒給聘書、服務證。

6.利用朝會或各種活動，介紹所有隊員給全校師生認識。

7.舉辦工作實務研習。

8.展開服務工作。

9.學期末擇期舉行工作檢討會。

10.適時舉辦聯誼，溝通隊員情感。

11.定期出版成長刊物。

(三)家長會組織與運作

學校教育需要家長的配合，所以學校公共關係的首要任務，就是與社區建立良好的關係，學校才能進一步贏得社區的支持合作與協助。學校家長會的組織是依據各縣市政府訂定的家長會設置要點而設置，學校家長會提供學生家長一個參與學校事務的管道，也是塑造一個親師合作共創教育雙贏的機會。

家長會參與學校事務的原則，應朝著正向積極的運作方向，站在配合協助的立場，充分尊重學校的專業。而家長委員們參與家長會的態度，應把握「參與而不干預、投入而不介入」的原則，這樣才有利於學校事務的推動。

茲以台中市學校家長會設置要點為例說明如下：

■實施目的

1.促使學生家長與學校密切聯繫，協助推展校務，共謀教育之健全發展。

2.協助學校教育活動之實施及提供校務推動改進建議事項。

3.參與學校行政及教學活動之進行，適時提供人力物力及經

費之支援。

■組織與運作

1. 家長會設家長代表大會，家長代表應於第一學期開學後兩星期內，由班級學生家長召開班級學生家長會時選出，每班三人至五人，每學年改選一次。

2. 家長會設家長委員會，置家長委員五人至二十五人。但班級數在二十五班以上者，每增加六班得增置家長委員二人。前項家長委員由家長代表互選之，每學年改選一次，連選得連任。家長代表中如有特殊班學生家長，至少應推派一人爲委員。

3. 家長會設常務委員會，置常務委員三人至七人，由家長委員互選之。但家長委員人數逾十五人者，得增置之，但最高不得超過十五人。家長會置會長一人，副會長一人至二人，由常務委員互選之；會長、副會長之任期至下屆常務委員召開之日止；常務委員之任期至下屆家長委員會召開之日止；家長委員之任期至下屆家長代表大會召開之日止；會長以連任一次爲限。

4. 家長代表大會，每學年舉行兩次，第一次應於第一學期開學之日起兩星期內舉行，由原會長召集並由家長代表互推一人爲主席；第二次應於學年結束前舉行，由會長召集並擔任主席；會長逾期不召集或因故不能出席會議擔任主席時，由校長召集並爲主席。

5. 家長代表大會得經家長委員會之決議或全體會員代表五分之一以上之請求，召開臨時會議，由會長召集並擔任主席，會長逾期不召集或因故不能出席會議擔任主席時，由副會長召集並爲主席。會長、副會長均不能行使職權時，由常務委員互推一人代行之。家長代表大會開會時，校

長、學校有關主管及教師應列席。

6.家長委員會每學期開學及期末各開會一次，第一學期第一次會議應於家長委員選出後兩週內舉行，由原會長召集並擔任主席，必要時得經由半數以上委員連署召開臨時會議。家長委員會開會時，校長、學校有關主管及教師應列席。

7.家長會得置幹事一人至二人，由學校指定人員擔任，掌管日常事務及聯絡事宜，另置執行秘書一人，由會長提名家長委員擔任。家長會得聘顧問，以提供教育諮詢，協助學校發展，但其人數不得超過委員人數之二分之一。

8.家長會每屆家長代表大會、家長委員會、常務委員會之會議紀錄及會長、副會長、常務委員、委員、顧問、幹部名冊，應於開學後四十天內報府備查。

■家長會任務

1.家長代表大會之任務如下：

(1)研討協助學校教育活動之實施及提供改進建議事項。

(2)審議家長會組織章程。

(3)討論家長代表之建議事項。

(4)審議家長代表大會所提出之會務計畫、會務報告及經費收支事項。

(5)選舉家長委員會委員。

(6)其他有關家長會事項。

2.家長委員會之任務如下：

(1)協助學校推展教育及提供改進建議事項。

(2)處理經常會務及家長代表大會決議事項。

(3)研擬提案、會務計畫、會務報告及經費收支事項。

(4)協助學校處理重大偶發事件及有關學校、教師、學生及

家長間之爭議事項。

(5)協助學校辦理親職教育及親師活動，促進家長之成長及親師合作關係。

(6)推選常務委員及遴聘顧問。

(7)推選家長委員，出席學校校務會議。

(8)選派教評會委員。

(9)其他有關委員會事項。

■經費執行

1.家長會得收取家長會費，以學生家長為單位，每學期收取一次，收取金額依縣市政府協調之各學期學雜費及代收代辦費等徵收標準收取。前項家長會費，學生家庭清寒者免繳。家長會除收取第一項家長會費外，其他家長捐款亦應納入家長會管理。

2.家長會費之用途如下：

(1)家長會辦公費。

(2)協助學校發展校務活動。

(3)舉辦學校員生福利事項。

(4)其他有關學校教育之用途。

(四)班親會組織與運作

班親會是班級家長會的簡稱或稱為親師協會，班親會被定位為教師精神支持者、親師溝通的橋梁，也是學校的後援會。其功能有溝通、協調、支援、合作與分享的功能。

■實施目的

1.加強學校與家庭的聯繫，培養親師合作之默契，共謀學校

　　教育及家庭教育之發展。

2.改善班級親師生關係，建立良好親師生互動模式，營造更優質化的班級經營。

3.策劃班級活動，以便有效進行各項教學支援及親子活動。

4.充分運用社會資源，提供家長貢獻專長之機會。

■組織及職務

　　各班設召集人一人，組長七人，全班家長均爲班級家長會會員。各組職務如下：

1.召集人──配合老師開放教學，推動班級行政工作計畫與整合。

2.活動組──籌劃團康、慶生會、戶外教學之活動，協助老師布置教室。

3.資料組──蒐集戶外教學、自然科學、教育性……等資料。

4.文書組──聯絡單、資料、文章、班刊……等打字製作。

5.記錄組──記錄班級行政、聯誼座談……等會議紀錄。

6.總務組──採購教材、書籍、用品……及租交通工具。

7.財務組──管理班級基金及帳務。

8.愛心組──早上到校照顧小朋友或帶活動。

■班親會之任務

1.研討學校教育與家庭教育之聯繫事項。

2.協助班級推展教學計畫及提供改進建議事項。

3.推選出席全校家長代表大會代表。

4.支援班級教學及各項活動：

　(1)協助早自習活動。

(2)協助環境布置、教具製作。

(3)協助蒐集教學資料。

(4)整理班級圖書。

(5)支援戶外教學活動。

(6)協助教學活動的進行。

(7)共同策劃教學活動。

(8)溝通親師觀念。

(9)協助用餐路隊秩序等日常生活禮儀指導。

(10)參與學校各種服務隊工作。

■注意事項

1.班親會之召開，須事先填妥親師會活動計畫表，列明時間、地點後，由級任教師簽名，交輔導室會有關處室，並經校長核可後，再發開會通知單給家長。若因會議需要借用學校場地，須事先申請，若有衝突，以申請時間之先後或協調方式處理之。

2.班親會之活動，如為學生參與之活動，其活動時間、地點及各項收費，均須依教育局有關規定辦理。

3.如家長欲支援各班設備，須是家長主動自由捐獻者，並以捐獻設備或實物為主；班級所捐之設備須通知學校家長會並轉知總務處登記列管，導師異動時應列入移交。如需班費，必須是家長自由捐獻者，不得採攤派方式。經費收支由該班家長以民主方式推舉專人管理，並須定期向捐款人公布以昭公信，不得由學校老師或學生經手金錢。如有任何通知單經由學生帶回者須經校方同意。

4.為維護學童安全，班級親師會如辦理戶外教學活動，以父母能親自參與為原則，如父母無法參與必須委託他人時，須辦妥委託手續。如須雇車時，依教育局規定辦理，並辦

妥旅遊保險。

5.班級親師會，如發生越軌或違反規定情事，由學校依照規定程序改組之。班親會隸屬學校家長會，校方配合單位爲輔導室。

(五)緊急聯絡網機制

爲確保學童上下學途中與校園內之安全，維護學校安寧，防止暴力進入校園，保障學生身心不受侵犯及傷害，有效防範一切意外事件之發生，並提高應變能力，學校應成立緊急聯絡網，建立偶發事件緊急應變機制以維護校園安全。其實施要項如下：

■加強學校行政工作

1.依學校實際環境狀況，擬定校園安全計畫，切實實施。

2.對學生實施安全教育、法治教育，並以講解、角色扮演，或使用各種視聽教材，教導學生有關安全、法律之知識。

3.遇有特殊狀況，迅速做適當之處置，並以特殊事件報告表呈核上級主管機關。

4.訂定導護工作實施計畫，務求導護工作權責分明，以切實維護學生之安全。

5.各清潔責任區域之劃分，遍及校園每一角落，以避免產生死角。

6.訂定防震、防火及其他天然意外災害防治應變辦法，並每學年實施演練。

7.爲防止歹徒侵入校內滋事，規劃設置警鈴，以處理偶發事件。

8.校區內重要地點及偏僻場所設置夜間照明設備。

9.定期檢查各項設備、器材、建築物等，加強維修，以維護

校園安全。

10.應用社會資源,加強校園安全之維護。

11.教職員工均須配戴名牌,以資識別。

■加強學校警衛工作

1.警衛或值日夜人員,全日內負責校內安全維護工作。

2.校內適當位置設置巡邏箱,定時巡邏,並特別重視死角、學生出入重要地點之巡邏。

3.加強門禁管制,防止閒雜人等進入校園,以維護校園安全。

4.與警察單位取得密切聯繫,並建立緊急聯絡網,以迅速處理特殊狀況。

5.洽請當地警察單位,加強校園附近之人行天橋及十字路口校門口之巡邏。對具有危險傾向之人,隨時掌握狀況,以防範意外事件之發生。

■加強導護工作

1.加強導護人員之輪值並劃定責任區。

2.按時段劃分責任區,排定導護人員巡視校園,尤其是在早晨、中午及清潔活動之時段應特別加強。

3.早到校學生,安排於警衛室旁並請警衛人員協助照護;或由導護人員加強巡邏照顧。

4.升旗時或上課後,發現學生無故缺席,應即刻與家長聯繫,或向學生事務處報告,並做必要之處理。

5.上課時間如有學生須上廁所或離開教室,應有同學陪伴同行,並隨時掌握狀況。

■強化導師職責

1. 班級導師必須瞭解班級內每一位學生之背景資料，包括：父母職業，父母教育程度，父母管教態度，家庭社經地位，學生之習慣、興趣、性向、身心發展及社會交友狀況等。

2. 班級導師必須密切注意學生之出缺席情形，掌握學生之動態資料，並與家庭、學校取得密切聯繫，遇有特殊狀況應即時做適當之處置。

3. 班級導師必須教導學生安全維護知識、法律知識，使學生瞭解各人、學校與社會之權利義務關係。

4. 班級導師應利用適當之機會，檢查學生書包、抽屜，發現有不良書刊或危險物品，必須立即做妥善處理。

■加強學生安全教育

1. 不接受陌生人之贈與，不隨便答應陌生人之請求，隨時提高警覺，遇事隨機應變。

2. 遇陌生人問路，可熱心告知，但不必親自引導前往。

3. 遇特殊狀況應即報告學校或師長，以便做適當處理。

4. 不單獨上廁所、不落單，不進出危險場所。

5. 不行經漆黑小巷或人煙罕至之處。

6. 遇歹徒不可慌張，鎮定以對，想辦法迅速脫離。

7. 遇形跡可疑者立即反映。

■其他

1. 與附近警察機關保持密切聯繫。

2. 結合校區附近商店、住家共同守望相助，協助注意可疑分子，維護學生安全。

目擊者 ───▶ 就近通知師長及聯絡健康中心、學務處處理

護理師 ───▶ 01.傷重時做緊急醫護並依專業判斷是否送醫，並聯絡家長
02.若須送醫，通知導師並護送學童就醫

導　師 ───▶ 接獲學生受傷訊息時，主動關懷學生病情並與學務主任商議後，決定是否前往照護

學務處 ───▶ 學務主任 ───▶ 1.擔任總指揮並隨時向校長說明處理進度
2.有特殊需求，聯絡一一九，其餘由本校同仁車輛或計程車送醫

警衛人員
衛生組長 ───▶ 協助護理師護送學生就醫

學生活動
組長 ───▶ 聯絡教學組長安排代課事宜

生教組長 ───▶ 衛生組長不在時，協助護理師護送學生就醫

體育組長 ───▶ 支援學務處各組緊急事項

教務處 ───▶ 教學組長 ───▶ 安排代課事宜

輔導處 ───▶ 教務主任 ───▶ 對外發言人

校　長 ───▶ 依校園偶發事件緊急應變處理辦法向主管教育機關報告事件經過

圖13-2　學校緊急聯絡網處理流程

3.學校設施定期檢修並做完善之管制措施。

4.注意實驗室器材、遊戲器材及設施之安全。

5.汽機車之進出校園，規劃專用道路並注意行駛間學童之安全。

6.注意各項工程施工情形及必要之安全措施。

四、參觀見習

(一)社團活動

為統整學生學習經驗，落實五育均衡發展，充實生活知能，加強品德實踐，激發學生學習興趣，適應個別差異，發展特殊才能，實施休閒教育，促進學生身心平衡發展，舒緩學生課業壓力，增進校際合作，發揮學校特色，各校應辦理學生社團活動。

■實施目標

1.陶冶群性、互助合作與服從負責的態度，發揮團隊合作的精神。

2.培養正當娛樂的興趣與能力，增進休閒及欣賞的情趣。

3.配合各科學習，獲得完整經驗，充實教育及生活的內容。

4.發揮活潑天性，增進心情愉快，發展均衡及健全的人格。

5.發現自我，發展特殊興趣與才能，養成適應及創造力。

■實施要點

1.發展學校社團活動計畫之擬定，學校人力設備、場所及學生興趣等條件，做彈性運用，俾能配合實施，發展最大效

果。

2.發展學校社團活動，須與各科教學密切結合，並兼顧才藝性、科技性、康樂性和體能性。

3.活動內容盡量利用社會資源或鄉土教材，以廣收活動效果。全校教師對發展學校社團活動均應參與指導。

4.發展學校社團活動，以校內活動為主，校際活動為輔。辦理校際活動時，國小以高年級，國中以一、二年級為原則。

5.中、高年級按志願分組實施。各學年團體活動分組數，約與其學年班級數相同，另增校隊社團。全體師生共同參與活動，教師以專長志願負責指導，兒童依才能志願擇項參加。

6.評量方法：學期中活動進行時，師生共同檢討並交換意見，學期終了詳填「團體活動實施評鑑表」，提供具體意見交訓導處研究改進。並由各組指導老師負責考察。評量內容知識能力方面：可用測驗或實際製作表演、實驗、體育、遊戲加以考查。

■實施方法

1.學期開始前，國中應將「團體活動」「班會」「週會」和「自習」等，國小應將「團體活動」課程彈性編配，妥為規劃設計，安排於適當時間實施。

2.學期開始，學校應先公布選定之社團項目，並印製調查表，分發各班學生填寫自願參加項目。

3.各班導師對各項活動內容性質應詳加說明，指導學生填寫第一、第二、第三志願，以作為分組依據。

4.各社團名單、指導教師姓名與活動場所分配等，由訓導處協調各處室陳請校長核准公布之。

5.學校開始兩週內,各社團將學期工作計劃、社團幹部名單及團員名冊送訓(教)導處備查。

6.學期終了,各社團應將全學期活動成果彙報訓(教)導處備查。

7.校際社團活動,國中以數行政區為一區,國小以行政區為單位,聯合組成「校際社團活動小組」,由各校校長暨主辦人員參加,推定校長一人為召集人,並策劃辦理各項活動。

8.凡縣市政府舉行有關才藝科技、康樂或體能等單項比賽時,除法令另有規定外,以各區校際社團活動競賽績優學校代表參加為原則。

■社團成果發表會

1.靜態活動:

  (1)方式:資料展示、作品展示或活動照片花絮……。

  (2)時間:於下學期期末成績評量前,各社團於社團活動時間辦理。

  (3)地點:各學年擇一社團上課教室集中辦理。

2.動態活動:

  (1)方式:成果發表會或配合週會表演或升旗活動時間發表。

  (2)時間:配合學生才藝發表會或兒童節慶祝活動辦理。

  (3)地點:戶外表演場地或事先通知學生活動組代為規劃場地。

(二)交通安全教育活動

為培養學生交通安全知識,並能遵守現行交通規則,以維護

交通秩序，維護學生行的安全，防範交通事故發生，以確保學生通學安全，先由學生本身做起，進而影響家庭，擴大到社會，俾能共同遵守交通規則，維護社會秩序。結合學校及社會交通安全教育，妥善運用社會資源，建立共識，發揮整體交通安全教育之效果。

■實施原則

1. 交通安全教育，應視爲學校課程之一部分，而非附屬性的課程，其內容應力求生活化。
2. 交通安全教育，應與學校行政各部門之計畫相配合，並與各科教育密切聯絡，使之融入各科教學。
3. 交通安全教育之實施，須與級會、道德與健康、幹部訓練、團體活動等配合實施。
4. 交通安全教育是學校、家庭、社會相互配合之教育工作。
5. 推行交通安全教育，須充實設備，布置環境，並力求切合實際情境，提高境教之教育效果。
6. 交通安全教育特別重視日常生活之交通秩序，並能隨機指導，以養成正確之觀念，適應現實社會之環境。
7. 交通安全之教學，應盡量運用圖表、模型、影片、幻燈片、實物等教具，以提高學習興趣，並隨機實施演示活動，加深印象。

■實施要領

1. 組織交通安全教育委員會：交通安全教育委員會由校長、各處主任、生教組長、學年主任組成之。校長爲主任委員、學務主任爲副主任委員、生教組長爲執行秘書。
2. 實施交通安全單元教學：教學時間依學校交通安全教育教學進度表實施。教學方式分爲定時教學和聯絡教學。教材

與進度依據交通安全學習手冊、國民小學交通安全教育參考資料，及交通安全學習手冊教學指引。

3.加強導護輪值工作：全校教師編組成導護組，輪值例行之導護工作外，尚須擔任交通安全之維護工作。依據工作分配表於每日上下學時間，前往指定之路口站崗，實施交通指揮。

4.舉辦交通安全各項競賽：舉辦交通安全的演講、作文、漫畫、書法、壁報比賽。舉辦路隊秩序競賽。舉辦交通安全常識測驗比賽。

5.交通安全環境布置：於適當情境設置標誌或標線及動線。利用教室石柱繪製交通標誌。教室走廊漆畫標線。走廊牆壁繪製交通安全圖畫。

6.組織交通義工服務隊：徵求有愛心、肯奉獻之學生家長、社會熱心人士自動參加，由學校給予裝備及訓練編組。依義工們的家庭位置及個人時間配合上下學，做定點、定時之路隊輔導，俾能使學生安全上下學。

7.考核與獎勵：參加各項競賽成績優良之學生由校長頒發獎狀及獎品鼓勵。對推行交通安全教育工作表現優異之同仁及交通義工服務隊員，期末由校長報請有關機關獎勵之。

(三)幼童軍活動

幼童軍活動在小學是最受學生喜愛的活動之一，從童軍活動中，學習領導及技能，透過小隊制度、徽章榮譽制度，讓學生在歡樂中培養良好的人際關係及規範，健全人格修養，成為服務社會的良好國民。

■實施目的

1.從進程活動中，磨練做事技巧，培養解決問題的能力。

2.從探涉活動中，激發研究及冒險精神，以增廣見聞。

3.從集體行動中，學習與人合作，協力完成工作，以發展社會知能。

4.從集合檢查中，培養自我檢視的能力，以奠定良好的生活習慣。

5.從儀典活動中，培養其榮譽感並增進自我認同。

6.從勞動及動態活動中，培養服務的精神，並鍛鍊強健的體魄。

■實施方式

1.時間：每週舉行團集會一次，有其他需要得臨時增加聚會等活動。

2.地點：以校內的活動場地為主，應實際需要得選定校外活動地點。

3.參加對象：學校中、高年級學生。

4.活動方式：採動態活動方式進行。主要活動有團集會、大地遊戲、追蹤活動、叢林劇舞、結繩、唱跳、急救訓練、參觀活動、探涉活動、宿營等。

■活動內容

1.活動項目：

(1)每週舉辦團集會。

(2)每年辦理三項登記及幼童軍晉級。

(3)參加縣市或全國中國童子軍會舉辦之各項幼童軍活動。

2.服務活動：

(1)每學年舉行校園、社區之服務活動。

(2)學校辦理各項活動，擔任招待等服務項目。

(四)其他重要活動

■國語文競賽活動

國語文能力是學習的基本能力，學校為了提升學生國語文能力，每年會利用固定的時間來辦理各項國語文能力競賽。而各縣市政府為鼓勵學校加強語文教育，提高學習興趣，以期蔚為風氣，而收弘揚文化績效，也會舉辦全市性的競賽。

1.競賽項目：

(1)演說：命題演說、即席演說、閩南語演說、客語演說。

(2)朗讀。

(3)作文。

(4)寫字。

(5)字音字形。

(6)英語詩歌朗誦。

2.實施要點：

(1)命題演說各組題目均於競賽員登台前三十分鐘，當場親手抽定。閩南語、客語講題採用全國賽，題目事先公布。

(2)朗讀：以課外語體文為題材。各組題材，均於每位競賽員登台前八分鐘，當場親手抽定。

(3)作文：各組題目均當場公布，除不得用詩歌韻文寫作外，文言、語體不加限制，並詳加標點符號；但不得使用鉛筆書寫。

(4)寫字：各組書寫內容均當場公布，一律以傳統毛筆書寫楷書。字之大小，國小學生組爲五公分（用四尺宣紙四開書寫）。

(5)字音字形：各組均爲二百字（字音一百字、字形一百字），均使用藍色、黑色原子筆或自來水筆書寫，塗改不計分。

(6)英語詩歌朗誦：題材由主辦單位事先公布，由各校自行擇定篇目參賽。

■美術比賽

　　爲鼓勵學生自由創作，提高美術教育水準，拔擢優秀作品參加全縣市學生美術展覽，各學校均會定期舉辦校內學生美術比賽，或透過期末社團藝文成果發表辦理學生美術作品展覽。

1.比賽項目：
(1)繪畫類。
(2)書法類。
(3)平面設計類。
(4)漫畫類。

2.實施要點：
(1)繪畫類分國小低年級組、中年級組、高年級組。使用畫材及形式不拘，大小以四開爲原則，一律不得裱裝。
(2)書法類分國小中年級組、高年級組。以自選成首詩詞或成篇成段之文章爲原則，作品須落款，所寫文字勿使用簡化字，一律採用宣紙。
(3)平面設計類分國小中年級組、高年級組。以生活環境與藝術爲主題，並以平面設計爲限。得採用各類基本材料，大小一律爲四開，作品一律裝框。

(4)漫畫類分國小中年級組、高年級組。應徵作品不設定主
題。作品形式不拘，大小不超過四開圖畫紙。黑白、彩
色不拘，作品表現以單幅爲限，一律不得裱裝。

(5)各類作品以創作爲主，各類不得臨摹。同一類組每人限
送作品一件，且每件作品之創作人數爲一人，指導老師
亦爲一人。

■節日主題教學活動

　　九年一貫課程強調發展學校本位課程，生活化的主題活動設
計，爲了落實此一理念，學校經常會配合行事曆或節日來設計主
題教學活動。此項節日主題教學活動可以利用綜合活動或彈性時
間來實施，也可以利用早上晨光活動或升旗朝會時來實施。

　　1.主要節日活動名稱：
　　(1)教師節敬師活動。
　　(2)萬聖節化妝闖關活動。
　　(3)聖誕節藝文表演活動。
　　(4)新年民俗采風活動。
　　(5)母親節感恩活動。
　　(6)端午節民俗體驗活動。

　　2.實施方式：
　　(1)節日主題教學活動應配合節慶的時間來實施，更能符合
　　　生活化的課程理念。
　　(2)活動的設計採主題大單元的方式設計，重視多元智慧多
　　　元學習。
　　(3)活動的設計應掌握課程統整精神，可以跨領域結合藝術
　　　與人文、語文、社會、自然與生活科技、綜合活動等領
　　　域來設計。

(4)探多元化方式進行，可以靜態的書面資料展示，配合動態的表演藝術活動來進行。

(5)活動的設計應考量尊重關懷與包容多元文化。

(6)節日主題教學活動應強調體驗與分享活動。

參考書目

教育部（2003），〈國民中小學九年一貫課程綱要〉。

教育部（2003），《教學創新九年一貫問題與解答》（2003年編修版）。

教育部（2001），《國小組學校經營研發輔導手冊》。

台中市政府（2004），〈台中市立各國民小學分層負責明細表〉。

台中市政府（2004），《台中市國民中小學學生家長手冊》。

謝文全（1993），《學校行政》，台北：五南。

鄧運林（1998），《開放教育親師合作》，高雄：復文。

蔡璧鑫（2002），《國小自然與生活科技》（教科書、教師手冊、習作），台
北：仁林文化。

Chapter

14

第十四章　學習指導

傅玉琴

・文化大學青少年兒童福利研究所

・海育英兒童課托育中心主任

一、前言

　　當孩子處於幼兒時期，許多的人生抉擇大都是由成人來決定，即便是成人開始引導兒童做決定，亦可能對於孩子所做的決定小心翼翼地評估，不敢任其為所欲為。然而當孩子開始上小學後，「家庭作業」是他們生平第一次要為自己的行為負起完全的責任，而這個責任的賦予對孩子的一生有著重大的影響。對成人而言，家庭作業可能是一個折磨人且無聊至極的工作，但是千萬別輕忽了家庭作業，因為藉由家庭作業，孩子能從中學習遵從指導、獨立寫作、解決問題及時間的規劃，以充分發揮實踐其潛能，如果我們沒有跟孩子強調家庭作業的重要性，也等於說是間接的剝奪了孩子發展出責任感的機會；「家庭作業」的寫作到完成的過程，使孩子經歷了珍貴的人生歷練，而經由這些歷練，孩子才能不斷的成長且茁壯。

　　因此，本章首先將概略性的舉出一些課後托育服務人員的課後活動設計，並依其各不同的活動實施來探討實施技巧，接著再從作業指導中列舉常見問題與處理技巧，希望能對從事兒童課後照顧服務人員在實務應用上有或多或少的助益，而「實例說明」是有一些拋磚引玉的目的，希望藉由兒童課後照顧服務人員與兒童互動的實例中，點出課後服務人員對專業倫理、師生互動技巧、自我情緒管理等的能力與認知。

　　最後，我們應知道評鑑兒童的學習成就與能力，不應只是以分數為唯一指標、依歸，不同的評量表的介紹與應用，便是希望擺脫舊有過時且對孩子不公平的刻板評分標準與方式。

二、課後活動設計與實施技巧

(一)語文領域

單元名稱	語詞大贏家	活動時間	三十至四十分	適合年級	各年級
教學目標					

單元名稱	語詞大贏家	活動時間	三十至四十分	適合年級	各年級

教學目標
1.熟習已學詞語。
2.學習團隊合作的精神。

活動流程
1.將語詞卡散置於長條桌上，在長條桌前兩公尺處地上畫一條起點線。
2.請孩子於起點線後方等待聽候教師指令。
3.教師念出某一詞語時，孩子即跑至長條桌前找到對應之詞語卡。
4.將找得之詞語卡帶回起點線後，即算過關。
5.比賽結束後，可清算所得之分數，分數最高者即為冠軍。

材料準備
詞語卡、畫地粉筆、計分板

評量
1.孩子能依指示找到正確卡片至少三張。
2.孩子能念出卡片上的詞語最少三張。
3.孩子能愉快的投入活動的情境中。

常見問題與處理技巧
Q1：這項活動除了適用詞語外，還可適用英語嗎？
不只是英語，只要孩子熟悉且樂於投入活動，教師還可將之套用於造句、注音、數學、自然、社會……等各種科目上。教師只須備好答案卡或題目卡，再照著遊戲程序讓孩子參與，將可收到異曲同工之效。
Q2：孩子對於遊戲的排名過於在乎得失。
有些孩子好勝心強，有些孩子愛拿放大鏡觀察、評判他人，當然也有孩子漫不經心，從未將得失放置心上，不論是哪一種人格特質都無所謂的好與不好，教師不應在孩子為排名爭執時，過於苛責某一方，或去壓抑某一特質的展現，而是藉由每一爭執或衝突產生時，引導全體孩子瞭解，在團體生活中，該如何在各人觀點與人際互動中取得平衡，在教師循循善誘下，幫助孩子保留自身特質，又不至於影響團體，進而建立其能融於社會的行為規範。

單元名稱	過節慶	活動時間	三十至四十分	適合年級	各年級

教學目標	1.體會禮節的重要。 2.瞭解節慶活動之由來。 3.明瞭應景節慶物品的涵意。
活動流程	1.教師重複溫習各項節慶及其應景活動或物品之意義。 2.拿出事先製作完成之題目籤，任意抽取出其中一張，將之打開，並念出籤上所寫題目。 3.由台下孩子舉手回答內容，教師可評視其回答內容是否得宜斟酌給分。 4.舉手搶答結束後，教師可將所有題目回收，再一次講解複習，以加深學習印象。
材料準備	題目紙籤
評　　　量	1.能回答題目內容至少三題。 2.能遵守先舉手再發言的規則。 3.能尊重他人發言的權利。
常見問題與處理技巧	Q1：孩子搶答時，爭執起口角，該如何排解？ 孩子自小在家中為家人呵護的寶貝，思想、行為多偏向自我，一旦入了學，在學習尊重、禮讓與分享的過程中，難免有所齟齬，教師須視口角內容及過程，當下立即處置，給予雙方適當的處理及建議，讓孩子能從每次的爭吵中學到人際相處的道理。 Q2：孩子不舉手就發言，並胡亂插話，很困擾。 舉手發言、尊重他人發言的權利、不打斷他人話語，這些都是人際相處中，必備的基本禮儀，當孩子出現胡亂插話、隨便發言等狀況時，教師可制止此種行為，並告知孩子，此舉已造成他人的困擾，讓孩子瞭解急躁並無法得到注意，一段時日後，孩子會慢慢改善此種現象。

單元名稱	故事大會串	活動時間	三十至四十分	適合年級	一、二年級
教學目標	培養孩子的創造力及提升孩子語文的能力。				
活動流程	1.將紙箱黏貼成骰子狀。 2.利用圖畫紙再將紙箱包裝起來，並將紙箱的每一面都繪圖畫上不同的圖案。 3.最後用膠帶護貝紙箱，以延長教具使用壽命。 4.讓孩子以接力的方式擲骰子創作故事。				
材料準備	紙箱（以四方形最合適）、圖畫紙、蠟筆（彩色筆）、膠帶				
教學資源 常見問題 與處理技巧	Q1：故事的題材如何選擇？ 若是年齡小的幼童，可用日常生活中常發生的事當題材，不論是吵架、交通安全等都是故事的好題材，一方面孩子容易看得懂，另一方面又能提升孩子內省的能力，而年齡在中高年級的孩子，則可選用寓意或因果較明顯的故事當題材，孩子不但能增加知識，也能培養創作故事的能力，故事的內容切勿太過冗長。 Q2：說故事的技巧有哪些？ 1.說故事者的聲音要有變化，音調須生動且富趣味，以協助孩子融入故事中，否則無法引起孩子的共鳴。 2.要介紹書名、作者、繪圖者、出版社、出版時間。 3.與孩子討論故事主題。 4.說故事者與聆聽者的視線接觸。 5.教導孩子可用各式各樣的身體語言來表現故事的人、事、物，以豐富說故事的生命力，激發孩子的專注力。 6.口語對白要清晰。 7.有效運用支援者和小道具。				

(二)數學領域

單元名稱	誰比較重	活動時間	三十至四十分	適合年級	一、二年級
教學目標	1.能對物體的輕重做直接比較。 2.能對容量的多少做直接比較。				
活動流程	1.將四至五位孩童分為一組，各組發放天平、量杯與秤重物品。 2.教師先操作示範天平的使用方式，下沉一端為重，翹起一端為輕。 3.各組開始操作天平，經驗不同重量的比較。 4.操作停止後，各組發表實驗心得或意見，教師適時從中給予指導或糾正。 5.各組動手收拾用具與環境。				
材料準備	天平、量杯、秤重物品				
評　量	1.孩子能在天平上直接比較出重量。 2.孩子能利用感官直接比較出相同容器的重量。				
常見問題與處理技巧	Q1：該如何選擇秤重用的物品呢？ 可盡量選用孩子生活中易見易取得之物品，如橡皮擦、小玩具、飲料盒……等，這些物品可使實驗更生活化，孩子也可能在實驗中更進一步發現容量和重量間的關係。 Q2：孩子操作後，對重量與容量仍無概念？ 孩子在自由操作實驗結束後，仍無法理會重量與容量的相互關係，則可由教師再一次操作實驗，同時一邊講解，孩子在旁聆聽。教師操作完畢後，若時間允許可讓孩子再一次操作，加深印象。 Q3：每次會動手收拾的，總是只有那幾位孩子。 在相處一段時間後，教師可觀察到，主動或半被動去收拾環境的孩子大都是那幾位；換言之，就是某些孩子，必須教師緊盯的情況下，才會動起手來，與同學一起掃除。孩子不愛收拾，並不能將原因全部歸於一個「懶」字，有時，在他們生長的環境中，根本沒有需要他們動手之處，一切全由父母一手包辦；也或者孩子因為某種原因而排斥打掃，如：會打噴嚏、怕弄髒衣服……等。教師可利用時間瞭解原因，並不厭其煩的教導孩子打掃步驟、分工重要、改正觀念等，也可設計活動，讓打掃變得更有趣，漸漸的讓那些不愛動手做事的孩子也能挽起袖子做打掃。				

單元名稱	打電話	活動時間	三十至四十分	適合年級	一年級

教學目標	1.能熟練1至10的數字。 2.能將數字與生活做結合。 3.能瞭解數字在生活中的運用範圍。
活動流程	1.每十位孩子為一組，圍成半圓，手上各舉一張號碼牌（照順序由0至9）。 2.教師講解遊戲規則，老師自由念出一組電話號碼，與念出之號碼對應的孩子，即快速蹲下再站起一次。 3.教師可於遊戲一段時間後，進行「打電話」遊戲。 4.結束遊戲後，請孩子自由發表生活中何處可見數字的出現，如：電梯樓層燈、紅綠燈讀秒機、車牌號碼……等。
材料準備	0至9為一組之號碼牌，組數視孩子人數而定。
評　　量	1.孩子能愉快的投入遊戲。 2.孩子能於恰當時機做出反應。 3.能舉出至少一種生活中可見的數字。
常見問題與處理技巧	Q1：孩子在活動進行時太過吵鬧，怎麼辦？ 教師可於講解遊戲規則時即先言明獎懲規章，如：遊戲時大聲叫喊則將被換下，由候補同學代替之；遊戲過程中表現良好之組別，老師將給予神秘小禮物……等。交叉運用正增強與負增強之方式，使孩子於活動中能自我約束。 Q2：每組遊戲人數是固定的，但孩子人數卻無法均分？ 無法湊成一組的孩子，可暫時於旁邊當候補人員，待遊戲時，有人犯規或不遵守秩序，則可替換上去。 Q3：孩子很快就對遊戲失去新鮮感。 因為這款遊戲規則簡單易玩，因此有些孩子在遊戲中途就失去新鮮感，教師可視情況改變遊戲規則，如由原本的念到的即快速蹲下一次，改為念到號碼的跳躍一次、拍手一下、轉一圈……等，增加遊戲趣味，孩子也能持續投入於遊戲中，而不致感到枯燥乏味。

單元名稱	誰的肚量大	活動時間	三十至四十分	適合年級	一、二年級
教學目標	讓孩子在遊戲中培養計算和估量的技巧。				
活動流程	1.先請孩子數一數一個牛奶盒或其他容器須用幾個養樂多罐才能盛滿。 2.將孩子分成兩組，以不同的容器裝水，跑至前方倒入桶中，返回換下一位，計時五分鐘，以最接近一公升的隊伍為優勝隊伍。 3.亦可用其他容器代替養樂多罐，以便讓孩子做量的比較。				
材料準備	養樂多罐、碗、牛奶盒、垃圾桶等各式容器				
教學資源 常見問題 與處理技巧	Q1：孩子總是會數到重複的數字？ 對於年齡小的孩子，還沒有次序的觀念，所以老師一定要有耐心引導孩子從上到下或從左到右數一遍，慢慢建立孩子的次序觀念，也可以教導孩子將數過的用鉛筆先做記號，才不會混淆。 Q2：容器可否用陶瓷或玻璃等材質的呢？ 若是可以，建議盡量使用不同材質的容器，以增加孩子觸覺經驗。 Q3：活動如何預防碰撞的情況？ 動線上要直線，且四周無障礙物，可於地面鋪上軟墊，在活動進行之前，告知孩子遊戲的規則是必須等到前一位的孩子回到原點後，第二位才能出發，這樣碰撞的情況即可避免，亦可請孩子協助維持秩序。				

(三)自然（科學）領域

單元名稱	小昆蟲	活動時間	四十至五十分	適合年級	一、二年級
教學目標		1.知道昆蟲有六隻腳的特徵。 2.能分辨常見的昆蟲種類。			
活動流程		1.教師拿出幾種常見昆蟲紙形（瓢蟲、蝴蝶、蜻蜓……），並向孩子解說其外形特徵、運動方式、覓食習性……等相關知識。 2.發給孩子每人一張圖畫紙，讓其在紙上繪出任一昆蟲一種。 3.將畫好的昆蟲彩繪上色後，沿著外形將之剪下。 4.請每位孩子帶著自己的作品輪流上台，解說其所繪為何種昆蟲及與該昆蟲相關之內容為何。 5.教師可將孩子作品布置於教室布告欄上。			
評量		1.能畫出正確昆蟲的特徵。 2.能說出常見昆蟲至少四項。 3.能上台與同學分享繪畫內容。			
常見問題與處理技巧		Q1：孩子畫錯了，該請他重畫嗎？ 當教師解釋完昆蟲的定義後，卻發現孩子描繪出的仍有錯誤（如蜘蛛、水黽……），教師不一定要孩子修正或重新再畫一張，可留待於全班分享作品時，讓全部孩子想一想、看一看，來判別正確與否，如此，不但畫錯的孩子能瞭解正確的定義，其餘的人也可以藉由他人的錯誤來加深自己的印象，但要注意一點，評判的過程必須是輕鬆、歡樂的，並仍須就其他方面來肯定畫錯孩子的努力，以免傷了孩子的自尊與信心。 Q2：孩子畫的是蝴蝶，但花色卻顯另類、奇異，該糾正嗎？ 孩子擁有豐富的想像力，常畫出些似是而非的作品讓老師與家長會心一笑。是否一定要著出正確的花色須視課程內容而定，如此單元只介紹到部位構造，那麼只要孩子已正確繪出頭、胸、腹、翅、腳，則翅膀花色不必過於計較。若課程內容已指定特定品種之蝴蝶，如黃粉蝶……，則顏色就須力求正確。 Q3：孩子好害羞，上了台一句話也說不出來。 有些孩子天性害羞，在台下已屬少言，上了台，更是結結巴巴，抖個不停。這時若是台下傳來訕笑，只怕讓那些孩子更加感覺無地自容。要孩子克服害羞的天性，強迫、威逼只會讓他們多了害怕的情緒，並無濟於事，教師應不斷的鼓勵孩子，從最簡單的純粹上台展示作品（不須說話），再慢慢的上台說話（如朗讀課文），最後再進展上台演講（如發表感言），並請全班孩子給予這些同學正向的鼓勵，幫助他們建立自信，進而克服害羞，如此可增進孩子勇於發表的自信心。			

單元名稱	美麗的葉子	活動時間	四十至五十分	適合年級	一、二年級

教學目標	1.能體驗自然之美。 2.能察覺葉子有不同的外形變化。
活動流程	1.教師帶著孩子至室外，撿拾各種大小、外型不同的葉片（切記不可採摘花木，這是錯誤的身教）。 2.將葉片略為擦淨帶至教室備用。 3.利用撿拾來的葉片在圖畫紙上排列成圖案。 4.利用水彩筆將水彩均勻塗抹於葉片背面，再壓印至圖畫紙上，待每片葉片皆壓印完畢，則成一幅美麗的圖案。 5.請每位孩子輪流上台與同學分享自己的創作。
評　　量	1.能利用葉片壓印出圖形。 2.能說出兩種以上不同葉形（針葉形、心形……）。 3.能上台與同學分享繪畫內容。
常見問題與處理技巧	Q1：什麼樣的葉子比較適合壓印呢？ 基本上並不局限哪些葉片才可使用或比較適合。不同的葉子有不同的造形，越是多樣，越能激發孩子的創意，教師大可不必自限於某一特定的框框中，只須大量的提供各種大、小、缺裂、完整等不同的葉片，並不斷鼓勵孩子想像，則孩子往往會創作出令人驚艷的作品。 Q2：孩子很認真創作，但作品卻無美感可言，該如何指導、鼓勵他呢？ 有些孩子不但欠缺創作意念，也缺乏細膩的美術技巧，因此常使得創作成品平凡無奇，進而失去自信心，教師可針對這些孩子，在他們創作的過程中，不斷的給予引導，適時的指導他們技巧，並於全體分享作品時，找出優點大聲稱讚，增強信心，且提高孩子學習意願。

單元名稱	有趣的顏色	活動時間	三十至四十分	適合年級	一、二年級
教學目標					

單元名稱	有趣的顏色	活動時間	三十至四十分	適合年級	一、二年級
教學目標	能知道紅、黃、藍是三原色，將它們按比例混合，可以調出許多顏色。				
活動流程	1.將圖畫紙對摺，打開後畫上圖案（畫在中心線的其中一邊）。 2.將圖案剪下來，並將剪口用膠帶黏上。 3.將三種顏色的玻璃紙（紅、黃、藍），剪下寬度不同的長條形，再將這些玻璃紙重疊，鋪在剪出圖形的圖畫紙上，並用膠帶（膠水）黏牢。 4.把圖畫紙合起來，就是一張美麗的卡片了。				
評　　量	1.能知道紅、黃、藍是色彩三原色。 2.能正確、安全的使用刀剪。 3.能利用三原色混合出其他不同的顏色。				
材料準備	八開圖畫紙、紅、黃、藍三色玻璃紙、剪刀、膠水、透明膠帶				
常見問題與處理技巧	1.注意學生刀、剪使用安全，活動前要先宣導。 2.對於動作較慢的學生，教師可請已完成的同學從旁協助。 3.對於參與意願不高的學生，教師可用口頭鼓勵，或實質獎勵激發參與意願。 4.對於活動中的秩序管理，教師可以分組的方式進行評估，獲勝組可得到小獎勵，例如：糖果，獎項可分為：秩序獎、團隊合作、創作……等。				

(四)生活領域

單元名稱	戲偶	活動時間	三十至四十分	適合年級	各年級

教學目標	能利用各種資源回收物創造戲偶。
活動流程	1.將養樂多空瓶瓶口朝下，用廣告紙將養樂多瓶包起來，並用白膠黏貼固定。 2.在包好的瓶子上畫上眼睛、嘴巴、鼻子。 3.貼上頭髮或帽子做裝飾。 4.將塑膠袋底部中間剪開一個小洞，再塞進養樂多瓶口，用白膠黏貼固定。 5.將塑膠袋稍作裝飾即可。
評　　量	1.能正確、安全的使用剪刀。 2.能利用各種回收物裝飾戲偶。 3.能適當使用黏著劑（白膠）。
材料準備	色紙、月曆紙或廣告紙、剪刀、白膠、養樂多空瓶、透明塑膠袋（約10×15公分）。
常見問題與處理技巧	Q1：學生作品不盡理想，怎麼辦？ 教師應把重點放在學生創作的想法，想要表達什麼，只要學生能說出為什麼要這麼做，教師大可不必太重視作品外觀的美醜，若教師為使作品較為美觀而介入太多，反而失去了「創作」的原意。 Q2：在創作的過程中學生起爭執，怎麼辦？ 例如學生在過程中取笑他人作品，或有人告狀別人看他的（模仿他人作品），或工具無法共用、共享⋯⋯等，教師可看情況做適當的介入，若不是太嚴重，可試著讓學生自行找出解決的方法，教師可把重點擺在多稱讚過程中用心創作、具創意、能與他人共同分享用具的學生。

單元名稱	秋收	活動時間	三十至四十分	適合年級	各年級
教學目標	認識秋天收成的水果種類。				
活動流程	1.引起動機： 　(1)教師事先請孩子每組帶一種水果，壓（搾）汁機、果糖、鮮奶等（水果種類由教師指定：柳橙、奇異果、柿子、蘋果⋯⋯）。 　(2)教師拿出準備好的柳丁汁，倒給學生每人一小杯，請學生品嘗。 　(3)喝完果汁後，請學生猜猜是什麼果汁。 2.進入主題： 　(1)教師提問：現在是什麼季節？今天大家帶了哪幾種水果？ 　(2)介紹各組帶來的水果：A.請學生觀察水果的外型，並做分類，例如：以顏色、形狀分。B.教師將水果切開，請學生觀察果肉和外型有何不同。C.讓學生試吃果肉，並比較這些水果的種子、味道。 　(3)各組開始壓（搾）果汁並嘗試各種水果汁的口味，教師適時引導學生感受果汁的酸甜，並教導學生可以用果糖及鮮奶來提味。				
材料準備	柳丁汁、果汁機、水果刀、秋收水果（約三至五種）、果糖、鮮奶、砧板、小紙杯、生活課本、筆				
評　　量	1.能認識秋天收成的水果種類。 2.能認識各種水果的果肉。 3.能將水果依外型、顏色分類。				
常見問題與處理技巧	1.若材料沒帶齊，課程恐怕無法順利進行，所以教師可於上課前一週就先以貼通知單或電話方式告知家長，請家長協助準備。 2.活動前要宣導電器使用安全。 3.對於各組工作分工，可請各組小組長指派，或自己認領，或抽籤決定。 4.對活動中的秩序管理，教師可以「組」為單位，增加學生的團隊精神與榮譽感。				

單元名稱	認識國旗	活動時間	三十至四十分	適合年級	三、四年級
教學目標	由蒐集各國之國旗，認識每一個國家的國旗特色與不同之處及其代表之意義。				
活動流程	1.將自己蒐集之國旗，請小朋友介紹其代表之國家。 2.選出三個自己最喜愛之國旗，分別將其畫在三張A4白紙的上半部。 3.在A4白紙下半部，請小朋友寫下國名、人口數、地理位置及特殊之民俗風情。 4.可請小朋友互相交換學習單，認識各國不同之處。 5.可蒐集全班所製作之不同國旗之學習單，做成班級小書，以供每位想認識各國國旗及民俗的小朋友閱讀及查詢。				
材料準備	1.請小朋友蒐集各國國旗，至少二十個以上，最好能越多越好（老師亦可事先準備）。 2.A4白紙三張。 3.色筆（各色）。 4.尺。				
常見問題與處理技巧	1.可能在蒐集國旗之際，孩子們未必每一位皆能完整蒐集到全世界各國之國旗，此時老師可將其範圍稍稍縮小，例如：亞洲各國國旗，或是歐洲各國國旗等。 2.國旗取得之管道，可在網上或文具店、書籍等找到，老師可將這些管道提供給孩子們。 3.若遇到參與意願不高之孩子，可分配一些後續工作給他們，例如：幫忙將蒐集到之國旗資料繪成學習單，或撰寫文字資料等等。 4.「每日一國」，每天介紹一個國家，讓孩子們有充足之時間認識這個世界，故此單元也可作為一個較長的學習單元。				

三、作業指導常見問題與處理技巧

(一)常見的家庭作業指導問題

■常見的幾種作業指導問題

1.孩子不想盡力做好作業。

2.孩子排斥做作業。

3.孩子沒帶作業來做。

4.孩子常常花整個下午的時間做作業。

5.孩子不肯獨自完成作業。

6.孩子總是等到事到臨頭，才開始做功課。

有些孩子常在寫作業的時候，不想盡力做好作業，他們只用一些心力、敷衍了事的心態來完成功課，不在乎作業的內容品質，也不在乎作業是否有組織有條理，並且對於作業的內容是否有錯誤，抱持著事不關己的態度。

■作業指導問題的處理

對於兒童課後照顧服務人員來說，這是一項極富挑戰性的任務，對於不想盡力寫好作業的孩子，應該思考解決的方法，以協助孩子盡全力去完成功課。作業寫作時間在孩子的課後時間裡占有相當重要的比重，所以孩子沒有善用這段寫作業時間，將會無法增進其規劃時間的能力。我們應該讓孩子明白寫作業是一個責任完成，而這個責任的完成是取決於自己的態度，如果要孩子能

在我們引導下，盡心盡力的完成作業，以下有幾項可以參考：

● 賦予孩子學習動機

　　一個沒有學習動機的孩子，是無法好好把作業完成的，如果我們能將寫作業的過程趣味化，孩子將會從被動的學習態度轉為積極主動，我們可以善用方法去激發孩子的學習動機，如：將學用品擬人化，告訴孩子：鉛筆小姐有千言萬語要告訴紙張先生，請孩子協助鉛筆小姐把想說的話寫下來，讓他們能做完美的交流等等。或者告訴孩子認真寫完功課可以早點做他們喜歡的活動，讓孩子有動力去做作業。

● 堅定的告訴孩子你對家庭作業品質的期待

　　除了少數的孩子，其實孩子大都是有能力完成家庭作業的，應該堅定告訴他我們對作業品質的期待，及我們期待他是以一個負責任的態度去完成家庭作業，藉由正面的鼓勵可以解決很多家庭作業的問題，當我們做出一些規定、守則，孩子可能用生氣或置之不理的態度來抗爭，一定要讓孩子感受到我們言出必行的決心。

● 給予孩子支持、鼓勵、讚賞

　　當孩子努力做完功課時，請一定要給孩子支持、讚賞，讓孩子知道我們對於他們努力完成功課感到欣慰，甚至可以用一些獎勵的辦法，來激發抗拒寫作業的孩子，如：獎品、集點卡、特殊權益或其他能引發孩子學習動力的獎項。前提是我們要設定一個明確的遊戲規則，確實執行以奠定孩子認真做功課的習慣。

● 訂定家庭作業的時間

　　當孩子每日放學回來，我們要事先訂定家庭作業的時間，讓孩子確實在這段時間達成作業完成目標。如此孩子才能從中學習規劃時間的能力，成為一個善用時間的人。如果我們不訂出家庭作業的時間，有些孩子勢必會拖拖拉拉，不肯在時間內完成作業，有很多孩子是因為干擾太多而無法在時間內完成作業，可考

慮排除其干擾因素，如：隔壁同學、玩具等。

• **清楚的告訴孩子，務必把所有的家庭作業帶回來**

　　有些孩子會以「忘了帶作業回家」、「作業在老師那，沒發回來」、「作業已經在學校完成了」，作為沒把作業帶回來的理由及藉口，以逃避寫作業的責任；然後有可能在學校時又以另一套說詞：「作業放在家裡，忘了帶來」、「作業放在安親班，安親老師未歸還」等理由來逃避寫作業，對於這樣習慣性不把功課帶回來的孩子，我們應清楚的表明，請孩子務必把所有的家庭作業帶回來，也可以與學校老師及家長保持聯絡，利用聯絡簿尋求家長和老師的協助。也可以用影印的方式來讓孩子明白他還是要完成作業，那他就不會那麼健忘。

• **培養孩子獨立完成作業的能力**

　　有些孩子即使有足夠的能力，也不願獨自完成作業，希望我們全程的陪伴完成作業，在孩子不斷要求協助的過程中，我們必須明確的告訴他們，除非他們已經努力思索解決問題，否則不給予任何協助。然後當確定孩子需要協助時，運用鼓勵的方式來建立其信心。當協助孩子時，可把作業分成幾個他們有辦法完成的部分，讓孩子明瞭他有足夠的能力做好家庭作業。

■其他常見作業問題與處理技巧

Q：該如何指導孩子用尺？

A：學習過程中，「尺」是必備的文具之一。但不良的用尺習慣會使學習的成效事倍功半。因此，教師在面對孩子初次使用尺的時候，即須注意以下幾項要點：

　1.尺是否歪斜。

　2.有無對齊接點。

　3.尺過大或過小。

　4.刻度不明。

5.尺邊缺痕。

　　教師與孩子相處時，一旦發現孩子出現上述幾項要點，當下即應立即予以導正，以建立正確的用尺習慣（其他學習用具，如量角器、三角板、圓規……等亦是）。

Q：無法回答孩子的問題時。

A：孩子總是會問大人各種問題，有的問題有理可循，有的問題則天馬行空，對一位正在忙碌中的教師而言，要一一回答實在滿辛苦的。有時孩子問的問題困難度高，教師一時也答不出來。無法當場回答時，千萬不要放任不管或敷衍了事，最好的方法是等手邊的事情做完時，與孩子一起研究、找尋解決的方法及答案。歷經此一過程，孩子不但得到問題的解答，更可從探索答案的歷程中自我成長。

Q：孩子不會套用公式。

A：很多看起來複雜的算術問題，只要套入公式即可很快的得出答案，但即使將公式記得滾瓜爛熟卻不知如何運用，那可就毫無意義可言。因此在背誦數學公式時，教師應先引導孩子瞭解公式的意義及形成過程，讓孩子能融會貫通。如此一來，不但有助於瞭解公式使用的時機，一旦忘記公式時也有跡可循。

Q：孩子總愛用手指計算。

A：我們使用的數是十進位法，即是以手指為基礎。對於剛接觸到數學的孩子而言，「手指」的確是最方便使用的。但如果一直使用手指計算，則效率有限。教師可運用以下幾種方法，讓孩子脫離「手算」的情況。

　　1.在卡片上畫各種物品多數，請孩子十個十個圈一圈後，再說出全部是十幾或幾十幾。

　　2.讓孩子多數2、4、6、8……或是5、10、15……等。

Q：同類型的算術題，卻總是一錯再錯。

A：當孩子拿到剛發回的數學考卷，而成績卻不理想時，其心中的挫折感可想而知。此時，責怪孩子並無法解決問題。對於已經錯了的題目，教師可給予孩子時間，並引導孩子再一次重新思考幾個關鍵點，以找出原因所在。

　1.是否瞭解原理。

　2.是否會錯題意。

　3.是否算式有誤（筆誤或思考方向錯誤）。

　4.是否計算錯誤。

　5.答案填寫錯誤。

　6.疏忽單位。

Q：每次月考，孩子總是表現失常。

A：當老師信心滿滿接過孩子交來的考卷，卻看到落差極大的分數出現，再聽到孩子懊惱的表示：「其實我都會寫，只是因為……」，心中難免充滿了無力感。教師可叮嚀孩子多注意以下幾個要訣，別再為了小錯誤而失了分數。

　1.題目多讀兩次。

　2.從簡單的題目先做。

　3.找出適用的公式。

　4.注意時間的掌握，分配作答時間。

　5.交考卷前，再檢查或驗算一次。

　6.確認答案，別算錯或填錯。

　7.別漏寫單位及姓名。

Q：孩子的行為越來越難以管教。

A：有時教師會感覺到某些孩子初期接觸時，對於老師所交代的話，都能一一去執行。但時日久了，卻越來越頑皮，怎麼勸也勸不聽，師生的關係益形緊繃。孩子與老師的互動出了問題，該改進的不只是孩子，而是雙方。教師須先反省自身，

是否與孩子形成了教條式的互動，缺乏對孩子情緒的體諒，使得孩子與老師間的心靈距離越來越遠。教師應時時記住「要感受孩子的心靈」，與孩子交心，進而潛移默化他們脫序的行為。

身為老師的目標，不只是傳達事實和資訊。

教師要以體諒的方式對待孩子，孩子才能從教師的身上學到體諒。

尊重孩子，以身作則，讓他們更有尊嚴。

要孩子尊重他人和自己，就要從尊重他們開始。

Q：教師除了教導課業上的智識之外，還可帶給孩子什麼樣的學習？

A：最有價值的學習，是讓孩子專注的投入學習中，而不是擔心別人將如何評斷。影響學習最深遠的，是良好的學習習慣（模式），而非著眼在排名的高低。決定孩子未來的，是健全的人格、堅持的態度、持恆的耐心及有愛的環境。

Q：如何幫助孩子擺脫被定型的角色？

A：孩子因為反覆不斷的持續著某種令人困擾的行為，如散漫、不專心、愛說謊⋯⋯。在師長及父母的心中，很容易被定型為令人頭痛的角色。如此一來，不論孩子是有心或者無意，都易在大人的「期待」下，繼續著讓人頭痛的行為。若師長拋開心中的標籤，一起協助孩子擺脫過去不好的印象，那麼孩子也將能重新找到自己的新形象。

解放孩子被定型的角色：

1.消除孩子的負面形象，多讚美孩子的優點。

2.給孩子重新肯定自己的機會，如給他機會幫忙同學或老師。

3.以身教讓孩子知道正確的行為（可舉師長的實例，與孩子分享）。

4.讓孩子常常聽見教師對他的肯定。

5.常讚賞孩子過去的良好表現，並對孩子已改善的行為不吝讚美。

6.明確告知孩子，我們的期望與感受。

Q：孩子的個性是否有與生俱來的差異？

A：教師可發現，有些孩子確實比較衝動、害羞或具攻擊性，那是因為孩子天生就具有特別的人格特質。但那並不表示他就無法改善。「衝動」的孩子，需要有人能帶領他練習三思而後行，考慮行為的後果。「害羞」的孩子，則需要體會接近他人時的愉悅。「攻擊」的孩子，會需要學習如何與他人和睦相處。教師應該幫助所有的孩子塑造良好的人格。

Q：如何讓學生對讀書感興趣？

A：教師可先以漫畫、寓言故事、童話故事等題材來吸引學生的注意，引發閱讀意願。

Q：對活動中愛講話的學生該怎麼辦？

A：教師在活動開始時可以先告訴學生：活動的順序、流程為何，活動後會有討論的時間，活動中教師會仔細觀察每位學生，看看誰最專心、專注，以及事先讚美學生：「老師知道我們班最棒了，待會兒讀書會開始，大家要把最棒的一面表現出來哦！」「×××，老師相信你一定可以很仔細、專心的讀完這本書，等你都看完了，再來和大家一起討論好嗎？」

Q：若學生草草讀完故事書，怎麼辦？

A：教師可請學生說說書中主角是誰？發生什麼事？主角遇到了誰？最後的結局是什麼……等，此時若是有用心讀這本書的學生，就算無法流暢的簡介故事內容，在教師以「問句」的引導下，大都能以「師問生答」的方式來回答問題；但若是根本無心閱讀、只想應付應付的學生，可能連問答的方式都答不出來。這時教師可對用心的學生給予實質上的鼓勵，對答不出的學生，教師可再多給提示並給予口頭上的肯定，例

如：×××有進步了，只要老師給一點提示，你就知道了，很棒哦！下次要更厲害哦！只要你很用心、認眞讀完一本書，大家都會覺得你很棒。

用正向的鼓勵助性言語，常能建立孩子的自信心，使孩子在面臨學習困境時，能夠勇往直前，無所畏懼。

Q：怎樣寫好文章？

A：作文時要先看清題目，想好再寫。引導學生在動筆之前先把題目看清楚，想一想這個題目能講些什麼、先說什麼、再說什麼、後說什麼、分幾段來寫、哪些話先講、哪些話後講，這樣才能像剝竹筍一樣，層次分明。

例：如何描寫人物？

老師可引導孩子在描寫時，將作者與人物的關係詳細介紹，關係越密切才越生動感人，尤其是兩人之間所發生的，令作者難忘的情節，最好能加以描寫。

例：描寫願望的寫作重點。

教師可採問句的方式來引導學生思考，例如：如果你的功課不好，每次考試總是差別人一大截，你是否希望你的成績能更優異些？你打算怎樣使成績進步？描寫時要告訴學生不要像回答人家的問題一樣，直截了當的說了出來，要注意描寫，把用詞寫得迷人點。

例：如何寫遊記？

1.把人在山水間遊玩的情形，遊玩經過的各種新鮮、特殊有趣的事記下來。

2.把遊玩中對某人物的印象、當地的社會環境、人民生活、習俗習慣等所見所聞記錄下來。

3.請學生先利用簡短幾分鐘列出大綱及寫出關鍵字，再從中著手寫作，會更加容易發揮。

例：如何寫日記？

因為日記天天在寫，學生很容易寫到最後就像在記流水帳一樣，教師可引導學生從以下幾點著手：

1.看到什麼——上學途中看到……。

2.聽到什麼——父母師長的教誨、同學間的討論。

3.做了什麼——家庭雜事、日常生活、學校活動等有趣的事。

4.想到什麼——故事、笑話、回憶……等，可作為日後的借鏡。

(二)如何協助孩子做書面報告

■書寫報告的步驟

　　研究報告、學期報告，可以訓練及考驗孩子蒐集資料、整合資料的能力，不僅如此，從書寫報告的過程中，孩子將學習美工設計（如封面及內容插圖的編排），資料的搜尋（如上網檢索、圖書館借書規則），知識的統整、吸收、分享與討論，甚至是規劃時間的能力；如果在孩子書寫報告時，沒有提供孩子協助及引導，孩子是無法有條理、有計劃地去完成書面報告，最後，甚至可能會抗拒書寫報告，也就是說孩子很可能喪失了一個絕佳的學習機會。以下是協助孩子書寫報告的步驟，分述如下（王秀園譯，1998）：

　　給你孩子一張長程規劃表（**表14-1**）。確定他把每個步驟和完成日期，一一寫下來。使用長期規劃表，能使你孩子如期有條理地完成報告。

表14-1 長程規劃表

姓　　名			日　　期	
家庭作業			繳交日期	
步驟一	該完成日期			
步驟二	該完成日期			
步驟三	該完成日期			
步驟四	該完成日期			
步驟五	該完成日期			
步驟六	該完成日期			
步驟七	該完成日期			
步驟八	該完成日期			

資料來源：王秀園譯，1998。

　　給你孩子一張書面報告檢查表（**表14-2**）。在完成檢查表的同時，你的孩子可以確知他的報告，如同指示般的規劃完整。

表14-2　書面報告檢查表

姓　　　　名	
科　　　　目	
報　告　主　題	
繳交報告日期	

　1.報告的篇幅？

　　我該書寫＿＿＿＿＿＿段落，或是＿＿＿＿＿＿頁？

　2.報告該打字或是手寫？

　　打字□　原子筆□　鉛筆□　其他□

　3.我必須每行都寫，還是必須空一行？

　　每一行□　空一行□

　4.我應該只寫在一面的紙上，還是兩面都可以寫？

　　一面□　兩面□

　5.我該在何處寫下每頁的頁數？

　　上面□　左邊□　中央□　右邊□

　　下面□　左邊□　中央□　右邊□

　6.我該在每頁的何處標示出主題？

　　上面□　下面□

　7.報告是否需要用書夾保存起來？

　　是□　不是□

　8.我是否該附加照片或插圖？

　　照片□　插圖□　其他＿＿＿＿＿＿

資料來源：王秀園譯，1998。

- 第一步：選擇一個適合的主題

鼓勵你的孩子，挑選一個他有興趣的主題，越是他的興趣所在，越能啟發他做報告的原動力。確認主題是他能力所及的範圍之內。譬如：如果報告的主題是「氣候」，則太過廣泛。如果把題目縮小至「暴風雨」，或是更明確的「颱風」，就更恰當了。

- 第二步：找資料

當你孩子決定了研究題目之後，必須著手蒐集資料。

他可以在一般的參考書籍裏，找到概括性的訊息。這些書籍包括百科全書、世界地圖、世界紀錄等等。

蒐集到整體廣泛性的訊息之後，你孩子要試著去尋找更詳盡的資料。現在要去蒐集探討這方面主題的書籍，例如：有關颱風的書籍。找資料的範圍，可以擴及報章雜誌的專欄。

- 第三步：決定你想回答，與主題有關的問題

當孩子開始蒐集資料時，他必須決定這報告要解答哪一方面的問題，在這個主題下，他想學到些什麼？譬如：這些可能是孩子希望回答有關於颱風的問題：

什麼是颱風？

颱風是怎麼形成的？

颱風形成的地理環境？

能否預測颱風的形成？

颱風的破壞力？

- 第四步：做筆記

做研究，意指蒐集事實。尋找資料時，孩子必須把蒐集的結果記錄下來，以便於未來的運用。最好的方法，即運用三乘五的小卡片來做記錄。

告訴你孩子，在蒐集到所需的資料時，應該把它寫在小卡片上，並且寫下資料來源，當有必要時，即可輕易找出那份參考資料。

　　填寫卡片的同時，你孩子可能需要把蒐集到的資料，填寫在有關的問題之下（參照書面報告檢查表）。表格的上面，把想回答的問題寫下來。表格的左手邊，則寫下資料來源。然後，要他簡扼要的寫下資料內容。在最下面，寫下有關於這個主題的結論。影印這份表格，讓你孩子可以隨時運用。

● 第五步：寫下大綱

　　大綱是寫報告不可或缺的骨架。寫下大綱，讀者可以清楚的瞭解整個主題所含括的範圍。

● 第六步：打草稿，做必要的修正

　　要你的孩子運用校對檢查表（**表14-3**），來檢視他的報告是否做得完善，再做所有必要的修正。

表14-3 校對檢查表

小學一年級至三年級	□我的字跡，乾淨整齊。 □我的報告有標題。 □報告內容，含括了我想表達的。 □每個段落的開頭，我都有空兩格。 □每個句子的結束，我都記得標示出逗點、句點、問號或是驚歎號。 □每個句子都是完整的句子。 □我都仔細檢查過所有的筆畫。 □我盡我所能，做最好的報告。
小學四年級至六年級	□我的字跡乾淨整齊。 □報告的標題，適合所寫的主題。 □所有的段首、句點、逗點、標點符號都仔細書寫上去。 □每個句子都是完整的句子。 □每個段落有個破題句子，表明每個段落的主題。 □我運用敘述的詞句，使我的文章更加生動有趣。 □我大聲朗讀我的報告，報告內容是我想表達的。 □報告最後的一個句子，讓讀者明瞭報告已經完整結束。 □我已檢查過所有的筆畫錯誤。 □這是我最好的報告。

（續）表14-3　校對檢查表

<table>
<tr><td rowspan="10">國中至高中</td><td>☐報告井然有序，有著清晰易懂的前言。</td></tr>
<tr><td>☐每個段落有個破題句子，在段落裏的句子，都與主題有關。</td></tr>
<tr><td>☐報告內容含括了所需的訊息和結果。</td></tr>
<tr><td>☐我已檢查報告內容所有的標點符號，都是得其所哉的精確運用。</td></tr>
<tr><td>☐我運用敘述的詞句，使我的報告更加流暢、生動有趣。</td></tr>
<tr><td>☐我已檢查過冗長、不完整的詞句。</td></tr>
<tr><td>☐我已檢查所有的筆畫錯誤。</td></tr>
<tr><td>☐我至少打過一次草稿。</td></tr>
<tr><td>☐報告的標題非常切題、恰當。</td></tr>
<tr><td>☐這是我最好的報告。</td></tr>
</table>

資料來源：改編自王秀園譯，1998。

- 第七步：完稿

　　要你孩子運用在他寫報告之初所填寫的書面報告檢查表，來檢視他的研究報告，是否如他所規劃的。然後運用合宜的校對檢查表來做最後的查對。

■長程規劃表的運用

　　孩子在學校都會有一些書面報告要完成，近年來實施的九年一貫新課程所強調的，即是孩子的多元能力的培養，而書面報告的完成非常貼切九年一貫新課程的精神。

　　通常孩子在第一次做書面報告時都會顯得手足無措，要將報告做得條理分明、井然有序、言之有物是需要不斷的練習，而如果我們能使用一些方法來鼓舞孩子，相信對於孩子的書面報告寫作必定有事半功倍之效。長程規劃表（表14-1）的使用能避免孩子在做書面報告時潦草、敷衍，藉由長程規劃表一個步驟接著一個步驟的規劃擬定，能使孩子明白善用時間才能將報告完成，並確保整份報告內容是條理分明、段落環環相扣、言之有物。

■運用書面報告檢查表

　　在孩子寫書面報告之前，一定要請孩子將書面報告檢查表（**表14-2**）填寫完成，因為在孩子填答書面報告檢查表的同時，也是在檢閱一些關於完成書面報告的問題，並思考解決問題的方法，如此，孩子善用書面報告檢查表可在書寫報告時避免錯誤的發生，或避免產生重寫的情況。

■校對檢查表的運用

　　校對檢查表（**表14-3**）可以培養孩子校對的能力，讓孩子自己檢查出報告中的錯誤或問題，可避免孩子再犯錯誤的情況發生，以下列出校對檢查表的使用方法：

1.給孩子時間，讓孩子一項一項的逐一檢查。
2.要求孩子依據校對檢查表上的每一個項目檢查自己所做的報告是否符合要求。
3.仔細的為孩子解釋校對檢查表上的每一個項目意義。
4.引導孩子利用校對檢查表來改正書面報告中的錯誤。
5.孩子在完成書面報告的草稿時，建議孩子立即使用校對檢查表來檢視。
6.每一次在做作業或完成書面報告之前，都鼓勵孩子利用校對檢查表來逐步完成其自我作業檢查。

(三)建立教育夥伴

　　在兒童課後照顧服務中，課後照顧人員應該建立教育夥伴，避免孤軍奮鬥、閉門造車，要知道結合學校老師及家長的力量，才能解決孩子的課後家庭作業及學習的問題，當我們與家長及學

校老師聯繫、合作時，孩子便會明瞭家庭、學校及課後照顧是結合在一起，成爲同一個戰線的盟友，要來幫助他們邁向成功之路的，這個強而有力的訊息，會帶來意想不到的成效。

結合老師有兩點必須遵循的大方針（參考自王秀園譯，1998）：

第一，當孩子在課業上遭遇困難，而你運用所有的方法仍無法解決問題時，請盡速與老師聯絡。老師如果能越早注意到問題的存在，越能盡速的採取行動。

第二，不要被老師「嚇到」。有很多人不願去「干擾」老師，或是告訴老師孩子遭遇到的困境。用心的好老師，會期待你與老師分享意見、訊息以及好點子，而不願被蒙在鼓裏。

孩子在課後時間常有家庭作業的問題需要我們協助解決，在指導孩子家庭作業時，結合學校老師爲共同的教育夥伴，會提升課後的學習指導品質，善用溝通技巧，營造與學校老師良好的合作模式，對協助孩子課後學習指導上有極大的助益。

在從事課後照顧的過程中，與家長合作是很重要的，我們不僅在與家長建立合作的過程中學會各種合作技巧，甚至可以向家長尋求支援與資源，以成功的協助孩子成長。而家長亦可從參與的過程中，瞭解課後學習指導的各項活動內容、實施理念及課後照顧人員的困難處，如此，家長及課後照顧人員有良好的互動，對於孩子的學習及成長有其正面的意義。

建立與家長溝通的管道有幾項要訣：

第一，讓家長知道你對孩子的期望。

第二，表明家長提供有關孩子的家中生活資訊，有助你修正照顧孩子的方法。

第三，讓家長明白可從你所提供的資訊中，瞭解孩子在課後學習的表現，以掌握有效的親子溝通。

第四，試著傾聽家長的訴說，敏銳的感受家長欲傳達的想

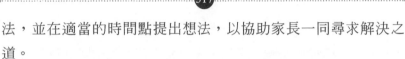

法，並在適當的時間點提出想法，以協助家長一同尋求解決之道。

　　家庭是兒童開始學習的源頭，家庭是個人社會化最早的場所，家長對於孩子的成長有垂直性的瞭解，而課後照顧人員及學校老師對孩子則有水平性的瞭解，透過良好的親師互動，能為孩子創造良好的教育品質，有助孩子的學習與成長。

　　當孩子不會做家庭作業或常忘了帶家庭作業回來時，應與學校老師和家長聯繫，可善用家庭聯絡簿、書信方式或是打電話與家長及學校老師討論，以共同尋求解決的方法。課後照顧人員在孩子的課後時間扮演著舉足輕重的角色，千萬別輕忽自己對孩子所能提供的協助，竭盡所能尋找教育夥伴，共同為孩子的學習需要而努力，定能培養出優質的學生。

　　目前教育部實施九年一貫新課程教學，學校多成立了班級家長班親會，其目的有下列幾項：

　　第一，親師密切合作，嘉惠莘莘學子。每學年不定期（至少兩次）舉辦班級家長座談會，參與座談會之家長與導師面對面溝通，探討協助小朋友學習之道，並瞭解孩子在校學習情形，吸收教育新知，獲益匪淺。

　　指導義工媽媽對低成就小朋友進行補救教學，協助學習遲緩或家庭文化不利之小朋友適應環境，跟上進度。

　　第二，充分利用社會資源，發揮社教功能。配合九年一貫課程及統整課程，安排家長到校講課，利用家長職業上的專業知識，進行生涯規劃教育，讓學生體會各行各業的辛苦與貢獻所在，進而瞭解自己的性向。舉辦歡樂團圓慶生會，讓親、師、生共同在特定的日子裏一起歡樂慶生。

　　第三，功能導向的主副活動，相輔相成，兼籌並顧。聘請專家學者或本校傑出之教師進行主活動的專題演講或教學課程的說明，讓家長能落實終身學習，並獲得教育新知，進而可以在家進

行親子合作學習，副活動讓家長與級任老師進行親師溝通，充分
瞭解學生在校情形及配合事項，或者進行較軟性的陶藝及童玩製
作。

　　第四，讓家長瞭解做個稱職的父母，是需要學習的，認清自
己的角色，才能引導孩子、教育孩子，做孩子一生一世的好朋
友。而父母學習的管道很多，學校辦理的親職教育正是其中之
一。期能提供家長教育新知，發揮社會教育正面功能，達到全民
學習、終身學習之理想境界。

　　因此，課後服務人員可參與學校舉辦之班級班親會，藉由參
與班親會的過程去瞭解兒童家庭的背景、家長需求，及學校老師
教學風格及要求，並在適當的時間下表達自己參與的目的及對孩
子的照顧熱忱，相信會得到來自老師及家長的鼓舞及資源，畢竟
成為教育合夥人是老師及家長所樂見的，因為唯有親師合作，共
同扶持，才能提高教育的質與量，每一個孩子只有一個童年，結
合親師的智慧與力量，才能幫助孩子「健康的成長，快樂的學
習」。

(四)實例說明

XXX課後托育中心學童個案輔導記錄表		
班別 一年級	**姓名** 紀立安	**日期** 九十年三月二十日

兒童行為	立安下午突然親了小辰一下（臉頰），引起旁邊的小朋友騷動，而小辰則是紅了臉，不知所措。
輔導記錄	老師：立安，妳剛剛做了什麼事，大家都起鬨了？ 立安：我親了小辰。 老師：為什麼妳想親小辰呢？妳喜歡他嗎？ 立安：我喜歡禹辰。 老師：喜歡人、欣賞別人是好事，但是老師想告訴妳，小辰他同意妳親他嗎？還是妳自己決定的？ 立安：電視上都是這樣演啊！我喜歡他我就親他了。 老師：那如果別人也不經過妳同意就親妳，妳覺得如何呢？ 立安：我會不高興，但是如果是我喜歡的人就不一定了。 老師：尊重別人的身體和尊重自己的身體是一樣的，不可以隨便去觸摸別人的身體，那是一種尊重，除非是家人，否則引起別人的不高興，那反而不好，下次請妳一定要記住好嗎？ 立安：哦，我知道了，不要隨便去親男生。 老師：很好，也不要隨便讓男生親妳，知道嗎？ 立安：（點點頭）。
評語	這是一個很重要的課題，如何教導孩子能正確認知身體是不容許被任意侵犯的，更是不可以不經當事人的同意，而隨意去侵犯別人的身體。再則更要教導孩子不允許自己的身體被侵犯，即使是認識的人，也不可以不經你的同意而隨意觸摸你的身體。

XXX課後托育中心學童個案輔導記錄表

班別	一年級	姓名	莊小語	日期	九十年五月六日

兒童行為	小語要求老師幫她畫心情畫，老師問她為什麼不自己畫？她說我不會畫，並且一副懶懶的樣子。
輔導記錄	老師：小語，妳不是很喜歡畫畫嗎？今天怎麼了？ 小語：我不想畫，我不會畫。（嘟著嘴，趴在桌上） 老師：那我們一起來想想看要畫什麼好嗎？ 小語：不要，不要，我討厭畫。 老師：好，那妳先把心情畫拿過來給老師，等一下我們再看看。 　　　（她交了過來）（約二十分後） 老師：小語，我們來玩一個遊戲好嗎？ 小語：什麼遊戲？ 老師：我們兩個人輪流在心情畫上面畫畫比賽，也可以看看能不能編成一個故事接龍，從我先開始，還是猜拳？ 小語：剪刀、石頭、布，輸的開始哦！ （結果我們共同創作了一幅大樹下的兔子吃紅蘿蔔和皮卡丘抓蝴蝶的畫，遍地開滿了花草，好美啊！） 老師：啊！好棒的畫啊！我們兩個人都好厲害，小語原來這麼會畫畫，應該多多畫一畫給老師看。 小語：我還會畫小熊和冰淇淋、小鳥……。 老師：那好棒，以後可以把妳每天看到、想到的都畫在心情畫上，那一定很棒，加油哦！
評語	上述老師運用了一個很好的引導式方法來處理孩子學習上的問題，最好的教導是身教，與孩子一同完成一件事，在其過程中能讓孩子得到啟發，包含了正確的態度、參與感、分享、快樂，彼此激發、鼓勵，是最具效力的教育方式。

XXX課後托育中心學童個案輔導記錄表

班別	一年級	姓名	林小慧	日期	九十年六月七日

兒童行為

下午寫功課時，小慧坐在位置上發呆，一直沒有動筆的跡象。老師詢問她為什麼還沒寫作業，她趴在桌上哭了起來。

輔導記錄

老師瞭解後才知道，每天在班上寫完功課回家，媽媽看完後，要求全部擦掉重寫，所以她在班上寫功課時會覺得反正回家又要重寫，又何必現在寫呢？

後來老師在放學時遇見來接小慧的媽媽，與她溝通這件事，她表示，她只是想讓小慧字寫得更好看而已，老師解釋給母親聽：如果我們不能從正面來加強和肯定小慧，那容易讓孩子有時不知所措，甚至有挫折感，進而對寫字及學習有恐懼及排斥感，何況她才剛學習國字，握筆方面及手部肌肉各方面都在學習調整中，不必太過擔心，多給她一點時間和鼓勵，她應該會做得很好的。

母親問：那該怎麼說比較好？

老師：可以從她寫的比較好的字開始讚美她，讓她有被肯定的感覺之後，再溝通比較不整齊的字，相信效果會比較好，大家一起試試，我也會多注意。

評語

上述例子是一個經常在孩子和父母間發生的情況，尤其是孩子剛上小學的父母，總是期望孩子能在一開始時就能表現優異，但是卻忽略了孩子各方面的心、生理發育均非一日可成。

學習是一條長遠的路，這一路上除了孩子自己的努力，父母、師長都應一路相陪伴，給予支持、肯定、鼓勵。

這位老師能夠與家長溝通、協助其與孩子間應以正面的方式來幫助孩子、鼓勵孩子，用讚美代替責罵，將會有更好的效果。

XXX課後托育中心學童個案輔導記錄表

班別	三年級	姓名	莊大墩	日期	九十一年三月六日

兒童行為	大墩寫了一題數學，走到教室門口東張西望，一溜煙地出了教室，上了三樓，然後在樓梯間徘徊，大約十分鐘後回來，又坐下寫了一題數學，然後起身在教室裏走了一圈又一圈，他看了看其他同學，然後自己笑了笑，接著坐下來又寫了一題數學，又不見了，原來他下樓去了。
輔導記錄	回來後，我要他坐在我旁邊，並且準備握著他的手一起寫功課，他很快的躲開，並且告訴我，老師，我不是傻子，你不要握著我的手，我會自己寫。我趕快告訴他，我沒有把你當傻子，而且我相信你可以自己寫得又快又好。 寫好功課，我告訴他：不要隨意下樓，更不可走出玻璃門，萬一有人要帶走他（陌生人），老師在不知道的情況下會很擔心，不知你去了哪裏，該怎麼辦？
評語	上述例子中，孩子一開始心不在焉，尚未準備寫功課，反而到處走動，在這種情況中，老師往往會有兩種挑戰須處理：一、功課是否能在時間內完成，並且複習；二、是否會影響其他孩子的心情，造成浮動。 如何安撫引導孩子安下心來專注於自己的作業，是需要有經驗及技巧的，例子中的老師用握手協助的方式來表達他的要求，而孩子也因怕被同儕笑，被當成小baby，故即刻表示自己可以完成，化解了一次可能的衝突和困擾。

XXX課後托育中心學童個案輔導記錄表

班別	三年級	姓名	莊小墩	日期	九十一年三月十三日

兒童行為	小墩鉛筆盒內的鉛筆，只剩下一支削得短短的小鉛筆，他坐在位置上，口中念念有詞，我告訴他，我有鉛筆可以來借去用，當他正要走向前來拿時，小融在旁喊他：我有鉛筆可以借你，於是小融將筆借給小墩。 小墩使用筆後，還給小融，但小融並沒有注意，小墩把筆直接放在小融桌上，直到要回家整理書包時，小融找不到他的筆，大聲生氣的問小墩：筆怎麼不還我，偷我的筆。小墩莫名其妙的回小融：我放在你的桌上，我有還你啊！兩人起了爭執。
輔導記錄	我先問小墩：小融借你的筆，你還給他時放在哪裏？確定有還給小融嗎？小墩回答：有啊！我明明放在他桌上。小融在一旁生氣的說：哪有，我沒看到。我請兩人在自己的鉛筆盒內，和位置的桌面上和地上找找，看有沒有。結果在地上找到了鉛筆。我告訴小墩，將物品歸還時，應很清楚明白的告訴小融，直接交到他手上。接著告訴小融：鉛筆找不到，先找看看可能的地方，不可以誣賴說小墩是小偷，小墩的心會被你傷害，你應用包容的心，多愛他一些。
評語	孩子相處時，爭執是在所難免，一日之中好友可能會為了極小的事物反目，大吵起來，可是也可能三分鐘不到，又和好如初，孩子是天真純潔的，對感受是很直接表達出來，但處理技巧未完全成熟，才會造成上述情況，而教師在這時如何教導孩子在誤會產生時，共同耐心找出解決的方法，是很重要的，讓孩子明白凡事不要先下定論，或有預設立場及成見，才能心平氣和地與對方溝通處理。

課後托育中心學童個案輔導記錄表

班別	一年級	姓名	何小偉	日期	八十九年十二月三日

兒童行為	下午小偉打了小丞，小丞也回手打他，結果小丞哭了起來，拿椅子摔在地上，老師和同學都嚇了一跳，小偉看見小丞哭了，就對他說：對不起，我不是故意的，你不要生氣，好嗎？ 老師請兩位小朋友先回各自的座位。
輔導記錄	老師請小偉過來問他：你可以告訴老師，發生什麼事情嗎？ 小偉：我在跟小丞玩星際恐龍大戰，他被打死了，他賴皮說他沒死，明明他就死了。 老師：那他為什麼會哭呢？ 小偉：那我就打他，因為我很生氣呀！可是我後來有說對不起，他還不聽。 老師：你跟他說了對不起是很好，但是好朋友一起玩的時候不可以動手打架，那是不對的，知道嗎？萬一受傷了，就更不好了。 小偉：我跟他對不起了呀！ 老師：好，等一下他心情好一點的時候，我們再跟他說一次，一定要記住不要打人哦！ 小偉：好。（他就回座位去了，眼睛還偷偷瞄了小丞一下）
評語	家庭對孩子的影響是很大的。 受到暴力的孩子，往往在面臨挫折或不知所措時會使用暴力來解決事情，但往往事與願違，反而引起惡性循環，這樣的孩子需要更多的愛和認同，並常給予鼓勵及讚美，使他能明白並感受愛人及被愛是人與人相處時應有之道理，而暴力其實不僅傷害別人，也傷害自己。

四、多元評量及附件

　　傳統的教學評量，大都採用標準化的紙筆測驗，因為它有測驗理論的專家支持與統計技術的豐富應用，加上施測容易、經濟與計分方便，故在目前的教育環境中廣受教師、家長支持，並儼然成為唯一客觀的評量方式。但，紙筆測驗太過於強調記憶性零碎知識，使得考試領導教學，而忽略整體的教學活動；分數決定學生的學習成就，窄化學生的學習性向（陳光煌，2000）。

　　另外，傳統評量對弱勢文化及社會低階學生，具有一定程度的負面影響，因此，多元而適性的教學評量便在此背景下應運而生。

　　評量在課程與教學的實用性與統整性是不置可否的，而我們要瞭解不是去紙筆測驗就是實施多元評量。多元評量是教師運用各種不同的評量方式，在適當的時間交互使用的結果，多元評量的目的及意義亦即在此。多元評量有實作評量（performance assessment）、真實評量（authentic assessment）、卷宗（或作品、或檔案）評量（portfolio assessment）、動態評量（dynamic assessment）等等。這些新式的評量方法通稱為變通性評量（alternative assessment）（莊明貞，1995a）分述如下：

(一)實作評量

　　實作評量（performance assessment）又稱非紙筆測驗，係指根據學生實際完成一項特定任務或工作表現所做的評量。這些任務或工作，可能是實際操作、口頭報告、科學實驗、數學解題、寫作……等。因此，其所使用的方式，係透過直接的觀察學生表

現或間接的從學生作品去評量。這種評量方式異於傳統的紙筆測驗（paper and pencil test），它重視實作的能力，就像駕照考試的路考一樣，係從實際的行為表現來評量，而不是依賴筆試來決定（吳清山、林天祐，1997a）。

總結實作評量的優點如下（彭森明，1996）：

1.實作評量不僅考慮學生「所知」多少，而且也考量學生是否能「運用」所知，以及運用的程度與技巧。

2.實作評量能有效地考量學生思考分析、研究、判斷等高層次能力。

3.實作評量對學生思考過程與學習方式等能做深入考量，尋求學生學習差異的癥結，供改進教學之用。

4.實作評量由於出題多與實際生活有關，使學生更能體會學習之重要性與實用性。

(二)真實評量

真實評量（authentic assessment）強調情境知識的學習。如果運用在教師教學策略，可創新課程教學設計。真實評量是在實際的教學活動中進行，因此與實際教學息息相關。真實評量是評量學生在教學活動中的表現，實作評量可由教師或專家來設計，但評量活動是與實際教學配合的實作活動。

依Mayer的研究，前者著重在學生接受測驗時的反應種類；後者則強調學生接受測驗時的反應情境，亦即在現實的生活情境中產生（張清濱，1996）。實作性評量其所要的測量是程序性知識而不是敘述性知識，而真實性評量不僅要學生能表現特定的行為與技能，而且要在真實的情境中去執行該項工作（莊明貞，1995b）。

綜合言之，眞實評量實施時，必須以基本能力指標爲內容，以觀察記錄、寫作表現的分析，系統的整理爲方法，因此，實施眞實評量的關鍵在於：

1.建立具體而適切的學生能力指標，以作爲評量的依據。
2.教師須具備敏銳的觀察與分析能力。
3.教師有足夠的時間從事觀察記錄與整理（陳江松等，1999）。

(三)卷宗評量

卷宗評量的意義，簡單的說就是學生的作品集。它利用卷宗、檔案蒐集整理的方式，讓學生每個人都有一個卷宗，以個人爲單位，利用時間上的連續，傳達個人的學習歷程（吳毓瑩，1995）。

卷宗評量有如下的特色：

1.學生參與：教室中的教學活動與評量，學生均可扮演參與的角色，教師與學生可以共同選擇卷宗的內容，商訂評量原則，甚至可從師生彼此的互動中，建構出創造性、有意義的教學。
2.教學與評量結合：教學的過程即評量的過程，一切學習活動進行中，學生所看到的、所想到的、所聽到的，都可加以蒐集、整理、分析，置放於卷宗夾內，以供評量。
3.評鑑多元化：教師不再是唯一的評鑑者，學生可以自評，同儕可以互評，家長更可以參與評鑑，這是評鑑者的多元。評鑑方式也非單一的紙筆測驗，可以是作品蒐集，可以是資料剪貼，可以是心得寫作、研究報告、實驗報告、日記、作文……等，這是評鑑方式的多元（吳清山、林天

祐，1997b）。

卷宗評量（portfolio assessment）是有目的地整理及保存學生在某個時期某個主題的作品或表現，以展現其學習成果並作為再精進的依據，卷宗評量雖不能取代所有的評量方式，但在改進評量的缺失上，有一定的貢獻。

(四)動態評量

動態評量是指在教學前、教學中及教學後，以因應及調整評量情境的方式，對兒童的認知能力進行持續性的評量，以瞭解教學與認知後改變的關係，經由教學，確認兒童所能達到最大可能的潛能表現（Day & Hall, 1987）。

因此，相較於傳統的、靜態的評量，動態評量可以反映出學生的認知歷程，並靈敏地偵測出學習者的學習潛能（林麗容，1995）。

一般而言，動態評量具有以下之特色：

1. 動態評量中包含了教學的過程，結合評量－教學－再評量的歷程，評估教學與學生認知改變之間的關係。
2. 強調學習中之知覺、思考、問題解決等歷程的評量，其目標在於評估學生的潛能，而非學習者目前的表現。
3. 評量者扮演主動引導的角色，透過彼此之間互動的關係，盡可能使受試者之能力改變。
4. 著重於個別學生學習歷程的確認與評量，而非同儕間的能力比較。
5. 由評量中發現個體認知改變必須介入（intervention）的程序方式（胡永崇，1993；Haywood & Wingenfeld, 1992; Meltzer & Reid, 1994; Tzuriel & Capsi, 1992）。

動態評量比靜態評量更可測出學生的學習表現，Carlson及Wiedl（1992）的研究指出：身心條件較不利的學生越須在教學與測驗的過程中，給予詳細及明確的指導與回饋，且越難的學習材料，越需要測驗歷程的指導（引自陳江松等，1999）。動態評量能突破呆板的靜態評量，彌補以靜態的測驗分數作爲學生學業成就的唯一依據，常被認定爲一種無歧視性的評量方法。

(五)結語

當前教學評量的發展趨勢已由傳統的紙筆測驗，轉變爲多元而互動且與課程相結合的評量方式。就目標而言，評量應兼顧認知、情意、技能多種面向，而我們亦須善用各種評量方式來觀察學生的潛能發展，學習成果的動態歷程，以爲調整教學內容之依據。過去傳統的評量太過強調學習成果，並常用班級團體相對位置的常模來參照，並以分數來解釋學生是否及格，這是一種忽略學生的學習方法、動機、態度與興趣的評量方法。優質多元的評量方法可以帶動整個教學活動，並影響學生的學習動機。因此，不論從教學歷程師生互動或學生學習成就觀之，多元評量的實施除了提供我們發展或改進教學方法外，還可培養學生獨立思考、解決問題的能力，讓學生創造更多具有意義的學習機會。

(六)附件（多元評量表）

下列所舉爲常用的活動單、學習單與評量檢核表，可提供相關教學人員參考。

XXX課後托育中心

父親節—**我愛爸爸**活動

學童姓名：＿＿＿＿＿＿＿

　　八月八日是偉大的父親節，為使孩子瞭解父親或兒童照顧者平日的辛勞，並增進親子間的情誼，海育英的老師們特別設計此學習單，讓家長陪同孩子共同完成。（記得利用萬能的雙手喔！）

父親節—**我愛爸爸**活動

爸爸有多重？
＿＿＿＿＿

爸爸的身高？
＿＿＿＿＿

抱抱爸爸，看看爸爸的腰圍有多大！

溫暖的手掌有多大＿＿＿＿

穿幾號鞋呢？

爸爸的心願？＿＿＿＿＿＿＿

老爸的話：＿＿＿＿＿＿＿

對孩子的期望：＿＿＿＿＿＿

小朋友你已完成此學習單，請用一句話表達你的感想：
＿＿＿＿＿＿＿＿＿
＿＿＿＿＿＿＿＿＿

活動單

學童姓名：＿＿＿＿＿＿

小朋友：想一想，媽媽平時如何照顧你？

1. ＿＿＿＿＿＿＿＿＿＿＿＿＿＿＿＿＿

2. ＿＿＿＿＿＿＿＿＿＿＿＿＿＿＿＿＿

3. ＿＿＿＿＿＿＿＿＿＿＿＿＿＿＿＿＿

4. ＿＿＿＿＿＿＿＿＿＿＿＿＿＿＿＿＿

再用力的想一下，你對媽媽最難忘的事，把它寫下來！

＿＿＿＿＿＿＿＿＿＿＿＿＿＿＿＿＿＿＿＿＿

＿＿＿＿＿＿＿＿＿＿＿＿＿＿＿＿＿＿＿＿＿

仔細的觀察，用力的看，媽媽有哪些特別的地方？

＿＿＿＿＿＿＿＿＿＿＿＿＿＿＿＿＿＿＿＿＿

＿＿＿＿＿＿＿＿＿＿＿＿＿＿＿＿＿＿＿＿＿

＿＿＿＿＿＿＿＿＿＿＿＿＿＿＿＿＿＿＿＿＿

你會怎樣幫媽媽、分擔媽媽的辛苦呢？

＿＿＿＿＿＿＿＿＿＿＿＿＿＿＿＿＿＿＿＿＿

＿＿＿＿＿＿＿＿＿＿＿＿＿＿＿＿＿＿＿＿＿

＿＿＿＿＿＿＿＿＿＿＿＿＿＿＿＿＿＿＿＿＿

XXX課後托育中心
環保學習單

姓名：＿＿＿＿＿＿＿＿

資源回收小常識：

小朋友請將對的打「ˇ」

一、回答下列問題：

　　1.你知道舊報紙可否回收？可「　　」，不可「　　」。

　　2.你知道廣告單可否回收？可「　　」，不可「　　」。

　　3.你知道玻璃瓶可否回收？可「　　」，不可「　　」。

　　4.牛奶瓶可不可以回收？可「　　」，不可「　　」。

　　5.保特瓶可不可以回收？可「　　」，不可「　　」。

　　6.塑膠袋、保麗龍可不可以回收？可「　　」，不可「

　　」。

　　7.我們要常使用免洗碗筷，要「　」？不要「　」。

　　8.回收的空瓶要不要先洗乾淨？要「　」，不要「　」。

　　9.不用的空瓶子可以隨意丟在垃圾筒？對「　」，不對「

　　」。

　　10.做好資源回收的工作是大家的責任，對「　」，不對「

　　」。

二、除了上述項目我還知道＿＿＿＿＿＿＿＿＿＿＿＿

＿＿＿＿＿＿＿＿＿＿＿＿＿＿＿＿＿＿＿＿＿＿＿

＿＿＿＿＿＿＿＿＿＿＿＿＿＿＿也可以回收。

三、自我評量：□叫我第一名　□得心應手　□再接再厲

家長簽章：＿＿＿＿＿＿＿＿

XXX課後托育中心
參觀自然學友之家學習單

姓名：＿＿＿＿＿＿＿＿

◆活動一：認識種子

一、每個人用自己觀察的種子，讓小組同學猜猜看，有幾個人說對了名稱？＿＿＿＿＿個人。

二、我觀察的種子是：＿＿＿＿＿＿＿＿＿＿＿＿＿＿＿

三、我們小組一共觀察了（　　　　　）種種子，請寫下來並畫下來，有：＿＿＿＿＿＿＿＿＿＿＿＿＿＿

◆活動二：

一、設計種子貼畫草稿：

＿＿＿＿＿＿＿＿＿＿＿＿＿＿＿＿＿＿＿＿＿＿＿＿＿＿＿＿

二、猜猜我用了哪幾種種子？大約幾顆？

　　1.在圖上寫了所用的種子名稱（記得可做成揭示）。

　　2.各種種子大約用了幾顆？

　　種子名稱：＿＿＿＿＿　＿＿＿＿＿　＿＿＿＿＿　＿＿＿＿＿

　　大約幾顆：＿＿＿＿＿　＿＿＿＿＿　＿＿＿＿＿　＿＿＿＿＿

三、小組同學他們對我的創作所提出的建議：

＿＿＿＿＿＿＿＿＿＿＿＿＿＿＿＿＿＿＿＿＿＿＿＿＿＿

四、自我評量：□叫我第一名　　□得心應手　　□再接再厲

家長簽章：＿＿＿＿＿＿＿＿

XXX課後托育中心
影片學習單

姓名：＿＿＿＿＿＿

我會欣賞影片

影片名稱：＿＿＿＿＿＿＿＿＿＿＿＿＿＿＿＿＿＿

我最喜歡這個影片的情節是：＿＿＿＿＿＿＿＿＿＿＿

＿＿＿＿＿＿＿＿＿＿＿＿＿＿＿＿＿＿＿＿＿＿＿＿＿

我看得懂這個影片嗎？

（　）全部懂　　（　）有些不太懂　　（　）全部不懂

我覺得這個影片可以得幾顆星？（幫它塗顏色，越多星星表示越棒）

☆ ☆ ☆ ☆ ☆ ☆ ☆ ☆

我會設計這個影片海報：

對這個影片我會提出幾個問題：＿＿＿＿＿＿＿＿＿＿

＿＿＿＿＿＿＿＿＿＿＿＿＿＿＿＿＿＿＿＿＿＿＿＿＿

＿＿＿＿＿＿＿＿＿＿＿＿＿＿＿＿＿＿＿＿＿＿＿＿＿

家長簽章：＿＿＿＿＿＿＿

臺東縣○○國民小學XX學年上學期一年級數學科期末評量						

實作評量檢核表　　座號：_____　姓名：_____　得分：_____

實作評量名稱與目標			😃	😄	🙂	😠	😣
大家一起來數數	1.數花片	能數出正確的數字					
	2.畫圈圈	能數出正確的數字					
	3.比大小	會比數字的大小					
	4.比順序	能說出順序關係					
形狀與長短	1.說出形狀的名稱	能說出形狀名稱					
	2.比長短與大小	能比較物體的長短或大小					
	3.分出相類似的形狀	能分出與方盒、圓罐或球相類似的物品					
加加減減	1.分與合	能瞭解數與數之間分與合的關係					
	2.加與減	能計算數字加與減的問題					
	3.加與減寫出算式與答案	能運用算式並計算出答案					
看時鐘	1.看時間	能分辨幾點鐘或幾點半					
	2.自己撥時鐘	能自己在時鐘上撥出幾點鐘或幾點半					

評量標準：😃(5分) 😄(4分) 🙂(3分) 😠(2分) 😣(1分)
老師評語：_____
家長簽章：_____
家長評語：_____

資料來源：陳光煌編著（2000），《學校本位課程發展規劃實施與分享》，高昇。

科學專題教學活動：學生學習活動檢核表（層次一）

班級：＿＿＿年＿＿＿班　姓名：＿＿＿＿＿＿　指導老師：＿＿＿＿＿＿　日期：＿＿＿

　　請你依照本表所列項目，按自己的情況，在適當選擇的項目打ˇ。這些選擇項目分別是：A：經常做到；B：有時做到；C：沒有做到。

一	學習特質或技巧	A	B	C
訂定學習目標	1.當給我一些學習的主題或領域時，能選擇一個自己感興趣的題材。			
	2.我喜歡從一小組題材中選擇學習活動。			
	3.對於研究的主題，我能夠主動的提出問題。			
	4.給我一些選擇時能建立喜歡的優先順序。			
	5.當只能做一個選擇時，我能運用方法做最佳的決定。			
	6.當提供給我某些行動不能產生的後果及影響時，我能夠做其他的預測。			
評量起點行為	1.我能從幾種必要的技巧中選擇出最重要的一個。			
	2.老師告訴我要達成目標須具備一些先前的技巧時，我能瞭解為什麼這些技巧是必需的。			
	3.當教師在診斷某一領域的技能發展狀況時，我能接受它，並能瞭解它的目的。			
	4.當為達成某一項目標而告訴我一些活動細節之後，我能將最重要的部分挑選出來。			
進行學習活動	1.我能採用編序的工作卡片選擇學習中心的活動。			
	2.我能夠連續一個星期研究自己喜歡的主題而不失去興趣。			
	3.我能夠連續兩個星期研究自己喜歡的主題而不失去興趣。			
	4.如果老師給予增強或鼓勵，我能夠長久專注於某一主題的研究。			
	5.當提供我一些資料或訊息以供選擇時，能夠選擇最適用的一份。			
	6.當提供給我一些資料或訊息以供選擇時，我能夠決定哪些是完成工作最需要而最有價值的資料。			
	7.當告訴我完成某一件工作可能會有哪些活動時，我會選擇一些最重要而能夠發揮實際成果的活動。			
	8.當給予一些方式以完成工作時，我能選擇最重要、最有效、且最有興趣的方法。			
	9.在某些時間限制或督導下，我能按時完成工作。			
評量學習結果	1.教師需要依據某些標準每天給予回饋，以確定工作是否進行無阻。			
	2.我能夠對於教師的評量做反應（同意或不同意）。			
	3.當教師告以優缺點時，我能對自己的工作結果加以檢討。			
	4.當給予不同的評量者所需要不同的評量標準時，我能瞭解這些標準為何是重要的。			

資料來源：單小琳（1999），《創意教學》。台北：聯經出版有限公司。

科學專題教學活動：學生學習活動檢核表（層次二）

班級：＿＿＿年＿＿＿班　姓名：＿＿＿＿＿＿　指導老師：＿＿＿＿＿＿＿　日期：＿＿＿

　　請你依照本表所列項目，按自己的情況，在適當選擇的項目打∨。這些選擇項目分別是：A：經常做到；B：有時做到；C：沒有做到。

二	學習特質或技巧	A	B	C
訂定學習目標	1.當給我一個廣泛的主題及研究領域時，能從其中找出問題及研究題材。			
	2.當給我一個廣泛的研究問題時，能從其中發現許多研究主題及感興趣的問題。			
	3.我能偶爾對一些新的主題提出疑問。			
	4.當給我某些選擇時，我能建立喜歡的優先順序。			
	5.當我必須做一些選擇時，我能運用方法決定之。			
	6.我能偶爾預測某些行動的後果及影響。			
評量起點行為	1.當告訴我為了進行某一項學習需要具備若干先前的技巧後，我能指出一些教師所未提及的條件。			
	2.我能在教師的協助下，指出要完成某些工作或專案研究所必備的條件。			
	3.我能就某一研究領域，討論自己技能發展的層次。			
	4.我能仔細考慮完成某項工作時所必需的活動細節。			
進行學習活動	1.我能由教師建議的活動中，選擇適當的活動。			
	2.我能選擇具有開放性的學習中心活動。			
	3.我能夠連續一個月研究自己喜歡的主題而不失去興趣。			
	4.我能按照合約上的活動目標、過程及日期持續研究。			
	5.我能就某一主題，自己尋找資源。			
	6.當提供我某些資源或訊息以完成某一項研究時，我還能指出其他必要的資源。			
	7.我能將一個研究大略分成幾個重要部分，但詳細的活動過程及步驟需要他人的協助。			
	8.當給我一些方法以完成某項研究工作時，我還能再指出別的方式。			
	9.我能在時間內有效完成某件工作，但結尾總是很匆促。			
評量學習結果	1.工作期間需要教師的回饋以完成目標。			
	2.當教師給予評量的標準時，自己能夠再找一些其他的標準。			
	3.我能與教師討論工作進行的情況。			
	4.我能指出自己的學習結果的優缺點。			
	5.當老師提供一些不同的評量者所需要的不同評量標準時，我能選擇最重要的部分。			

資料來源：單小琳（1999），《創意教學》，聯經出版有限公司。

項目編號	教學檢核	0	1	2	3	4	5
	科學專題教學活動：教師教學活動檢核表 日期：___ 年___ 月 ___ 日 教師：_____						
1	這樣的教學活動是不是適合學生的這個年齡層？						
2	這些教學活動的難易、複雜程度是不是適合學生？						
3	這些教學活動學生是否有興趣？						
4	這些教學活動能否達成一些特殊目標？						
5	這些教學活動在一些特殊的內容領域上是否有別於一般學校的課程？						
6	這些教學活動是否易於被學生接受和完成？						
7	教學活動中，教師的指導及參與是否適切？						
8	指導教師的背景知識、教學參考資料是否足夠？						
9	教學活動的設計適合專科教師（或一般教師）的教學嗎？						
10	這些教學活動是否有鼓勵學生自發性的學習？						
11	教學活動中的評量工具與技巧是否合適？						
12	各單元活動是否刺激教師額外的教學活動？						
13	這樣的教學形態是否易於理解教學的目標與方向？						
14	這樣的教學形態是否易於組織各教學單元間的內容？						
備註	說明：						

資料來源：單小琳（1999），《創意教學》。台北：聯經。

五、結語

　　如果孩子在課後的時間，只是為了應付隔天到學校去繳交的作業，那麼我們可以說孩子不但是浪費了時間，而且他無法在他做的每一件事裏找到真理及意義。

　　孩子在完成作業的過程中不斷的累積知識，而且能因此變得更有能力去面對生命中隨時可能面對的新挑戰，那麼我們是否該思考我們有責任去將寫作業的過程變得有趣。近年來因家庭結構的改變、婦女的勞動參與率提高、經濟快速變遷等因素，使得孩子的課後照顧的責任由家庭內轉移到家庭外，如果兒童的課後照顧是對家庭的一種補充性服務，那麼在孩子的課後照顧中，我們便要明白家庭作業對孩子在校的表現有舉足輕重的影響力，孩子從做家庭作業的過程中會累積學習技巧，養成責任感，對於在校的表現亦會有所提升，因此在學習指導的過程中，除了應讓孩子明白家庭作業的重要性，也應提供孩子一個有知識性、有藝術性、有創造性及有生動性的多元化性質的環境，來滿足孩子的好奇心，以便孩子追求其興趣，發展其潛能，得到豐富的生命感受，而成為一個快樂的學習者。

參考書目

一、中文部分

王秀園譯（1998），《教孩子輕鬆做功課》，台北縣：稻田。

林麗容（1995），〈特殊教育評量的重要取向：動態評量〉，《特殊教育季刊》，第56期，頁1-5。

陳光煌（2000），《學校本位課程發展規劃：實施與分享》，高昇。

陳江松等（1999），《多元評量》，台北：聯經。

吳清山、林天祐（1997a），〈真實評量〉，《教育資料與研究》，第15期，頁67。

吳清山、林天祐（1997b），〈卷宗評量〉，《教育資料與研究》，第15期，頁69。

吳毓瑩（1995），〈開放教室中開放的評量：從學習單與檢核表的省思談卷宗評量〉，收錄於台北師範學院主編，《開放教育理念與實務》，頁93-100，台北：國立台北師範學院。

胡永崇（1993），〈動態性評量及其對特殊教育的啓示〉，《國立屏東師範學院初等教育研究》，第五期，頁23-64。

莊明貞（1995a），〈變通性評量〉，《康橋教研學會雜誌》，19期，頁4。

莊明貞（1995b），〈一個新的評量取向：變通評量在國小開放教室的實施〉，國立台北師範學院開放教育理念與實務研討會。

張清濱（1996），〈多元化的教學評量〉，《研習資訊》，第13卷第3期，頁1-9。

彭森明（1996），〈實作評量理論與實際〉，《教育資料與研究》，15期，頁44-47。

單小琳（1999），《創意教學》，台北：聯經。

教育部（2001），「中小學資訊教育總藍圖」。

教育部（2000），「國民中小學課程綱要」有關資訊教育。

賴苑玲（1999），〈資訊素養與國小圖書館利用教育〉，《圖書館館訊》，第26期。

二、英文部分

Campione, J. C. (1989). "Assisted assessment: A taxonomy of approaches and an outline of strengths and weakness", *Journal of Learning Disabilities*, vol.22 (3), pp.151-165.

Carlson, J. S. & Wiedl, K. H. (1992). "The dynamic assessment of intelligence". In H. C. Haywood & D. Tzuriel (Eds.), *Interactive Assessment*, pp.167-186. New York: Springer Verlag.

Day, J. D. & Hall, L. K. (1987). Cognitive assessment, intelligence, and instruction. In J. D. Day & J. G. Borkowski (Eds), *Intelligence and Exceptionality: New Directions for Theory, Assessment, and Instruction Practices*, pp.57-80, Norwood, NJ: Ablex.

Haywood, H. C. & Wingenfeld, S. A. (1992). Interactive assessment as aresearch tool. *The Journal of Special Education*, vol.26, pp.253-268.

Meltzer, L. & Reid, D. K. (1994). New directions in the assessment of children with special needs: The shift toward a constructivist perspective. *The Journal of Special Education*, vol.28, pp.338-355.

Tzuriel, D. & Capsi, N. (1992). Cognitive modifiability and cognitive performance of deaf and hearing preschool children. *The Journal of Special Education*, vol.26, pp.235-252.

Chapter

15

● 第十五章　兒童體育與團康 ●

蔡明昶

・德明商業專科學校企管科畢業

・明昶兒童托育中心負責人兼保育員

一、前言

國民教育階段九年一貫課程之修訂，將「健康與體育」合併成一個學習領域，不只在課程改革中具有劃時代的意義，更在新世紀的國家整體競爭力中，擔負起教育的重要使命。七大學習領域中，「健康與體育」跟生命的延續息息相關。在提倡生涯規劃、終身學習的同時，我們如果沒有健康的身心，一切都將是空談。

體育的哲學概念是「讓每位學習者都能」。也就是說，受過正常體育薰陶的學生，不論其天分如何，皆應有機會參與人體活動，發展適合其年齡應有的適當技能，是身心健全且健康快樂的。

運動的指導技術是以「學生」為對象，它強調的是重視學生的自主學習和個別差異，指導者能運用不同的教材設計適合的課程，以及良好的教學技巧來滿足不同學習者的需求。體育或運動教育的主要目標不是塑造一個競賽的勝利者去追求「贏」而已，而是在培養一般的學生成為勝利者。

隨著時代的進步，健康的追求與維護也更有積極的作法；從以前所採用的疾病治療與預防，繼而取之的是健康促進（health promotion）正受到重視，基本上，它強調著：當人們還是相當健康的時候，即設法尋求採行有助於維護和增進健康的生活方式，其中心目標是在於增進每一個人自我照顧的知能及對健康的自我責任。

本文將以兒童體育與團康之認識介紹，以協助托育中心教師，配合九年一貫新課程，幫助兒童進行人性化、生活化、適性化、統整化與現代化的學習領域教育活動，傳授基本知識，養成

終身學習能力，培養身心充分發展的健全國民與世界公民。

二、兒童體育

　　兒童的運動體適能及生理變化與大人有一段差距；因此，當教育工作者無法為兒童設計出適合他們的年齡、性別、體重、體型的體育訓練活動時，不但無法幫助他們，有時更反而是傷害了他們。例如：兒童在新陳代謝中所攝入氧的表現上，就比成年人差很多，兒童散熱能力差，心跳數較快，呼吸急促，適應環境的改變能力不足；因此兒童在炎熱的環境，或污染的環境裏運動，便很容易中暑或生病。兒童對無氧運動的容忍力及表現，也比不上大人；因此，過度的無氧訓練便會帶來傷害〔無氧運動能力是身體透過無氧性代謝路徑，從事激烈運動的能力，通常是指短而劇烈運動的能力或能量。無氧運動能力的存在，一則因為體（肌肉）內存有磷化物與肝糖（葡萄糖），可以在氧氣供應不足的情況下，產生ATP（ATP是由一個核酸連結三個磷酸根而成，是細胞內所有生物化學能量的運儲者），提供能量；二則因為某些特別激烈的運動或運動的特質屬於瞬間用力者（舉重、跳躍與打擊等），氧氣無法充分的供給，於是不得不在氧氣不足的情況下產生能量，提供運動的能量需求。譬如：爬樓梯、搬動家具、抱小孩、提菜籃、推機車等等，都屬無氧性的肌肉作業。我們做無氧運動時，譬如跑百米，運動中，幾乎可以不考慮呼吸，甚至鼻子用膠布貼起來不吸半口氣，也可跑完。跑完後，才代償性的大口呼吸，將方才運動中欠缺的氧氣補足。像垂直跳、立定跳遠、鉛球投擲、起跑、棒球打擊、一百公尺跑步過程的最大瞬間速度等運動形態，屬於非乳酸性無氧動力類型〕。

　　不同種類的運動對身體有不同的幫助，瞭解每一種運動對身

體的好處是很重要的。其中，運動可分為「有氧運動」和「無氧運動」兩大類。有氧運動包括了輕快的步行、慢跑、游泳、舞蹈、騎腳踏車等，無氧運動則有舉重、短跑等。最簡單的有氧運動是輕快的步行，平日到附近商店購物、小朋友上學，都可養成步行的習慣。持續下去，可以越走越遠，甚至連附近的小山亦可試試看。

我們可由**表15-1**、**表15-2**來認識兒童動作發展階段。

兒童與體適能

體適能（physical fitness）的定義，可視為身體適應生活、運動與環境（例如：溫度、氣候變化或病毒等因素）的綜合能力。體適能較好的人在日常生活或工作中，從事體力性活動或運動皆有較佳的活力及適應能力，而不會輕易產生疲勞或力不從心的感覺。在科技進步的文明社會中，人類身體活動的機會越來越少，

表15-1 動作發展的階段

發展期 （大約年齡範圍）	階段	性格心理動作行為
產前至嬰兒期 （十五個月至一歲）	反射動作	初級的彎曲、延伸和姿勢調整
嬰兒期 （出生至二歲）	未成熟動作	滾、坐、爬行、蠕動、站立走步、抓緊
兒童早期 （二歲至七歲）	基礎性肢體動作 （五官知覺）	運動技巧、非運動技巧、手操作技巧、肢體移動意識
兒童中至晚期 （八至十二歲）	特定動作	基礎技巧和肢體動作知覺的精確化；使用基礎技巧於舞蹈、競技（運動）、體操和水域活動
青少年至成年期 （十二歲至成年）	專長動作	遊憩和競爭性活動

資料來源：Gabbard, C. (1998), Early childhood physical education: The essential elements（兒童早期的體育：必要元素），*Journal of Physical Education, Recreation and Dance, 59, 7*, (September): 65.

表15-2　兒童期動作行為特徵

發展期	動作行為特徵
兒童期	大約從兩週歲至滿六歲止，這段時期的兒童繼續發展跑、跳一類的運動技巧。運動模式也從孤立（不需彼此參與或合作的遊戲）轉變成友伴式（parallel），從單純的組合（associate）改變成互助合作（cooperative）。同時以下三種技巧也有顯著的進步：以手操作的技巧（manipulative skill）如投擲、跳躍、打擊、踢蹬及捕接等；肢體動作的知覺（movement awareness）如空間、方向感及觸覺等。非運動的技巧（non-locomotion skill）如閃躲、伸彎、旋轉及推拉等。兒童在這段時期在社交方面的進展還是以滿足個人身體上的需求為目標，不過遊戲卻是助長孩童彼此間的交往，這種交往更能協助兒童轉移對母親的依賴性。由於兒童脈搏和呼吸頻率較高，因此很容易疲勞，不過卻也復原得很快，這段時期的良好活動項目有呼拉圈、跳繩、攀登台、平衡台、彈跳器、各種球類和沙袋。除了需要較大的活動空間外，還需要有不同種類的遊戲器材，以促進肌肉神經的協調和強度，並供應他們不可缺乏的社交經驗。而適度的肌肉訓練是可以促進成長的速率。出生後的肌肉，雖然在大小和結構上有所改變，組織卻不會再生。加上肌肉運動的控制力，並不因成長而成熟，因此必須依賴適度的訓練以促進其功能。促進肌肉控制力的各種活動，必須循序漸次安排，肌肉活動的發展（motor development）有兩種定理可循：自頭骨和近體軀幹，即所有肌肉的協調「從頭部向下，及從身體的中心線往外向四肢發展」。運動技巧安排將從粗大的肌肉活動，進展到細小的肌肉活動。

營養攝取越來越高，工作與生活壓力和休閒時間相對增加，每個人更加感受到良好體適能和規律運動的重要性。

■心肺適能

　　由於機械化、科技化的結果，學生身體活動的機會和空間相對減少，缺少運動機會，導致學生體能衰退的現象。而國內肥胖學生比率介於15％至20％之間，且有逐漸增加之現象。

身體活動量少且能量攝取增加，是導致肥胖或體重過重的主要原因，肥胖會引發許多問題。研究指出，心血管疾病危險因子（像高血壓、高膽固醇）早從學生時代已開始發現，學生宜早養成健康良好的生活方式。所以正在發育的學生，需要規律適度的運動和營養來提升其體能，並促進其成長。若培養學生良好體適能，就能符合現代人追求精緻教育、提升生活品質和促進健康的目標。因此，務必以恆心、毅力來從事增進體適能的活動，使運動成為日常生活中不可或缺的一部分。

心肺適能，也可以稱為心肺耐力，是指個人的肺臟與心臟從空氣中攜帶氧氣，並將氧氣輸送到組織細胞加以使用的能力。因此心肺適能可以說是個人的心臟、肺臟、血管與組織細胞有氧能力的指標。

■提升心肺適能的重要

性心肺適能較佳，可以使我們運動持續較久、且不至於很快疲倦，也可以使我們平日工作時間更久，更有效率。

以健康的角度來看，擁有良好的心肺適能可以避免各種心血管疾病，因此心肺適能可說是健康體能的重要因素，也是體適能運動的重點。透過有氧運動可以使運動者維持最佳心肺適能，且有益健康的維護，因此在這裏要介紹足以提升心肺適能的有氧運動。此外，心跳率的測量心跳與運動強度關係相當密切，透過運動時心跳的反應，可以讓我們瞭解運動時身體的負荷。

測量心跳率時，將左手食指與中指置於右手橈骨動脈處，測量每十秒鐘的心跳數，再將此數乘以六，即成每分鐘的心跳次數。每分鐘心跳次數越多，代表運動強度越強。

在參與有氧運動前，需要適當熱身運動以提高運動效果，並避免運動傷害的發生，熱身運動時，可以採用柔軟操或慢跑、走路等活動，直到身體有點出汗時，才進入有氧運動為佳。

有氧運動結束後，須透過緩和運動，使運動量逐漸降低下來，並可以排除體內代謝物質，使體內較快恢復，也可以避免運動後的不適感。緩和運動可利用伸展操及走路等運動強度較低的運動方式實施。

■心肺適能五個要領

1. 運動方式：有氧運動有益於心肺適能的提升，凡是有節奏、全身性、長時間、且強度不太高的運動都是理想的有氧運動，像走路、慢跑、有氧舞蹈、跳繩、上下台階、游泳、騎腳踏車等運動都有助於心肺適能的提升。

2. 運動頻率：每週至少要從事三到五天有氧運動。

3. 運動強度：運動時的強度以最大心跳率的60％至80％為較佳，以運動時有點喘但還可以說話的感覺為運動強度的依據。

4. 運動持續時間：在適當運動強度下，每次運動二十至五十分鐘即可以改善心肺適能。

5. 漸進原則：開始運動時，應依自己的健康和體能狀況從事適當運動，而後逐漸增加運動時間和強度；但應避免一次運動量太大，或運動負荷增加太多。

■活動指數

運動前，要先瞭解自己的體能水準；身體活動指數表有助於我們瞭解自己的體能狀況，其作法是將自己運動時的強度、持續時間、頻率狀況化成分數，然後相乘，即是身體活動指數的總分，然後再和**表15-3**對照，就可以瞭解自己的體能狀況。

■有氧運動處方

表15-4是一般人參與有氧運動的處方示例，參與者可以依自

表15-3 心肺適能評量與類別（總分數＝強度×持續時間×頻率）

總分數	評量	類別
二十分以下	靜態生活方式	非常不好
二十至四十分	運動量不足	不好
四十至八十分	可接受但可以再更好	普通
八十至一百分	活躍和健康	好
一百分以上	非常活躍的健康方式	非常好

表15-4 有氧運動處方

階段	最初階段		改善階段								維持階段
因素＼內容＼週別	1-2	3-4	5-6	7-8	9-10	11-12	13-14	15-16	17-18	19-20	20以後
頻率（次／每週）	3	3	3	3	3	3	4	4	4	4	5
持續時間（分）											
熱身運動	5	5	5	6	6	7	7	8	8	8	8
主要運動	10	13	15	15	20	20	23	25	28	30	35以上
緩和運動	5	5	5	6	6	7	7	7	7	7	7
總時間（分）	20	23	25	27	32	34	37	40	43	45	50以上
運動強度（最大心跳率％）	55	55	60	60	65	65	65	70	70	70	75

己的體能狀況適當調整運動負荷。

■ 運動方式

步行：剛開始走路時，每次以尚可與同伴交談的運動強度為準走三十分鐘，等過一段時期後，考慮在一個小時內，使自己走的距離比一次更遠，以求增進運動強度。

　　跑步：跑步時，切忌一開始就太多太快，跑步運動時應以最大心跳率之60%到80%的運動強度來跑，此時跑者的直接感覺是有一點，但還可以和同伴交談，每次跑步時間以大於二十分鐘爲佳，隨著心肺適當的增加，可以越跑越遠，越跑越快。

　　游泳：剛開始從事游泳活動時，可以在水深及腰的游泳池內，利用「游一段、走一段」的方式，慢慢適應。等游泳技巧進步以後，可以嘗試游較長的距離，然後休息或更換泳姿，以減少身體的疲勞。游泳時，盡量使自己的心跳率達到最大心跳率的60％到80％，時間盡量達到三十分鐘左右。

　　騎單車：騎腳踏車時，速度大約控制在跑步時的兩倍，此時的心跳接近最大心跳率的60％到80％，以此強度連續騎車三十分鐘左右，就是相當理想的心肺適能運動。騎車時，要特別注意安全，避開交通繁忙、空氣污濁，以及路面不平的路段，車身應有反光標誌，以利來往車子的注意。

　　除了上列運動外，也可以利用有氧舞蹈、跳繩、上下台階，或室內固定式腳踏車、原地跑步機等不需要寬闊場地的室內運動來進行，可以避免天候的影響。

■肌力與肌耐力

　　保持良好的肌力和肌耐力對促進健康、預防傷害與提高工作效率有很大的幫助，當肌力和肌耐力衰退時，肌肉本身往往無法勝任日常活動及緊張的工作負荷，容易產生肌肉疲勞及疼痛的現象。

　　肌力：指肌肉對抗某種阻力時所發出的力量，一般而言是指肌肉在一次收縮時所能產生的最大力量。

　　肌耐力：指肌肉維持使用某種肌力時，能持續用力的時間或反覆次數。

■肌力與肌耐力訓練注意事項

　　充分的熱身是培養肌力和避免受傷的最重要步驟之一。最好是先從大肌肉開始熱身，再到較小的肌肉，各個動作間隔三十秒的休息。你可以先做低強度的有氧運動，再做些一般性的重量訓練。熱身後，再花些時間做伸展運動，依然是從大肌肉開始再逐漸到手指部分，在完全熱身後休息五到十分鐘始進行訓練工作。

1. 訓練前要做熱身運動。
2. 使用重量器材或儀器前，要知道如何操作。
3. 在個人能夠負荷之範圍內，逐漸增加負荷。
4. 訓練過程不要閉氣，原則上，上舉施力時吐氣，下放回原來位置時吸氣。
5. 訓練要兼顧所有大肌肉群，使能均衡發展。
6. 相同肌群之訓練項目勿排在一起，使訓練過之肌肉有充分時間休息恢復。
7. 做槓鈴推舉或訓練時，須有人在旁保護以策安全。
8. 不要過度訓練，過度訓練易造成傷害。

■肌力與肌耐力實施方法

1. 等長訓練：又稱靜態訓練，在一無法移動的物體上，所能施加的最大力量（如：推牆），使其肌肉長度不變而張力改變的訓練。
2. 等張訓練：又稱動態訓練，肌肉施力收縮時，肌肉長度改變的一種訓練，一般配合啞鈴或槓鈴作為訓練器材，是最普遍的肌力訓練方法。
3. 負荷強度（重量）：依訓練肌力和肌耐力目標的不同而有異，強度高對訓練肌力有效，強度低對訓練肌耐力有效。

要增強肌力，訓練要偏向肌力這端；要增強肌耐力，訓練則要偏向肌耐力這端。

4.反覆次數與回合數：肌力訓練每回合採三到六次反覆，做一到三回合。肌耐力訓練採二十到五十次反覆，做一到五回合。每回合中間至少休息二到三分鐘。

5.頻率：最多兩天實施一次，最少每週訓練一次。

■肌力與肌耐力訓練部位及順序原則

應從大腿肌肉開始訓練，再延伸至身體各主要肌群訓練的順序進行。

・訓練順序一：大腿和臀部

坐抬小腿：坐於椅上，伸膝將小腿抬離地面。

坐抬全腿：坐於椅上，伸膝將整隻腿抬離椅面。

握鈴半蹲：雙手負重上舉於肩上後，雙腿彎曲半蹲而後伸直，再反覆半蹲動作，即所謂負重半蹲。

離椅半蹲：臀部離開椅子呈半蹲狀，雙手置於腰側，軀幹伸直。

・訓練順序二：胸部和上臂

伏地挺身：手先打直後將身體貼近地板，手彎曲再起來，在過程中，切記背、膝蓋及臀部皆要保持正直。

屈膝伏地挺身：膝蓋著地，運動時膝、臂和肩部成一直線。

引體向上：正握單槓，雙臂伸直，腳不可與地面接觸，引體向上至下巴超過單槓（喉結處與槓面齊），換回復原姿勢，身體不可擺振、踢腳。

・訓練順序三：背部和大腿部

俯臥後抬腿：俯臥將腿自臀部下方整個抬起。

俯臥仰背：注意：兩人一組，一人操作，一人壓腿。

俯臥頭和腿後抬：俯臥，雙手置於頭之兩側，將一腿和頭同

　　　　時向後抬。

　　臥抬頸：俯臥於地板或墊上，雙手置臀部兩側，頸部後抬。

・訓練順序四：小腿和踝部

　　舉踵運動：選擇一張約身體腰部高度的椅子，手扶著椅子，
　　　　　　　雙腳腳跟皆著地，動作開始時，兩腳同時做踮腳
　　　　　　　尖的動作。

　　負重舉踵：任意負重（如啞鈴），兩腳同時做踮腳尖的動作。

・訓練順序五：肩部和上臂後側

　　雙手側平舉：雙手將啞鈴側平舉。

　　肱三頭肌：過頭平舉雙手握啞鈴肩上伸肘上舉。

　　引體向上：後頸間靠槓。

■ 柔軟度

・伸展部位：頸部肌肉

　　動作要領：

　　1.雙手扠腰，每邊伸展程度須至微緊繃。

　　2.肩膀放鬆。

　　3.每邊停留十秒，反覆二至三次。

・伸展部位：體側

　　動作要領：

　　1.雙腳站立與肩同寬，單手扠腰支撐身體。

　　2.另一手舉高，並盡量靠近耳朵。面向前，伸展體側至微緊
　　　繃。

　　3.兩邊各停留約十到十五秒，反覆二至三次。

・伸展部位：肱三頭肌、肩部肌群

　　動作要領：

　　1.雙腳站立與肩同寬。

　　2.單手橫跨胸前，另一手適度扶助肘關節上方，使橫跨胸前

之手靠近胸部。

3.雙手交換，每次停留約十到十五秒，反覆二至三次。

・伸展部位：**下背肌群**

　　動作要領：

　　1.雙腳站立與肩同寬、單手扶助腰部轉向後方。

　　2.雙腳腳尖朝前。兩邊交替。

　　3.停留約十到十五秒，反覆二至三次。

・伸展部位：**下背及腿後肌群**

　　動作要領：

　　1.雙腿合併，膝蓋微彎，上半身緩慢下彎至手能握住踝關節　　　為止。

　　2.盡量使胸部靠近膝蓋。

　　3.停留約十到十五秒，反覆二至三次。

・伸展部位：**股四頭肌群**

　　動作要領：

　　1.一手扶住牆壁或支撐物體，另一手扶住踝關節，腳跟盡量　　　靠近臀部。

　　2.身體保持挺直，避免前傾。

　　3.左右交替停留約十到十五秒，反覆二至三次。

・伸展部位：**阿基里斯腱**

　　動作要領：

　　1.前腳膝蓋彎曲不可超過腳尖。

　　2.後腳往後伸展，膝蓋伸直，腳跟著地。

　　3.左右交替停留約十到十五秒，反覆二至三次。

・伸展部位：**大腿內側基群**

　　動作要領：人呈側躺狀，並將背打直，動作開始時，將靠近　　　　　　　地板的單側大腿往外上舉起後收回即可。

・伸展部位：大腿外側肌群

　　動作要領：人呈側躺狀，並將背打直，動作開始時，將靠近
　　　　　　　地板的大腿往外上舉起後收回即可。

■體重控制

　　肥胖乃指體內脂肪過多的現象。一般而言，男性體內脂肪量
約占體重10％到20％，女性爲15％到25％，若男性超過25％，女
性超過30％，則可稱爲肥胖。體重過重是指超過正常體重10％以
上者。

　　超重及肥胖的壞處：

1.導致許多疾病的發生，例如：高血壓、糖尿病及心臟病
　等。
2.影響外觀、人際關係和身心健康。
3.降低體能和運動能力，增加成年後罹患肥胖的機會。
4.影響學習和工作效率。

　　運動和控制體重是一輩子的事，運動時要能感受過程的愉快
和舒暢；而且要鼓勵青少年在日常生活中增加活動機會，使運動
融入生活中。

■體重控制評估方法

　　適用於青少年的「重高指數法」：
　　重高指數＝學生體重公斤值／學生身高公分值／重高常數
　　例如：一位十二歲男生，體重四十公斤，身高一百五十公分
經查**表15-5**重高常數表，得知重高常數爲0.248。
　　輸入數值計算出重高指數＝40公斤／150公分／0.248＝
1.075，查**表15-6**重高指數表得知爲正常體重範圍。

表15-5 重高常數表

年齡 （足歲）	重高常數	
	男	女
3	0.150	0.142
4	0.154	0.149
5	0.161	0.155
6	0.169	0.165
7	0.177	0.171
8	0.188	0.183
9	0.200	0.192
10	0.212	0.210
11	0.225	0.232
12	0.248	0.250
13	0.270	0.277
14	0.294	0.286
15	0.309	0.286
16	0.325	0.297
17	0.333	0.299
18	0.342	0.308
19	0.351	0.314

表15-6 重高指數表

重高指數	體重狀況
＜0.80	瘦弱
0.80~0.89	過輕
0.90~1.09	正常
1.10~1.19	過重
≧1.20	過胖

■體重控制主要原則

1.預防重於治療。

2.理想體重的控制計劃包括運動、飲食和行為改變法。

3.學生正處於發育階段，減肥時宜多於鼓勵運動，不要過於限制能量攝取，以免造成營養不良的現象。

4.最佳運動方式為有氧運動，因可維持較長的運動時間，不會太激烈且可以消耗較多的能量。

表15-7 運動與節食減肥的差異比較表

運動減肥	節食減肥
1.增加能量消耗	1.減少能量攝取
2.短時間較不會有減肥效果	2.短時間即有減肥效果
3.減少脂肪,維持或增加肌肉	3.減少脂肪和肌肉質量
4.促進健康,增加體能	4.無法增進體能或健康
5.積極鼓勵	5.消極限制
6.增加基礎代謝率	6.降低基礎代謝率
7.改善心理壓力、焦慮、沮喪、身體形象和自尊	7.無法改善心理壓力、焦慮、沮喪、身體形象和自尊

5.快走、爬樓梯、游泳、慢跑、球類運動等,都是體重控制的理想運動。

6.從事運動初期由於肌肉質量的增加,體重可能不會減輕,但脂肪量會減少,因此實施運動減肥必須有耐心。

三、兒童團康

(一)前言

　　一般人所接觸過的,常都是一些戲謔性團康活動,只要快樂,任意節目都可以登台表演,只是一味的追求掌聲與笑聲,而粗俗趣味節目的氾濫,加上速食節目文化,缺少內涵,只在滿足個人表現慾、缺少對大眾的尊重,只因為它能快速的讓人快樂,所以很多人都欣然接受它。卻也讓人誤以為團康等同於康樂隊之

類，把團康誤認為：團康只適合小朋友與年輕人的活動、團康是無聊幼稚無意義的、團康是把快樂建築在別人痛苦上的。

　　首先我們來認識所謂的「團康」：就字面上的解釋，「團體性的健康系列活動」，如從最簡單的原始居民之節慶活動看來，好比「豐年祭」，在他們一年辛勤工作種田、獵捕之後，大家燃起一堆火，圍坐在火堆前，唱歌、跳舞、聆聽長老的故事訓示、甚或表演……做心得交換，以增進情感、敦睦親友。由此不難看出，活動中會讓人身體健康，心情愉快，藉由正確的價值觀進行教育活動，凝聚族群合作互助，不會是個人秀，而是全體群性做共同健康的活動。

　　「團康」是會使人身體健康、心情愉快的活動，而其價值就在於經由活動進行當中，凝聚群性，促進團體合作與公平競爭，並能灌輸守法與尊重法治觀念，以服從領導與被領導，以達到「寓教於樂」的功能。

　　因此，團康活動不只是一種活動，更是一種教育，乃藉由活動以達到某種特定目的，如：能打破隔閡，增進團體融洽，消弭彼此之距離，增加生活情趣；或是端正社會風氣，以提升社會文化層次，並永保民族的活力朝氣。不應該只為譁眾取寵、帶動氣氛，引起活動高潮，而濫用粗俗低劣的帶領手法，這是違反「寓教於樂」的原則，身為兒童教育工作者，在團康帶領時應避免。

■兒童團康價值

1. 生理性需求：藉由活動進行，讓參與者身心愉悅，增進身體健康，滿足生理性需求。
2. 安全性需求：活動進行掌握趣味性，笑而不謔，隨時兼顧參與者個別差異性，以滿足安全需求。
3. 歸屬感需求：事先安排讓全體參與表演，帶動團體整體性活動，滿足歸屬感需求。

4.自尊心需求：參與者與主持人完整配合的精緻表演，發抒情緒，滿足自尊心需求。

5.自我實現需求：主持人個別才能的發揮，帶動群體，讓全體參與者融合活動中，滿足自我實現需求。

■團康分類

唱跳、遊戲、表演是團康的三大支柱，而童軍的歡呼，讓現場的氣氛更融合、更high。

(二)兒童唱跳

唱跳係運用歌唱、跳舞的形式帶動全體共同參與活動，如帶動唱、土風舞。今日唱跳之演進係源於童年時代之唱遊，而最早使用於童子軍活動之中，至一九六三年正式定名爲唱和跳，後來逐漸演變爲時下流行的帶動唱。

■唱跳種類

「唱跳」，乃是藉由音樂歌曲節奏，帶動肢體動作，讓身心同時歡動。唱跳可依活動的需要、設計的性質、應用的技巧不同而衍生出不同的形式。

‧唱跳一：樂舞

應用音樂歌曲配合舞蹈肢體基本要領，呈現出可剛可柔風味，主要是靠一致的動作表現出雄壯威武的氣勢，很容易在開場中帶動氣氛，是序幕中最佳的安排，例如香舞。

‧唱跳二：音樂遊戲

以簡單的歌曲（例如世界名曲、兒歌），配合簡單肢體動作，設計出能與夥伴互動的肢體活動，讓全體參與者能迅速的認識與熱絡，例如〈蝸牛與黃鸝鳥〉。

・唱跳三：團康式土風舞

依據土風舞基本舞步動作做出簡單、娛樂性、互動性的土風舞，例如〈蟑螂歌〉。

・唱跳四：戲劇表演

配合歌詞中意境，設計融入簡單的劇情，並讓全體參與者也能舞動於活動中。近來更有以詩詞吟唱跳進行，或以母語、英語唱跳，例如〈愛相隨〉。

■唱跳適用時機

1. 開場舞：適用於晚會的序幕，一開始的炒熱氣氛，以距焦全體的注意力。
2. 串場唱跳：晚會中場時，讓全體夥伴活動筋骨熱絡氣氛，以維持晚會的氣氛。歌曲選擇以節奏輕快、易起共鳴為原則。
3. 結尾唱跳：用於晚會終了時，藉由音樂緩和現場氣氛，讓全體情緒沉靜，以利營火堆談話，並做完美的結束。
4. 晨間活動：在隔宿（露營）活動中，每天晨間的活動，選用活潑的音樂和動作運動夥伴筋骨，並提振全體活動精神。

■唱跳技巧

・活動前

先選定目標歌曲，熟悉其音樂節奏，並唱熟歌詞，要簡單易學，不繁雜。再編曲動作演練，熟記動作演練純熟，沒音樂也能跳完整曲。最後對著鏡子，勤練動作，而在洗澡時更是練歌唱的好時機。不怕累、不怕錯、不怕煩，勇敢練去總有成功的一天。

・帶領中

帶領者其肢體動作要大，告訴自己不用怕，越是怯場，越是

出錯。對於全體群眾都要有關愛的眼神，要移動自己，以關愛到全體，讓每個人都有歸屬感。做到音控配合，事前演練，備案選擇（突然沒電音樂無法啓用時）。當唱跳教唱時，先教會歌曲節奏，再練動作，並注意教唱的提詞要清晰簡單明瞭，不搶拍、不過慢。

・帶領後

自我評估，自我檢討，讓好的能更好，讓不好的也能變好，所謂日益求精。隨時隨地，尋找點子，馬上記載，立即建檔，以求內容豐富。

唱跳的編法與玩法，將會隨著時間褪去而有所改變，好比流行歌曲，因爲時間變遷而退流行。不過一位好的唱跳領導者，會讓自己隨時都有進步的空間，有時會因爲一時的靈感，或是看到新的事物，突發奇想而創作出新的東西，不管是自創的唱跳或是學別人的唱跳，唱跳領導者要時時「準備」讓自己的唱跳生命永保青春活潑，因爲有準備才能立即上場，有準備才能讓自己的表演內容更豐富。

(三)兒童遊戲

遊戲是兒童活動中的最愛，而遊戲也是訓練與教育兒童的一部分，童子軍創始人貝登堡爵士曾說：「良好的戶外遊戲，衛生的飲食，再加上適當的休息，是使兒童身心健康的自然方法」。

要知道什麼是遊戲，必須先對其定義與特性有所瞭解，綜合遊戲的定義於下（郭靜晃，2000；Wolfberg, 1993; Saracho & Spodek, 1998）：

1.遊戲是出自內在動機，並非外在的目的，兒童做自己想要

做的，從遊戲中得到滿足。

2.遊戲是有趣、好玩、正向情緒，從遊戲過程中得到快樂。

3.遊戲是在自由選擇的情況下主動參與，如果是由大人指派就不是遊戲。

4.遊戲是有彈性和非預期的，隨著情境而有差異。

5.遊戲包括了非真實的假裝和想像力，兒童善用假裝（as if）和想像力，將玩具和情境做改變，來符合遊戲需求，超越此時此地的限制。

6.遊戲注重過程勝於結果，遊戲過程中兒童專注於活動和行為，在沒有壓力的情況下，隨時變通玩法，而非一成不變只為達到目標。

遊戲一定要有很明確的活動目標與目的，遊戲不是用來討好兒童，也不是只有歡樂，好的遊戲應該要有一定的功用。

■兒童遊戲功用

1.遊戲是一種享受性、情緒發洩的活動。

2.遊戲是用來提高訓練效果教育的活動。

3.遊戲是培養兒童品格與紀律的活動。

■兒童遊戲種類

・團體遊戲

團體遊戲，由全體參加者不分組參加活動，其目的在引起參加活動的動機，並讓兒童在活動中消耗體力。因為是全體參加，因此混合了培養氣氛和安定一群人的遊戲，也讓內向的人能融合在活動中。遊戲當中，避免讓同一人常常得到勝利，也不宜一開始就淘汰某個人，這樣會讓淘汰者失去參與的機會，而孤立某些人。團體遊戲的目的，在於幫助體力較差或個性內向的人參加，

所以規則要清楚，方法應多變化，兼顧群體，以發揮群體合作訓練教育。

團體遊戲通常採圓形方式進行，或坐或站或蹲，適於活動開始序幕。

常用的遊戲有「這是我的家」、「跟我來」、「獵象」、「搶寶物」、「湊數」。

· 接力遊戲

接力遊戲必須要人數均等，當人數不等時，輔導人員必要時得以充當隊員補不足，或是讓小隊長多做一次的方法來解決。由於分組接力，每個人都會輪流玩過，應避免過度競爭，消耗體力，而產生厭倦、興趣減低，所以玩三至四次就應立即變換其他活動。因為是比賽性質，對於身體不適者，應事先調配，以求安全。接力遊戲是種良好的體育比賽，能讓兒童學到「勝不驕，敗不餒」之運動精神，教育工作者應事先設計出團體間的歡呼，在遊戲結束時，讓敗者全體小隊向勝者全體小隊歡呼，而勝者全體小隊也應向敗者全體小隊回禮，以培養文質彬彬，有風度與氣質的好兒童。

常見的遊戲有「傳電報」、「傳口信」、「你好嗎」、「單腳跳」。

· 分組遊戲

把各隊混合編組成兩組，使隊際間的競爭不致白熱化。分組法把全團或小隊按「1」「2」報數分成兩組。藉由活動訓練精神及身體的機警，培養迅速敏捷性。

常見的遊戲有「猜拳」、「坐地投籃」、「黑白花牛」、「龍舟競賽」。

· 感覺訓練遊戲

藉由遊戲活動以訓練有關聽覺、嗅覺、觸覺、味覺等感官遊戲訓練活動。以培養兒童辨別與判斷的能力。金氏遊戲是此類遊

戲的大全。

　　常見的遊戲有「盲人蠟燭」、「他在哪裏」、「發生了什麼事」、「黑夜寄信」、「藥品辨味」、「暗中渡河」、「毛克利你在哪裏」。

・靜的遊戲

　　這是能使全體兒童安靜下來的最好方法，此類遊戲的優點在於它不受時間、空間及道具的限制。

　　常見的遊戲有「閉目計時」、「它在哪裏」。

・大地遊戲

　　這是多種遊戲的綜合性遊戲，把許多人分成若干組，在一個較大的限定範圍內，互相對抗追逐，爭取團體的勝利及個人的榮譽。這種綜合性的大地遊戲，應先選一適當的戶外活動場地，並配合周遭資源來設計活動。

　　常見有利用「信件指示」進行「追蹤探涉」活動、「大地奪旗」。

・小隊遊戲

　　小隊遊戲是用來訓練小隊長如何領導隊員，所以應鼓勵小隊長多多學習各種遊戲，帶領小隊合作競爭，以凝聚小隊向心力。

　　常玩的遊戲有「穿大鞋」、「穿橋過洞」、「支援前線」。

・進程遊戲

　　可分為比賽和非比賽兩種，對於已經學過的進程內容加以實習或溫習。

　　常見的遊戲有「救人遊戲」、「方位遊戲」、「繩結遊戲」。

■兒童遊戲注意事項

　　1.遊戲安全第一，即使再好玩的遊戲，都敵不過任何的疏失。

　　2.遊戲必須富有教育性，不要戲謔。

3. 遊戲的規則要簡單清楚，要能讓兒童在遊戲前真正明瞭規則，才會讓兒童玩得公平與趣味。

4. 新的遊戲可讓兒童先試玩一次。

5. 遊戲進行中如發現錯誤或不守規則時，應立即下令停止，重新講解規則後，再進行遊戲活動，尤其兒童的好勝心強，避免失去公正性，誤導兒童守紀律的觀念。

6. 獎勵「勝不驕、敗不餒」的精神，注意團體獎勵重於個人獎勵。

7. 有時也可讓勝者對敗者做出歡呼，請敗者繼續努力，迎頭趕上。

8. 勝負的判定要公正、公平與確實，讓兒童能信服遊戲規則。

9. 遊戲前有關裁判、場地、道具，要有充分的準備與檢查。

10. 有關遊戲的資料記錄，隨時建立資料卡，不要單靠記憶，並備註應該改善注意的事項，以利後續玩者進行。

(四)兒童表演

藝術教育法第十二條規定：「學校一般藝術以培養學生藝術智能，提升藝術能力，陶冶生活情趣，並啟發藝術潛能為目標」，故「九年一貫課程總綱要」所提列之教育目標是在於：透過人與自己、人與社會、人與自然等人性化、生活化、適性化、統整化與現代化之學習領域教育活動，傳授基本知識，養成終身學習能力，培養充分發展之活潑樂觀、合群互助、探究反思、恢弘前瞻、創造進取的健全國民與世界公民（教育部，1998）。

戲劇教學的理論基礎從一般藝術教育課程的類型、標準、取向，與其呈現之形式上來看是相同的，其教學之重心，在本質上是深受發展心理學與學習心理學之影響，亦即教學須隨著年齡與

心智之發展，使學習者能夠有效地學習。基本上學習之含義是指：「學習是因經驗而使個體行為或行為潛力產生改變且維持良久的歷程」（張春興，1994）。因此，在歷來心理學家所主張之行為學習理論、認知學習理論及互動學習理論三大派典（甄曉蘭，1997）看來，其理論在藝術課程中的最佳實踐看都應屬戲劇教學。

戲劇教學的主要目標，就教師之教學可從四個方向界定（Jendyk, 1985）：

1.在美學方面：呈現（或訓練）出傳統的劇場藝術與技術。
2.在表現方面：發展個人資源，尤其是創造力。
3.在社會方面：發展社會認知、政治性良知、團體信任與人際關係。
4.在教育學方面：課程主題教學，包括世界性教育概念，如洞察力、同理心，及個人之充實（或界定為有趣味）。

美國「國家戲劇教育研究計劃」之課程戲劇教學目標係界定在技能、情意與理解方面，有四個層面（American Alliance for Theatre and Education, 1987）：

1.個人資源內在與外在之發展。
2.以藝術上的合作來創作戲劇。
3.戲劇劇場和社會的關聯。
4.建立審美上的判斷能力。

由於戲劇是一種時空兼具的綜合藝術，含括了視覺上的平面與空間藝術，及音樂的時間藝術本質，它們有相同的美學概念，共同的目標，互補的關係，也有階段過程的要素。

一般戲劇隨著兒童心理成長分為三階段教學，即練習（exercise）、戲劇性扮演（dramatic play）與劇場（theatre）（Bolton,

1979）。它係由簡短、容易、明確、愉快的方式，以戲劇自然學習方法，如模仿、想像、扮演、對話等要素，藉一般所熟悉的身體動作、韻律團體遊戲等活動，把學生內心與外在世界結合起來，自在而有趣的學習，然後再逐步組構成場景，故事結合劇場性簡單的相關性設計與製作，發展成一齣戲劇的演出形式。

■戲劇表演的功能

・社會化參與暨情感表達

　　兒童們藉由戲劇表演過程，投入戲劇的情境之中，戲劇的情境吸引他們，讓兒童們毫無保留地跟演員與觀眾們在舞台上互動，好比劇情演到要殺壞人，大家會幫忙找壞人，或是會提醒遇到危險情境的劇中人物，或對劇中人物表達同情，那是一種遊戲的感覺，這不僅能夠引發兒童感情的表達，更帶動他們參與戲劇的社會化過程暨情感的表達。

・知識的傳達於日常生活

　　戲劇表演不是教條式宣言，也不是教訓式說教。透過戲劇可以瞭解生活應有的知識與禮節，透過一個探險過程，可以讓小朋友瞭解如何去規避生活中的險境，如童話故事中的大野狼，他欺騙小紅帽，吃了放羊孩子的羊，還要吃三隻小豬，一般的作法都會把他變成一隻凶惡不堪的反派人物，但是在劇中我們可以換個角度提出另一個食物網的觀點。人是生物界的主宰嗎？還是生物界的一員？我們人在環境中扮演的角色是什麼？這些思考是很深刻的，是一種知識的傳達，也是一種文化的薰陶。由大野狼角色來反問，為什麼人類可以吃我們狼群，我們狼群就不能吃豬吃羊呢？藉由戲劇表演來進行知識的傳達，以免除教條式的宣示。

・教育的潛移默化與陶冶

　　兒童除了在現場感染笑聲和興奮之外，更能由戲劇表演中，受到情節教育的潛移默化與陶冶作用。好比「蔬菜世界」的表

演，若能讓兒童改除偏食的壞習慣，那麼，一齣戲的影響力遠比說一百遍還有效。

　　本文所要闡述的部分著重於兒童團康活動進行，僅利用上述文章來認知「戲劇表演」之途。如何讓兒童的表演融合在團康活動呢？我們從學校裏不難看到，部分的學生有著表演細胞，只要有機會，不管是一個故事或是日常生活中的真實情境，這些小朋友都能煞有其事地排演，也都能帶動其他同學的笑聲與熱絡參與。在戲劇表演部分，因為兒童講究的是生活圖像的再現，他們會以鮮活的圖像來感受周遭的生活，所以在兒童戲劇表演，盡量以日常生活當中容易取得的主題來進行活動，甚至可加上一些故事背景音效、雜耍、魔術或特技，讓兒童融合於表演中，過個愉快的童年。

■範例

　　教育工作者事先找定主題內容，將標明好的不同戲劇內容信封，召集隊長抽籤決定，由各隊自行準備十分鐘後，依序表演，其表演的方式一律以啞劇進行（只用肢體動作表達），讓其他的小隊猜出所表演的內容。

各位聰明可愛的小朋友：

　　請小隊長帶領小隊，在十分鐘內分工合作，以啞劇的表演方式進行，請全體隊員表演一齣「服從長上」的主題戲劇，表演時間為三分鐘。

　　每組表演完後，再由其他小隊猜出各位所表演的內容。

　　我們不用拍手鼓掌，而是要以歡呼來表示謝意與讚賞。

老師敬上　2004年07月21日

　　這是在野外最簡便的戲劇表演方式，僅供各位參考用。而戲劇表演主題與題目，可配合參與對象、活動季節、主題內容、活

動地點……等加以配合運用。

四、兒童戶外活動急救法

戶外活動已經是每個教育工作者都會經歷的一種授課經驗，通常會面臨意想不到的狀況，身為教育工作者，對於戶外急救的常識及方法，應在平時多加以認識瞭解，以具備應變能力。

(一)基礎護理七步驟

1.注意危險。
2.觀察傷者的狀況。
3.仔細看護受傷者，保持其呼吸道的暢通。
4.控制大量出血。對傷者施行急救，甚至就地施救。
5.安撫傷者。
6.迅速確實的通知醫生或醫療單位；如有必要，另行通知警方或消防人員。

(二)止血

正常成人的血液量約為體重的8%，男性略高於女性。若失血超過一千五百西西，很快就會導致休克。若嚴重大動脈出血，可能在一分鐘內就會死亡。**表15-8**介紹四種止血法。

(三)灼傷急救

灼傷急救最重要的就是減少熱源對皮膚的作用，灼傷後立即

表15-8 四種止血法

止血法類別	止血法實施要領
1.直接加壓止血法（靜脈出血）	以乾淨布直接壓住傷口或傷口周圍（布濕後請換新），盡量避免用手壓迫止血，以防細菌感染。
2.壓迫止血點止血法（動脈出血）	動脈出血，依照前述止血法壓迫五分鐘，如仍未能將血止住時，應即壓迫止血點以止血。人體之主要止血點均每邊計有六處。各止血點為動脈血管橫過骨骼之經絡，因身體出血部位之不同，應用之止血點亦各異： 1.頭部出血如出血部位在眼睛以上，可壓迫耳前方止血。 2.面部出血如出血部位在眼睛以下，可壓下顎角前約一吋處止血。 3.頸部或喉部出血將大拇指置於頸後部，其餘四指壓迫喉頭旁之凹陷處止血。 4.肩胛及上部出血，將拇指壓迫鎖骨後面之凹窩而向下面第一肋骨壓迫止血。 5.臂部手指間三分之二以下出血，將手握於腋窩與彎中間拇指握臂之外側，其餘四指壓迫臂之內側上臂骨處止血。 6.大腿小腿及足部出血，將手掌壓迫腹股溝止血。
3.止血帶止血法（四肢大動脈出血適用）	1.用特製的止血帶或寬布條、毛巾、橡膠管等，紮在出血部位的靠近身體側。 2.手臂出血時縛於上臂的上三分之一處，下肢出血時縛於腹股溝下十公分處。 3.每隔十五至二十分要鬆帶十五秒，以防血液循環不良所造成的局部組織壞死或下游神經損傷。
4.升高止血法	將受傷部位高舉至比心臟高的位置。

將傷口置於自來水下，以大量的冷水持續沖洗十分鐘以上，沖洗後必須馬上送醫急救，並保持平穩，以免傷口腫脹或造成呼吸困難。必須注意的是：

　　1.不要脫掉傷患的衣服。

　　2.勿在傷口上任意塗藥。

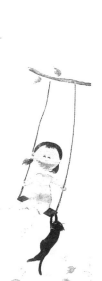

(四)鼻出血止血法

提供以下三種止血法:

1.鼻道堵塞法:以棉花塞入鼻出血側,並壓住兩分鐘。
2.冰敷法:讓患者平躺,用冷水浸濕的毛巾(冰袋、毛巾裏小冰塊)敷在鼻或額,每隔數分換一次。
3.指壓法:讓患者仰臥於椅子上,抬頭張口呼吸,並用拇、食指緊捏鼻翼雙側,壓迫鼻中隔前部。

(五)骨折急救法

當懷疑骨折卻無法從外觀判定,但有任何疼痛或無法動彈時,仍須以處理骨折方式急救。

1.止血:如有傷口或開放性骨折出血,應以乾淨布巾包紮止血,但不可把骨頭外露處復回傷口內。
2.固定:不可讓骨折部位脫節,亦不可試行復位,用夾板固定患處附近及兩端關節,夾板須超出兩端關節(無夾板時,以硬板、竹板或摺疊的報紙代替)。
3.送醫。

(六)扭傷急救法

1.手腕關節:使用吊腕包紮,看部位區分大吊腕與小吊腕處理。
2.足踝:將傷者倒臥,用衣服等物墊高頭部。冷敷處理,固定傷處。

(七)中暑急救法

在高溫或空氣悶熱的環境下最易產生中暑現象，急救步驟如下：

1.將病人移至通風處休息，並解開其衣扣讓身體散熱。
2.為病人提供適足水分，如有出汗過多或臉色發白等情形，應給予含鹽飲料。

(八)眼睛傷害的基礎護理

眼睛受傷時，救護人員應先使用無菌的紗布或乾淨的手帕敷在傷處，同時盡速送醫，絕不可在眼睛或其四周塗上藥膏。

(九)毒蛇咬傷急救法

台灣盛產毒蛇，應小心被蛇咬，尤其是登山者更應小心。急救步驟如下：

1.保持冷靜並辨識毒蛇：一切慌亂心情或行為都會加速毒液擴散，所以請先保持冷靜，盡可能辨識咬人的蛇有何特徵（傷者不可飲用酒、濃茶、咖啡等興奮飲料）。
2.縛紮：在傷口近心臟處縛紮，以防毒素隨血液流至其他部位。
3.吸吮：以吸吮器將毒血吸出，施救者宜避免直接以口吸出毒液，若口腔內有傷口可能引起中毒。
4.送醫：為安全起見，無論是否被毒蛇咬傷，都應盡快送醫急救。

(十)蟲傷急救法

1.蜂：塗上氨水中和，再用蘇打水或油脂面霜敷好。

2.螞蟻：塗上氨水中和，因為螞蟻的毒液成分中有蟻酸。

3.其他毒蟲咬傷：塗上氨水、碘酒或優碘。當在戶外一時無氨水可用時，可用人體尿液替代之。

4.帶領兒童到戶外舉行各種活動時，簡易急救箱是必備的。

參考書目

一、中文部分

中國童子軍國家訓練營（1998），《幼童軍木章基本訓練手冊》（訓練組員用）。

中國童子軍國家訓練營（1998），《幼童軍木章訓練手冊》（訓練組員用）。

中國童子軍總會編（1992），《中國童子軍幼童軍團長手冊》。

郭靜晃（1997），《兒童遊戲：遊戲發展的理論與實務》，台北：揚智文化。

黃志成、王淑芬（1997），《幼兒的發展與輔導》，台北：揚智文化。

張忠仁撰（1984），《童子軍學術論叢》（上下冊），台北：台灣中華書局。

戴文青（1998），《學習環境的規劃與運用》，台北：心理。

教育部體適能教育網站 http://140.135.82.106/

二、英文部分

Gabbard, C. (1988). Recreation and Dance, *Journal of Physical Education,* 59 ,7:65.

Chapter

16

吳幸玲

· 美國俄亥俄州立大學家庭關係與人類
　發展學系碩士

· 中國文化大學社會福利系、輔仁大學
　生活應用科學系講師

一、前言

　　遊戲對於兒童來說是與生俱來的需求，兒童藉由遊戲這個媒介來促進不同的發展領域，也透過遊戲來建立環境與人的互動關係；這些發展及經驗皆可由兒童在情緒、認知、社會、語言及動作的發展歷程中看出。本章將遊戲與兒童發展的關係分為情緒發展、認知發展、社會發展、語言發展及動作發展五個層面，來解釋遊戲與兒童發展之間的關係，兒童的遊戲行為隨著不同的階段而產生不同的發展和經驗。

　　本章亦提出很多的研究在調查遊戲與兒童發展間的關係，研究內容著重於認知、技能和情境三方面，研究的方式大都以實徵研究來進行，其內容多針對兒童的成長，包括認知、語言、社會技巧和情緒適應等。此外，若遊戲與相關或因果關係存在時，也須注意不能單單只從遊戲這個層面來做分析，還要將其他變數列入考量（如變項因素）。因此，如果我們在評估遊戲與兒童發展之間的相關性及重要性時，只參考一些有問題的實驗研究或沒有結論的研究，可能會產生錯誤的評估及結論，所以在引證研究的結果時必須小心。

二、遊戲的概念

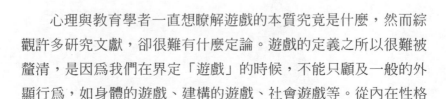

　　心理與教育學者一直想瞭解遊戲的本質究竟是什麼，然而綜觀許多研究文獻，卻很難有什麼定論。遊戲的定義之所以很難被釐清，是因為我們在界定「遊戲」的時候，不能只顧及一般的外顯行為，如身體的遊戲、建構的遊戲、社會遊戲等。從內在性格

來看，遊戲應具備幽默感、歡笑、自發性。這樣看來，遊戲就不只是別人所期望的外顯行為而已，而更反映出個人內在的動機與需求，當然，遊戲的本身一定是充滿歡笑的（joyfulness）。

「遊戲生活化」、「生活遊戲化」、「做中學」、「遊戲中學習」一直是幼兒生活的影子。從上列口號中，我們可看出許多熱心提倡遊戲的人士，將遊戲當作解決兒童問題的萬靈丹，或當作達到某種教育的目的（如Froebel、Montessori）的教學模式。但相反的，也有人（如Piaget）卻把遊戲視為從兒童到成人式工作的過渡行為。到底何謂「遊戲」（play），這個問題困惑了許多學者，甚至在許多研究中，都無法賦予「遊戲」這個名詞一個清楚的定義或是試用實證數據來驗證遊戲理論。因此，遊戲的定義至今仍是眾說紛紜。不過還是有許多兒童心理學家努力在分辨什麼是遊戲行為，並區分出某些遊戲行為形態（如伴裝遊戲、建構遊戲或合作遊戲）與兒童的發展（尤其是認知與社會發展）具有密切的關係。隨著孩子年齡的增長，遊戲的行為形態及名稱會有巨大的改變，在嬰幼兒時期所稱的遊戲，到了成人社會就變成休閒或工作，例如：棒球，嬰兒玩棒球是一種身體的遊戲，到了成人打棒球就變成休閒活動，但若成為職棒選手，打棒球又變成工作了。不過，在任何的遊戲活動中，都可以掌握到一些共同的特徵及目的。

今日的台灣教育由於太注重成人權威及考試取向，以升學及成績作為唯一的成就取向，導致教學內容僵化，一味注重填鴨知識，無法吸引學生的興趣與好奇，教材偏離生活化，加上教學偏重記憶與背誦，忽略操作實驗與探索的重要性，或即使是遊戲，也是老師加以控制並要達到教育的目的，凡此種種，造成教育與遊戲的功能已有相左，也導致了一些台灣的教育問題。

本節先介紹遊戲的定義，再區辨遊戲與探索行為的異同，進而為各種遊戲下定義，接著將探討遊戲理論及老師要如何應用這

些理論，最後再從遊戲的功能及教育觀來探討遊戲的概念。

(一)遊戲的定義

誠如以上所言，遊戲很難以外顯行為來下定義，心理學者常想把遊戲變成一種結構式的、可測量的行為。但在實證研究中卻往往吃足了苦頭，其中有位著名的遊戲學者Garvey，她也難以釐清何謂遊戲。有一天，她問她的兒子，何謂遊戲？她兒子回答：「媽媽，這個問題這麼簡單，妳怎麼不知道？遊戲就是好玩的東西；遊戲就是我喜歡及所選擇的事情；遊戲就是我所做的事。」所以從他對遊戲的定義來看，遊戲是歡樂的、自由意志選擇的、不具強制性的、內在動機取向的。

與遊戲相關的理論或研究，大都是來自人類學和心理學領域（Rubin, Fein & Vandenberg, 1983; Schwartzman, 1976）。人類學觀的研究著重其人類的本質，認為遊戲是人類從兒童成長為大人的過程，是極其自然的事。從文獻中討論的各國文化看來，各文化的遊戲方式、遊戲器具，均具備了「自然」的條件，符合各自的民族文化，這也反映出遊戲是兒童成長的自然傾向和需要。另外，如果從文化人類學的角度來看，那麼兒童的遊戲，其實是一種學習活動，用以進行文化的傳承，如Fortes（1970）對Taleland（位於西非洲的部落民族）的遊戲觀察就是很好的例子。Taleland民族屬於傳統部落社會，設有正式的學校組織，兒童在日常生活中，透過遊戲的方式，學習大人各種打獵、耕種、祭祀、婚姻活動，很自然地將部落延續種族的能力、技巧、興趣、性別角色、生活的職責、社會生活與宗教儀式等，傳遞給下一代。

傳統的人類學家將兒童遊戲視為對大人生活的模仿和適應社會情境的準備活動，如果從心理學的角度來看，這是一種社會學習。但是，Fortes（1970）的研究則認為，兒童遊戲並非一成不變

的模仿，或是對成人行為的複製，而是在遊戲中融入了兒童個人的想法，再透過想像與創造，並運用日常生活的自然物體與玩物，重新建構起他們所觀察到的成人生活，兒童並會重新設定成人生活的主題與功能，以符合特殊的遊戲邏輯與情感。

　　如果從教育學習的觀點來看，兒童遊戲具有學習的功能，Plato和Aristotle都著重遊戲的實用意義，視兒童遊戲為一種學習活動（如算術、建構技巧），Plato並且認為，兒童遊戲乃實現成人所期望的角色。

　　此外，早期的教育學者如 John Amos Comenius（1592-1670）、Jean-Jacques Rousseau（1712-1778）、Johann Pestalozzi（1782-1827）、Friedrich Frobel（1782-1852），都反對用嚴格的紀律訓練或背誦方式來教育兒童，反之，他們強調遊戲對兒童的重要性，認為遊戲就是兒童的工作，也是學習的樞紐；Frobel更直接把遊戲視為一種兒童的學習工具。

　　詹棟樑（1979）參照人類學家Martinus Jan Langeveld的論述提出：兒童的世界就是學習的世界，兒童的學習具有三種含義：(1)開放的意義：公開的共同生活、工作；(2)無拘無束的意義：兒童在遊戲中自由自在地嘗試心中各種的想法；(3)創造的意義：兒童如同藝術家，透過遊戲來創造遊戲。從這一觀點出發，幼兒的生活應該延續人類成長的自然方式，讓孩子無拘無束遊玩以獲得具體的學習經驗。

　　在Aristotle及Plato等教育及哲學學者嘗試對兒童遊戲加以定義之後，心理學者也提出了對遊戲理論的論述、遊戲行為的定義、分辨遊戲的特徵、遊戲的發展階段，以及遊戲與兒童發展的關係。

　　心理學的研究變項，如智力、自我概念、動機、壓力等，是屬於抽象性的構念（abstract constructs），但遊戲不同於這些構念，可以直接被觀察及測量，因此，許多人便直接藉由對兒童遊

戲的觀察，導引出兒童遊戲的定義，而這也造成了遊戲的定義眾說紛紜。我們可以從傳統和現代的遊戲理論，來進行瞭解。

(二)遊戲理論

關於解釋兒童遊戲原因的理論，基本上可以分成兩大類：傳統兒童遊戲理論、現代遊戲理論。

■傳統兒童遊戲理論

傳統的兒童遊戲理論起源於二十世紀初期，約在第一次世界大戰以前，又可稱為古典遊戲理論，一共有四種：能量過剩論；休養、鬆弛論；重演論；本能－演練論。這四種理論的提出者及對遊戲的解釋如**表16-1**所示。此外，這四種傳統的遊戲理論，其實又可以分為兩種：(1)能量過剩與休養、鬆弛論：將遊戲視為能量的調節。(2)重演和本能－演練論：把遊戲視為人類的本能。

這些傳統的主要目的並非清楚解釋遊戲的定義，而是解釋遊戲存在的目的。此外，這些傳統理論也較不注重實驗結果，而是重視哲學思想，然而，這些傳統理論仍是現代遊戲理論的重要基石，茲分析如下：

· 能量過剩論

將遊戲視為一種能量的調節，在能量過多時尤其重要，例如，個體在工作之餘仍有過多的精力可資運用時，就產生了遊戲活動。Spencer解釋，個體的能量是消耗在具有目標導向的活動（工作）與沒有目標導向的活動（遊戲）中。這種理論的缺點是無法解釋為何兒童在精疲力竭時，仍然想要玩遊戲。

· 休養、鬆弛論

為Lazarus所倡導。相對於能量過剩論，Lazarus認為單調工作做太久之後，需要用遊戲來調劑。此外，Lazarus也認為由於工作

會消耗能量而使能量不足，因此可以用睡眠或遊戲來補充。在Lazarus眼中，遊戲與工作不同，是一種儲存能量的理想方式。另外Patrick（1916）則認為遊戲可以幫助個體讓疲乏的心理得到鬆弛。Patrick解釋，現代人在工作時需要注意力的高度集中，也需要抽象思考能力及精細的動作能力，因此較容易引起工作壓力及神經失調症。這種症狀在古代社會較少發生，與今日不同，古代的工作環境需要大量的肌肉活動，如跳、跑、丟擲等，而這些動作卻被現代人用來作為運動及休閒之用。

・重演論

　　源於個體胚胎學，認為個體的發展過程就反映了種族的演化，而遊戲就是人類進化的複製或重演，相當於從低等動物演化成高等動物的過程。此理論是由G. Stanley Hall所提出，他認為遊戲承襲自老祖宗的本能，而兒童遊戲的階段性則遵循著人類歷史的演進，並且是在演化中沒被淘汰而保留下來的。這種想法源自於Charles Darwin的物競天擇（The Origin of the Species）。依據這一派理論的解釋，兒童玩水就如同原始祖先在海邊的活動；爬樹則宛如更古老的祖先——猿猴；至於同儕遊戲，也和原始部落民族的生活相仿。此派理論認為遊戲的目的，就是讓不應出現在現代生活的原始本能得以充分展現。此派理論的缺失則在於：它並不能解釋現代兒童玩太空船、坦克、雷射槍、超人、模型金剛等玩具的原因，畢竟這些玩物並沒有在古代人的生活中出現。

・本能—演練論

　　此派觀點認為，遊戲是個體用以練習和準備未來成年生活所需技能的方式，例如，幼兒扮家家酒，就是在練習未來為人父母時應具備的技能。Groos在一八九八年所出版的《動物的遊戲》（The Play of Animals）及一九〇一年所出版的《人類的遊戲》（The Play of Man）兩本書中，認為遊戲不單只是為了消除原始本能，而是幫助兒童加強日後所需的本能。贊成此一學派的學者認

表16-1　遊戲的古典理論

理　　論	倡導者	遊戲目的
能量過剩論	Schiller/Spencer	消耗過剩的精力
休養、鬆弛論	Lazarus/Patrick	回復在工作中消耗的精力
重演論	Hall/Gulick	原始本能
本能—演練論	Groos/McDougall	為日後成人生活所需準備

為遊戲是由本能需求所衍生的活動，兒童藉由一種安全的方法來製造練習的機會，使這些本能更臻完善，以利日後成人生活所使用。

■現代遊戲理論

現代遊戲理論不只是在解釋人為什麼要遊戲，而且嘗試為遊戲在兒童發展中所扮演的角色下定義。此外，現代遊戲理論也指出遊戲在某些狀況下的前因後果。這些理論大約在一九二〇年代之後才被陸續發展出來，主要包括：心理分析論、認知論及其他一些特定的理論。**表16-2**就是這些理論以及它們在兒童發展上所扮演的角色。

・心理分析論

最早是由Sigmund Freud所倡導，認為遊戲是兒童人格形態與內在慾望的展現；遊戲可以平撫兒童的受創情緒，發洩個體的心理焦慮，滿足情緒上的需求，忘卻不愉快的事件；遊戲可以讓兒童拋開現實情境，從一被動、不舒適的角色中轉移出來；遊戲可以讓兒童透過複述和處理不愉快的經驗淨化情緒，具有心理治療的功能。此外，Freud也解釋，兒童的遊戲主要是受唯樂原則所控制，兒童可以在遊戲中完成自己的願望。例如，兒童玩太空人、賽車選手、護士或母親，乃是在遊戲中表達需求並且藉此獲得滿足。Erikson延伸Freud的心理分析論，認為遊戲具有自我探索的功

表16-2　現代遊戲理論

理　　論	遊戲在兒童發展的角色
心理分析論 Freud Erikson	 調節受挫經驗 接觸內在的自我，以發展自我能力
認知論 Piaget Vygotsky Brunner/Sutton-Smith	 熟練並鞏固所學的技巧 由區別意義與實物來提升想像思考 在思考及行為上產生變通能力
其他特定理論 Berlyne的警覺理論 Bateson的系統理論	 增加刺激使個體保持最佳警覺程度 提升瞭解各層面意義的溝通能力

資料來源：吳幸玲、郭靜晃譯（2003），頁15。

能，個體可以在遊戲情境中接觸內在的自我，並藉以發現自己的能力。Erikson將兒童的遊戲分爲三個階段：自我觀（autocosmic）、微視觀（microcosmic）及巨視觀（macrocosmic）（Erikson, 1950）：

1. 自我觀：自我的遊戲從出生之後即開始，主要是嬰幼兒的身體遊戲，包括重複探索個體的感覺與知覺，以及嘗試發出聲音等。之後，嬰幼兒會對其他的屬性（如玩物）產生興趣。
2. 微視觀：主要在於藉由更精細的玩物及玩具來舒展個體的自我需求。假如兒童在此階段無法擁有這樣的能力，可能會出現咬手指頭、做白日夢或自慰等行爲。
3. 巨視觀：大約是幼兒上幼稚園，可以和其他同儕一起玩的時候。兒童會在社會遊戲的參與與個體單獨遊戲中進行學習。

・認知論

　　主要由瑞士心理學家Jean Piaget和蘇俄心理學家L. S. Vygotsky所提出。自一九六〇年代末期開始，Piaget關於設計學習環境，以幫助兒童在認知、生涯、社會和情緒方面獲得最大發展的理論，在美、加吸引了許多追隨者，並發展成爲認知學派（Shipley, 1998）。這個學派不僅是八〇年代美國的學術主流，甚至影響了在六〇年代中期，專爲弱勢兒童設計的「啓蒙計畫」（Head Start），促使這個計畫轉而採取遊戲導向的教育哲學。認知學派認爲遊戲可以促進兒童的認知發展，依照Piaget的看法，遊戲是個體對環境刺激的同化（assimilation），是使現實符合自己原有認知基模（cognitive scheme）的方式。換言之，遊戲的發生條件，是個體在一個不平衡的狀態，而且在遊戲中，將同化作用大於調適作用（accommodation，是指調整個體的內在認知基模，以順應外在的環境）。因爲遊戲不需要遊戲者改造自己、適應環境（adaptation），所以兒童在遊戲中也不用刻意學習新的技巧；然而他們卻可以透過遊戲反覆練習新的技巧，進而達到熟練的程度。此外，Piaget也認爲，由小孩的遊戲形態也可看出他們在認知能力上的發展。例如，兩歲的幼兒只能玩熟練性的功能遊戲（重複身體的動作），他們較少呈現想像、假裝、虛構或戲劇性的遊戲。至於Piaget的認知發展階段與兒童的遊戲呈現形態，我們可參考**表16-3**。

　　除了Piaget外，還有其他的認知論者對遊戲提出不同的解釋，以下就分別描述不同學者的論點：Vygotsky認爲，遊戲可以直接促進兒童的認知發展。Vygotsky（1976）強調，幼兒可以在遊戲中實現現實生活所無法完成的願望，對他們來說，遊戲正是想像力發展的起點。他認爲幼童無法進行抽象的思考，因此，對他們而言，意義和實體無法截然區分，兒童如果沒有看到具體的事物，便不會瞭解事物的意義。例如，幼兒沒有看過老虎，就不會

表16-3　Piaget的認知發展階段

階　段	大概的發展時距	遊戲形態
知覺動作期		感覺動作／熟練性遊戲
1.練習與生俱來的知覺動作基模	0～1月	
2.初級循環反應	1～4月	
3.次級循環反應	4～8月	
4.次級循環反應基模的統整	8～12月	
5.三級循環反應	12～18月	
6.透過心理組合以創造新方法	18～24月	
具體操作期		
前操作的次階段	2～7歲	想像性／裝扮遊戲
具體操作的次階段	7～11歲	有規則的遊戲
形式操作期	11～15歲	有規則的遊戲

資料來源：郭靜晃譯（2000），頁57。

知道什麼是老虎。這情形一直要到幼兒三至四歲進入想像遊戲期才會有所改變，此時他們開始利用物品（如木棍）來代替某些東西（如馬），意義開始與實體分離。此時的代替物（木棍）就像樞軸能讓意義由實物中被區分出來。如此一來，兒童才能具有象徵想像的能力，以區別意義與實體。由此看來，幼兒遊戲是發展未來抽象思考能力的必經過程，遊戲可以創造新的思想，也是奠定兒童未來創造力與應變能力的基石。

　　另一位學者Brunner則根據認知的適應架構提出不同看法。他提出：遊戲是行為變化的來源（Rubin, Fein & Vandenberg, 1983）。他甚至認為，遊戲的方法及過程比遊戲結果更重要。在遊戲中，孩子不用擔心目標是否能夠達成，這使他們可以用新奇而不尋常的方式來進行遊戲，例如，孩子一旦學會溜滑梯，就會嘗試以各種不同姿勢滑下來；相較於此，如果有既定的目標必須達

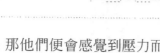
成，那他們便會感覺到壓力而不玩遊戲了。在遊戲中，兒童可以嘗試很多新的行為和玩法，以便日後應用在實際生活情境中，進而解決生活上的問題。換言之，遊戲有助於增加兒童行為的自由度，並且培養出更好的應變能力。

Sutton-Smith則把「假裝是……」（as if it were...）遊戲視為一種象徵性的轉換，可以幫助兒童打破傳統的心理聯想而增加新想法，鼓勵幼兒利用新奇、有創意的方法來遊戲，幫助他們在未來更加能夠適應成人的生活。

· 特定的理論

D. E. Berlyne從生物觀點出發，根據行為的學習理論提出遊戲的警覺理論（Arousal Modulation Theory）。他以系統性的觀點來探討遊戲、好奇與創新：根據Berlyne的警覺理論，個體的中樞神經系統經常需要適當的刺激，如果刺激過多（如接觸到過多新奇事物），則必須要減少刺激的活動，以達到恆定（homeostasis）。遊戲即是一種尋求刺激的行為，當刺激不夠，警覺程度提高，遊戲便開始；反之，一旦個體增加了刺激，並降低警覺程度，遊戲就隨之停止。

Bateson的遊戲理論所強調的是遊戲的溝通系統。兒童在遊戲的互動過程中，須維持著「這是遊戲」的溝通訊息，並且交替協調其角色、物體和活動在遊戲中的意義，以及在真實生活中的意義。因此，遊戲是矛盾的，遊戲中所有的活動並不代表真實生活的行為，所以遊戲中孩子的打架行為與現實生活的打架行為並不相同。不過在遊戲進行之前，兒童必須瞭解遊戲的組織或脈絡關係（contexts），才能明確掌握在遊戲中可能會發生的情況，並且知道這都是假裝而不是真實的。所以兒童在玩狂野嬉鬧的遊戲（rough-and-tumble play）時，常常是在大笑或微笑的情形下進行。如果這種組織或脈絡關係沒有建立，那麼兒童便會把遊戲行為（如嘲笑、打架）誤解成真實生活中的攻擊行為。當孩子遊戲

時，必須同時操作兩種層面：(1)遊戲中的意義：兒童融入所扮演的角色並著重於假裝的活動和物體。(2)真實生活中的意義：兒童同時要知道自己的角色、真實的身分，及他人的角色及身分，還有遊戲所使用的物品及活動物體在真實生活中究竟具有何種意義。

Bateson的理論促使後繼的研究者更加重視兒童遊戲中的溝通訊息。如Garvey就研究兒童所用來建立、維持及傳輸的訊息，並對兒童遊戲中所使用的對話加以研究，特別是兒童參與戲劇遊戲的主題（text/context）。此外，Fein及其同事則調查兒童在虛構遊戲中對於象徵符號的轉換情形。

以上現代遊戲理論可藉由理論的說明、可信度及實徵研究獲得支持，幫助我們更瞭解遊戲。事實上，遊戲容易觀察及測量，我們也都清楚如何來玩遊戲，卻不易給予定義，甚至有學者認為遊戲太難下定義，因此不值得研究。幸而，仍有人繼續不斷地研究，使我們除了瞭解遊戲之外，還能進一步分析遊戲的特徵。如Lieberman（1977）將遊戲視為內人格特質的向度之一，將遊戲定義為：玩性，並視身體自發性、社會自發性、認知自發性、表現歡樂及幽默感等五種構念，是兒童藉以表現遊戲行為的人格層面，亦為遊戲的特徵（如**表16-4**）。

隨著兒童發展與兒童教育日漸獲得重視，遊戲的定義有了更豐富的內涵，在一九七○年代之後，有關兒童遊戲的研究急遽增加，綜合各種心理學的文獻，對於遊戲行為，可以定義為八項，茲分述如下：

1.遊戲是一種不經言傳（nonliteral）的行為，無固定模式，亦不能由外在行為或定義來區分。在兒童的遊戲架構中，內在的現實超越了外在的現實，例如，好像、假裝（as if）遊戲，可讓幼童脫離時地的限制。例如，手上的杯子，如果

表16-4　Lieberman的玩性五種構念

特　徵	表　現
表現歡樂	笑聲、表現快樂和享受
幽默感	欣賞喜劇事件、對有趣情況、輕微有嘲弄的所察覺
身體自發性	充滿活力、全部或部分身體的協調
認知自發性	想像、創造及思考的彈性
社會自發性	與別人相處和進出團體

資料來源：吳幸玲、郭靜晃譯（2003），頁197。

　　　　我在遊戲中把它當成太空船，那它就是太空船。

2.遊戲出自內在動機（intrinsic motivation）：遊戲並不受外在驅力如饑餓所控制，也不會被權力及財富等目標所激發。遊戲本質上是自動自發、自我產生的，並沒有外在的目的及行為。

3.遊戲重過程、方式而輕目的和結果（process over product）：遊戲的方式、情境和玩物可隨時改變，目的也不是一成不變。例如，小朋友玩溜滑梯的方式就可以有很多種。

4.遊戲是自由選擇的（free choices），而不是被分派或指定的。King（1979）發現幼稚園兒童認為，玩積木時如果是出於自己的選擇，那就是玩遊戲；如果是老師分派或指定的，那就變成工作。因為父母或老師覺得好玩的，小朋友不一定覺得好玩。

5.遊戲具有正向的情感（positive affects）：遊戲通常被認為代表了歡笑、愉悅及快樂。即便並非如此，幼兒仍然認為遊戲相當好而格外重視（Garvey, 1977）。有時候，遊戲會伴隨著憂慮、緊張、不安或是一些恐懼，例如，坐雲霄飛車，或從陡峻的滑梯溜下來，但孩子還是會一遍又一遍地

玩這些遊戲（Rubin, Fein & Vandenberg, 1983）。

6. 遊戲是主動的參與而且是動態的（active and dynamic participation）：被動的或消極的旁觀行為或無所事事的行為都不算是遊戲。因此看電視或觀看運動比賽不算是遊戲，唯有主動參與的活動才是遊戲（張欣戊等，1989）。

7. 遊戲著重自我，目的在創造刺激（stimulus creation），而不同於探索行為的目的在獲得訊息：兒童在遊戲中重視的是：「我可以用這物體來做什麼」，而探索行為則強調「這物體是做什麼用的」（Hutt, 1971: 246）。一般而言，兒童會先以探索行為來瞭解陌生的物品，等到熟悉了這些物品之後，就會開始遊戲。

8. 綜合上述心理學者對遊戲的定義，遊戲強調內在動機、自發性、自由選擇、具有正向的情感、能創造刺激、主動參與，同時屬於內人格特質的向度。

　　教育的功能及目標在於造成行為的改變，而改變行為的過程及方式，可以選擇有壓力的工作，也可以選擇沒有壓力的遊戲。如果想達成教育遊戲化、遊戲教育化的目標，我們就得先瞭解遊戲的定義、功能及外在環境（家庭、學校、社會）應該給予的配合措施，並能迎合孩子的需求及發展層次，掌握實驗主義中老師的角色與知識建構的原則，如此我們的教育才可以既達成行為的正向改變，又讓孩子從中獲得最大的玩性滿足。達成這個目標，我們的教育才會好玩，同時也讓孩子獲得很好的學習效果。

　　經由上述的介紹，大家應都很清楚什麼是遊戲，但卻很難為它下定義。大部分的成人都不難看出幼兒是否在遊戲，Ellis（1973）指出，我們甚至也能判斷其他動物（如狗或猩猩）是否正在玩遊戲，但是要為遊戲下定義或解釋「何謂遊戲」卻是很難的事。

　　很幸運地，近來有關遊戲的研究已經逐漸增加，對遊戲一詞的定義也有些進展。下節將討論並區分遊戲與探索行為的差別，以幫助我們瞭解遊戲的特徵。在本節的專欄16-1中，筆者將介紹各種有關遊戲的不同定義並且舉例說明。

・遊戲與探索行為

　　Hutt（1971）、Weisler及McCall（1976）及其他學者認為遊戲與探索行為（exploration）頗為相似，因為遊戲與探索行為都是自動自發，沒有外在的引發動機，Weisler及McCall甚至認為兩者根本無法明確區分。雖然如此，最近的研究（如Hutt, Tyler, Hutt & Christopherson, 1989）卻指出，其實遊戲與探索行為有一些重要的差別。探索行為經由外界的刺激而產生，目的是要獲得物體的相關訊息，因此受到所欲探索物體的控制。相對於此，遊戲是由有機體所引發的行為，但目的不是要獲得物體的相關訊息，而是因個體的需求及慾望才去遊戲。當幼兒遊戲時，幼兒根本不管物體應被用來做什麼，而是隨心所欲地使用這個物體。**表16-5**摘列遊戲與探索行為的主要區別。

　　Hutt（1971）曾觀察幼兒在實驗室中面對新奇東西時的反應。他發現幼兒對新奇物件的行為可分為兩階段。如**圖16-1**表示，玩弄（遊戲永遠出現在探索之後），而且遊戲在行為上較複雜、不規則；探索行為則呈現典型的刻板化，只有觀察及操弄（包括觸摸）兩種行為。

　　探索的功能是為了瞭解新奇的物件，而遊戲的功能與特徵又是什麼呢？誠如**表16-5**所顯示，遊戲發生在探索之後，可以進一步熟悉物件、操弄物件以獲取新知進而創造訊息（Ellis, 1973）。這也許是遊戲行為在演化過程中，仍然能被保留下來的原因。而在瞭解遊戲行為之前，必須先弄清楚遊戲的特徵。

・各式各樣的遊戲

　　本章將採用廣義的遊戲定義，只要合乎遊戲特色（如遊戲是

表1-5　遊戲與探索行為

	探索行為	遊　戲
時　　間	發生在前	發生在探索行為之後
內　　容	陌生物體	熟悉物體
目　　的	獲得訊息	創造刺激
注意焦點	外在的現實	內在的現實
行　　為	固定、刻板化	富有變化
心　　情	嚴肅	高興、興奮
心　　跳	低沉、不具變化	高亢、具變化

資料來源：源自Hutt（1971）、Hughes & Hutt（1979）及Weisler & McCall
（1976）等人之研究。

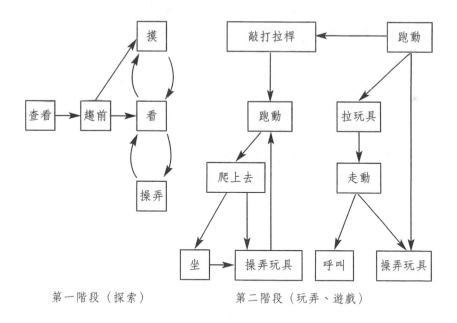

第一階段（探索）　　　　　　　第二階段（玩弄、遊戲）

圖16-1　幼兒玩新奇玩具所表現的行為

資料來源：摘自Hutt (1970)。

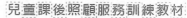
出自內在動機、重過程輕結果、是一種自由選擇、具正向情感等）都可以視為遊戲（亦是一種輕鬆氣氛下的活動）。此外，傳統的遊戲分類如練習、建構、戲劇、規則遊戲，以及具有自發性、無固定模式的轉換行為、自由選擇或具正向影響的藝術及音樂活動，也都算是遊戲。這些活動均具有自發性（內在動機），不溢於言表，過程取向，自由選擇，及歡樂的要素。此外，我們也關心教育性遊戲（educational play）及休閒性遊戲（recreational play）。教育性遊戲大都是在成人所監控下（如課室活動或情境設計）的自由遊戲活動；休閒性遊戲則完全不受大人所監控（如在遊戲場休息時間進行的活動）。Nancy King（1986）也進一步指出，學校遊戲包括這兩種遊戲：一為工具性遊戲（instrumental play），另一種為真正遊戲（real play）。不管是工具性遊戲或真正遊戲都應提醒，與兒童在一起的成人要多給予關心與注意。除此之外，當孩子漸漸成長，遊戲（play）也會逐漸轉變成較競爭性且重視規則的遊戲（games），例如，打電動、下棋或玩球類運動。兩者的區別在於是否具有規則。然而，在另一方面，King也指出學校遊戲的第三種形式——惡劣的遊戲（illicit play）（例如，拋炫風球、笑得很瘋狂、幼稚），這種遊戲很明顯地與其他遊戲有所區隔，並且常被成人（父母或老師）所禁止，與工具性及真正的遊戲有著很大的不同，但是在本書中，將不會對這種遊戲的形式深入討論，而是著重教育及休閒遊戲的理論，以及在研究上的應用。

　　遊戲的定義在韋氏字典中至少有五百種的解釋，**專欄16-1**提供一些幼兒教育實務中常用的定義及其實例說明。

專欄16-1　相關遊戲名詞之解釋與舉例說明

FUNCTIONAL PLAY　功能性遊戲

Smilansky（1968）將遊戲分成「功能性」、「建構性」兩種，所謂功能性遊戲係指操作性遊戲、有或沒有玩物的動作遊戲，或利用刻板化模式來操弄玩物；約在出生至二歲期間出現，幼兒會經常以身體重複性肌肉活動來滿足其感官的刺激與愉悅，之後，功能性遊戲遞減，取而代之的是建構遊戲。

舉例：幼兒反覆用手掌抓握玩物、收拾或倒出東西等；幼兒來回沒目的地走動、逃、跑等動作。

REPETITIVE PLAY　重複性遊戲

指內容不斷重複的遊戲行為，幼兒可從機械式的重複動作中獲得愉悅和滿足，或處理淨化先前不愉快的情緒。這是歐洲學者常用的名詞，相對於美國所用的功能遊戲。

舉例：幼兒手握鈴鼓不斷地搖晃；幼兒以手不斷拍打玩物以獲得個體對物體的期望。

PRACTICE PLAY　練習性遊戲

指幼兒在出生至二歲期間，為了愉悅自己而利用已有的知覺基模對外在事物進行探索，故而做出因不斷練習而十分熟悉的感官上或動作上的連續活動（尤以一歲以前幼兒的活動多屬此）。此階段係屬Piaget所謂的感覺動作期。

舉例：幼兒來回的爬行、將玩物丟在地板上等；幼兒塗鴉。

PRETEND PLAY　假裝遊戲

假裝遊戲通常在幼兒十二或十三個月大時出現，特徵是其發展是一系列逐漸複雜、循序漸進的等級；假裝行為的難度會

因玩物轉移的形式、轉接的層次和遊戲的內容而做不同呈現；以自我為行動者、拿與實際物相同的玩具所做的假裝行為是最簡單的形式，兩歲以後才較能進行須透過轉換的、複雜的假裝遊戲。發展假裝遊戲的基本要素有三，即「去除自我中心」（decentration）（如加入虛擬角色於假想活動情節中）、「去除脈絡化（decontextualization）」（如利用一物體去替代另一物體）、「整合」（integration）（指孩童的遊戲經過協調和系統化的組合逐漸變得有體系）。

舉例：幼兒拿起玩具香蕉模型假裝在打電話。

SYMBOLIC PLAY 表徵遊戲

指幼兒在一至二歲期間，透過語言及符號的使用，開始出現對自己說明事實、並以一物表徵另一物的佯裝能力，此能力會一直發展到幼兒園階段。表徵遊戲的過程，不僅可幫助幼兒克服現實中的恐懼，更可激發其創造力，有助其表達許多複雜的意念、動機和情緒。

Piaget（1962）認為表徵遊戲分為三種：第一種是對新的玩物做表徵基模的應用；第二種是利用他物來取代玩物，或假裝成別人或他物；第三種是將表徵基模和一系列或某種模式的行為做有計畫的連結。Wolf和Gardner在一九八二年則將表徵遊戲分為「獨立型的想像遊戲」及「賴物型的轉換遊戲」兩種，前者係指在遊戲中，幼兒藉由不存在的事件、角色和物品來創造出想像世界；後者則指在遊戲中，幼兒藉著轉換現實物品和安排環境來創造出想像中的世界（Wolf & Gardner, 1979）。

舉例：幼兒抱著洋娃娃在遊戲間走路，一邊假裝餵食洋娃娃，一邊告訴洋娃娃馬路上有很多車，要小心；幼兒拿呼拉圈假裝在游泳池游泳。

MAKE-BELIEVE PLAY　佯裝遊戲

幼兒約自二歲開始出現「幻想—假裝」的能力，二歲至六歲則被視為此類遊戲的黃金時期，此後隨著現實生活的體驗而漸次減少。「幻想—假裝」能力較高的兒童展現較高層次的想像虛構力，會模仿曾經看到的周邊事物或活動，並藉由虛構以進行某種想像遊戲。

舉例：孩子們在玩假想的叢林遊戲時，假裝必須游過一條假想的河流、翻越一座假想的小山，以繼續追逐逃入林中的壞人。

DRAMATIC PLAY　戲劇性遊戲

約在二至七歲期間，兒童處於認知發展的運思前期，兒童表徵能力逐漸呈現，開始從事假裝的想像遊戲；兒童彼此間透過對話和行動，共同設計情節，並相互協調參與各種角色的情境，進而達成有主題的社會劇遊戲。三歲以前，幼兒多獨自進行遊戲；三歲以後，透過角色扮演及（或）想像轉換，則逐漸參與兩人以上的團體社會戲劇遊戲。

舉例：兒童參加學校舉辦的兒童劇團，共同設計改編，並分配角色來擔綱演出現代版的白雪公主戲劇；幼兒在學校扮演醫生幫娃娃打針。

FANTASY PLAY　幻想遊戲

兒童在學齡前的假裝遊戲中，可能以語言和內心形象空想出一個或數個實物（假裝性實務轉換），以使遊戲情節能繼續進行；男女兒童於此方面的能力，在所使用的道具、扮演的角色，以及遊戲主題上，會因對遊戲材料的熟悉度而有所差異。兒童的性別、發育狀況，則是預測此類遊戲程度和品質的重要標準。

兒童課後照顧服務訓練教材
398

舉例：幼兒為玩家家酒，而以手邊的樂高積木來充當廚房及客廳的場景及設備，並虛構出全家在晚餐前的活動情景；幼兒幻想成太空戰士，駕駛太空船，做星際之旅。

THEME PLAY 主題遊戲

指幼兒所從事的遊戲行為中蘊涵某種主題；亦即運用故事、寓言或生活經驗等作為素材，在假裝遊戲中來設計蘊涵某種主題的遊戲。

舉例：男孩選擇冒險主題並扮演王子角色、女孩選擇家庭角色並扮演灰姑娘，透過角色扮演開始進行另類灰姑娘的戲劇遊戲；小朋友進行三隻小豬的主題幻想遊戲，其中有分配角色、設計情節之扮演遊戲。

CONSTRUCTIVE PLAY 建構遊戲

指一種有組織之目標導引的遊戲。約從一至二歲，當幼兒對物體的基模越趨精緻與複雜時，他們可以使用玩物做簡單的建構；此建構遊戲是四歲幼兒最主要的遊戲方式，可一直持續至六歲，隨年齡增長越趨複雜及創意。

舉例：幼兒玩樂高積木或益智七巧板等。

GAMES WITH RULES 規則遊戲／有規則的遊戲

指處於七至十一歲期間（即Piaget所謂的具體運思期）的兒童，遵循一些可被瞭解、認同及接受的規則來進行遊戲。此遊戲在本質上可以是感覺動作的，如玩打彈珠或拋接球遊戲；也可以是各種類型的智力遊戲，如玩跳棋、圍棋、西洋棋、撲克牌或大富翁等；並均具備兩個特點：一是此遊戲須在兩人或多人間進行競賽；二是遊戲過程中大家必須遵守事先同意的遊戲規則，不可任意更改。

舉例：一群幼兒在玩足球競賽或玩大富翁、下棋的遊戲。

ONLOOKER BEHAVIOR 旁觀的行爲

此行爲約在二歲以前發生，意指當其他孩子在玩時，他只在一旁觀看，偶爾向正在玩的孩子提供意見或交談，但自己不參與遊戲。這有可能是因幼兒個性內向、年紀太小或對團體不熟悉，在新加入一個團體時，對自己不瞭解的遊戲先在旁觀看而選擇暫不加入。

舉例：某一幼兒在一旁觀看一群小朋友在玩積木建構遊戲。

UNOCCUPIED BEHAVIOR 無所事事的行爲

意指約二歲以前的幼兒，到處走動、東張西望或靜坐一旁，沒做什麼特定事情的情況。

舉例：二歲幼兒在托兒所教室內東張西望，有時撥弄鈕扣、玩玩頭髮，偶爾跟隨老師背後走動，卻不拿玩具玩。

SOLITARY PLAY 單獨遊戲

單獨遊戲是二歲至二歲半幼兒典型的玩法，也是最低層次、最根本的社會遊戲。兒童在活動中身體和心理都是獨立的，都在自己的世界中玩耍，與身旁他人沒有交談等任何社會互動。

舉例：二歲幼兒在托兒所教室內各自畫心目中自己媽媽的長相而沒有交談；幼兒們相隔在三呎以外相互玩各自的遊戲。

PARALLEL PLAY 平行遊戲

平行遊戲是二歲半至三歲半幼兒的玩法，意指兩個孩子在相同時間、相同地點玩同樣的活動時（或成人為盡量接近兒童而與其玩同種玩物時），彼此各自遊戲、互不干擾、沒有互動（指沒有目光接觸及任何社會行為）而言；即 Parten 所說的典型的平行遊戲。平行遊戲似乎是介於社交不成熟的單獨遊戲及

社交成熟的合作遊戲之間的一個轉捩點，故常能吸引孩子加入合作的活動。

舉例：兩個兒童各自聚精會神地在建構積木，無視對方的存在或彼此沒有語言互動。

ASSOCIATE PLAY 協同遊戲

協同遊戲是合作遊戲的一種形式，通常是三歲半至四歲半（特別是四歲時）小孩間之玩法，與平行遊戲類似，即每一兒童雖與其他孩子在一起玩，但彼此之間沒有共同的目標或相互的協助，仍以個人的興趣為主，從事個別的活動；惟其間仍有相當程度的分享、借用、輪流，加入同伴的活動和廣泛的語言交流。

舉例：兩個兒童共同使用一盒蠟筆，在毗連的畫板上各自畫出自己心中最喜愛的一個人，並在畫前對創作主題進行討論，彼此沒有語言的互動，但有共同的主題，一個為主，另一個為輔的活動。

COOPERATIVE PLAY 合作遊戲

合作遊戲是一種社會遊戲的形式，當兩個以上、四歲半以後的兒童有共同的目標，且所有的參與者均能扮演各自的角色、彼此有分工及協助時，即會產生此類型玩法。

舉例：一群玩組合樂高積木的小孩，如欲建立一座城市，會決定由何人造橋、何人造路、何人蓋房子等，彼此有共同主題、語言互動、相互協調的共同主題活動。

ROUGH-AND-TUMBLE PLAY 粗野嬉鬧遊戲

粗野嬉鬧遊戲指遊戲中含有拳打腳踢、互相扭打或追逐等搏鬥場面而言，通常在玩假裝虛構人物時出現，男孩喜玩的頻率遠超過女孩；此與真正的攻擊行為不同，是一種模擬的攻擊性社會活動，遊戲中充滿笑聲，並不涉及對空間或器材等資源

的爭奪。

　　舉例：一群兒童在玩官兵捉強盜的遊戲，他們有追逐、虛擬打架的情形。

WORK 工作

　　遊戲在許多方面都與工作有所差別。最主要的差別是在「動機」上：工作的動機並非自發的，而是外在動機導向，它有一個目標，如賺錢或成功；而遊戲的本質則是內在動機導向，它是自發的、沒有設定一定目標。惟若以孩子的觀點來看待「工作」與「遊戲」兩者，其間之關係究竟如何？有研究指出，可能是將此兩者於同一時間內視為一件事或相同的事；有主張工作就是遊戲；亦有主張工作與遊戲係不同之兩件事；有認為區分工作與遊戲對孩子而言是不適當的，但教育性遊戲與休閒性遊戲確有不同，眾說紛紜，尚待進一步研究。

　　舉例：一群幼兒在做老師所規定的拼圖活動。

EXPLORATION 探索行為

　　探索行為與遊戲相似，皆屬自動自發的行為；惟探索行為是一種為獲取物體的相關訊息、受欲探索物體之特徵所導引的行為，呈現典型的刻板化，包含觀察與操弄兩種行為；然而遊戲則是受有機體所導引、受個體需求與欲望而為，且發生在探索之後，以進一步操弄物件俾瞭解新知、熟悉物件暨創造訊息。

　　舉例：幼兒面對一新奇玩具時，所展現的種種探索行為（如趨前查看、好奇觀看、用手觸摸等）。

NON-PLAY 非遊戲

　　指必須套入既定模式的一些活動，如學習行為、教師指定的家庭作業等。其他如玩電腦光碟或遊戲、玩教育玩具或塗色，通常亦被視為非遊戲活動。

PLAYFULNESS 玩性

根據Lieberman觀點，「玩性」是一個由身體、社會、認知的自發性、喜怒的控制及幽默感五點所界定出來的人格向度，與發散性思考、心理年齡、實際年齡相關。例如，較具玩性的學前兒童，其在發散性思考測驗上的得分較高。惟Truhon卻持不同見解，認為創造力和玩性及遊戲的相關度很低，但玩性確是遊戲活動合理的好指標。

SOCIODRAMATIC PLAY 社會戲劇遊戲

社會戲劇遊戲為一種假裝遊戲，經由組織中每一個成員的角色扮演，而形成真正群體間互補的角色扮演。此種遊戲有助幼兒跳脫自我中心、漸漸學會瞭解別人的看法及想法，對其社會發展尤其重要。幼兒上幼稚園時期，喜歡扮家家酒，他們相互討論共同主題，有玩物轉換、共同扮演角色、利用語言互動達成共同主題的伴裝遊戲。

舉例：一群幼兒在玩醫院遊戲，有人當醫生、有人當護士、有人當病人，並模仿醫生替病人看病的情境。

MOTOR PLAY 運動遊戲／身體的遊戲

運動遊戲／身體的遊戲為一種大、小肌肉的活動，或遊戲中使用身體的部分稱之。此類遊戲會經常使用到戶內或戶外的遊戲設備，如攀爬架、溜滑梯、跳躍床等；環境中的自然特色也可能被運用，如兒童沿著倒下的樹幹上行走。

舉例：某一幼兒在戶外玩攀爬架。

META-COMMUNICATION PLAY 後設溝通遊戲

後設溝通遊戲指兒童在參加團體戲劇性遊戲時，暫時打破遊戲架構而對遊戲本身做解釋所使用的一種口語交換；在做這些解釋時，兒童會先回復真實性生活中的身分，並以真實姓名

稱呼彼此；這類溝通被用來解決在戲劇化過程中發生的關於角色、規則、物體的假裝身分和故事線等等的衝突。

　　舉例：三名兒童在扮演一場老師上課的戲，若扮演老師的兒童做出不適當的動作時，扮演家長的兒童或許會指正說：「小華，老師不會做那種事」。

RECREATION/LEISURE　休養／休閒

　　根據Lazarus休養論之觀點，遊戲最大的價值就在休養；遊戲與睡眠的目的相同，都是儲存能量以供工作之消耗；故一個好的遊戲，除本質須好玩、自由、自發與高興外，提供的功能之一就是休閒。

　　舉例：在兒童上課整天後，安排一個小時的遊戲時間，可以發揮休養與休閒之效；或學齡兒童、青少年喜歡自己選擇看電影、打電腦或看電視當作休閒活動。

ILLICIT PLAY　惡劣的遊戲

　　幼兒玩一些成人所禁忌的遊戲，有時會傷害到別人，這些常常是在成人背後所扮演的惡作劇，主要是取笑別人。

　　舉例：偷偷將別人的牛奶藏起來，或趁著其他幼童不注意，冷不防地將椅子抽走，讓幼童坐不著椅子而跌倒，有時此種遊戲會造成兒童的傷害。

・現代遊戲理論的應用

　　幼兒教育專家一般探討的問題包括：如何布置幼兒中心或幼兒學校、如何組織遊戲活動、如何使用一些可利用的玩物、如何建立父母的參與、如何與幼兒互動以及如何配合遊戲活動來延伸課程。至於幼兒遊戲方面在理論上的觀點，對幼教老師來說是否有用呢？在本節我們將為幼教老師一一介紹，並討論四種最新的應用社會戲劇遊戲的理論觀點，及實際運用時所須注意的地方。

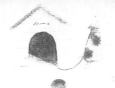

1. 轉換理論：轉換理論（play as transformation）的觀點來自於Piaget，強調幼兒在遊戲中的表徵特性。Smilansky在她著名的社會遊戲研究中（以所謂文化貧乏兒童爲樣本），認爲遊戲的轉換（transformational）是加深遊戲層次時不可或缺的要素（合作關係、語言行爲與遊戲持續力則是其他的重要因素）。在評估轉換行爲的品質時，須考慮四個問題：

   (1)幼兒是假裝成另一個人，而不是自己嗎？

   (2)幼兒所要假裝的角色與他們自己不同嗎？

   (3)幼兒想要假裝的物體與眞實存在的物體不同嗎？

   (4)幼兒要假裝的情境與眞實的情境不同嗎？

   此外，對於轉換形態，還可以從幼兒具體經驗與遊戲經驗的差異大小進行更深入的討論。如孩子是藉縮小的眞實道具、替代性物品或假裝性物品來進行物體的轉換？遊戲的主題和內容，跟幼兒的日常生活是相似的，還是具有很大的差異？

2. 後設溝通理論：後設溝通理論（play as meta-communication）是幼兒遊戲理論的第二重點。玩在一起的幼兒或獨自玩耍的幼兒都會使用人際間的訊息去建立、維持、打斷、恢復和終止一項遊戲。人種學家認爲遊戲是指兒童在遊戲的架構、腳本或內容，以及遊戲的前後關係。遊戲不會平白無故產生，也不能從周圍環境中抽離出來。幼兒能夠很容易地進出他們的遊戲世界，同時也知道眞實世界的存在。換言之，在遊戲中幼兒能同時意識到眞實與虛幻世界的存在。當幼兒全神貫注投入遊戲時，他們會同時警覺到其他同伴的眞實角色——他們是誰以及他們在同儕中的地位——和他們在遊戲中的角色。他們能瞭解遊戲本身及遊戲中所做的溝通反應，或表達出遊戲世界及眞實世界中的社會關係。遊戲中所講的話通常並不眞實，不過在假裝世界

裏，重要的是玩得逼眞，此外遊戲的內容也是眞實世界的顯現，由此可看出遊戲與現實兩者間的關係非常密切，任何眞實世界中的事件都可以在彼此傳遞「這是遊戲」的訊息後，轉變成遊戲。因此，幼兒和成人都可以經由這種溝通訊息，不斷組織與再組織他們的行為和經驗。

3. 表現理論：Sutton-Smith（1979）的表現理論（play as performance）認為，遊戲確實是牽涉到一種四人同時對話的方式。通常一般的對話存在於兩人之間，不過在遊戲中卻牽涉到四個談話者的位置——遊戲者與同伴、導演、製作者、觀眾，即使幼兒所玩的是單獨進行的遊戲，他還是會假想出一些玩伴和觀眾。在社會遊戲中，每一個幼兒會不斷調整、溝通彼此對遊戲的意見和想法，一直到他們對遊戲的進行方式都滿意為止。這種四人對話的理論觀點主要是強調，當遊戲者在想像世界中為眞實或假想的觀眾表演時，遊戲就轉變成一個多種因素組成的舞台事件。

4. 腳本理論：故事腳本或情節理論（narrative or script theory）是幼兒遊戲的另一個新觀點。根據腳本理論（play as script），遊戲的內容會顯示出兒童希望展現自身經驗的企圖。由於兒童在智能上的發展，他們漸能根據以往的經驗來組織所有的事件，而遊戲的內容就是幼兒對自身經驗的一種解釋方式。

從記憶導引出來的知識架構就稱之為「腳本」（script），它代表所有可能行動所牽涉的知識網絡，或代表許多的「場景」，並由這些場景組成一較大規模的行為，如上雜貨店購物或到海邊去玩。腳本表現出文化所能接受的行為，而這些行為對兒童來說都是司空見慣的。腳本的內容包括場景、附屬活動、角色與關係、場景中的道具、腳本的變化（如到大型超市或小商店），以及在社交狀況下可以開始或

結束腳本的一些情況。

幼兒戲劇或想像遊戲被認為是一種「腳本」，我們可以對表演中的組織層次進行評估，並以之作為幼兒在認知及語言上的發展指標。Wolf及Grollman（1982）曾提出三個不同的層次：企劃、事件和插曲。當幼兒表現出一個或多個簡短的動作，便代表了一項很小的單一事件（如把洋娃娃放在床上），這是屬於企劃的層次。而在事件腳本的層次上，幼兒會展現出二或三個企劃事件，但其目的則只有一個（如替洋娃娃洗澡，然後把洋娃娃放在床上）。事件層次也可以有四個或更多的企劃事件，但全部事件的目的仍然只有一個（如假裝製作漢堡、煮咖啡、烘烤蛋糕、做沙拉）。至於插曲式事件，則是指當幼兒表現出二或三個具有相同目標的腳本時稱之（如烘烤一個假裝的蛋糕，然後拿去請同伴吃）。插曲事件也可能是二或三個相關事件的組合（如假裝做很多的菜，拿去請許多同伴吃，吃完後再洗盤子）。因此，遊戲即腳本的這種模式讓旁觀的人可以看到、欣賞到以及大略地衡量到遊戲者的人格特質及自我概念，並評估幼兒的智能和語言的成熟度。

· **老師如何應用現代遊戲理論**

以上所討論的四種理論都是教師可以多加應用的觀點，尤其用於社會戲劇遊戲。遊戲轉換理論是遊戲理論中歷史最久且牽連範圍最廣的理論。老師如果能夠瞭解這種理論，便可以區分假裝遊戲中的各種轉換行為，也能衡量幼兒透過與真實物體相似的道具所顯現的語言、想像力與象徵能力的發展。隨著象徵能力的增強，幼兒使用的道具會越來越抽象，到最後，幼兒在假裝遊戲中可以完全不使用道具。因此，老師能夠在兒童遊戲中適時給遊戲中心做些恰當的改變（如移走或添加一些與真實相像的道具）。再

者，老師也要能夠敏銳察覺兒童在想像遊戲中所遭遇到的，或在角色上的困難，如幼兒會先選擇扮演日常生活較接近的東西，接著才是幻想的角色和事件（如超級英雄）。

　　遊戲溝通轉換理論可以讓成人透視整個遊戲的進行，幫助老師瞭解幼兒在遊戲中的幾種溝通層次。幼兒的遊戲不只反映出遊戲主題的情節，從遊戲的內容也可以看出遊戲在社會層面所具有的意義。轉換理論可以讓老師（在符號表現能力的發展上）更瞭解遊戲的「縱向本質」，後設溝通理論則能讓老師更清楚遊戲的「橫向本質」。在遊戲中所進行的社會關係重建，顯示出遊戲外的社會關係，而當老師從溝通轉換理論的觀點來觀察整個遊戲時，必須要能察覺課堂上或托兒中心裏的人際關係，如此，才能運用這項理論來評估每個幼兒的同儕地位和社會發展情況，並且解釋幼兒在遊戲中所表現的某些行為。

　　遊戲表現理論則從不同的觀點來看幼兒的遊戲。這種理論至少有兩種作用，第一，跟上述理論一樣，使人瞭解整個遊戲的組織架構及組成元素。對老師而言，不論是自己想要加入遊戲，或是要幫助其他幼兒參與進行的遊戲，都必須知道遊戲的界限在哪裏，否則將會中斷了正在進行的遊戲。如果老師控制太嚴，會減弱或分散遊戲者、玩伴、導演、製作者和觀眾之間的協調性。如果老師覺得幼兒需要指導，可以扮演遊戲中的某一角色來引導幼兒。假如幼兒要演出一場發生在商店裏的故事，老師就可以扮演顧客的角色，在扮演中給予幼兒提示和建議。同樣的，幼兒如果無法加入團體和大家一起玩遊戲，老師可以傳授他適當的參與技巧（如從一個小角色開始），而且在從某團體轉移到另一團體時，應該循序漸進，不要操之過急。第二，四人對話的模式表示，幼兒的遊戲並不像乍看之下的單純，幼兒不但是演員，而且還是導演、製作者和觀眾——不論是真實或想像的。老師可從不同的角度來觀察幼兒在各種技巧上的成長。孩子們表現的優劣，是否能

對自己的作為感到滿意——要看孩子是否能從遊戲中學習到新的事物，並且願意再從頭玩起。可以把孩子對遊戲的主導能力和處理技巧視為成熟度的發展指標。如此，遊戲行為便成為兒童在智能和語言發展上的另一指標。不過，由於這種技巧的個別差異並不明顯，老師們如果能夠明白這項理論，就能在指導兒童們遊戲的時候，以適當的方式幫助他們增進相關技巧。

至於遊戲腳本理論，可以幫助老師瞭解與分析兒童在智力、語言能力、自我認同與個人人格上的差異，老師如果具備這些察覺能力，便能以新的眼光來看待幼兒，藉由觀察幼兒在遊戲中的行為，評估幼兒的認知程度，瞭解幼兒如何組織自身的經驗，並且將這些經驗表現出來，更能深入瞭解究竟哪些事物是幼兒真正在意的。老師可以根據幼兒的興趣設計課程，如安排參觀旅行或課外活動，這些活動的效果可以在隨後的遊戲中反映出來。舉例來說，老師觀察幼兒進行一場在餐廳中的遊戲，發現幼兒對餐廳人物的角色沒有清楚認知時，便可以安排孩子們到附近的餐廳進行參觀旅行，並介紹遊戲中的相關道具（如菜單），旅行之後再觀察孩子的變化，可以知道這趟旅行是否有助於兒童在概念上的發展。

(三)遊戲的功能

遊戲的功能為何？最好的解釋是回到相關的遊戲理論來尋找，相關理論包括了古典理論及現代理論，古典理論是指精力、能量的調節，及人類本能的練習；現代理論則論及調節受挫經驗、個人內在特質、思考的變通或是刺激個人的警覺狀態等。個人在綜合歸納這些理論後，認為遊戲的功能有四個：實驗（研究或探索）、治療、生活技能的演練及休閒。分述如下：

■實驗

　　兒童遊戲代表觀察、發現、探索、研究等。當兒童專注於某個遊戲時，他是全神貫注的。因此，兒童的遊戲是一種專精的遊戲，兒童必須要用遊戲的方式去瞭解周遭的環境。如此，任何物品都可能是兒童用來探索、觀察、實驗及掌握的對象，所以任何玩物最好都能帶給兒童正面的幫助，尤其是具有教育性的功能。

■治療

　　遊戲可治癒孩子的痛苦、壓力及無聊。許多自發性的兒童遊戲都有這種功能。例如，狂野嬉鬧的遊戲就是這一類功能的最佳代表。我們常可看到有一些孩子（男孩居多）在無聊或有壓力時，會玩一些類似打架的遊戲，但他們不是真正打架（他們也知道是遊戲）。此時一些動作的展現或笑聲就是紓解壓力的最好方式。另一個例子是，當孩子被大人責罵而產生挫折感，他們可以透過玩家家酒的遊戲來紓解心中的情緒或壓力。

■生活技能的演練

　　隨著孩子年齡的成長，與身體運動技能的成熟，孩子們在身體上的自主性也有所增強。孩子需要機會去練習這些能力，而遊戲便是提供這種練習的最佳機會，如果父母予以禁止，將會影響孩子本身體能的發展。遊戲可以使人熟練某些技能（mastery of skills），尤其是日常生活中的必備技巧，我們稱之為能力（competence）。例如，Motessori所謂日常生活的工作，就是指給予孩子在熟悉環境中所必需的技能，讓孩子能透過不斷練習而獲得掌控的能力。她更提出，遊戲是兒童時期的工作，對於學習與發展十分重要。

■休閒

休閒的功能最簡單不過了，就是好玩、高興。遊戲是自由的、內在動機的、好玩的。但要依照遊戲者的立場來思考，而這也是我們成人所要反省的。例如，某位媽媽排了好久的隊伍為兒子報名才藝夏令營，營中準備了許多才藝活動的練習，但這位兒子在參加了一星期之後，覺得還是看電視、打電玩最為快樂，於是拒絕再去上才藝夏令營，這位媽媽很生氣孩子不聽話，也抱怨為何孩子不參加這麼好玩的活動。父母都是抱著很緊張的心態來看待孩子的學習，有的媽媽看到孩子不專心學，會敲孩子的頭說：「你知道這一堂課多少錢嗎？為什麼不好好學呢？」試問這是以誰的立場來考量，是孩子？還是媽媽？

在一個具有自發性的好遊戲中，我們甚少看到孩子繃著臉或不高興。相反地，他們都是情緒高昂、精神百倍而且神情愉快的。

(四)遊戲之教育觀

「業精於勤，荒於嬉」一直是我們傳統上對於兒童的教育觀念，這種觀念也與基督教教義中的工作倫理精神相符合——人唯有在工作完成之後才能遊戲，遊戲更是我們因工作有所得之後，才允許有的行為。在這種觀點下，自然而然會有大多數人對「遊」、「玩」、「戲」抱持負面的評價，因此一般人對兒童遊戲若非抱著一種不得不忍受的態度，就是想盡辦法排除或壓抑這種活動。

在歷史上，給予遊戲正面的評價，大約始於十八世紀的Rousseau。浪漫傾向的Rousseau把遊戲視為原始高貴情操的源頭與表現。他更認為兒童都應盡情發揮這種天性。十九世紀末期的

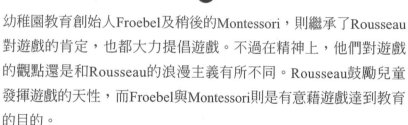

　　幼稚園教育創始人Froebel及稍後的Montessori，則繼承了Rousseau對遊戲的肯定，也都大力提倡遊戲。不過在精神上，他們對遊戲的觀點還是和Rousseau的浪漫主義有所不同。Rousseau鼓勵兒童發揮遊戲的天性，而Froebel與Montessori則是有意藉遊戲達到教育的目的。

　　教育（education）有一古老的定義：「透過外在的操弄而產生對學習者的改變」（Thorndike, 1913: 1）。教育可能擁有許多意義，但其實它就是指改變（change）。因為每個人在受教育後，必然會產生改變而與過去有所不同；沒有一個人在受教育後仍然和以前一模一樣。所以，在此我們所要瞭解的是，教育是否和遊戲具有相同的功能。Dewey（1938: 25）描述「教──提供學生有用的知識」與「知識的獲得」之間的關係，他主張「所有真正的教育都是得自於經驗」。但是他也提出警告：「並非所有的經驗皆真正的或同等的具有教育性」（林清山，1990:8）。

　　喜愛遊戲是兒童的天性，對兒童來說，遊戲是一種學習、活動、適應、生活或工作。而由於遊戲是兒童基於內在動機的選擇，是兒童主動參與的活動，沒有固定模式的外顯行為，因此，孩子在玩遊戲時總是充滿了笑聲，歡欣溢於言表，更是百玩不厭。

　　我們常常看到兒童一玩起來就十分帶勁，玩再久也不會厭煩，不會喊累，難怪有人說：「遊戲是兒童的第二生命」。至於在兒童的眼中，遊戲到底是一種學習，還是一種工作，他們是不在意的，他們只是自由地、無拘無束地徜徉在他們營造的世界、幻想的世界裏，享受與人、玩物之間的互動，從中獲得玩性（playfulness）的最大滿足（吳幸玲、郭靜晃譯，2003）。

　　從發展的觀點來看，個體會隨著年齡的增長而產生身心（如認知、人格、社會、情緒等）方面的成長與變化。將發展觀點應用到遊戲，兒童會因年齡的成長而逐漸成熟，遊戲行為的結構也

會有所改變。從這些改變歷程中，我們可以發現嬰幼兒從身體、動作及知覺的發展，到幼兒語言、邏輯及智能操作的提升，以及學齡兒童在認知具體操作、社會發展、問題解決能力及策略謀略能力上的發展，進一步到青少年時擁有的抽象思考／推理、獨立生活技巧，且能適應新科技的發明。所以，成人要幫助兒童從遊戲中獲得最佳益處，我們必須要思考兒童在特定年齡的發展概況，以及發展的下一個步驟爲何。最重要的，我們必須瞭解遊戲發展的最重要機轉，幫助孩子超越現有的限制，進而提升遊戲的功能。此外，我們還需要對整個環境有所瞭解，能敏銳察覺不同遊戲行爲的影響，才能爲孩子提供最佳的環境以提升孩子的遊戲行爲，進而達到學習或教育的目標。

反觀國內的教育環境，以升學及學業表現作爲唯一的成就取向，成績評量又以規格化的考試爲主，教學內容僵化、教材一元化而缺乏彈性、教師普遍偏重記憶和背誦，忽略操作與實驗的重要性。我曾被自己小孩的問題問倒，他問我：「冰箱幾度？」我答不出來，他便告訴我正確答案是五度，因爲是老師說的、課本講的。其實他只要自己量量看就會知道，但現在的教育總是很快地告訴學生許多他不明白的知識，忽略了自己動手做實驗的重要性。加上整個教學方法不夠新穎，無法引發學生對上課的興趣或對課程的好奇；另外，台灣目前的學校大都仍採大班制的教學方式，如此老師無法顧及到每個學生的個別發展與需求，學生也缺乏討論與發表意見的機會，大都是老師在講台上做單向式的知識傳輸，缺乏與學生的雙向溝通與互動，形成老師與學生的疏離，相對地減低學生的學習動機。雖然我們的教育強調五育並重，但是在升學的壓力下，教師大都只注重學生的智育成績，對於德育、群育、體育、美育常是擱置一旁，學生只能一味地埋首書中，而缺乏培養其他興趣與才藝的機會，無法開發潛在的能力，造成身心失衡、發展受阻。

　　在教育的單軌制度下，同學與同學之間常因升學的競爭壓力，而只著重於學業成績的追求，缺乏團隊合作的精神與互助分享的機會，使得學生多以自我為中心，自私冷漠；不關心別人，人際關係也受到影響。並且有些學生因為無法獲得以學業為標準的成就感，導致對學習失去興趣。以上種種負面影響，讓上課變成是一種壓力與負擔，學生無法從中感受學習的樂趣，此正是台灣教育的問題所在。猶記日前教育部長率領一些官員出訪，考察日本小學生學習英語的情形，從電視鏡頭上看日本小學生學英文是快樂的，他們用哆啦A夢造型，由老師透過日常生活的對話與學生互動、遊戲，更重要的是，他們不以考試來衡量其學習成就，所以他們皆可大聲說並用英文來做真實的互動，當然英文可以學得很好，而台灣仍沉溺於考試及記憶背誦的取向，當然小朋友對英文皆退卻三步，而成績當然皆不盡理想。

　　就上述的討論中，筆者發現遊戲與教育的定義雖有不同，但兩者的功能並不是相對的；相反地，它們也可以相輔相成。教育的本質是為了達到行為的改變，並且主要是透過「外在操作」的媒介達成。教育學習的歷程可以是愉悅、互動、探索的，甚至是消除無聊或壓力的，不僅可以用遊戲的方式來達成，也可以迎合權威的規範（通常是老師）以達到認同（identification）的目的。這種歷程前者稱為遊戲，後者稱為工作。所以教育是否能像遊戲那樣讓人精神愉快、為之嚮往，或讓人從中獲得最大玩性（其要素為表現歡樂、幽默感、身體自發性、認知自發性及社會自發性）的滿足，端看教育的歷程及目標。如果教育的目標是達到成人所認同的規範，而忽略孩子成長的能力及需求；知識獲得是透過大人權威採取記憶背誦的歷程，而不是以實驗、探索操作過程去獲得知識，甚至於成人的角色是知識提供者，孩子是知識的獲得者，而不是以孩子為學習的主宰，成人只是輔助兒童的學習；那麼學習過程就會產生壓力，甚至無法引發自發性的學習動機，因

爲這樣的學習行爲一點也不好玩。

針對上述的問題困境，如何提升目前學校教育的功能以達到寓教於樂的學習過程，筆者認爲：

1. 教育理念與哲學應拋棄本質主義（essentialism）而採取實驗取向（experimental orientation），讓知識的獲得是透過主動的探索、觀察、互動過程達成。

2. 掌握學習者的自我建構（self-constructivism），知識的獲得是靠兒童本身，而相關課程設計應配合孩子的發展能力（age-appropriateness），最好能稍微超越孩子的能力，讓孩子感到挑戰並從中獲得成功的經驗。課程設計不能超越孩子的能力太多，否則孩子會太常受到挫折而造成學習的無助感（learned helplessness）；相反的，如果過於簡單，孩子又會很快失去興趣與學習動機。

3. 成人宜以輔助孩子學習爲圭臬，而不是一味要求及展現權威的角色，如此一來，孩子較容易有自發性的學習行爲。

4. 掌握學習中的玩性，遊戲的內在本質是幽默、歡樂及具有自發性，因此學習情境應該是在沒有壓力的狀態（free of stress）下。

三、遊戲與兒童發展

「遊戲學習化」、「學習遊戲化」一直是推廣學前教育的一種口號，也反映遊戲與兒童學習與發展之間的關係。此外，根據心理學的研究，遊戲是兒童認知及發展智慧的一種媒介。換言之，遊戲是兒童的學習方法之一（李明宗，1993：3）。從一九七〇年代迄今，已有無數的研究在調查遊戲與兒童發展間的關係，研究

內容著重於認知、技能和情境三方面，研究方式大都以相關、實驗室及訓練等實徵研究，其內容多針對兒童的成長，包括認知、語言、社會技巧和情緒適應等，此外還有身體大肌肉的發展及自尊等部分。

　　「兒童經由遊戲而學習」的概念，為許多不同模式的幼教計畫和多向度的方法，提供最佳理論依據，同時也為幼教師提供幼兒環境規劃的最佳佐證。直到一九八〇年代，進步主義（progressivism）的建構觀念成為幼兒教育中心思潮，其認為兒童藉由自由選擇和自我主導，對其環境中可改變形式的物體做出反應活動，以達到自我建構知識的觀念。此種觀點很快為美國幼教協會（National Association of Education for Young Children, NAEYC）提倡為適齡發展實務（Developmentally Appropriate Practice, DAP）的理論架構（Bredekamp & Copple, 1997）。適齡發展實務的教育理論鼓勵幼兒教育教師們，以多數兒童發展程序和階段性為基準，著重孩子們的階段、年齡及個別差異性，設計適合於個別兒童發展及學習計畫目標。甚至，幼兒教育學者也已發現，經過設計的遊戲、學習環境及課程，對兒童是有幫助的。如果教師評估兒童在遊戲及學習活動中的進展（透過有效的評估策略），將會發現目標、活動、發展及學習結果都是很重要的（Shipley, 1998）。

　　影響美國社會對研究遊戲的態度可歸納出下列因素（Arnaud, 1974: 73）：

1.動物學家如Goodall-Van Lawick對猩猩的研究，DeVor對狒狒的研究及Harlow對恆河猴的研究皆發現，動物越聰明，其遊戲行為的量及種類越多。動物藉由遊戲，可發展生存的技巧且越能融入與同儕相處。

2.Piaget對智力理論的闡述，認為人的智力是個體與環境互動之結果。

兒童課後照顧服務訓練教材

416

3.對於傳統幼稚教育學程的不滿意而轉向強調解決問題技巧
　及學習者自主的學程。

4.個人增加時間、精力及金錢於休閒活動,如運動、娛樂、
　旅行及藝術的追求。

5.受到蘇聯人造衛星史普尼克(Sputnik)的發射升空成功,
　造成美國進行啓蒙方案,要與蘇聯做太空發展、自然科學
　及數學的競賽。

6.美國幼教協會訂定適齡發展實務爲幼兒教育的圭臬,並視
　遊戲爲兒童的最佳學習方式。

在一九九〇年代,美國對於遊戲及遊戲環境再度感到興趣,
其理由如下(Frost, 1992: 26):

1.美國大學社會科學學院越來越重視遊戲的研究。

2.專業組織如美國及國際遊戲權力協會、美國教育協會、人
　類學協會、美國健康聯盟、體育協會、娛樂及舞蹈協會,
　以及國際幼教協會等對遊戲的重視。

3.父母及教育專業人員對於學科教育的過度重視,給予兒童
　過多的壓力。

4.電視對兒童健康、體能、道德發展及學業成就之不良影
　響。

5.社會充滿對遊戲不安全的訴訟。

6.對於美國大多數遊戲場所因設計不良及不當維持的失望。

7.對於遊戲場所及遊戲設施安全的重視,而設立設施安全之
　標準及指引。

(一)蛋生雞?雞生蛋?——遊戲vs.兒童發展

在過去幾十年中,已有很多的研究著手描述遊戲與兒童發展

的關聯性，研究內容多針對兒童的情緒、認知、語言、社會技巧、動作發展及人格發展等不同領域，其實，筆者很難能將遊戲與兒童之個別領域之發展的關聯予以分類且加以描述，遊戲對孩子而言，是一種媒介及轉介，孩子藉此做語言的表達，主宰、控制自己的身體，熟練心智能力，也透過遊戲與他人及環境建立關係，更藉此抒發個人的情緒，以達到淨化心靈的功能。

在過去的幾十年來，已有很多的研究文獻，探討上述兒童成長的相關領域，基本上，有關遊戲與兒童發展之間的關係可以從三方面來分析：

1. 遊戲反映兒童發展──遊戲被視為兒童發展之窗。
2. 遊戲增長兒童發展──遊戲被視為是兒童獲得行為技巧與知覺概念的媒介。
3. 遊戲促進發展的改變──遊戲能促進身體功能與結構組織產生質性改變的工具。

這三種說法並不是各自獨立的，只是在某些程度上是對的。要判斷遊戲對發展的影響就好比雞生蛋或蛋生雞的議題般，尚需更多的訊息與條件。例如，我們需要知道是哪種遊戲可以促進何種領域的發展，以及兒童的個別差異和遊戲的脈絡情境。我們不能鄉愿般一味歌頌遊戲的偉大，有時候，遊戲只是反映兒童某領域的發展，有時則可促進此領域的發展。但是，相對地，遊戲有時也會阻礙兒童相關領域發展及傷害兒童福祉。例如，禁忌或黑暗遊戲（dark play）是被兒童之社會群體所唾棄的，或玩很惡劣的遊戲，還有可能導致個人受傷，甚至死亡。Greta Fein（1997）將遊戲比喻為「飲食行為」（eating behavior）是很恰當的隱喻。我們不會詢問飲食是否對發展有所助益。但我們將吃進的食物加以分析為組織的營養物（例如，卡路里、維生素、礦物質），我們不禁會問到底要「吃什麼」、「怎麼吃」，才能有助於身體的健

康。更進一步我們要問不同性別、年齡層的人要吃多少食物？什麼時候吃？在何種情況吃？等等。Fein更提醒我們把遊戲作為飲食的成分，來加以分析遊戲與兒童發展之間的關聯會更為適切。

此外，有關遊戲與相關或因果關係存在時，必須注意不能單由遊戲這個層面來做歸因，尚須考量此現象之外的議題（epiphe-nomenona issue），也就是說，遊戲與發展之間尚有困擾變項（confounding variable）存在，亦即是遊戲造成兒童發展或兒童發展促進遊戲之結論上，有研究方法論的缺失。例如，遊戲中的同儕互動或衝突造成不同的遊戲行為，再導致兒童的發展。又例如，幼兒在強調讀寫能力的戲劇遊戲方案中，其讀寫能力的提升導致老師與其他幼兒與兒童之互動有所不同，那就不能單指遊戲對幼兒的讀寫能力的提升具有因果關係。但是如果兒童的遊戲不受其他相關脈絡所影響，也就是說兒童可在不同情況下產生相同的效果，那就是遊戲與兒童發展具有相等結論（equifinality）。例如，前例，幼兒在強調讀寫能力的社會戲劇遊戲方案中，其日後拼字和寫字能力的提升也可以在老師說故事或直接教導等不同教學方案中獲得相同的功能（吳幸玲、郭靜晃譯，2003）。

因此，如果我們只參考一些沒有結論或有問題之實驗研究，來加以評估遊戲在發展的重要性，那恐怕會有低估其關聯的錯估性，所以必須要小心引證研究的結果，以下將闡述遊戲與兒童各發展的關係。

(二)遊戲與情緒發展

在人的社會化過程中，兒童追求個人自主性的發展與成人要求兒童迎合社會規範所約束的要求是相互衝突的，因此，在成長的過程，兒童承受相當大的壓力。而兒童的因應之道便是遊戲。如果兒童被剝奪這種遊戲經驗，那兒童就難以適應於社會。而如

果兒童所成長的家庭與社會不允許，也不能提供足夠空間、時間、玩物以及良好遊戲、休閒的媒介，那孩子很難發展自我及對他人產生健康的態度。

從兒童生命週期（life cycle）來看，嬰兒要是從人與玩物的刺激來引發反應以獲得安全的依戀（secured attachment）。到了幼兒時期，遊戲成為表達性情感的媒介，並從遊戲學習有建設性的控制情緒。到了兒童期的發展，最重要是學習語文，例如，讀寫能力。當兒童參與休閒活動或遊戲，可增加自我尊重及情緒的穩定性。遊戲因此可提供兒童發展領導、與人合作、競爭、團隊合作、持續力、彈力、堅毅力、利他品質，而這些品質皆有助於兒童正性的自我概念。

一九三○至一九六○年代，遊戲理論大都採用心理分析論來做解釋及探討，例如，以遊戲作為兒童情緒診斷的工具，也探討遊戲在情緒發展中所扮演的角色。只是研究方法以個案研究為主，而且採取非實驗性方式。Axline（1964）根據遊戲理論來解決兒童情緒困擾，國內程小危教授及宋維村教授也做過有關兒童遊戲治療的研究。Rubin、Fein和Vandenberg（1983）曾對此類研究加以批評。他們認為此種方法沒有實驗性的控制，方法論過於薄弱，不能達到科學上的有效控制，而且工具也缺乏信、效度。所以，這方面的研究結果不一致，眾說紛紜，而且出現前後矛盾的情況。例如，有些研究用玩偶遊戲來驗證「取代作用」（dis-placement）的防衛機轉假設（當一個人有負向情緒時，個人會尋求一紓解管道或替代品來加以發洩），這假設提出當一個人因被父母嚴厲處罰，心有不甘時，較容易在遊戲中有攻擊行為。但在Levin和Wardwell（1971）的研究中，此項假設並沒有獲得支持。

由於過去的研究結果令人不滿意，再加上日後認知理論在遊戲的影響力與日俱增，造成七○年代很少人用遊戲觀點去看情緒發展的構念。

日後，Guerney（1984）曾發表以「遊戲」來治療兒童的情緒創傷。Barnett及Storm（1981）也發現遊戲與人類焦慮的發生有關；此外，Roberts及Sutton-Smith（1962）發現，兒童藉由遊戲來紓解因父母嚴厲管教態度所造成的壓力。如用此觀點來建構正向情緒成長或調節，那此類研究仍是十分有前途的。

(三)遊戲與認知發展

一九六〇年代，Piaget和Vygotsky的認知理論興起，並刺激日後認知學派的蓬勃發展，探究其原因，主要是由認知發展理論中發現：遊戲除了幫助兒童調節情緒，並且激發兒童各項智能技巧，例如，智力、保留概念、問題解決能力、創造力等的發展。

從兒童發展的階段來看，在嬰兒期，嬰兒天生即具有能接近環境中的新物體，且對於某些物體有特別的喜好，例如，鮮明刺激、三度空間、能發出聲響的物體，尤其是動態的物體。在幼兒期，幼兒由於語言及邏輯分類能力大增，更有助於幼兒類化（generalization）的發展，而這些能力的發展更有助於幼兒形成高層次的抽象能力，例如，假設推理、問題解決或創造力。

在兒童期，尤其小學之後，兒童的遊戲活動漸減，取而代之的是邏輯及數學概念的演繹能力活動。這個時期是在Piaget所認為具體操作期。兒童透過具體操作而得到形式思考。這種思考是較不經正式的物體操作獲得的，而是由最少的暗示獲得較多的訊息。

遊戲和智力之關係研究結果，大都著重在假裝遊戲。根據Vygotsky的研究，在假裝遊戲中使用象徵性事物可幫助孩子的抽象思考能力；Piaget認為遊戲可幫助兒童熟練新的心智技巧。最近研究顯示，學前兒童的社會戲劇遊戲次數與智力和擴散性思考能力呈現正相關（Johnson, Ershler & Lawton, 1982）。但有的研究則

顯示，學前兒童的智力分數與其想像遊戲的次數及複雜度並沒有顯著相關。然而，另外的研究則顯示智力與兒童建構遊戲有顯著正相關，但對戲劇遊戲則沒有相關。而在遊戲訓練的實驗研究則發現，社會戲劇遊戲和主題幻想遊戲訓練（多以幻想遊戲為主）能明顯地增進兒童智力分數（Christie, 1983; Saltz, Dixon & Johnson, 1977; Smith, Dalgleish & Herzmark, 1981）。

此外，Rubin、Fein及Vandenberg（1983）認為孩子在虛構的遊戲中，角色的扮演可使孩子能有保留概念所需的兩種認知操作：(1)去除自我中心（decentration）：瞭解自己及其所扮演角色的意義。(2)可逆性（reversibility）：可從所扮演之角色回到原來的角色。

研究指出這種遊戲可以幫助幼兒角色的逆轉並察覺期間的轉換，使幼兒在保留概念中表現更好（Golomb & Cornelius, 1977）。

有關兒童遊戲與問題解決能力關係的研究，大都以認知心理學家W. Kohler早期對猩猩的頓悟學習（insight learning）為主要之參考。Bruner（1972）認為遊戲可增加兒童對行為的選擇而促進其對問題解決的能力，兒童在遊戲中嘗試以不同的玩法，而這些玩法可幫助其日後解決問題的能力。Sylva、Bruner、Genova（1976）及日後Simon和Smith（1983）的研究也支持Bruner的看法：遊戲可增強兒童解決問題的能力。Sylva等人的實驗讓幼兒須將兩根棒子用夾子連接成為一長棒，才能挑出他們原先拿不到的彈珠或粉筆。Sylva等人將幼兒分為三組：實驗情境（遊戲）組、觀察組和控制組。每一組幼兒須先觀察研究者示範將夾子夾在棒子中間，然後，讓實驗情境組自由玩十分鐘，觀察組幼兒觀看研究者示範將兩根棒子用夾子連接成延長的棒子，控制組兒童則不觀察也不遊戲。隨後，兒童必須做問題解決的作業。結果發現，遊戲組與觀察組的幼兒比控制組的幼兒在達成問題解決的作業要好。這項研究顯示：讓幼兒自由地玩與成人教他們如何解決問題

的效果是一樣的。

有關遊戲與創造力之關係研究，因遊戲與創造力兩者具有象徵、想像和新奇的特性，兩者的關係具有最大的連結。例如，研究發現，遊戲除了可讓孩子產生較多解決問題的策略及方法外，同時也可直接引導其創造力（Pepler & Ross, 1981）。Lieberman（1977）的研究發現：幼稚園的兒童在遊戲的評分越高，其在智力測驗的擴散思考（divergent thinking）能力也較好。

Smilansky（1968）設計社會戲劇遊戲的課程，透過大人參與兒童的遊戲並示範遊戲品質，結果發現可增進兒童在創造測驗的分數。此外，Dansky及Silverman（1975）利用實驗證實遊戲與創造力具有因果關係。研究中允許孩子自由玩玩具，隨後發現孩子不會以一定的玩法來使用這些玩具，而是賦予更多創造性的玩法。之後，Dansky（1980a, 1980b）根據遊戲結果來設計課程，以刺激小孩的創造力。

(四)遊戲與語言發展

語言發展如同認知發展一樣，與遊戲是相輔相成的。遊戲本身就是一種語言的方式，因此，兒童透過遊戲能有助於語言的發展，例如，兒童玩假裝或扮演的遊戲。

在嬰兒期，發音、發聲（babbling）是嬰兒最早的語言遊戲。嬰兒的發聲是一種重複、無目的及自發性的滿足。成人在此時對嬰兒有所反應，或透過躲貓貓，不但可以增強嬰兒發聲，而且也可以影響其日常生活使用聲音的選擇以及表徵聲音。

一歲之後，孩子開始喜歡語言及音調，特別是他們所熟悉的物體或事件的本質。孩子在此時喜歡說一些字詞順序或語言遊戲，可增加孩子語言結構的能力。

在幼兒期，孩子為了能在社會遊戲溝通，他們必須使用大量

的語言。當兒童的語言能力不足時，他們常會使用一些聲音或音調來與人溝通。尤其孩子上了幼兒園，在同儕和老師的互動下，其語言的發展有快速的成長。而兒童大都是藉由遊戲的過程，來瞭解字形，獲得表達的語意關係，以及聲韻的操練來瞭解其周遭的物理與社會環境。

在兒童期，孩子雖對語型發展已漸成熟，但他們仍藉著不同的語言遊戲，如相聲、繞口令、脫口秀來瞭解各語文及文字的意義，並且也越來越有幽默感。

Weir（1962）在觀察兒童遊戲時，發現兒童常玩一些不同形式或規則的語言遊戲，例如，兒童常重複一些無意義的音節、語意和語句，這種語言遊戲可使兒童熟悉新的語言技巧，並增加對語音規則的瞭解（Cazden, 1976）。由於兒童在社會扮演遊戲會透過計畫、角色、玩物、規則，而使得遊戲具有練習語言的功能，從中瞭解會話的法則，然後再使用正確語言去溝通，進而計畫遊戲活動的結構，並指出在遊戲中所設定的角色，以及個人如何假裝活動和物品如何被佯裝等等。這顯示出社會戲劇遊戲可促進兒童的語言發展（Garvey, 1977; Smith & Syddall, 1978）。

Smilansky（1968）認為兒童在遊戲時，語言具有一些功能：(1)成人語言的模仿；(2)可用於佯裝；(3)用於解釋、要求或討論遊戲。此外，語言也可幫助兒童擴大他們所看到的意義；保持想像的角色；幫助兒童從外在環境聽到自己；允許兒童在他們自己與所扮演的角色之間內在對話，又可增加語彙。

遊戲與語言發展的研究很多，而且大多數研究都發現，遊戲與語言發展呈現正相關（Goodson & Greenfield, 1975; Mueller & Brenner, 1977; Fein, 1979; McClune-Nicolich, 1981）。Levy（1984）檢閱一些遊戲與語言發展的研究，並做了下列的結論：

1.遊戲刺激了語言的創新（Garvey, 1977; Bruner, 1983）。

2.遊戲提供並澄清新的語彙和概念（Smilansky, 1968）。

3.遊戲激勵語言的使用（Vygotsky, 1962; Smilansky, 1968; Garvey & Hogan, 1973; Bruner, 1983）。

4.遊戲發展後設語言（meta-linguistic）的察覺（Cazden, 1976）。

5.遊戲鼓勵語言的思考（Vygotsky, 1962）。

之後，Levy又增加了下列的結論：語言可促進遊戲的進行，語言的遊戲及遊戲中的自我中心語言，亦可促進遊戲與認知發展（1984: 59）。

(五)遊戲與社會發展

兒童最早的社會場所是家庭與學校，其次才是與同儕等非結構式的接觸，社會發展是延續一生而持續發展的，但在兒童期，遊戲的角色才越明顯。

在嬰兒期，最早的社會互動是微笑（smile）。父母一般對嬰兒高興的回應（微笑）更是喚起兒童微笑互動的有效行為。在幼兒期，各人玩各人的遊戲，或兩人或兩人以上可以玩各樣的活動，也就是說他們可以平行地玩遊戲，之後，他們可以一起玩一些扮演的社會戲劇活動或遊戲。幼兒的社會遊戲，很少由立即環境的特性所引發，大都是由同儕們共同計畫及勾勒出來的情節，而且分派角色並要有分享、溝通的能力。在學齡兒童期，戲劇遊戲減少，由幻想遊戲來取代，相對的，團隊比賽或運動也提供了一些社會關係的學習。

誠如遊戲與創造力及語言發展的關係一樣，兒童參與社會戲劇活動可學習輪流、分享、溝通，讓大家能一起玩。團體戲劇遊戲提供兒童練習社會技巧的機會。在Connolly及Doyle（1984）的

研究中發現：玩團體戲劇遊戲，兒童會有機會去練習及熟練社會技巧，進而運用社會技巧。此外，郭靜晃（1982）發現，社會戲劇遊戲訓練課程也可以增加兒童合作等之社會技巧。

在社會戲劇遊戲中，角色的扮演可幫助幼兒發展排除自我中心及培養角色取替（role-perspective）能力（由他人的觀點來看另一件事物的能力）（Burns & Brainerd, 1979）。

在遊戲訓練的實驗研究中發現，建構遊戲和戲劇遊戲可增加兒童知覺、認知及情感等三種角色取替能力。

總而言之，幼兒年紀越大，其遊戲越趨社會化。而常參與社會幻想遊戲的幼兒，比不參與者，其社會能力較強。因此，幼兒的父母或老師應當鼓勵幼兒在戶外或是室內玩幻想的遊戲。

(六)遊戲與動作發展

幼兒的動作發展有三大重點：體能、知覺—動作發展及運動技巧。體能指的是身體機能的能力（例如，心、肺及循環系統的功能，肌肉強度及彈性）；知覺—動作發展指的是兒童知覺及解釋感覺資料，以及透過活動而反應的能力（包括時間、空間、方向及視聽覺的察覺）；動作技巧指的是基本移位、操弄及平衡等技巧（Poest et al., 1990）。

以目前來看，兒童的體能越來越差。以美國為例，成人普遍花很多時間在其健康及體能的維護上，相對的，兒童花越多的時間在看電視，從事較靜態的活動，及攝取過多高醣類食物，結果造成兒童越來越胖，體能越來越差（Jambor & Hancock, 1988）。

Deitz及Gortmaker（1985）研究發現，看電視的兒童較容易發胖，因為坐著看電視促使身體休息太久，減少能量消耗，及因常吃高醣類食物而使身體吸收過多的熱量。

此外，Frost（1992: 44）認為美國近年教育的改革（強調學科

訓練及延長教育時間），反而造成孩子越沒有時間遊戲及做體能運動。另外有研究發現，許多小學生每天平均在戶外上體育課的運動時間不超過二十分鐘，卻花很多時間在排隊等遊樂設施，或聊天、追逐上。

有關知覺—動作發展方面，Weikart（1987）指出，如同體能般，幼兒知覺—動作發展也有日益衰退的趨勢，尤其是視覺、聽覺及時間的察覺力方面。雖然，有關訓練幼兒的知覺—動作發展中心如雨後春筍般地成立，但是相同研究卻指出其效果並不彰顯。

有關運動技巧方面，Seefeldt研究發現，運動技巧並不是純粹源自於個體的成熟，而是要透過教導及練習才有所改善。因此，幼兒如常參與自由遊戲，可增加其運動技巧。大肌肉活動、小肌肉活動、身體察覺活動、空間察覺活動、方向察覺活動、平衡活動、整合性活動及表達性活動等，皆可透過訓練課程來加以增強。

遊戲與兒童的動作發展有其絕對的關係，嬰兒在遊戲中有身體的活動如手腳的蹬、移動。在幼兒時，幼兒大量的大肌肉活動，如爬、跑、跳及快速移動，騎三輪車，而且也有精細的小肌肉活動，如剪東西。到了學齡兒童期，他們的運動競賽需要大量的肌肉及運動系統的練習。因此，遊戲幫助兒童精細了身體動作能力。以上之論述，可以**表16-6**示之。

遊戲是兒童全部的生活，也是兒童的工作，因此，兒童的休閒育樂活動更是離不開「遊戲」。教育學家Dewey說：「教育即生活」；Kilpatrick則認為：「教育即遊戲」，此外，Montessori、Piaget等亦主張，以自由開放的態度讓幼兒發展天性，並重視遊戲的教育功能。由上列的論點就可以說：「教育即遊戲」。基於兒童天性對遊戲的需求，休閒活動也是國民教育中重要的一環（鍾騰，1989：11）。而兒童遊戲的教育功能，也可從兒童發展的歷程

表16-6　遊戲與兒童發展的關係

	情緒發展	認知發展	社會發展	語言發展	動作發展
嬰兒期 (0～2歲)	玩物的刺激； 關心、照顧	物體的刺激 （例如，照明刺激、三度空間）	親子互動 手足互動	發聲練習； 親子共讀	大肌肉活動，如跳、跑及快速移動
幼兒期 (3～6歲)	玩物、情境等透過遊戲表達情感； 學習控制情緒	分類能力之提增； 假裝戲劇遊戲	同儕互動	兒童圖畫書賞析	感覺統合
學齡 兒童期 (7～12歲)	利用休閒活動滿足情緒； 透過休閒或遊戲增加自我尊重之情緒穩定	加重邏輯及數學之演繹性活動	團隊比賽及運動	語言遊戲活動，如相聲、脫口秀、繞口令； 瞭解各種不同族群及文化的語言	運動技巧； 體能； 知覺—動作發展

看出。

　　一歲以上的幼兒，就會在有人陪伴之下獨自地玩或與別人一起玩，在簡單的遊戲與娛樂中，利用器官的探索逐漸瞭解這個世界及加深其感官知覺，因此，在這段時期的兒童，不論是社會性或單獨的遊戲，都是他學習的主要方式。

　　進入兒童早期，由於幼兒動作技巧的精熟及經驗的擴增，遊戲漸趨複雜，這個時期兒童最主要的認知遊戲為功能性（functional）及建構性（constructive）兩種；前者又稱操作性遊戲，利用固定玩物；後者意指有組織的目標導引遊戲（吳幸玲、郭靜晃譯，2003）。

　　到了兒童晚期，同儕團體在生活領域中地位逐漸加重，兒童在團體中受歡迎的程度決定了他參加遊戲的形式，這段時間最常做的遊戲有建構性遊戲、蒐集東西、競賽等，在兒童遊戲中，兒

童慢慢建立起自我概念、性別認識，並發展出社會化行為（黃秀瑄，1981）。從此之後，當兒童步入青少年期，除了上課休息及習作功課之外，休閒活動逐變成其生活的重心。因此，遊戲對兒童生活有其附加價值，不僅可充分幫助兒童發揮想像及個人表達，也允許其自主活動和自我詮釋，更可增實認知，幫助生活適應及因應日後生活的挑戰。

參考書目

一、中文部分

吳幸玲、郭靜晃譯（2003），《兒童遊戲——遊戲發展的理論與實務》，台北：揚智文化。

李明宗（1993），《兒童遊戲》，兒童遊戲空間規劃與安全研討會，第二冊，頁1-5。

林清山譯（R. E. Mayer原著）（1990），《教育心理學－認知取向》，台北：遠流。

張欣戊等（1989），《發展心理學》，台北：空大。

郭靜晃（1982），《遊戲對幼兒合作行為之影響研究》，中國文化大學青少年兒童福利研究所未出版碩士論文。

郭靜晃（2000），《兒童遊戲：兒童發展觀的詮釋》，台北：洪葉文化，頁130。

黃秀瑄（1981），〈從輔導觀點談休閒活動〉，《輔導月刊》，第17期，頁11-12。

詹棟樑（1979），〈從兒童人類的觀點看兒童教育〉，載於中國教育學會主編，《兒童教育研究》，台北：幼獅書局，頁59-86。

鍾騰（1989），〈兒童休閒活動面面觀〉，《師友月刊》，266期，頁11。

二、英文部分

Arnaud, S. H.(1974). Some functions of play in the educative process. *Childhood Education*, 51, 72-78.

Axline, V.(1964). *Dibs: In Search of Self*. New York: Ballantine.

Barnett, L. A. & Storm, B.(1981). Play, pleasure, and pain: A reduction of anxiety through play. *Leisure Sciences*, 4, 161-175.

Bredekamp, S. & Copple, C.(1997). *Developmentally Appropriate Pratice in Early Childhood Programs*(rev. ed.). Washington, DC: NAEYC.

Bruner, J.(1972). The nature and uses of immatunity. *American Psychologist*, 27,

687-708.

Bruner, J. S.(1983). *Child's Talk: Learning to Use Language*. New York: W. W. Norton.

Burns, S. M. & Brainerd, C. J.(1979). Effects of constructive and dramatic play on perspective taking in very young children. *Developmental Psychology*, 15, 512-521.

Cazden C. B.(1976). Play with language and meta-linguistic awareness: One dimension of language experience. In J. S. Bruner, A. Jolly, & K. Sylva (Eds.). *Play: Its Role in Development and Evolution*(pp.603-608). New York: Basic Books.

Christie, J.(1983). The effects of play tutoring on young children's cognitive per-formance. *Journal of Educational Research*, 76, 326-330.

Connolly, J. A. & Doyle, A. B.(1984). Relation of social fantasy play to social competence in preschoolers. *Developmental Psychology*, 20, 797-806.

Dansky, J. L.(1980a). Cognitive consequences of sociodramatic play and explo-ration training for economically disadvantaged preschoolers. *Journal of Child Psychology and Psychiatry*, 20, 47-58.

Dansky, J. L.(1980b). Make-believe: A mediator of the relationship between play and creativity. *Child Development*, 51, 576-579.

Dansky, J. L. & Silverman, I. W.(1975). Play: A general facilitator of associative fluency. *Developmental Psychology*, 11, 104.

Deitz, W. H. & Gortmaker, S. C.(1985). Do we fatten our children at the televi-sion set? Obesity and television viewing in children and adolescents. *Pediatrics*, 75, 807-812.

Dewey, J. (1938). *Experience & Education*. New York: Collier.

Ellis, M. J.(1973). *Why People Play*. Englewood Cliffs NJ: Pretice-Hall.

Erikson, E. H.(1950, 1963). *Childhood and Society*. New York: W. W. Norton.

Fein, G.(1997). Play and early childhood teacher education: Discussant remarks. Symposium presented at the annual meeting of the Association for the Study of Play meetings. Washington, DC.

Fein, G. G.(1979). Play in the acquisition of symbols. In L. Katz (Ed.). *Current*

Topics in Early Childhood Education. Norwood, NJ: Ablex.

Fortes, M.(1970). Social and Psychological aspects of education in Taleland. In J. Middleton(Ed.), *From child to adult: Studies in the anthropology of education* (pp.14-74). Austin, TX: University of Texas Press.

Frost, J.(1992). *Play and playscapes*. Albany, NY: Delmar.

Garvey, C.(1977). *Play*. Cambridge, MA: Harvard University Press.

Garvey, C. & Hogan, R.(1973). Social speech and social interaction: Egocentricism revisited. *Child Development*, 44, 565-568.

Golomb, C. & Cornelius, C. B.(1977). Symbolic play and its cognitive significance. *Developmental Psychology*, 13, 246-252.

Goodson, B. & Greenfield, P.(1975). The search for structural principles in children's play. *Child Development*, 39, 734-746.

Guerney, L.(1984). Play therapy in counseling settings. In T. Yawkey & A. Pelligrini(Eds.), *Child's Play: Developmental and Applied* (pp.291-321). Hillsdale, NJ: Erlbaum.

Hughes, M. & Hutt, C. (1979). Heart-rate correlates of childhood activities: Play, exploration, problem-solving and day dreaming. *Biological Psychology*, 8, 253-263.

Hutt, C.(1971). Exploration and play in children. In R. E. Herron & B. Sutton-Smith(Eds.), *Child's Play*(pp.231-251). New York: Wiley.

Hutt, S., Tyler, S., Hutt, C. & Christopherson, H.(1989). *Play, Exploration and Learning: A Natural History of the Pre-school*. London: Routledge.

Jambor, T. & Hancock, K.(1988). The potential of the physical education teacher as play leader. *Paper Presented at The American Association for the Chlid's Right to Play* Conference. Washington, DC.

Johnson, J. E., Ershler, J. & Lawton, J. T.(1982). Intellective correlates of preschoolers' spontaneous play. *Journal of General Psychology*, 106, 115-122.

King, N. R.(1979). Play: The kindergarteners' perspective. *Elementary School Journal*, 80, 81-87.

King, N. R.(1986). When educators study play in school, *Journal of Curriculum*

and Supervision, 1(3), 223-246.

Levin, H. & Wardwell, E.(1971). The research uses of doll play. In R. E. Herron & B. Sutton-Smith(Eds.). *Child's Play*(pp.145-184). New York: Wiley.

Levy, A. K.(1984). The language of play: The role of play in language development. *Early Child Development and Care*, 17, 49-62.

Lieberman, J. N.(1977). *Playfulness: Its Relationship to Imagination and Creativety*. New York: Academic Press.

McClune-Nicolich, L.(1981). Toward symbolic functioning: Structure of early pretend games and potential parallel with language. *Child Development*, 52, 785-797.

Mueller, E. & Brenner, J.(1977). The origins of social skills and interaction among play group toddlers. *Child Development*, 48, 854-861.

Patrick, G. T. W.(1916). *The Psychology of Relations*. New York: Houghton-Mifflin.

Pepler, D. J. & Ross, H. S.(1981). Effects of play on convergent and divergent problem solving. *Child Development*, 52, 1202-1210.

Piaget, J.(1962). *Play, Dreams and Imitation in Childhood*. New York: Norton.

Poest, E. A., Williams, J. R., Witt, D. D. & Atwood, M. E.(1990). Challenge me to move: Large muscle development in young children. *Young Children*, 45, 4-10.

Roberts, J. M. & Sutton-Smith, B.(1962). Child training and game involvement. *Ethnology*, 1, 166-185.

Rubin, K. H., Fein, G. G. & Vandenberg, B.(1983). Play. In P. H. Mussen (Ed.), *Handbook of Child Psychology*: *Socialization, Personality and Social Development*(4th ed.), 4, 695-774, New York: Wiley.

Saltz, E., Dixon, D. & Johnson, J.(1977). Training disadvantaged preschoolers on various fantasy activities: Effects on cognitive functioning and impulse control. *Child Development*, 48, 367-388.

Schlosberg, H.(1947). The concept of play. *Psychological Review*, 54, 229-231.

Shipley, C. D.(1998). *Empowering Children: Play-Based Curriculum for Lifelong Learning*(2nd ed.). New York: Nelson College Publishing.

Simon, T. & Smith, P. K.(1983). The study of play and problem solving in pre-school children: Have experimenter effects been responsible for previous results? *British Journal of Developmental Psychology*, 1, 289-297.

Smilansky, S.(1968). *The Effects of Sociodramatic Play on Disadvantaged Preschool Children*. New York: Wiley.

Schwartzman, H. B. (1976). The anthropological study of children's play. *Annual Review of Anthropology*, 5, 289-328.

Smith, P. K. & Syddall, S.(1978). Play and non-play tutoring in preschool chil-dren: Is it play or tutoring which matters? *British Journal of Educational Psychology*, 48, 315-325.

Smith, P. K., Dalgleish, M. & Herzmark, G.(1981). A comparison of the effects of fantasy play tutoring and skills tutoring in nursery classes. *International Journal of Behavioral Development*, 4, 421-441.

Sutton-Smith, B.(1979). Epilogue: Play as performance. In B. Sutton-Smith (Ed.), *Play and Learning*, 295-320.

Sylva, K., Bruner, J. S. & Genova, P.(1976). The role of play in the problem-solv-ing of children 3-5 years old. In J. S. Bruner, A. Jolly & K. Sylva(Eds.). *Play: Its Role in Development and Evolution*(pp. 244-257). New York: Basic Books.

Thorndike, E. L.(1913). *Educational Psychology*. New York: Columbia University Press.

Vygotsky, K.(1962). *Thought and Language, Trans.*, E. Hanfman & G. Valar. Cambridge, MA: M.I.T. Press.

Vygotsky, L. S.(1976). *Play and its Role in the Mental Development of the Child*.

Weikart, P. S.(1987). *Round the Circle: Key Experiences in Movement for Children Ages Three to Five*. Ypsilanti, ML: High Scope Press.

Weir, R.(1962). *Language in the Crib*. The Hague: Mouton.

Weisler, A. & McCall, R. B.(1976). Exploration and play: Resume and redirec-tion. *American Psychologist*, 31, 492-508.

Wolf, D. & Gardner, H. (1979). Style and sequence in early symbolic play. In M. Franklin & N. Smith (Eds.), *Symbolic Functioning in Childhood. Hillsdale*,

NJ: Erlbaum.

Wolf, D. & Grollman, S. H.(1982). Ways of playing: Individual differences in imaginative style. In D. J. Pepler & K. H. Rubin (Eds.), *The Play of Children: Current Theory and Research.* Basel, Switzerland: Karger, AG.

Chapter

17

● 第十七章　兒童遊戲與休閒發展及運用 ●

吳幸玲

・美國俄亥俄州立大學家庭關係與人類
發展學系碩士

・中國文化大學社會福利系、輔仁大學
生活應用科學系講師

一、前言

　　兒童期的遊戲特徵包括智力、社會及人格發展趨勢三方面。在智力發展層面，學齡兒童越來越有次序性、結構化及邏輯的思考，結果，他們的遊戲顯示一種對次序的發展需求。兒童期在社會發展的主要變化則是，同儕取代了過去由家庭所提供的支持（如訊息、情緒，甚至物質）。被同儕所接納是此年齡層最重要的一件事，他們的遊戲也反映出有歸屬感的需求。在人格發展中，學齡兒童漸漸發展自我概念來對自己及他人展示，他們具有引以為傲的才能、技巧及能力。這種勤勉的需求更能透過他們的遊戲來具體呈現。

　　青少年被認為是智力、社會及人格發展的重要轉捩點。青少年的智力發展是由具體操作運思轉變到形式操作運思，這也是抽象能力及假設演繹能力的具體表徵期。青少年期的智力發展具有抽象概念化的基礎。在社會發展中，青少年更需要能與同儕相處，青少年需要與同伴發展親近關係，不可避免地有相互溝通的需求。最後，青少年很努力地創造一種穩定及永恆的自我觀，而遊戲經常提供青少年作為可以獲得別人認同的脈絡情境。

　　本章對於幼教課程、發展理論和幼教理論的概念及關係，從兒童本位、發展理論、學習理論、有組織的知識及學校教育內容，來建構幼兒教育的內涵。至於遊戲與課程連接的聯繫，以及如何利用遊戲來建構幼教課程活動，以遊戲當作兒童表達觀念和感情的媒介，設計及規劃幼教遊戲教育課程的方案。

　　另外，本章將兒童的遊戲發展概念分為微視發生論（短期目標）及種族發生論（長期目標），個體的遊戲行為隨著時間的推移會產生不同的發展和經驗。我們應在多元架構（例如，文化、性

別、生理環境、同儕）下，對兒童遊戲發展進行組織與分類，瞭解不同情境的遊戲狀況，並發展相關政策來教化遊戲實務及政策。用單一線性的脈絡解釋兒童的遊戲發展，雖然可以得到重要的基礎知識，但並不足以妥善解釋兒童的遊戲發展。

二、遊戲行為的發展說

　　隨著時間的推移，遊戲行為會產生系統性的變化。例如，從遊戲觀察研究中可以看出，兒童會先對玩物進行探索，再加以重新組合或進行改變。遊戲行為的速度、強度、變化性及風格，都可能隨著時間的改變而有所不同。Hutt（1966）的探索性研究就為這種論點提出佐證，從他的研究中，可以看出特定行為所產生的擴散性變化。如果我們每天用十分鐘，不間斷地觀察兒童在拿到新玩具後的反應，便會發現孩子的行為模式、姿態及行為表情都隨著時間而改變，一開始十分刻板、僵硬，但是在第四天之後，孩子便能以較輕鬆的遊戲方式來操弄這新奇的玩物，並且開始產生各種不同的反應。Corinne Hutt及同事在之後的另一項研究，讓幼兒長時期使用不同的學齡前玩物（如乾沙或水），依時間加以計量並進行調查（Hutt, Tyler, Hutt & Christopherson, 1989）。結果發現，孩子在短時間的遊戲行為與經驗中會產生持續而短暫的變化。「微視發生論」（microgenesis）指的就是「短期的發展變化」。

　　發展性的變化意即，遊戲行為會在一段長時間（例如，年齡的發展階段）中產生改變。個體發生論（ontogenesis）為發展性變化提供了最好的詮釋（吳幸玲、郭靜晃譯，2003）。那麼，在兒童的遊戲中，可以區分為哪些發展階段或次階段，依時間的推移，展現出不同的兒童生活及遊戲行為呢？在相關的兒童發展理

論中，有不少質性研究是針對兒童在不同階段的各層次行為進行分析。例如，Piaget把遊戲分為以下幾個發展階段——知覺動作遊戲、表徵遊戲及規則的遊戲。而在長期發展的研究中，也同樣發現兒童擁有上述發展順序，例如，表徵遊戲在二至三歲的嬰幼兒時期並不常見，但在三至五歲的學齡前兒童期，則相當普遍。遊戲個體發生論也出現在每個遊戲發展階段，然而隨著時間的改變，會依序出現各種不同的遊戲形式，而建構出發展性改變的模式。

　　遊戲的微視發生論及遊戲個體發生論不僅概念本身相當重要，對於垂直排列遊戲的發展階段以瞭解兒童遊戲行為發展理論也有很大的幫助。遊戲的微視發生論或遊戲行為在極短時間內可能的改變層面（例如，檢查—再檢查—組成—轉移—檢查——……），可以幫助我們預期兒童有哪些遊戲行為，並且設計或調整某些特定的情境以提升兒童的遊戲行為。例如，在遊戲進行中，老師可以靈活地使用或是撤除遊戲道具，以協調兒童在微視發生論的探索遊戲週期所產生的行為。

　　此外，在設計適齡遊戲環境及預測兒童遊戲方式時，對遊戲發展基準及里程碑的瞭解，也是絕對必要的。對這兩方面的瞭解，可以幫助我們更有效地理解與評估兒童在特定遊戲中的行為發展順序，不論在針對特定發展層次的特定兒童（微視分析層次），或是鎖定特定年齡層的一般兒童（巨視分析層次），都相當重要。而兒童經歷微視發生的遊戲層面或週期，與他們在他們的發展階段層次（個體發生論）的功能有何不同？

　　對於和成長中兒童在一起工作及遊戲的成人來說，對遊戲發展的瞭解相當重要。然而，目前的知識還不足以完全理解兒童的遊戲，或是培養與孩子互動的良好能力。遊戲發展的傳統理論是線性、單向而且欠缺脈絡，因此無法慮及兒童遊戲的文化層面。最近有若干遊戲發展的思考應用，回歸到互動及多層面的概念架

構，以解釋兒童的遊戲發展（Monighan-Nourot, 1995）。例如，Corsaro（Gaskins, Miller & Corsaro, 1992）提出一種重建（相對於線性觀點）的社會遊戲發展觀點，認為社會遊戲與孩子的同儕文化具有相互反饋迴路（feedback loops）的回歸關係。在這種回歸互動關係中，社會遊戲建立了同儕文化，衍生出的文化也同時影響了個體的社會遊戲。此種想法可以追溯到法國遊戲理論學家Chateau，他認為遊戲是幼兒確認自我的工具（a means for self-affirmation）（法文為l'affirmation du moi）。當這些幼兒逐漸成長，他們遭遇到「大朋友的挑戰」（challenge of the elder）（法文為l'appel de l'aine），年紀小的幼兒被鼓勵從事遊戲，這是大朋友能夠接受（或及時修正）的行為方式，幼兒藉此得以融入大男孩或大女孩的遊戲文化（van der Kooij & de Groot, 1977）。

　　過去大部分探討遊戲的文獻，只把遊戲發展視為單一遊戲技巧與能力依時間而產生的改變。這些線性的遊戲發展理論並不足以解釋孩童日後在不同脈絡及多個層次中的發展。而現今的遊戲學者則日漸重視孩子成長環境的文化內涵。有越來越多人採用多層面的觀點來看待孩童的遊戲發展，此種觀點允許我們將發展時程（developmental time）（Monighan-Nourot, 1995）及許多脈絡因素納入考量，例如，情境、文化、語言和社會關係。

　　此外，在研究遊戲行為及行為的改變時，必須整合個別差異、文化與社會階層、特殊兒童及環境差異。在特定情境與孩童共處時，必須不斷地建構與再建構關於兒童的實務理論，一方面閱讀相關文獻，另一方面也從個人的工作實務汲取經驗增加對兒童的瞭解。在實際互動中建構的遊戲理論，最能瞭解兒童的遊戲發展，同時也能領會其他人的相關意見。我們需要多元的實務理論。畢竟不同遊戲行為的內容和發展速度，會因為社會、生理環境及成熟度的不同，而產生很多個體上的差異。

　　其中社會情境具有極大的影響力，並且存在於日常生活當

中。雖然遊戲幫助了兒童的發展，但是從特定的兒童身上可以看
出，不同的社會脈絡會擁有不同層次的遊戲。

三、兒童遊戲發展

(一)零至五歲幼兒的遊戲發展

發展心理學這門學科主要是研究人類行為隨年齡增長而產生
的個體行為改變。如果應用在兒童遊戲上，便是研究遊戲的內容
與結構的改變。已有許多遊戲學者在研究文獻中描述過遊戲，發
現遊戲和個體情緒、學習因素有關。同時學者們也依照不同的結
構將遊戲予以分類、定義。例如，有些學者認為，嬰兒的動作發
展與遊戲是相互聯結的。依此觀點，可以把遊戲分為四種類型：
動作遊戲、社會遊戲、玩物遊戲及表徵遊戲。這種分類是人為而
非渾然天成，目的是在幫助讀者進行系統性的整合。但請務必明
瞭，這些分類方式並不是武斷或絕對的，有時遊戲可以存在於多
種形態的遊戲類別中。可能的發展進程列於**表17-1**。**表17-1**由上
到下是個體遊戲行為的發展順序，但因人有個別差異，因此，發
展的平均年齡會隨個人特質（如遺傳及環境）的不同而有所差
異。總體來說，嬰兒的遊戲主要是表現在操弄物體及動作遊戲方
面；兩歲之後，其表徵能力及社會遊戲的發展才逐一出現。

成人與孩子一起遊戲時，應特別注意在兒童遊戲行為中以下
兩種改變的意義：第一，時間因素對發展的影響。時間因素如何
影響了遊戲的結構或過程，真正改變具有何種意義？第二，遊戲
活動的速率、強度和種類可能在短時間內改變，並且反應也較富
有彈性；另外，可以將改變視為長時間內一種行為的轉移，例

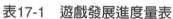

表17-1　遊戲發展進度量表

操弄／建築（玩物遊戲）	表徵遊戲	社會遊戲	身體／動作遊戲
1.玩自己的身體部位（如手指、腳趾）	1.在遊戲中模仿	1.模仿鏡中的形象	1.可以不用支撐而坐著玩
2.用手臂揮打玩物並獲得愉快	（1）模仿聲音	2.對鏡中的形象微笑	2.玩時可以獨立站得很好
3.玩別人的身體部位，如摸別人的臉或頭髮	（2）模仿別人的手勢	3.在遊戲中嘻笑	3.爬或匍匐前進
4.玩水	（3）模仿別人的臉部表情	4.玩社會遊戲（如玩躲貓貓、拍手遊戲）	4.可以邊走邊玩
5.在遊戲中去拿玩物（或自己拿或從別人處獲得）	（4）延宕模仿（將以前所聽過或看過的聲音或動作模仿出來）	5.單獨地玩（如幼兒自己玩玩具，即使與別的幼兒一起玩，彼此處在很近的距離，也不想跟其他的幼兒一起玩）	5.可以雙手將球從頭上丟出
6.在玩的過程中放開玩物			6.可以從大人椅子爬上爬下
7.用雙手去敲打玩物或拍手	2.在遊戲中可製造聲音	6.可以獨立自己玩遊戲，持續十五至三十分鐘	7.踢球
8.做影響環境的重複性動作（例如敲打玩具產生砰砰響）	3.在遊戲中可用語言交談或叫喊	7.平行遊戲（幼兒通常玩在一起，但各自單獨做他們的活動或遊戲；通常玩相似的玩具或活動，除非他搶奪別人的玩具，不然彼此不會有社會性的互動或影響他人的活動）	8.聽音樂、做些律動
9.堆放玩物	4.使用玩物來假裝、虛構（如假裝積木為車），可使玩物具有意義		9.踩（騎）三輪車
10.自發性的塗鴉			10.用雙腳做跳遠狀的動作（腳離地）
11.拉玩具			
12.將容器（籃）中的玩具倒出來			
13.可以橫向排列並且是有組織性			11.可以從十吋高度跳下來
14.玩沙（過濾、拍、抹平、倒或堆）	5.功能性使用表徵玩具（如電話、車子、娃娃或茶具組合）	8.聯合遊戲（幼兒可玩在一起，但各自擁有自己的主題的深度活	12.接大球
15.玩拼圖	6.使用成人衣物或裝扮遊戲		13.跑得很好（不會跌倒）
（1）三件式的形狀拼圖（三角形、四方	7.表現單一的假		14.可以在矮的玩具和

（續）表17-1　遊戲發展進度量表

操弄／建築 （玩物遊戲）	表徵遊戲	社會遊戲	身體／動作 遊戲
形、圓形） （2）四件式個別 　成形的拼圖 （3）四件組成一 　形體的拼圖 （4）七件組成一 　形體的拼圖 （5）十二件組成 　一形體的拼 　圖 16.將玩具放入容器 　或籃子內 17.會將蓋子蓋於有 　蓋的容器 18.玩黏土 （1）會用手去壓 　擠、滾及造型 （2）利用工具（如 　棒子）形狀加 　上黏土做造型 （3）利用黏土／沙 　做表徵的玩物 　（如做所熟識 　的物品，如電 　話、車子或茶 　杯），並能說 　出其名稱 19.玩積木 （1）沒有表徵意 　義的建構遊 　戲 （2）具有表徵意	裝情境遊戲（ 如喝茶、抽菸 或開車） 8.表現虛構情境 　（事件之間有 　連續或單一 　角色持續在 　五分鐘以 　下，如用茶 　具組合在一 　起喝茶、吃 　餅乾，好像 　開茶會、派 　對；或開車 　去逛街或加 　油等） 9.表現虛構情境 　（單一角色的 　遊戲可以持續 　五分鐘以上） 10.表現虛構情 　節（有情 　節、主題但 　較不具組織 　性） 11.表現有組 　織、情節的 　假裝遊戲 12.可以與其他 　幼兒做假裝 　遊戲（社會 　扮演遊戲）	動。彼此間有溝 通交流，通常玩 的主題是與玩物 有關的活動。彼 此之間各自有各 自的活動目標與 目的，可能彼此 有所關聯，但不 是一完整組織的 活動） 9.兩人的合作遊戲 　（兩個幼兒參與 　共同目的的活 　動，彼此有組織 　能相互協調以達 　目的。通常幼兒 　是玩一些扮演、 　競爭／非競爭的 　比賽，或做一些 　作品，彼此相互 　支持以達目的） 10.團體的合作遊 　戲（兩個以上 　的幼兒能達到 　的目標） 11.遊戲中有分享 　行為 12.玩時可以等待 13.能為他人做事 　以達成目標的 　活動 14.要求同伴與他	梯子爬上 爬下 15.跳繩（至 　少跳連續 　兩次以上） 16.會翻觔 　斗、跳 　躍、盪鞦 　韆、用輪 　子溜冰、 　走平衡木 　等

（續）表17-1 遊戲發展進度量表

操弄／建築 （玩物遊戲）	表徵遊戲	社會遊戲	身體／動作 遊戲
義的建構遊戲 20.用剪刀 　（1）用剪刀剪東西 　（2）將紙或布剪成 　　　碎片 　（3）沿線剪不同的 　　　形狀 　（4）剪成不同的形 　　　狀 　（5）剪圖案（除了 　　　太細小的部分 　　　之外） 21.用畫圖來表徵事物 　（大部分畫他所知 　道的故事並能說出 　故事中圖畫的名 　字） 22.遊戲建構的結果成 　為重要的部分 23.組織工藝技巧 24.使用顏色筆將圖案 　著色 25.拓印／蓋印畫或用 　筆做描繪		一起玩 15.能叫出同伴的 　名字並炫耀 　（自誇其所做的 　事情） 16.可與特定的玩 　伴一起玩並可 　將他當作最好 　的朋友 17.能對有規則的 　遊戲或比賽遵 　守規則，並能 　輪流共享玩具	

資料來源：Golden & Kutner (1980).

如，身處兩種不同發展年齡層的兒童，會呈現出不同的遊戲發展階段。

兒童的發展過程乃是循序漸進，由自我中心到與他人互動、由具體到抽象。Garvey（1977）指出，隨著兒童年齡的增長，遊戲有下列四種基本的發展與改變趨向。

1.生物的成熟：隨著年齡增長、兒童身體與心理的成長，使得兒童獲得新的遊戲能力與技能。

2.精緻和複雜：遊戲會因兒童技能的成熟加上經驗的豐富，使得遊戲益加精緻和複雜，而且也可應用多種不同的概念。

3.減少隨機化行為，增加行為的計畫與控制：兒童可以透過想像直接操弄環境或改變事實。

4.加深個人的遊戲經驗：兒童透過日常生活的觀察與模仿，習得社會的因果關係，並將這些事件應用在日後遊戲的主題。

從認知發展層面，Piaget（1962）將遊戲分為三類：練習遊戲（practice play）、表徵遊戲（symbolic play）和規則遊戲（games with rules）。之後，Smilansky（1968）參照Piaget的分類，將認知遊戲修訂為四類：功能性遊戲（functional play）、建構遊戲（constructive play）、戲劇性遊戲（dramatic play）及規則遊戲，四類遊戲分述如下：

1.功能性遊戲：約從出生到兩歲，幼兒經常以身體的重複性動作，例如，跳與跑、反覆抓握物體和操弄玩具，來滿足感官的刺激與愉悅。

2.建構遊戲：約從兩歲起，幼兒開始使用各種可塑性的物品，如積木、拼圖、樂高或玩物、沙、水、黏土、麵糰，

有目的地完成某些成品，如機器人、動物等，而隨著年齡的成長及動作發展的成熟，兒童可進一步發展自己的創作。

3.戲劇性遊戲：約在二至七歲之間，兒童處於認知發展的運思前期，兒童逐漸展現他們的表徵能力，此時，兒童開始從事假裝（pretend）的想像遊戲，可以參與各種角色的情境、對話或行動。在三歲以前，幼兒大都獨自進行遊戲，自三歲之後，則逐漸參與兩人以上的團體社會戲劇遊戲（sociodramatic play），成員間透過彼此的對話，共同設計情節，進行協調，進而達成有主題的社會戲劇遊戲。

4.規則遊戲：約在七歲至十一歲之間，正處於具體運思期，兒童認知及接受規則能力大增，可從事一些具有規則性的遊戲，例如，球賽、下棋、捉迷藏等，兒童對於規則的遵循及遊戲者的共同約定非常在意，如此一來，他們才能一起玩。

之後，Rubin、Fein及Vandenberg（1983）觀察幼兒從出生至七歲，在認知發展層面有七種認知遊戲階段：知覺動作遊戲（sensorimotor play）、建構遊戲（constructive play）、初級假裝遊戲（first pretend play）、代替性假裝遊戲（substitute pretend play）、社會戲劇遊戲（sociodramatic play）、規則的察覺（awareness of the rules）及規則遊戲，茲分述如下：

1.知覺動作遊戲：約在一歲之前，利用已有的知覺基模探索外在的事物，嬰兒將一些玩物放在嘴裏，咬它們，捏它們，或將玩物丟在地板上，藉此，嬰兒可以瞭解物體的特性。

2.建構遊戲：約從一歲至兩歲，當嬰兒對物體的基模越來越精緻與複雜時，他們可以使用玩物做簡單的建構，例如，

玩拼圖、積木、插樁玩具或堆疊玩具，這種建構遊戲可持續至六歲，而且越來越複雜及具創意。

3. 初級假裝遊戲：約從十二至十四個月大開始，幼兒可以使用模擬真實器具的玩具來假裝一些動作，例如，用玩具湯匙餵洋娃娃、用梳子梳頭髮、玩具車代替開車。隨著年齡的增長，使用假裝的玩物會越來越不受外型影響，取而代之的是玩物的功能。

4. 代替性假裝遊戲：約在兩歲至三歲之間，幼兒會使用玩物來代替任何他們想得到的東西。他們可能利用筷子來代替梳子，湯匙代替香蕉，或利用掃把代替騎馬。到了四、五歲之後，他們的遊戲時間中，至少有20％會使用這種新且複雜的假裝。

5. 社會戲劇遊戲：幼兒上幼兒園的時期，他們喜歡扮家家酒，尤其喜歡扮演父母、老師、警察、司機、醫生、護士及超級英雄等角色。兒童很喜歡此類遊戲，尤其是幻想遊戲。這種遊戲對幼兒的社會發展尤其重要，由於扮演別人，兒童必須融入這個角色，這使得兒童能跳脫自我中心，漸漸瞭解別人的看法及想法。

6. 規則的察覺：六歲的幼兒不僅可以自我創造戲劇，而且還可以描述戲劇的規則。他們可以預先計畫情節，分派角色。這種改變需要更進一步的認知能力才能辦到，通常是在六歲左右，在此之後，兒童便開始發展具體的運思能力。

7. 規則遊戲：上了小學後，假裝遊戲會漸漸減少，取而代之的是特定規則的複雜遊戲，例如，踢瓶子、球賽、玩彈珠等。這種堅持規則的遊戲對兒童日後的認知及社會發展有所助益。最重要的是，兒童需要時間來玩此類遊戲，然而現代兒童卻花太多時間在看電視或做一些沒有組織及建設

性的遊戲。

從社會發展層面，Parten（1932）針對日本保育學校的幼兒進行觀察，發現幼兒的社會性遊戲依序爲：無所事事行爲、旁觀的行爲、單獨遊戲（solitary play）、平行遊戲、協同遊戲及合作遊戲，茲分述如下：

1. 無所事事行爲（約在兩歲以前）：到處走動、東張西望或靜靜坐在一旁，沒有做什麼特定的事情。
2. 旁觀的行爲（約在兩歲以前）：當其他孩子在玩時，幼兒只在一旁觀看，偶爾與正在玩的幼童說話，但沒有參與遊戲。
3. 單獨遊戲（約在兩歲至兩歲半）：自己一個人玩玩物，與他人沒有交談等任何社會互動。
4. 平行遊戲（約在兩歲半至三歲半）：與旁邊的小孩子玩相同或類似的玩具和遊戲，但他們彼此卻沒有進一步交談。
5. 協同遊戲（約在三歲半至四歲半）：與其他兒童一起玩，但彼此之間沒有共同目標及互相協助，仍以個人的興趣爲主。
6. 合作遊戲（約在四歲半之後）：與其他兒童一起玩，彼此之間有分工及相互協助，以達成共同的目標。

Parten的研究提出之後，他所描述的兒童社會性遊戲發展階段，常被用以衡量兒童的社會發展層次。直到一九八〇年，才由Howes從對同儕遊戲的觀察發展出Howes同儕遊戲量表。潘慧玲（Pan, H）針對國內的幼兒社會遊戲情形加以觀察，發現許多幼兒進行的單獨遊戲其實是一種有積極目標導向的行爲，平行遊戲在許多時候是較大兒童在單獨遊戲與團體遊戲之間的過渡，並不是不成熟的社會行爲。而Howes的同儕遊戲量表更將Parten的平行遊

戲再區分為兩種，一種是簡單的平行遊戲，另一種則是彼此有共同焦點的平行遊戲。

就動作發展而言，兒童自出生到六歲，身體動作隨著幼兒身體的成長而更具活動性，更有力，並且更具控制力、平衡能力，和大小肌肉的協調能力，因此能呈現出更精緻的動作發展技巧，詳細發展情形請參考**表17-1**。

(二)六至八歲幼兒的遊戲發展

在進入幼兒園之後，兒童的社會、玩物、表徵及動作領域的發展仍持續成長與改變，尤其在六到八歲之間，兒童的認知及社會能力更有極大的發展變化，而這些能力更有助於兒童調節他們的注意力、活動及情感，也能幫助兒童獨自或與別人一同參與高層次的遊戲情節。在六到八歲之間，某些最早展開社會化的家庭，已經把社會生態融入到學校、幼兒園及不同鄰里和社區機構的文化當中，隨之而來的，便是兒童有了更多遊戲和休閒的新機會。

■社會領域

一般而言，六到八歲的兒童已經擁有相當不錯的互動技巧。他們的社會認知水準可以讓他們瞭解別人的知覺、想法、意圖和感受，並且在衝動控制、有能力規劃及從容滿足上已有相當的基礎，比起他們在幼兒園時，有更分化的自我概念，也使得他們有更優良的社會能力及成熟的友誼關係。他們的社會遊戲具有更親密的同儕關係以及更強的團體成員互動。Thornburg（1979）宣稱，在這所謂的「泡泡糖年代」（bubble-gum years），同儕互動團體的形成是在長時間中一點一點累積。兒童終日徜徉在複雜的社會環境中，與各式各樣的人共處。

■玩物領域

　　幼稚園與學齡兒童在遊戲中使用玩物的方式已經日趨複雜化及精緻化。在家中、學校或社區的各種活動，無論是單獨或與同儕一同進行的社會遊戲，兒童隨時可展現出高層次的建構遊戲、以成果為導向的遊戲，或充分發揮創造力的遊戲。年齡較大的幼兒（五至八歲）和學齡前幼兒相較，在建構遊戲的層次上截然不同，其間的差異不僅在於操作的複雜性，也在於社會互動的精緻層次和象徵意義。不但如此，年齡較大的幼兒也會將積木的建構遊戲融入社會戲劇遊戲的主題，並將玩物當作道具，例如，模擬超級市場或園遊會，同時他們在遊戲上也會花費更多的時間和心思。

　　積木遊戲即使對年齡較大的兒童來說，也仍舊具有吸引力，例如，樂高積木（Lego blocks）、其他積木（Lincoln Logs）或組合的玩具及零件。兒童會在遊戲中發展良好的操弄技巧來進行積木遊戲。幼稚園以上的幼兒已經可以玩一些螺絲組合玩具和電動組合玩具（Goodson & Bronson, 1985）。這時的幼兒越來越具有科學和實驗精神，也已經進入Piaget所謂的具體操作期（the stage of concrete operational thinking）及Erikson所定義的勤奮期（the stage of industry）。他們可以用各種不同的分類組合方法來為玩具分組，並藉由測量及平衡玩物的遊戲方式來發展解決問題的能力。他們利用玩具建構、實驗並解決問題，同時也利用這種玩具從事角色扮演。

■表徵領域

　　假裝是兒童從兩歲開始的主要遊戲方式，到了四、五歲的學齡前期，會增加社會群體的佯裝遊戲，又稱為社會戲劇遊戲。接著，在五歲之後，兒童在教室及戶外遊戲場從事社會性佯裝遊戲

的比例會明顯降低。但在其他社會情境中，幼兒對於扮演遊戲仍舊會保持高度興趣，他們在家裏及社區會共同進行佯裝遊戲，並在遊戲中納入當代社會文化及媒體中的相關主題及內容。這種佯裝遊戲往往會吸引不同年齡的同伴聚在一起，共同從事角色的扮演。

幼稚園與學齡兒童所從事的扮演遊戲比起幼兒園的兒童，擁有更豐富的內容、情節，與更複雜的腳本，他們的遊戲情節更細緻且具有組織性，他們同時也會在所扮演的角色中顯現更多的後設溝通，此外，他們的扮演遊戲會出現層次更複雜的角色管理。例如，六至八歲的幼兒扮演布偶遊戲、喜劇，或是打仗、馬戲團表演的戲劇遊戲。幼兒會分階段對這些角色進行管理，並經過引導、再引導的過程使遊戲更加豐富。這時期的幼兒非常喜歡在扮演遊戲中加上許多服裝及道具，他們也會從積木、樂高、卡通玩偶及其他操作玩物中找尋此種扮演遊戲的道具（Johnson, 1998）。

另一方面，這個年齡層的兒童也會用話劇或說故事等方式來展現他們的象徵能力。這些方式與他們在幼兒時期從事的表徵遊戲相關，且具有連續性；不過，也有一些扮演的表徵遊戲是在這個時期的新發展，和幼兒時期的表徵能力發展無關。在下一節的認知遊戲與創造性遊戲中，對此會有更多的討論。

■動作領域

當兒童從幼兒成長至學齡兒童，他們已發展出更精緻的大肌肉及小肌肉的動作能力，而且也有助於他們在其他發展領域中有更好的專精（mastery）能力。他們已發展的大肌肉的強度、協調力及平衡感，統合起來更有助於發展小肌肉的技巧及靈巧性（dexterity），使他們能參與更多不同的活動。

學齡兒童已發展出相當不錯的動作能力，例如，他們能使用小零件、寫字、畫圖以及使用電腦鍵盤。六至八歲的幼兒對於精

細的組合動作也能運用自如，例如，組合四驅車或拼組模型玩具。而隨著大肌肉的成熟及持續練習，許多幼兒可以騎兩輪的自行車、跳繩、爬樹、跳彈簧床及從事特技表演，甚至狂野嬉鬧或其他形式的遊戲（例如，冒險遊戲、膽大妄為的遊戲）也處處可見。警察抓小偷、捉迷藏、一二三木頭人等動作遊戲（motor games），在此時期的兒童生活中相當普遍，在此之後，他們會將發展良好的動作能力再運用到運動層面，例如，直排輪、溜冰、跳舞、體操、游泳等。

■認知遊戲

認知遊戲與創造性遊戲常混合在一起，換言之，所有的遊戲都具認知與創意。認知有兩個重要的指標向度：擴散思考和聚斂思考。這兩種層次的各種要素都在不同的遊戲情節中應用得淋漓盡致。例如，音樂遊戲，學習如何演奏樂器是一種很高度的聚斂性思考，但是音樂性的表達和即席演奏的活動則可能需要高度創意及相當的擴散思考能力，創造性遊戲和認知遊戲兩者不可截然劃分，而具有相輔相成的效果，並且具有唯物辯證的關係（dialectical relation）。當聚斂思考獨占一方時，此時遊戲是屬於認知性的；而擴散思考獨占一方時，那遊戲被稱為是創造性遊戲。用這種方式來區分認知及創造性遊戲雖然有些獨斷，但我們卻經常使用此種方法來區分兩者之間的差異，不過，對於規則性遊戲、教育玩具的使用及書本，我們則視為認知性遊戲。

■規則性遊戲

運動競賽和其他體能性競賽、大富翁等紙板遊戲、電腦及電動遊戲在小學時期都深受兒童歡迎。雖然有時幼兒也會參與這種遊戲活動，但是他們所採用的規則都非常簡單，而且常需要成人的協助。即使是已上小學的六、七歲幼兒，他們所玩的遊戲，規

則也相當簡單且容易遵循，沒有艱深的入門技巧或策略。進入小學中年級（八歲之後），或是對某些較小的幼兒，他們的思考層次已經到達Piaget所稱的具體操作（邏輯）思考期，他們可以在遊戲時，呈現更高的認知及社會要素，例如玩西洋棋，此種遊戲需要策略性的規劃能力及真正的合作技巧，而這種能力也是Piaget所認為具體操作期的主要特徵。

■教育性玩具

學齡兒童常會在家裏、學校、社區之托育機構使用教育性和技巧發展性的玩物。此種的玩具、玩物及規則性遊戲常具有教育性質。而本章第四節將會介紹有關電子媒體的玩具，它們也具有教育性功用，例如，電腦與教育軟體、電子玩具及遊戲（此種玩具包含了教導性玩具和科學玩具）。適合幼兒的科學玩具，包括：磁鐵、手電筒、放大鏡、色紙、石頭和貝殼、時鐘、電子計算機，及其他可幫助幼兒觀察和操作的玩物。學齡兒童常使用顯微鏡、化學組合玩物、望遠鏡，和其他有挑戰性的電腦軟體。這些玩物可鼓勵幼兒探索、觀察、解決問題，而且用較開放、遊戲性及創造性方式來進行玩物操弄，運動及競賽的設備也可以幫助兒童發展動作的技巧。

■書籍及繪本

書籍和其他印刷品也可誘引兒童的認知遊戲，此種遊戲在歐洲稱為接收遊戲（reception play）（van der Kooij & de Groot, 1977）。這種遊戲的例子是：閱讀圖畫繪本，當別人在繪圖、建構玩物時，兒童在一旁觀看或模仿別人的遊戲行為，聆聽或大聲朗讀童話、故事，或歌謠，以及看錄影帶、電影、電視、玩偶劇等。在此種遊戲活動中，兒童必須運用心智能力，而不需要太多的動作。雖然兒童在這種活動中是被動的（有時不被列入遊戲行

為），但他需要運用智慧並且用心的融入活動。在這種接收遊戲中，書本扮演了很重要的角色。五歲或五歲以下的幼兒很喜歡好玩、幼稚的故事，以狂野冒險、幻想或日常生活為主題的故事書深受喜愛；但在五歲之後，幼兒則較偏好可信的故事、詩集、節慶故事及漫畫。六至八歲的幼兒則對魔法、災難、恐怖、自然及超自然故事發生濃厚的興趣。因此，教育性的遊戲或計畫常納入圖書接收遊戲及其他認知遊戲，共同整合學術或才藝課程。

■創造性遊戲

創造性的光環常伴隨著兒童遊戲而來，尤其這種遊戲具有想像力並擁有直接思考及自我調節的特質。這種遊戲排除自由聯想、間接思考或刺激導向的行為。例如，幼兒的隨意塗鴉並不是融入創意遊戲的行為，除非他們說他們正在寫或畫東西。

創意不僅指原創力，同時也隱含美學和技巧性的用途。小孩與大人不同，大人深受社會價值標準的影響，小孩則只受到個人價值的牽引，所以，小孩的創意遊戲擁有遊戲的原創性，且是由特定個體所導引。當兒童逐漸成熟，社會的規範將施加在小孩的創意之上，而這種受社會規範約制的創意也漸漸取代孩子個別創意的規範，並決定了小孩的作品或活動是否具有創意。對於六至八歲幼兒的創造性，實在不應有所限制，但我們只在此討論下列三種：美術與工藝、虛擬建構與故事敘說、音樂表達。

1.美術與工藝：六至八歲的幼兒可以使用各種不同媒介與玩物做出精緻且有創意的作品。與較小的幼兒園幼兒一樣，他們可以用水彩、串珠、線、蠟筆、剪刀、黏膠等美術工藝用品來創造作品，但六到八歲的幼兒擁有更好的能力來操控這些用品，所以他們可以將作品做得更好。幼稚園及學齡兒童也會參與更多不同的活動，他們喜歡建構模型，

製作其他手工藝，如十字繡、貝殼貼畫等。

2.虛擬建構及故事敘說：幼兒園及小學一、二年級的幼兒喜
歡利用一些建構物品來虛擬他們的想像世界。他們經常組
合、運用一些小的建構物品來玩假裝遊戲，最常使用的玩
物包括玩具兵、絨布娃娃、動物模型等，以及如積木等非
結構性的玩物。孩子通常在桌子上、床上或地毯上玩這些
遊戲或玩具。電腦及電動也提供一些想像的遊戲空間，可
以在電腦螢幕上從事虛擬想像的遊戲。這種二度或三度空
間的虛擬想像遊戲可以讓兒童操弄玩物，並從中建構圖
像、發展故事敘說，以增加遊戲的豐富性。此種遊戲可以
一個人單獨玩，也可以和別人一起玩，至少可以消磨一段
時間。六至八歲的幼兒更喜歡在他們的創造性遊戲中加入
一些具體的模型，而且也比幼兒園的小朋友發展更複雜的
腳本及成品。

3.音樂表達：帶有音調、節奏及歌曲的音樂創意遊戲是幼兒
的最愛。旋律和樂器都十分符合幼兒年齡的需求。創意的
語言遊戲包括創作歌曲和旋律，有時也包括創作舞蹈和律
動。學齡兒童開始學習演奏樂器及讀樂譜；他們也進行團
體唱遊。創意的音樂遊戲可借用錄音機等視聽設備來幫助
遊戲的進行，時常融入流行要素並加入故事情節與表演。

(三)學齡兒童遊戲與青少年休閒

孩子進入小學之後，他們還會繼續玩遊戲嗎？Glickman
（1984）曾針對學齡前與學齡兒童之研究報告做比較與探討，得出
下列結論：「當孩子進入小一之後，他們似乎就停止玩遊戲活
動。」然而許多心理學家（如Garvey, 1977; Rubin, Fein &
Vandenberg, 1983）則提議，不妨將學齡兒童的有組織的遊戲〔其

實是一種充實遊戲（game）〕也當作玩耍來看待。不過要比較這之間的差異，必須要先瞭解不同階段的發展特性，才能瞭解兒童遊戲的本質。

■學齡兒童及青少年的發展特性

　　學齡兒童的發展本質必須從其智力、社會及人格發展來加以探討。從智力發展的角度，學齡兒童正值Piaget所宣稱的具體操作期，其思維變得越來越井然有序，也較有結構性及具邏輯性。如此一來，學齡兒童進行遊戲時會比學齡前兒童更加具現實性及遵循規則。在社會發展上，學齡兒童的發展任務之一是團體遊戲及有更多的同伴，因此他們比在學齡前時期更喜愛與同儕交往（大都為同性朋友）。漸漸地，同儕取代以前父母的地位，給予他們極大的社會及情感支持，所以說來，學齡兒童的遊戲則反映出強烈的歸屬需求（need to belong）。在人格發展上，學齡兒童正在萌發自我概念，他們必須向自己及同儕表明他們的獨特性，及擁有一些才智、技能和能力，這也是Erikson所宣稱的對勤奮進取的需求（need for industry）。

　　然而國民小學的結束也意味著個人兒童期的結束，隨之而來的就是進入青少年時期，就智力發展而論，青少年正處在從具體的推理模式，轉至利用抽象和假設推理的思考模式，因此青少年的智力需求是一種抽象概念化的需求（need for abstract conceptualization）。從社會發展而論，青少年不僅需要同儕群體的歸屬感，還需要分辨哪些朋友可以提供他們親密的朋友關係，在其社會交往和遊戲中，青少年表現出一種強烈的交流溝通需求（need for communication）。在人格發展層面，青少年正處在一種拚搏的處遇裏，他們正為創造一種穩定、持久的自我意識而奮鬥，以達到自我認知和自我接受的程度，也就是青少年渴望自我認同的需求（need for identity）。

■兒童與青少年的遊戲特徵

到底學齡兒童反映出童年文化（culture of childhood）的遊戲是什麼？我們對他們的遊戲有何期待？接下來，我們從兒童及青少年發展的趨勢來歸納兒童與青少年之遊戲特徵。

學齡兒童被期望其比學齡前兒童在遊戲時更有結構框架、邏輯及井然有序，也更富有強烈的社交意識和團體導向。而遊戲也應迎合孩子的需求與能力，讓他們得以充分展示新近培養的才智、體能及社交技能，並能獲得團體的讚許，進而去發揮這些才能。在此時期，兒童遊戲的特徵是，表徵遊戲的衰退、遊戲技能的獲取、成為遊戲的收藏者、遊戲儀式化、有規則的遊戲和有組織的運動活動，茲分述如下：

・表徵遊戲的衰退

每個年齡階段的兒童都喜歡玩佯裝遊戲（make-believe play），然而，自五歲後，這種假扮遊戲從盛行的顛峰明顯地開始走下坡。Piaget（1962）歸納三種原因：第一，孩子們不再需要透過假扮來滿足自我需求；第二，當孩子不再像過去那樣無助，而在現實世界逐漸感到更有力量時，他們就不再利用遊戲來補償他們的力量，所以遊戲形式就從表徵遊戲變成規則遊戲；第三，隨著孩子的成長，他們會做出更大努力來適應現實世界，而不是像以前利用假扮遊戲在假想世界中扭曲現實。

・遊戲技能的獲取

學齡兒童對自己能掌握和提高各種多樣的體力和智力技巧感到十分驕傲。這些技能與技巧即Erikson所言的勤奮感，而另一方面，也可以使同儕群體更能接納自己。無論是進行滑板、投籃、溜直排輪、摔跤、跳躍、踢足球、騎自行車要特技、擲飛盤或爬樹，每一世代的學齡兒童都繼承了或自行發明一些動作活動，使他們能在同儕群體或成人面前露一手，也能確定其自我角色地

位。

　　除了動作之外，這些遊戲需要靠智力形式表現，如玩撲克牌、下圍棋、講笑話、猜謎語等。如果兒童能有好表現，也是展示其遊戲技巧與能力。

・成為遊戲的收藏者

　　因為學齡兒童比學齡前兒童在思考問題時更具邏輯性、井然有序、有分類能力，使得學齡兒童對蒐集東西產生更大的熱情（Williams & Stith, 1980）。學齡兒童喜歡蒐集泡泡糖卡、連環漫畫、貼紙、郵票、石塊、硬幣、芭比娃娃、樹葉，或任何與電視媒體廣告有關的皮卡丘卡、口袋怪獸卡、遊戲王卡、魔法風雲會（magic card）、凱蒂貓或職棒（籃）明星卡等。蒐集活動本身就是遊戲，有時這些收藏品本身就沒有用處。

　　蒐集各種玩物可增加孩子的社交能力、智力及人格發展。兒童如蒐集到一些具社交價值的收藏品，如稀有的口袋怪獸卡或職棒（籃）卡，可以引起同儕群體的興趣及知名度。收藏物品的另一種社交價值，是促進與別人分享其收藏品或拿其收藏品做交易。與別人一起互動或此收藏品與別人有施與受的互動過程，皆可以教導兒童增強責任感及對別人財產的尊重，交易除了教導孩子平等公正的觀念外，還能教導孩子洽談買賣的技巧及交易原理。

　　收藏物品的智力發展則表現在孩子可以學到很多對收藏物的相關知識，甚至可能還需要掌握一些知識才能開始蒐集，例如，透過蒐集所積累的經驗，孩子可以對職棒（籃）球員的生活及表現瞭若指掌，也可以成為其與其他同儕有共同談話的題材；其他兒童也可透過蒐集過程（如蒐集石頭、郵票）而成為這方面的專家。進行蒐集的兒童也可以藉此提高個人的算術計算技能，他們可學會對收藏物的分類、交換成相等價值的物品。

　　總而言之，收藏物品令兒童感到有成就感，隨著收藏的擴

大，這種成就規模也能加大，一方面提高其自尊心，另一方面也使他們有勤奮感，專心做一些他們所喜歡的事物，甚至成為一種生活興致。

· 遊戲儀式化

「抓不到，抓不到，你就是抓不到……」、「一隻青蛙一張嘴，兩個眼睛四條腿……」像以上這些押韻的兒歌，數數兒的詞句和謎語，甚至遊戲中的共同語言，是兒童童年文化在遊戲時所不可或缺的組成部分。

這些遊戲語言不但反映了童年的文化，也象徵兒童思維的有屬性，更指出遊戲中儀式介入的廣度。而實質上，兒童是很嚴肅看待這些遊戲儀式，兒童在進行遊戲時，必須要依循這些規則來進行。如果有人企圖欺騙或拒絕接受同儕群體替他選定的角色，或不依規則來玩，他可能會受到嚴厲批評，或遭受同儕群體拒絕。透過學習這些儀式也使得兒童成為一個遊戲「行家」，他們可以透過同儕互動學會如何循規蹈矩及遵守團體規範。

· 有規則的遊戲

由於學齡兒童思維越來越有邏輯、思考越來越井然有序，這種思維特性逐漸深入兒童的遊戲中，也成為Piaget（1962）所描述有關兒童文明化的遊戲，即有一些競賽和帶有規則依循的遊戲（games）。

這些規則性的遊戲包含兩項特點：第一，遊戲中或多或少會有競賽成分；第二，遊戲的過程都必須依循大家預先或都同意遵守的一套遊戲規則。這些遊戲的形式可以是具感覺動作，或具智力式的。前者比如玩彈珠或球類遊戲、拔河、捉迷藏、跳房子、玩球傘或拋球遊戲等；後者比如玩跳棋、象棋、三軍棋、撲克牌等。這些規則一定要預先就設立的，不能中途加以更改，除非所有參與者一同決定或同意更改。這些規則可能是前人傳下來，也可能是參與者共同創造的。

　　此外，有些學齡前兒童的社會戲劇遊戲也是具有規則，然而這種具表徵性的遊戲規則，其目的是分配角色，並維護扮演行動計畫的進行，當然這種過程是可以透過同伴的談判來達到，自然會涉及公平公正性，不過遊戲的角色和主題可以不斷更換。但是學齡兒童的規則遊戲則較成熟及嚴謹，規則制定和遵循採預先制訂，在執行過程不可以改變，除非所有參與者都同意（Rubin, Fein & Vandenberg, 1983）。

　　雖然，許多心理學家（如Garvey, 1977; Rubin, Fein & Vandenberg, 1983）將比賽的規則遊戲排除在遊戲的定義之外，因為它們有外在目標──獲勝，而小學低年級最常玩的規則遊戲，雖有競賽的成分，例如，打棒球、躲避球、踢足球等，學齡兒童也很清楚，他們目的是競賽、贏球，但他們仍把踢球、打球本身當作獲得快樂的最終目的，在比賽時跑來跑去及與朋友交往互動的機會，才是他們最能經歷的情境，甚至可以忽略最初要獲勝的目的。

· 有組織的運動活動

　　有比賽規則的遊戲形式多樣，在學齡兒童期，此種遊戲形式很明顯不斷地持續在增強，大部分的運動活動具有組織性（organized sports activity）。美國幾乎有八百多萬六至十六歲的兒童參與這種運動活動，甚至美國更是一個運動產業之國。在台灣，雖然在高度學科取向、升學競爭的教育制度下，學童在下課之餘也是最常參與此種運動競賽，而學童普遍反映體育是他們最喜愛的學科之一。對學齡兒童而言，這種參與運動活動的時間在美國是做家庭作業的四倍！換言之，參與運動活動占六至八歲遊戲時間的五分之一，八至十歲的四分之一，而是十一至十二歲的五分之二（Collins, 1984）。

　　學齡兒童參與運動活動所具有的好處可以分為兩個層面：增加體適能與自尊心的建立能力，茲分述如下：

　　第一，運動和體適能：健康與休閒是成人最佳的生活嚮往，當今的成年人不斷地督促減少高熱量食物、多運動、少壓力的生活風格，甚至被要求每天至少要運動三十分鐘，以減少心臟血管疾病及肥胖症的威脅（Dawber, 1980; Shonkoff, 1984）。運動對兒童具有短期和長期的效益。從短期效益觀點，運動可增加兒童心臟血管健康。因兒童比成人好動，所以孩子比成人有較好的體適能。這個結論也可以透過檢驗孩子對運動的鍛鍊及其身體體適能的關係看出。多多參與運動可使孩子更健康，可從身體比較健康的兒童皆是常從事競賽及體育活動的孩子身上看出。

　　從運動的長期效益來看，兒童期的運動參與可以讓其日後心臟血管疾病產生的可能性降低（Shonkoff, 1984）；除此之外，研究也發現童年時期參加體育鍛鍊，從中獲得樂趣，也使得他們在邁入成年人階段還會採取積極的態度保持運動，並且將此種運動鍛鍊融入其日後的生活方式。

　　第二，運動和自尊：學齡兒童正值Selman（1980）的第一階段（主觀期）及第二階段（自省期）的時期。兒童從不同能力來獲得自我的形象意念。換言之，他們可能發展出當作一個自我基模（self-schema）之身體的自我、社會的自我與智慧的自我。而這種基模從小學時期便開始分化（Markus & Nurius, 1984）。過去的研究（如Magill & Ash, 1979）就發現：兒童在成功參與運動競賽或成為運動校隊，可幫助學齡兒童發展正面的自我概念。不過這也牽涉研究方法論的問題，運動競賽能力及經驗與自尊也只能是有關聯存在，並不能代表其有因果關係。

　　影響兒童實際喜歡參與競賽遊戲的程度，有賴於運動帶給兒童的成就取向（achievement orientation），而任務取向（task orientation）強調支配內在標準及自我改善，具有這種取向的遊戲者較注意遵守他們個人的標準，而且只要他們感覺他們玩得很棒，他們就獲得滿足；他們相信競賽遊戲的成功是經由他們個人的努力

來認定。反之，自我取向（ego orientation）則強調外在標準，也就是與他人比較表現的好壞。具有此種取向的兒童較看重勝利，或者是想要表現比其他遊戲更好，他們相信成功是藉由能力而不是努力來達成（Duda & Nicholls, 1992; Duda & White, 1992）。在這兩種取向類型之中，前者較具合作性，是較好的運動家，有較多的內在動機，他們也較能享受他們的運動競賽；而相對地，後者較不具運動家精神，比較有高度侵略及具攻擊性，他們較看重比賽的輸贏。

　　成人要兒童在參與競賽遊戲中獲得最佳利益，可從下列四個步驟著手。第一，應該教導學齡兒童競賽遊戲所需要的技巧，因為能力可幫助他們勝任遊戲及享受遊戲；第二，兒童應該學習勝利並不是唯一及最重要的事，競賽的參與是享受過程，結果是可置之度外；第三，兒童應該接觸多樣化的競賽遊戲，不論是個人或團體的競賽遊戲；第四，不要強迫兒童選擇他們所不喜歡的競賽活動。比賽是屬於兒童，不是成人的活動，成人應給予最少的干預。所以說來，父母、老師和教練可以鼓勵兒童為許多理由去參與運動，例如，健康的利益、社會化的機會、從運動中獲得歡樂等，假如理由是為了外在動機成為建立兒童其他人格特質的話，那成人必須謹慎重新思考這種動機。

(四)影響遊戲發展的因素

　　幼稚教育的最終目標，乃在建立孩子具有道德、邏輯與自發性的思考，也就是透過教育或讓孩子遊戲的機會，可能培養孩子的自發能力，讓孩子有主見，可以自己提出疑問，並找出解決問題的可能答案，以成為自我建構知識的主宰。因此，幼稚教育應秉持下列原則以提升學習的最大可能性。

1. 成人的權威與影響力越小越好。

2. 讓孩子有自治、自我作決策的能力。成人在確定環境安全的情況下，讓孩子盡量去探索及遊戲，以便孩子增進自己的技巧。

3. 同儕朋友之間要能分享、互動、輪流遊戲，以建立「排除自我中心」及協調彼此觀點的能力。

4. 孩子要具警覺性、好奇心、自信心，並且有自己做決定的能力。

因此，在孩子的學習環境中，下列因素可能直接或間接地影響孩子的遊戲發展：

1. 父母的管教態度：父母如能具有敏銳的觀察力，對遊戲採取正向的態度，能陪伴孩子一起遊戲，並提供孩子安全的環境探索及遊戲，那麼孩子可以發展出更安全的依戀關係，也可增進孩子的認知和發展。

2. 同儕的影響：兒童和同伴一起創造故事情節、溝通、分享、輪流遊戲，會有更多機會進行社會扮演等高品質的遊戲，而且遊戲的內容與行為也會較為複雜。

3. 環境的影響：如空間、玩物、時間等環境因素，都會影響兒童遊戲的性質及類型。

4. 電視等傳播媒體：電視又稱為「有插頭的毒藥」，電視可能抑制孩子的幻想及創造性行為。另外，也有研究發現，觀看較多暴力動作卡通電視節目的孩子，日後將較少參與想像遊戲。

四、電子傳播媒體與遊戲

　　電子傳播媒體與印刷媒體（書、報章雜誌、漫畫等）不同而且範圍廣泛，包括：電影、錄影帶、錄音帶、視聽影帶、電視、收音機、電視遊樂器、電動玩具、電腦及電腦軟體。近幾年來，已有許多父母及專家肯定了電子傳播媒體對學齡前及學齡兒童和青少年在學習與發展上有正面幫助，同時電子媒體的應用也相當廣泛，不論是在正式或非正式的場合下，都常被運用在孩子的社會化及教育上。例如，老師可利用多媒體來教育孩子；孩子也可從課外的媒體，如電視上的芝麻街美語教學節目來獲得學習的機會。電子傳播媒體不僅被用來增加遊戲效果，它同時也是一種遊戲的玩物。

　　工業技術的改進，直接或間接地影響了社會，也帶給幼教領域一些新的議題。父母或老師須教導孩子這些新的工業觀念或技術，以便他們能從中獲得最大的利益。例如，及早讓孩子瞭解電腦及玩電腦遊戲，一方面有助於手指的小肌肉操作，另一方面也讓孩子增進對工業新產品的認識，如教導孩子學習電腦的功能，以免孩子因為不瞭解新時代的產物，造成日後受同儕朋友的排斥，以至於對電腦排斥或產生電腦恐懼症（computer phobia）。

　　此外，現在有一些視覺性強烈、強調身歷其境真實感的軟體，也可以提供兒童一些豐富的想像經驗，帶領兒童在飛船上探索戰場，或帶領兒童划著獨木舟溯溪而上再衝激河流而下。兒童戴著特製的手套及護目鏡以改變個體的知覺與感覺，會覺得如同真正的探險一般刺激（Shade & Davis, 1997）。

　　然而，電子傳媒所具有的優點並不意味著我們應鼓勵孩子一直玩這些，我們必須適度、正確地使用電子媒體來豐富孩子的遊

戲行為。但如果在日常生活中讓孩子過度使用這些媒體，以電子媒體來豐富孩子的遊戲行為，反而可能對孩子造成不好的影響。

　　不僅如此，我們還必須避免因使用電子媒體不當而造成的「技術性兒童虐待」（technological child abuse）。例如，電子媒體的優點，會誘使缺乏警覺力與敏感度的教育者使用某些十分複雜但一點也不生動的工具，來讓孩子遊戲與學習。例如，讓孩子使用一些看似遊戲但實際上是要孩子工作的電腦軟體，或是其他要求孩子記憶以及學習的軟體，如果過度使用這些軟體，可能會抑制兒童的想像能力。此外，電視讓孩子可以被動地獲得娛樂，缺乏主動的創造力，這種誘惑力也對兒童造成威脅。收看過多的卡通及影集，可能剝奪孩子可貴的遊戲經驗，再加上電視、錄影帶及電影中過多的暴力情節，也可能對孩子的遊戲行為產生負面影響。

(一)電視

■一般的影響

　　電視是所有電子傳播媒體中對幼兒的遊戲及發展擁有最大影響力的一種。在美國，有97%的家庭有電視，三分之二的家庭有錄放影機，因此電視也可視為促使孩子社會化的代理人之一。《電視週刊》是全美最暢銷的週刊，每星期可銷售二千萬本（Levin & Carlsson-Paige, 1994）。幼兒平均每天看四小時的電視，而低收入家庭的幼兒平均看六小時以上，甚至有九個月大的幼兒每天看一‧五小時的電視（Spring, 1993）。在此我們應瞭解，電視可能會減少兒童玩創造及想像遊戲的機會，同時增加較低層次的模仿行為，也有更大的可能從事高攻擊的行為（Carlsson-Paige & Levin, 1990）。

在Marie Winn（1977）的《有插頭的藥》（*The Plug-In Drug*）書中，提及電視可能抑止孩子的幻想及創造性的行為。她甚至強調電視帶給孩子的是一種被動的認知，是一種「你演我看」或「娛樂我」的導向。花在電視機前的時間（如看花車遊行）只是花費時間去看，而不是參與某種如做功課或遊戲等對孩子較有利的活動。電視甚至被懷疑是工業技術對兒童的虐待，有「獨眼怪獸」、「愚人箱」或「笨真空管」等等綽號。

■電視對遊戲之負向影響

有部分研究支持了上述看法，Jerome Singer和Dorothy Singer及其同僚的研究發現，看電視較多的學前兒童，有比較少的遊戲行為（Singer & Singer, 1979）。可能如Winn所認為的，電視會提高個人的被動性及依賴性，同時電視也干擾個人的創造力及內在形象思考的能力，而此能力卻有助於人在想像遊戲上的發展（Sherrod & Singer, 1977）。其他研究也有相同的發現，例如，Huston-Stein與同事的實驗研究證明：看大量動作暴力卡通的孩子與少看這些節目的孩子相較，前者日後將會較少參與想像的遊戲（Huston-Stein, Fox, Greer, Watkins & Whitaker, 1981）。

Singer和Singer在研究調查中，觀察某些電視節目和幼兒遊戲及幼兒攻擊傾向之間的關係。他們發現兒童所看的暴力節目越多，遊戲行為越少；而就學前兒童來說，卡通看得越多，則越容易有攻擊行為（Singer & Singer, 1980）。有趣的是，在這研究中，他們發現兒童的遊戲並不會因看三、四個鐘頭或看五、六個鐘頭而有所不同，反而是和兒童在學校中是否有愉快的情緒、能跟別人合作、是否有領導能力有關，也跟其他因素如兒童的社會地位及性別有關。雖然如此，這項研究也指出，在學校有較多問題及不成熟社會行為的孩子，平常在家裏看電視的時間都比較長，而且，他們也較喜歡看強調動作的暴力片，較不喜歡看具有正面社

會訊息的節目，例如，《Rogers先生的鄰居》。

在Nancy Carlsson-Paige及Diane Levin的書*The War Play Dilemma*（1987）及*Who's Calling the Shots?*（1990）就討論到，孩子因為看電視而減少了遊戲的時間。如同這些作者所見，問題源自Reagon政府的聯邦通訊委員會不再對兒童電視給予任何約束。從一九八四年後，美國就不再對兒童電視節目及相關產品處以任何懲罰，並使其合法化。影響所及，生產暴力玩具的公司成為電視節目的贊助廠商，製作暴力節目，甚至使產品大賣特賣。媒體與玩具廠商通力合作，共同以媒體相關產品淹沒玩具市場。例如，一九八○年代忍者龜第一次出現在電視媒體中，馬上就有一千多種相關的產品出現，可悲的是，這些作法卻不能由一九九○年的兒童電視法來加以規範，時至今日，陸續還有更多類似忍者龜的產品，如X-men、皮卡丘、哈利波特、魔戒、金剛戰士、星際大戰等，在台灣也有類似凱蒂貓、酷企鵝、哈姆太郎、賤兔等產品大受小朋友歡迎。

就在政府解除對媒體的規範約束後，數以百計的父母與老師開始抱怨電視媒體對孩子產生不良的負面影響（Carlsson-Paige & Levin, 1990）。根據一份針對許多成人的訪問報告顯示：兒童會模仿電視上的攻擊情節，減少具創意性的遊戲。而在其他研究中也都記載了相同的結果。Shin（1994）在幼兒園的遊戲場針對四歲幼兒進行自然觀察研究，結果發現男孩大都很清楚星期六早上節目中具有攻擊性的卡通英雄角色，他們知道所有主角的名字以及主角們使用的武器，他們甚至還會模仿主角的攻擊行為。

這種模仿電視卡通主角的攻擊行為可能造成身體、心理安全的危險性。也會破壞遊戲所具有的真正好處。事實上，Levin及Carlsson-Paige（1994）已強烈指出，這種行為一點也不算是遊戲，而是單純的模仿行為。Levin及Carlsson-Paige要老師與家長分辨清楚「什麼是看起來像遊戲」與「什麼是真正遊戲」的區別。

他們進一步解釋，遊戲是兒童的同化與轉換，可讓孩子自由且具創意地表達他們過去的經驗，而模仿的「像遊戲」（playlike）的行為，則是順應電視腳本的複製行為。

　　Levin及Carlsson-Paige（1994）建議，成人不能忽視或一味禁止這種低層次、高刻板化及與主題有關的攻擊行為。相反地，成人應該試圖將幼兒的模仿行為轉換成更具建構性的遊戲形式。例如，老師可以建議超級英雄帶著家人到海灘參加一年一度的超級英雄野餐。更多有關處理超級英雄與攻擊遊戲的作法，可以參考Boyatzis（1997）、Boyd（1997）、Greenberg（1995），以及Kostelnick、Whiren及Stein（1986）。

　　然而，有一些研究者也強烈質疑Levin及Carlsson-Paige的說法。自一九八四年Reagon政府解除對電視媒體的規範約束以來，孩子的遊戲真的變得越來越沒有創意，而且增加更多的攻擊行為嗎？Sutton-Smith（1986, 1988）用過去的歷史觀點來回答這個問題。他提出：新世代的兒童從他們的流行文化中吸收新的玩具、腳本及角色，並將這些要素整合到他們的遊戲情節。兒童模仿這些行為的目的，只是要進行遊戲。依Sutton-Smith的觀點，這不是如同Levin及Carlsson-Paige（1994）所說的無心的模仿（mindless imitation）。在兒童常玩的打架與超級英雄遊戲中，兒童（特別是男生）的遊戲行為和過去的傳統遊戲十分接近，包括：好人與壞人之間的追與逃、攻擊與防禦、接受與拒絕等（Sutton-Smith, 1988: 66-67）。Sutton-Smith承認，現今的大眾傳媒產業比起過去確實讓幼兒接觸到更多充斥攻擊幻想的節目。然而，過去相當受歡迎的「警察與強盜」和「牛仔與印第安人」等。「好人vs.壞人」的遊戲也同樣是根源自媒體——例如，新聞中的壞人，及西部電影、電視中的英雄角色。

　　Goldstein（1995）也不同意Levin及Carlsson-Paige的說法。他辯稱成人常混淆了打架遊戲與攻擊行為，同時他認為，對於現今

兒童比起一九八四年的兒童更少玩想像遊戲的說法，也缺乏明確的證據。Carlsson-Paige及Levin（1990）的資料是來自對成人的二手訪談，而不是對兒童的直接觀察或訪談。研究不只需要瞭解成人（老師與父母）的觀點，也要從兒童的觀點出發，蒐集兒童對於這個問題的看法。

■使用電視來促進孩子的遊戲

雖然有關電視與兒童遊戲行為的研究曾指出，電視對孩子的行為有負面影響，並且看電視時間越長對孩子的創造力越有害。但有一些研究者卻認為：可以運用電視來增進幼兒的遊戲能力。這些研究者所持的理由是：畢竟電視與想像虛構遊戲有一些共同的要素——視覺流暢力（visual fluidity）、時間與空間的彈性（time and space flexibility）及幻想與現實的區別（fantasy-reality distinction）。因此，某些特別節目可以給予孩子在遊戲情節上的暗示，以刺激其幻想遊戲。

當然，兒童節目也可促進兒童社會行為與想像遊戲的發展。《Rogers先生的鄰居》就是一典型的例子，這個節目已上映超過二十五年了，每年有數以百萬計的兒童觀賞過這個節目，它滿足了兒童希望、信任及想像力三元一體的需求（Collins & Kimmel, 1996）。身為主人，如伯父般的Fred Rogers幫助兒童以溫暖的眼神、不疾不徐的態度，加上柔和的溝通方式來理解這個真實世界。節目中有一半的情節是用真實模式（reality mode），包括Rogers先生親自招待訪客、參觀，並用言辭說明或音樂等方式來處理人生的真實事件，其餘再用幻想模式（fantasy mode），包括紅色推車帶觀眾到Rogers的想像鄰里，是一群由King Friday所操控的木偶的家。整齣戲劇的情節充滿社會情緒內容與學習，無庸置疑，這是充滿幻想與假裝的價值。

正如我們在之前所討論的，成人可以利用一些特定的技巧來

引導孩子進行更多更好的遊戲行為。然而，這些成人的引導是否會強化電視的負向影響？又父母或教師如何運用電視來提升幼兒的遊戲能力呢？

　　早期使用電視節目，如《Rogers先生的鄰居》來做遊戲干預的研究時，並未發現電視節目可以增加幼兒的社會遊戲。例如，Singer及Singer（1976）發現，幼兒彼此間產生互動主要是由於同儕之間的召喚或求援，並不是只看《Rogers先生的鄰居》就能產生。但Singer及Singer的研究報告指出，如果成人調整兒童看電視的內容，例如，老師提醒孩子特別注意《Rogers先生的鄰居》節目中的某些情節，便可以提升孩子自由想像遊戲的品質。此外，Singer與Singer的研究將某些孩子隨機分配收看不同的節目，並讓大人藉由電視指導孩子玩想像遊戲，結果這些被設定為實驗組的孩子在遊戲上的確得到比較高的分數（Singer & Singer, 1976）。Friedrich及Stein（1975）也認為，用一台電視輔以一位能積極指導學生遊戲的老師，對兒童遊戲能有最好的影響。

　　最近Singer夫婦與耶魯大學同僚進行一項相關研究，分析兒童收看《Rogers先生的鄰居》的電視節目進行檢證，測試對幼兒佯裝遊戲的影響與戲劇遊戲中分享合作行為的關係，同時他們也檢證另一個廣受兒童喜愛的電視節目《Barney and Friends》（Singer, 1995）。這些電視節目顯然對幼兒的假裝遊戲有正面的價值，也證實電視媒體可以發揮促進幼兒想像遊戲的正面效益。

(二)電腦

　　電腦是另一種重要的電子媒體，近幾年來已將觸角延伸到幼兒的生活之中。目前，電腦在學校、圖書館、幼兒機構非常普及；此外，美國有超過50％的家庭擁有個人電腦（Edwards, 1993）。

　　自一九七〇年及一九八〇年代之後，電腦硬體已大幅革新，當時單色螢幕及5.25吋的磁片已成為骨董了。當時的軟體很難迎合今日的標準，速度慢，不是用彩色及圖檔，最主要只是教學練習的功能。

　　今日的電腦與過去相比，功能越來越強，速度也越來越快。例如，高速CD-ROM硬碟、螢幕及音效。硬碟的記憶體不斷擴充，現在的單位已經是以1 giga來計算（相當於800K的軟碟的一百二十萬倍）。目前的軟體皆已加強圖形檔的處理，並且可顯示真實的影像和彩色動畫，較不像以前只依賴文字內容。據此，目前大多數的電腦軟體皆以適齡為考量，能讓幼兒獨立使用，特別是設計了防止兒童操作錯誤的介面，為硬碟的存檔系統建立一保護緩衝的功能，以避免因為兒童的電腦知識不足，導致操作錯誤而影響了硬碟的存檔功能（Shade & Davis, 1997）。

　　目前，相關研究文獻對於瞭解幼兒的使用電腦能力已大幅增加，呈現大躍進的趨勢。之前，關心的焦點在於瞭解電腦活動相關表徵（非具體）之適齡發展能力，然而，在Clements及Nastasi（1993）的研究則認為：「對兒童的具體事物可能要對他具有意義及可能與操作有關，而不是他所看到的物理特性」。另外，熟悉性也是很重要，今天的兒童生於電腦紀元，長於與電腦相關的時代中。兒童使用電腦滑鼠在電腦螢幕上操作一些表徵內涵的事物，已變成他們日常生活必備的經驗，就像過去的兒童對於操作真實玩物也是同樣熟悉。因此，適合度（appropriateness）已不是問題，相對於此，更重要的問題是如何、何時及為什麼用電腦來支持遊戲、創造力以及學習。

　　但另一方面，美國幼教專家David Elkind也提出警告：應該不能把電腦視為測量兒童認知成熟度的工具（1996）。兒童在使用電腦上可能會比實際上感覺更有能力。點一下滑鼠及操作電腦圖像並不是一種具體操作的認知作為（如保留概念之能力或解決分類

的問題）。Elkind相信電腦並不能取代傳統的遊戲活動，例如，畫畫、演戲及大肌肉動作活動，並且也不應認為電腦可以取代老師的互動角色。電腦及軟體在孩子成長的過程中，與其他活動及玩物只具有相同的重要性而非更加重要。老師更應尋求各種可能的方法來整合電腦，當作建構幼教課程的工具。

■軟體品質

我們如何藉由電腦提升幼兒的遊戲與發展呢？這使我們聯想到另一個問題：什麼是適合幼兒的高品質電腦軟體？這可從許多層面來思考：

1. 電腦課程應提供幼兒有機會依其好奇心去探索事物。整個課程不應是過度閉鎖性的練習，限制了兒童的進取心與決策能力。

2. 依美國幼教協會（NAEYC）對科技與幼兒的立場聲明，幼兒軟體應反映真實世界與不同文化（多種語言、兩性、角色平等、不同種族、不同年齡與能力及不同家庭形態），並且儘量避免血腥暴力情節。儘量給予孩子正面影響，提供漸進複雜層次及挑戰性的學習。同時清楚的指導也很重要，尤其是對軟體使用與課程銜接的指引，例如，布偶、圖畫書等等（Haugland & Wright, 1997; Wright, Shade, Thouvenelle, & Davidson, 1989）。

3. 高畫質及視覺轉換的穩定度，前者是指彩色、真實、擬人的圖案，以及音效效果，後者則指當孩子點選圖案時物體與情境的變化。這種視覺轉換讓兒童有機會看到在日常生活中看不到的隱藏事件，同時具有學習因果關係的效果。發展性軟體評估量表（A Developmental Software Evaluation Scale）就是用來對這些標準進行評量（Haughland & Shade,

1994）。

■玩電腦

有一些軟體設計的特徵可助長遊戲，同樣的，有些老師的行為也可讓電腦成為一好奇的經驗或學習。例如，Henniger（1994）提出有些軟體可以刺激兒童的想像力及創意遊戲，尤其是有些軟體在設計上可以很簡單，但在潛在性的使用上卻可以很複雜。教導必須要足夠清楚與簡易，讓孩子可以在沒有成人參與的情況下使用，同時要使兒童能輕易地操作軟體——獨立進入、出來以及儲存檔案。

有些（並不是所有）電腦行為可以稱為遊戲。遊戲不須使兒童必得義務性地使用電腦，這是一種外在動機（例如，使用由成人控制的練習性軟體）。另一方面，想想孩子使用像Logo的繪圖軟體，這種活動常可提升探索與學習，也可以變成一種建構遊戲。此外，再想想模擬軟體課程，可以使用假設情境的學習，如賞鯨之旅（到花蓮賞鯨）或經營小商店（賣芒果冰）。

這些有創意的課程（方案）具有Malone（1984）認為電腦可以吸引兒童的三大特點：挑戰、幻想與好奇。挑戰（challenge）係指這方案是適齡及刺激孩子思考超越年齡的問題。Papert稱這是一種辛苦的樂趣（hard fun）。幻想（fantasy）係指此種方案具有一些想像的冒險或事件。好奇（curiosity）係指軟體可迷惑孩子。Malone是第一個提出電腦軟體方案的內在幻想（internal fantasy）應高於外在幻想（external fantasy）的學者。外在幻想是人為的且受外在影響，例如，一種練習遊戲要兒童殺死魔王來解決問題。相對地，內在幻想將活動與目標相連接。例如，賣芒果冰可以由孩子透過開冰店來解決問題，包括開銷、收入及思考解決問題的策略。外在幻想的方案較類似將工作隱藏於遊戲之中（work-dis-guised-as-play），而內在幻想方案則是較屬於沉湎於遊戲之中。

　　依Papert（1996）的看法，當電腦蔓延到兒童的生活世界，父母與老師必須在新玩具中保留遊戲的潛能。他認為，正如真實玩具的組成元素是原子，電腦的組成元素就是位元（bits）。例如，一真實的泰迪熊所擁有的個性不會遜於電腦的螢幕上所虛擬的熊。雖然兒童可能常常在泰迪熊身上加諸一些個性，但是電腦玩具〔例如，Nicky the Dragon in My Make Believe Castle（一種電子書）〕可能有較多的優勢。電腦世界的角色具有足夠的開放性，可以讓愛幻想的孩子進行幻想投射及審慎地推理思考。電腦技巧允許兒童使用以及改變角色（如Nicky the Dragon），另外甚至可以將角色轉換到不同的軟體。依Papert的看法，電腦可以提供極有價值的高層次建構與幻想遊戲。

　　很清楚地，電腦的遊戲潛能正急速發展中。幼兒教育的文獻報告記載許多有關幼兒使用電腦的軼事記錄或非正式的討論。例如，Beaty及Tucker（1987）宣稱電腦是幼兒的玩伴（playmate），幼兒透過探索式的操作，進而能熟練地使用電腦，接著發展出有意義的遊戲或相關行為。兒童可藉由使用電腦軟體來杜撰故事、練習語言及初步練習讀寫技巧（可參考Facemaker或Picture軟體），或使用類似小畫家來做功能性或建構性繪畫、畫圖或塗色活動。現有許多軟體可供兒童使用。但是，對相關幼兒使用電腦之實徵研究卻尚付闕如。

　　Davidson（1989）發現幼兒使用探索故事軟體（Explore a Story Software）來創造想像故事及進入扮演遊戲的形式。Wright和Samaras（1986）研究指出，電腦遊戲的行為有一定的順序：功能遊戲→建構遊戲→戲劇遊戲。Silvern、Williamson和Countermine（1988）發現當兒童第一次使用電腦時，出現較多的功能遊戲。這些電腦遊戲行為的順序，和兒童在玩其他玩物時，呈現一致性的微視發生論（microgenetically）。如同Sutton-Smith所說的，兒童的遊戲會經歷檢驗、再檢驗、組合及轉換的階段。

■課程之應用

電腦在課程上的使用應放在具廣義哲學目的的教育目標下。電腦需要與課程中其他教育輸送策略相整合，來提升教育遊戲功能。

現有三種軟體：教師版（tutor）、導生版（tutee）及工具（tool）（Taylor, 1980）。教師版的軟體是電腦化工作單，在此軟體中，電腦是老師，讓兒童有不同的練習機會以熟練技巧（如Reader Rabbit 2）。導生版之軟體允許兒童教授電腦。例如，Logo讓兒童提供電腦指令，可允許兒童在電腦自由繪圖。兒童藉由使用這種軟體認識電腦的功能。工具軟體允許兒童使用電腦做其他的事，例如，使用資料搜尋、Word軟體、列印資料或其他功能（如HyperStudio、Creative Writer、Kid Pix或Imagination Express Neighbor）。兒童使用此種軟體玩電腦（Papert, 1993）。一般說來，遊戲的潛能在教師軟體最為受限（雖然原則上遊戲是可能的）。導生及工具型的軟體有最大的遊戲空間與機會。無獨有偶，這兩種類型的軟體也是美國幼教協會（NAEYC）所認為適齡的方案之一（1996）。

多媒體及多種模式的電腦學習中心常提醒我們：兒童可以透過電腦多媒體中心所提供的新奇活動（例如，掃描圖像、著色、音效、圖像、文字及動畫等），來刺激及豐富他們的遊戲。

電子媒體可以幫助教師在自由遊戲、小組活動或結構自由遊戲中，尋找整合電腦的機會。例如，Haugland（1995）建議老師在電腦角經常提供具體玩物的相關活動，來幫助兒童從使用電腦中獲得正面效益。假如兒童使用俄羅斯方塊軟體時（可以用來做建構玩物的軟體），在電腦旁可以放置一些樂高積木，讓孩子在自由遊戲時也可以做一些建構遊戲活動。

電腦活動應與其他教育遊戲及學習活動合併使用，而不是個

別使用來玩遊戲。電腦可幫助兒童調查及探索主題與方案。例如，Scali（1993）描述她在幼稚園將電腦與三隻小熊的故事書合併進行教學。一開始兒童先討論三隻小熊的故事情節，然後在扮演角玩戲劇遊戲，再到美勞角畫圖，最後，利用電腦繪圖，由數位相機拍下名人的照片以製作出整個故事。電腦繪圖結合數位攝影，製作成一大本多媒體故事書，這種產品可讓孩子敘說或記憶他們的合作過程。

畢竟，成人應幫助兒童瞭解，電腦是好玩及具價值的，就像游泳教練要讓初學游泳者感受水，第一印象是很重要的。想想電腦可以做什麼以及如何使用電腦對幼兒教育之目標是同樣重要，但如何使用電腦應該特別重要，孩子需要被教導如何使電腦成為思考基模的主題。

最後，我們需要不斷設計更多的軟體，並學習有關兒童使用電腦的經驗順序。相關活動計畫是很重要的。如此一來，我們將能瞭解兒童使用電腦的結果，明白電腦使用到底和兒童發展及福祉有何關聯。教導電腦的重要目標在於加強一般的發展和特定的遊戲技巧，以及描繪兒童玩電腦的各種方式。

(三)其他電子大衆傳播媒體

■收音機

一般父母或老師都認為收音機不能提供幼兒正面的影響。學前兒童需要在心智上做些特別努力，才能將耳朵聽到的聲音轉化成視覺上的影像，從對故事或散文的研究中瞭解，幼兒在腦中很難形成具體影像，而收音機正與電視不同，無法提供畫面。

自從發明電視之後，便很少有關於收音機對孩子遊戲行為影響的研究，但是幼兒確實可以從聽收音機中獲得好處。Greenfield

（1982）透過電視及收音機對四及五歲的孩子說故事，並比較幼兒將故事重新講出來時所犯的錯誤，結果她發現：無論是看電視或聽收音機聽到的故事，在重述時說錯的內容大致相同。但透過收音機所聽來的故事，孩子在重講時會使用更多的音效、對話、誇張的語言來敘述故事的內容。

當然，幼兒難以瞭解或記得收音機所傳播的內容，可能是因為幼兒很少聽到這種媒體所致。為了彌補這種困難，威斯康辛教育電台幾年前設計一創新的收音機節目（Usitalo, 1981）。這節目有三十個專門為家中及在校孩子設計的十五分鐘冒險故事，家長或老師可以來信索取簡單的故事內容，以及可從這個故事發展出的延伸活動。例如，有個故事是關於祖父掉了戒指，全家尋遍了當天祖父可能遺失東西的地方——飛機場，給成人建議的相關活動則是畫飛機場，和孩子一起假裝自己是飛機或塔台，並敘述有關飛機的故事內容。

有人認為收音機會比電視更能刺激幼兒的想像能力，因為收音機能留下視覺空間，讓聽眾利用自己的想像力來填滿整個故事內容。但舊有的經驗對想像力的發展是不可或缺的，使用收音機（收、錄音機或唱機）當作增進孩子遊戲的工具時，必須先要幫助幼兒練習使用想像力，並輔以相關活動及必要解釋，以彌補收音機只提供聽覺訊息的限制。

■電影

跟電視及收音機一樣，電影也會影響幼兒的遊戲及發展。對幼兒來說，在日常活動中，看電影所花的時間畢竟還是少數。

有些電影是專門為孩子拍的，例如，愛心熊可以培養孩子正向的社會行為，這種電影的情節很簡單，也是孩子以後進行想像扮演遊戲的極佳題材。當然，有一些冒險動作電影對孩子的想像力及遊戲也有很大的影響。電影中的好人（英雄）或壞人（反派

角色）是孩子在角色扮演中最喜歡模仿的對象，成人應該主導或主控這些電影的內容，以符合社會文化可接受的遊戲模式。

看電影、電視或聽聽廣播節目，其實是種被動性的活動，它可幫助幼兒想像某些情節來發展遊戲。然而，我們必須承認這種看或聽的行為本身也是一種遊戲的形式，當兒童參與這種活動，他們不僅遠離現實，而且也能從中得到快樂。正如Mergen（1982）所說的：「在媒體中的雲霄飛車、車子追逐、太空爭霸戰皆是生活中令孩子興奮的事。」這種從螢幕中看到的活動，跟遊戲場的體能動作一樣，皆可使孩子愉快，有時也會令孩子暈眩（Caillois, 1961）。而看電視及看電影更是青少年最常從事的休閒活動之一，其功能不僅限於促進社會互動，也可增加智性的發展。

■電子遊戲

電子遊戲〔如俄羅斯方塊、金牌瑪利、小精靈、三國志、真三國無雙（系列）、天堂、獵魔者、CS等〕是電視與電腦結合下的產物。這種遊戲操作簡單，學習容易，又可帶給孩子歡樂，不僅大朋友喜歡，小朋友也樂此不疲。電腦硬碟的革新，如CD-ROM的發現，也使得兒童可以與真實世界的視覺影像互動。將真實世界的視覺影像與身體的刺激感覺一同融合在高度真實的遊戲情境中。現有的平台有任天堂、Play Station 1 & 2、X-Box等。虛擬真實（virtual reality）是一種三度空間的電腦產品，具有刺激的情節，兒童及成人可用特製的虛擬真實眼鏡與其他特製搖桿來透視、移動及體驗人工繪製的圖像。雖然虛擬真實的軟體具有教育用途，但大多數的軟體還是以娛樂用途居多。這種虛擬真實的電子媒體受到很多成人、青少年及較大兒童的青睞，最近也廣受幼兒歡迎（Greenfield, 1994）。

相對於電視、電影或廣播節目都只是單向的溝通工具，電子遊戲（video games）是電子傳播媒體中最早具有互動效果的一

種。電子遊戲最大的吸引力是：孩子可以擁有掌控力，例如，發射子彈、控制方向（Greenfield, 1984）。這種視覺的震撼和互動是很吸引人的。電器用品往往讓孩子著迷，而電子遊戲則讓孩子瘋狂。

很少有成人鼓勵學前兒童利用電子遊戲來進行學習，研究者如Greenfield（1994）卻很鼓勵幼兒玩這類遊戲。她認為使用電子遊戲可以增進孩子的手眼協調和空間知覺技巧，但這些論點卻沒有獲得實驗的證明與支持，仍令人半信半疑。此外，有實驗發現暴力性質的遊戲軟體可能讓孩子對暴力行為產生減敏作用，對暴力情境泰然自若，其效果跟電視暴力節目是一樣的。Silvern和同事發現，像太空爭霸戰的遊戲軟體，會造成三歲幼兒暴力、攻擊行為的增加，而社會期望的行為則會減少（Silvern, Williamson, & Countermine, 1983）。雖然如此，但學前的幼兒常表示他們較喜歡電子遊戲，較不喜歡教學用的電腦軟體（Johnson & Hoffman, 1984）。基於這個理由，發展教育性、非暴力性、非性別歧視的娛樂錄影帶及虛擬真實的遊戲確實有其必要。此種軟體具有豐富兒童遊戲及學習活動的潛力。目前這種電子媒體還沒有被納入幼兒教育課程發展的類別及資源，未來幼兒教育工作者或媒體製作廠商應可加以考量（Shade & Davis, 1997）。

■電子玩具

電子玩具（electronic toys），如用電池操作的玩具或電動火車，很少在托兒所、幼稚園或家中的玩具箱中看到。幼兒如果沒有成人的監督，會因安全理由而被成人阻止玩這類玩具。然而，最近電子玩具有越來越流行的趨勢，其中有一種電動玩具的危險性較低，因此變成幼兒生活中不可或缺的東西，那就是電腦玩具。

Smith（1981）又將電腦玩具分為好幾類，其中包括可演奏音

樂和玩遊戲的玩具，這些玩具近來已非常普及。電腦音樂玩具是
透過電腦按鍵重現程式化的音調。有時候孩子按完了鍵盤之後，
整個音調才一次呈現，這會令孩子很困惑，但這也是電腦樂器不
同於一般樂器（一按鍵立即有音效呈現）的地方。這種音樂活動
可培養孩子的韻律感，它也很令孩子著迷，可增加孩子對音樂的
鑑賞力及興趣。不過對某些孩子而言，這種電腦音樂玩具只是會
製造聲音罷了。

電腦比賽遊戲包括手操作控制桿（鍵）、手指拍擊鍵盤之速度
感、方向感、運動規則和才智。例如，運動比賽包括棒球、足
球、手球、曲棍球皆是用手操作（拍打）鍵盤的球法，或是採用
與電視遊樂器一樣的方式。這些遊戲比賽分成好幾種不同的層
次，如初級、中級、高級，可以讓孩子自己選擇不同的層次。當
然，這些遊戲對較小的幼兒可能不適合，因為會給他們帶來挫折
感，但對太大的孩子或技巧太熟練的孩子而言可能又太簡單了，
他們可以一直玩且不會死（輸）。

■程式化的電腦玩具

電腦紀元盛行的這幾年來，已經有無數的電腦玩具問世。程
式化的玩具不像電視遊樂器或其他電子玩具已有預先之指令，它
必須由成人或孩子先將程式輸入才能開始玩。例如，就電腦繪圖
的軟體來說，兒童在瞭解基本操作之後，需要由他們自行設計，
先畫圖樣，再選擇塗色的色彩，用鍵盤或控制桿來操縱方向及區
位，最後構成整個彩色的圖樣。程式化的電腦玩具可以幫助想
像，也是許多教育者都一致同意的很好的二度空間玩具。

專欄17-1 電動玩具之教育功能

近三十年來，由於社會文明及科技的進步，電子傳播媒體帶動人們由單純穩定的生活及學習環境（例如，正規的家庭及學校教育），邁向高科技化與多元化的時代（例如，電子傳播媒體在生活上的廣泛運用）。電子傳播媒體一方面提供了人們整合知識與心智的教育功能，另一方面也帶來了休閒娛樂的附加價值。

有關電子傳播媒體對於孩子在學習與發展上的幫助，早已獲得父母與專家們的肯定——不論是在正式或非正式的情況下，其常被應用於教育層面上，似乎提升孩子的社會化，它不但改變、提升傳統式教育的口授形式，更給予孩子們對於教材的互動參與機會，相對地，也因而強化了孩子們「由做中學」（learning by doing）的遊戲價值與功能。

此外，電腦的發明，雖僅半個世紀，然而影響人們生活形態甚巨，不論是個人生活或各行各業，儼然已是不可欠缺；特別是在人們汲汲於工作之外，所迫切需求的休閒娛樂上，更加顯出其魅力與影響力（鄭英敏、陳巧雲、吳文中，1993）。電動玩具其實就是一專為遊戲而設計的電腦，藉由螢幕影像的呈現，加上利用手指的操作與靈活控制，來達到遊戲的目的與效果，這種電視與電腦結合的科技產物，操作便捷簡單，不需太多學習，又可帶來歡笑，於是，不僅大人愛不釋手，孩子們更是樂此不疲。

在台灣，有關兒童對電動玩具之喜愛的調查、研究，例如，楊孝濚（1981），趙文藝、張欣戊（1983），陳麗欣（1989），郭美菊（1991），鄭英敏、陳巧雲、吳文中（1993）等，皆指出電動玩具深受孩子的喜愛，更是孩子們所喜愛的玩

具排行榜項目之一，亦是青少年當今熱門的休閒娛樂方式。目前，坊間的電動玩具約可分為益智性、冒險性、競賽性、賭博性、色情性、暴力性等性質（郭靜晃，1991），另就其遊戲內容的特性，又可分為：(1)生理性的人體結構型：三國志、快打旋風；(2)探險型：瑪利兄弟尋寶、音速小子；(3)幾何型：魔術方塊；(4)機械型：鳥人戰隊、戰車、蝙蝠俠；(5)競賽型：球賽、賽車競賽；(6)賭博型：麻將等。另就電動玩具的硬體來看，除了擺設在遊藝場所中體積較大的機具，如柏青哥之外，亦有適用於家庭的電視遊樂器，例如，任天堂、超級任天堂、Game Boy、Sega、PC、電視遊樂器加上個人電腦（例如，CD-ROM的光碟機），及掌上型遊樂器等。

　　電動玩具的價值，除了其值得肯定的正面功能，亦有其負面的影響，例如，長期專注於螢幕，對視力、骨骼發育、坐姿的傷害，而具賭博性、色情性以及暴力性的電動玩具，更會影響兒童身心健康的發展。Silvern和其同事發現，使用如「太空爭霸戰」的遊戲軟體來玩電動玩具，長期下來會導致三歲幼兒暴力、攻擊行為的增加，社會期望的行為減少（Silvern, Williamson & Countermine, 1983）。他們認為，當孩子暴露於過多的暴力性遊戲情境中，會使孩子對暴力行為敏感度減低，使孩子對暴力情境習以為常，而產生與觀看暴力性電視節目相同之結果。陳麗欣（1989）在研究台北市國民中學校園犯罪概況時，將「打電動玩具娛樂」及「打電動玩具賭博」並列為國中生諸多偏差行為中的兩個項目。在未經因果關係探討之實驗研究驗證之下，許多學者以青少年若耗費過多之時間與金錢於電動玩具的遊樂上，因而導致學業成績低落、參與適當休閒活動的機會減少等負面影響，來評斷「電動玩具」之作用時，難免會對其貼上刻板化的負面「標籤」。

　　然而，根據楊孝濚（1981）的研究發現：青少年玩電動玩具的頻率，與其課業成績、家人關係、學校表現及人際關係等均無顯著不良的關聯性。此外，Egli和Meyers（1984）的研究（N＝151）亦發現：雖然約有10%的受試者在玩電動玩具時，有些衝動行為發生，但對於金錢與時間的花費、學業的表現以及社會人際關係等各層面，卻無不良的影響。

■電動玩具所引發的學習過程

　　益智性的電動玩具，顧名思義就是著重教育目標及功能的電腦軟體，透過情境中所提供的娛樂氣氛，讓青少年能從中習得一些技巧以達到學習的功能。記憶實為學習過程之根本，由記憶而理解，經理解而應用、分析、統整、創造而至批評論斷，各層面因逐一精化而提升，相對地，學習者的能力所面對的挑戰亦更趨艱難。

　　事實上，就訊息處理過程（information processing）而言，玩電動玩具原就是一種學習的歷程：首先，須將外在刺激（螢光幕上的）轉換成感官記憶，再將感官記憶的注意轉為運作（短期）記憶，在此階段，若未經反覆練習，則可能產生遺忘，反之，若在短期記憶中，不斷地加以複習，則形成程序性（長期）記憶。

　　就學習理論與社會學習論的觀點，青少年玩電動玩具的過程，其實具有增強學習的作用。青少年藉由遊戲中獲得高分、過關斬將而得到自我學習增強，進而達到成就感之滿足。此外，由於玩電動玩具已普及於青少年的大部分同儕團體，因此，有的基於為了得到同儕認同而接近並練習電動玩具，或者是基於喜愛玩電動玩具，特別是得到高分後所獲得的團體認同與讚許，凡此種種，皆在無形中增強了青少年繼續玩的動機，

而強化了整個學習過程，並使青少年的技巧與能力，在反覆學習與演練中更顯靈活。

■電動玩具之教育功能

　　大部分的益智性電動玩具，本身對青少年是無害的，甚至是具有些助益的，換言之，若能針對玩電動玩具時的情境以及遊戲環境加以控制與輔導，並重視遊戲軟體的完善規劃與設計，則更能肯定與提升電動玩具在教育上的價值與功能。

有助於與玩物的互動效果

　　青少年透過操作機器，例如，發射子彈、控制方向等，而與電視或其他螢幕間產生互動，這乃是青少年在從事其他休閒活動，例如，閱讀、看電影、電視或聽收音機等無法達到的效果。青少年藉由此種互動，更能在遊戲中滿足自主權、控制權及隱私權，甚至於獲得玩性（playfulness）。換言之，不僅可以消弭孩子們對新科技所產生的陌生恐懼感以及不自在的感受，更能使遊戲者除了自得其樂外，也能獲得成就感、自信心等需求的滿足。Gibb、Bailey、Lambirth及Wilson（1983）的研究指出，青少年玩電動玩具的經驗越多，其成就動機越強。而Selnow等（1984）調查研究亦指出，十至十四歲青少年認為玩電動玩具可以使他們遠離生活上的問題，與他們作伴，並帶來互動與歡樂。鄭英敏等（1993）的問卷調查研究中亦發現，國小高年級的學童認為益智性的電腦遊戲很好玩，且其父母也相當肯定電腦遊戲的價值。

增加手眼協調的能力

　　藉由電動玩具的操弄，可提升手指的靈活度與小肌肉的操作技巧以及強化手指協調的反應能力。鄭英敏等（1993）的研究指出，國小高年級學童認為電腦遊戲的益處之一，是增加手

眼協調的能力（尤其是對視動能力的提升）。此外，亦有研究指出，兒童玩電腦或電動玩具的經驗，可增加更複雜的空間知覺概念（Kipper, 1989）及打字技巧。

增加思考策略的能力

由於電動玩具的設計越來越趨於多元化，非僅限於發射子彈等之視動效果，大部分的電動玩具也須花費腦力來操弄，例如，謀略、角色扮演等能力。因此，青少年在玩電動玩具時，必須運用智慧、謀略，針對各種假想的情境做迅速的反應及臆測，經由重複操作、模擬演練或嘗試錯誤等，以學習如何達成目標的技巧與方法，而促使思考謀略能力之精化（mastery）。

培養抽象思考／推理能力

利用電腦遊戲軟體鼓勵青少年思考各種反應之間的關係，進而衍生自己的假設、推理，例如，化學實驗、電與太陽能的實驗，或雨水蒐集的實驗等，來培養並增進自我認知的能力。鄭英敏等（1993）利用電動玩具之軟體，例如，百戰小旅鼠、神奇口袋、沙丘魔堡、外星異形 II、3D德軍總部及破壞神等，以實驗設計的方法進行研究，結果發現實驗組在圖形補充測驗、連環圖系測驗、符號替代測驗B型、迷津測驗等皆有顯著性差異。此研究驗證電腦益智遊戲對國小學童的學習潛能，尤其是邏輯推理能力是有所提升的。此外，國外研究如Evans及Rouse（1985）發現，青少年使用數學之電腦軟體可提升數學成就測驗分數。另外Firestein（1984）的研究亦指出，使用電動玩具遊戲可提升國小學童及國中學生有關數學問題之推理能力。

·滿足獨立的需求及增進團體認同感

楊孝溁（1981）及Selnow等（1984）的研究發現，青少年能從電動玩具中自得其樂，以滿足其獨立自主的需求。同時，

玩電動玩具不僅蔚為時尚,更可視為青少年普遍的休閒活動(鄭英敏等,1993；Creasey & Myers, 1986; Egli & Meyers, 1984),因此,青少年得以在此電動玩具的共同話題中,增加對團體的認同感(group identity)(Creasey & Myers, 1986)。

· 教育的功能與效果

透過良好設計的益智性電腦軟體,以寓教於樂的形態,使遊戲者瞭解其所需要的概念。例如,透過電腦遊戲軟體讓幼兒瞭解如何過馬路、防範陌生人、瞭解一般生活常識等,亦可藉此提供青少年迫切需要的性教育及正確的避孕方法等。國外研究有:David和Ball(1986)利用價值導向的電腦軟體(如用The Healer的電腦軟體)來教導孩童學習生活價值。此外,Buckalew(1983)利用允許玩電動玩具為條件,來作為增強物,針對資賦優異兒童的情緒衝突做行為修正的管理,亦有其效果;另Casey(1992)發現,玩電動玩具對於輔導行為偏差之青少年亦有其效果。

· 紓解身心壓力

電動玩具的聲光效果,易使遊戲者渾然忘我,對於身處課業及工作壓力的青少年或成人而言,能發揮休閒娛樂及紓解壓力的作用。Bolig(1984)指出,美國兒童醫院使用電動玩具,以其休閒功能來作為紓解兒童因住院所引起的恐懼與焦慮。

· 增加親子共處的品質

現代人生活忙碌,父母與孩子共處時間日趨減少,並且容易缺乏共同的話題。親子共玩電動玩具正可作為親子互動中的橋梁之一,並可在遊戲中提升互動品質。國外研究有:Mitchell(1984)發現親子一起玩電動玩具,不僅可提高親子間相處的融洽和樂效果,亦可促進孩子的學業表現。

　　綜言之，電動玩具具有其不容磨滅的正向功能，若能針對有益的電動玩具軟體妥善規劃、設計及適當使用，除了能由其中獲取休閒效果，亦能發揮其教育性的意義與功能。

　　附註：上述針對青少年教育功能之研究大都是調查性及相關性的研究，很少有實驗性研究來支持上述的結果。此外，由於樣本來源較特定，人數較少，在進一步概化（generalization）研究結果及驗證變項間的因果關係時，更須小心。另外，這些結果並不是泛指所有的電腦軟體，而是針對某些特定性的益智性電腦軟體。

■結論與建議

　　電動玩具之於青少年或兒童，恰如水能載舟亦能覆舟般，其利弊得失，端賴成人對其所抱持的態度以及能否妥善運用而定。青少年熱中於電動玩具並深深喜愛，更是其主要休閒娛樂的方式之一，這是不容否認的事實，同時，由於玩電動玩具除了其聲光效果與互動模式的吸引力之外，更具其他正向的附加效果，例如，同情認同、壓力紓解等，所以遊戲的對象已不分年齡性別，父母或師長應避免一味的禁止，實應借力使力，因勢利導，積極地開發設計良善富正向意義的遊戲軟體，使之成為一種正向意義的教育工具，並輔以恰當的遊戲場所管理，強化業者的自律行為，以淨化目前玩電動玩具所致的不良環境影響，進一步地才能幫助孩子們在玩電動玩具的遊戲過程中，達到其教育性的功能。

資料來源：郭靜晃、吳幸玲等著（2001），頁395-402。

專欄17-2　青少年身心發展與電動玩具之運用

　　拜科技文明之賜，電動玩具甫發明即席捲了全世界，並且歷久而彌盛，從牙牙學語的娃兒到老者，很少有不被螢光幕上聲光效果俱全而又緊張刺激的遊戲所吸引，青少年更是徹夜排隊守候，只為了能搶購到新推出的遊戲軟體或卡帶，電動玩具的魔力可見一斑。

　　在台灣，電動玩具也贏得許許多多人的心，從老年到少年，從販夫走卒到醫生教授。有的人靠電動玩具來紓解身心，也有人藉電動玩具找到了自己歸屬的團體，找到了認同。打電動玩具已經是許多人休閒活動中的一項。

　　趙文藝、張欣戊在一九八三年度對台北市國民小學兒童休閒活動做調查研究時發現：就連國小兒童，不論是一年級或六年級，不論是男生或女生，電動玩具都名列十大最喜好玩具的排行榜內，對高年級學童來說，更是高居排行榜的第一、二位。

　　至於青少年方面，周震歐、趙文藝及張欣戊在一九八二年度所從事的「電動玩具的震撼——青少年使用電動玩具狀況及其對學業操行影響研究」中發現：當時已有86%的國中男生有玩電動玩具的經驗。楊孝濚研究青少年個人的基本資料、情境因素、人際關係形態，對青少年在電動玩具的接觸程度及評價上是否有影響力時，發現國中階段的青少年有80.61%有玩電動玩具的經驗。陳麗欣（1989）的研究則發現：台北市國中學生曾從事的偏差行為中，以「電動玩具娛樂」最為普遍，占其樣本數的65.8%，而「打電動玩具賭博」亦高居第四位（29.2%）。此外，許多的調查研究亦發現當今青少年的休閒育樂方式中，打電動玩具是必然出現的一項（郭美菊，1991）。可見

單就兒童及青少年來說,打電動玩具已是一極為普遍、流行的休閒活動。

不過,台灣社會對電動玩具所抱持的看法是負面多於正面,媒體上也經常報導在諸多不法行為的背後都有嗜打電玩的因素存在,如現役飛行軍官的先偷竊後殺人、某名人的被綁架勒贖案等等,似乎治安的敗壞、犯罪年齡的逐漸下降,都跟電動玩具的氾濫脫不了關係。但楊孝濚(1981)則認為,除了少數賭博性的電動玩具外,均非電動玩具本身的錯,通常是由於社會或電動玩具的使用者給予電動玩具負面「標籤」,而形成電動玩具對於社會或使用的青少年產生消極的影響。也就是說,社會給予「打電動玩具」的不良標籤,認為電動玩具遊戲場所乃是非之地,是青少年問題滋生的溫床,因而一方面彰顯了電動玩具的負面功能,另一方面也使電動玩具遊戲場所產生一種選擇對象的傾向,如此惡性循環,使得社會對於電動玩具產生負面的看法。

事實上,電動玩具大都是益智性或是訓練青少年反應能力的玩具,而且青少年普遍熱中於電動玩具已是不爭的事實。因此,身為家長、教育工作者,甚至決策者所要面對的,不是要如何去禁止青少年接觸電動玩具,而是要盡力去瞭解電動玩具的正、負面功能,然後借力使力,藉著青少年對電動玩具的熱愛,以電動玩具為利器來達到教育、輔導青少年的目的,協助青少年的身心健全發展。

■電動玩具面面觀

目前坊間的電動玩具有益智性的、冒險性的、競賽性的、賭博性的、色情性的、暴力性的……等等,不同性質的電動玩具自有不同的功能,並非全然有害。再就電動玩具的硬體來

分，除了擺設在遊戲場所中較大的機具以及柏青哥外，還有家庭用的電視遊樂器，例如，任天堂、Sega、個人電腦，以及電視遊樂器加上個人電腦（例如，CD-ROM）等。

當然，色情性的、賭博性的，以及暴力性的電動玩具會影響青少年的身心健康。有研究顯示，暴力型的電動玩具會使玩的人對暴力行為的敏感度減低，對暴力處之泰然（Silvern, Williamson & Countermine, 1983）。

除此之外，電動玩具的負面功能可能是受「標籤」理論之影響，而不是電動玩具本身所形成的問題。但是經過標籤之後，電動玩具及其場所吸引的是某些行為上已有反社會傾向的人，他們在尋求刺激、認同與歸屬時，需要具有反社會行為傾向的工具及場所，來滿足他們與家庭、學校、社會的疏離感，致使電動玩具及其場所淪為這些人喜好從事並因而聚集的場所。這種惡性循環之下，電動玩具及其場所更是為人所詬病，除非可以消除打電動玩具違反社會規範的「標籤」效應，不然電動玩具給大眾之負性影響要扭轉也難。然而，大多數電動玩具本身對青少年不但無害，甚至是有幫助的。

首先，青少年在操作機器，和電視螢幕間有互動的效果，這是青少年在從事其他休閒活動，例如，看電影、電視、聽收音機所不能達到的。這種互動，讓遊戲者擁有控制權，一方面可消弭某些人對新科技如電腦的恐懼心理，另一方面可使遊戲者獲得成就感，建立自信心。而操弄機器，更可增進青少年手眼協調的能力，訓練其反應。

再者，電動玩具的內容千變萬化，五花八門，青少年在玩電動玩具時，必須運用他的智慧，對各種假想的情況做出立即而有效的回應，電動玩具因而提供青少年抽象思考的機會，培養及增進青少年後設認知的能力（meta-cognitive abilities）。此

外，某些特別設計的遊戲內容則兼具教育的效果，例如，設計良好的性教育電腦軟體，可以讓青少年在個人電腦上接受他迫切需要的性教育，免除了課堂上當面傳授性教育的尷尬，不失為性教育的一個良好的實施管道。

最後，電動玩具具有聲光效果，容易使遊戲者振奮，對處在課業和工作壓力下的人能發揮休閒、娛樂，以及平衡身心的作用。

電動玩具雖有這些正面功能，但是不當的使用或設置場所的問題亦能使遊戲者受害。首先，賭博性、色情性、暴力性的電動玩具對身心的危害已是眾所公認的了。其次，由於電動玩具是如此的吸引人，自制能力較弱者可能長時間沉迷其中，致使眼睛過於疲勞而損傷其視力；或因缺乏金錢，進而鋌而走險，想辦法弄錢以維持打電動玩具的花費。再者，電動玩具場所也是該慎重加以考量的。遊樂場所中陳列的大型機具所共同發出的聲音，會讓置身其中的人聽力受損。而許多場所為了吸引顧客，有免費香菸及廉價啤酒供應，使場所內不僅聲音震耳欲聾，且空氣污濁，在酗酒之後更易滋生事端。近日更有不肖商人以各種方法讓顧客染上安非他命的毒癮，達到控制顧客的目的。電動玩具場所儼然成為犯罪的溫床。

父母、師長在徹底瞭解電動玩具的正、負面功能後，在運用電動玩具時，亦須針對青少年的身心發展來強化其正面功能。

■青少年身心發展與電動玩具之運用

青少年期指的約是十二歲到十八歲，為兒童期和成人期之間一個承先啟後的時期。由於在此時期個人生理、心理、心智的發展均呈現了巨幅的變化，導致發生許多困擾與疑惑，而破

壞了原有的均衡生活（馮燕，1988），因而青少年期有「狂飆期」之稱（Hall, 1916）。Caplan則稱此時期的人是處於「發展性的危機」當中（摘自馮燕，1988）。

　　青少年期是人生第二個快速生長的時期，出現第二性徵至性成熟。這種生理上的急劇變化經常伴隨著心理上的特殊需求，需要成人特別的關照與協助。

　　青少年普遍的特徵包括：顯得情緒較不穩定、較緊張、衝動、不安，因此，特別需要正當的休閒活動來調節他的身心，宣泄他高昂的情緒。但是台灣地區的青少年大都處在課業的壓力之下，家庭及社會又沒能提供足夠的休閒活動與場所讓青少年去選擇，使青少年普遍缺乏足夠的休閒活動，情緒得不到調節。家長除了指導及協助，甚至陪伴青少年一起從事休閒的活動之外，亦可以為孩子購買電動玩具，和孩子一起挑選有益的軟體，讓孩子在需要的時候可以在家藉電動玩具宣泄其情緒，而不受到時間、場所的限制，平衡青少年的身心。

　　而電動玩具可以一個人玩，也可以兩個人以上玩的特性，特別適合青少年時而渴求獨立、選擇獨處，時而需要同伴、成人陪伴的特質。當青少年不喜歡被打擾時，他可以關起房門自己打電動玩具休閒，從遊戲中不僅調節了身心，也滿足了他獨立的需求；而當他需要人陪伴時，父母和友人也可以陪著他一起玩，讓他體會到旁人的陪伴與分享，在情感上獲得滿足，甚至電動玩具也可以成為親子溝通的話題。

　　另外，電動玩具的遊戲軟體不斷推陳出新，頗能滿足青少年好玩、好奇、尋求新鮮與刺激的需要。而各種遊戲都是要以假想的情況做判斷，解決呈現在眼前一個又一個的問題，無形中培養了青少年抽象思考、解決問題的能力，也增進青少年後設認知的能力。Boehm（1989）認為電動玩具亦能提供抽象思

考的訓練，讓青少年在假設上推理，增進其解決問題、做決策的能力。Piaget認為青少年是屬於抽象智慧期（形式操作期），他們需要在假設上推理，而不只是在實際的事物上推理（俞筱鈞，1977）。也就是青少年在此階段能夠有興趣於抽象思考，亦能夠揉合青少年在認知上的發展，因此，將電動玩具視之為特別適合青少年的玩具也不為過。

此外，兒童隨著年齡的增長，家庭、父母對他的影響力漸弱，迫至青少年時，同儕的影響已大於父母對他的影響，青少年會期望在同儕中尋找他的團體認同（group identity）。Erikson稱，青少年面臨的是角色認同對混淆（identity vs. role confusion）的危機。電動玩具既已成為青少年普遍的一種休閒活動，提供電動玩具給青少年，也是為他在同儕中找到了共同話題，有助於他的團體認同。反之，不管是主動或被動的拒絕電動玩具，青少年容易在同儕中或多或少感覺到自己的孤立，或承受到同儕壓力，對其身心發展會有不良的影響。

還有，兒童大致是自我中心的，但社會上的成人則被要求同時扮演許多角色，處在其間的青少年就有學習跳出自我中心、學習以不同的角色持不同觀點的任務。在使用電動玩具時，必須依據各種不同的角色做不同的判斷與決定，此種電動玩具的特色又符合了青少年發展的任務，實不可不注重。

綜合言之，若能對有益的電動玩具加以適當的運用，電動玩具則對青少年身心發展有很大的助益。

■結論與建議

電動玩具可以有益於青少年，也可以加害青少年，端看成人對其所持的態度以及是否做了適當的運用而定。青少年既已熱中於電動玩具，而且電動玩具實有其迷人之處，父母切不可

一味的禁止，因為那不只剝奪了青少年的樂趣，也剝奪了青少年學習的機會，更成了親子、師生間衝突的焦點。父母最好因勢利導，協助青少年對電動玩具做良好的運用，讓電動玩具不僅成為親子間的橋梁，也成為幫助青少年健全成長的利器。相信這也是要讓益智性電動玩具進入校園的初衷。

　　當然，社會環境應做相當性的配合，不良的電動玩具及場所要嚴加取締，才能給予青少年一個清淨的成長空間。

資料來源：郭靜晃、吳幸玲等著（2001），頁403-411。

五、遊戲與課程

　　幼兒所上的學校或一些托教機構常是為達到特定的目標來專門設計，成人期望幼兒接受專業訓練下的機構的經驗，會比沒有此經驗的幼兒，在發展及學習能力會有所不同。幼教機構或學校就是為兒童達到組織的學習經驗來設計課程（curriculum）。課程為在學兒童提供正式及非正式的學習機會。

(一)幼教課程的概念

　　兒童發展理論和教育理論兩者已成為幼兒教育課程的法則，如在最早G. S. Hall於一八九○年代所領導的兒童研究運動中，促進幼兒教育與兒童發展的密切聯結（Weber, 1984）。雖然早在Froebel在其創設的幼稚園的課程中，已將幼兒想像成一個生長變化中的個體，但在他所提及的幼稚園課程，並沒有以發展理論為基礎（Spodek, 1988）。

■發展理論與幼教課程

Kohlberg和Mayer（1972）認為教育課程與人類發展觀點有關，這些觀點可以分為三類：浪漫主義（romanticism）、文化傳承（culture transmission），以及進步主義（progressiveness）。浪漫主義的思想，乃依據Rousseau、Froebel、Gesell與Freud等人的學說與研究，視成熟與教育為內在美德及能力的展露（upholding）。持此論點者很注意孩子的成熟，通常建議老師及家長們要等待幼兒「準備」（readiness）好了，再開始教育。

文化傳承的思想認為：教育與代代相傳的知識、技能、價值觀及社會和道德規範有關。在這波思潮中，行為主義為教育提供了學習原理與原則。

進步主義的思想主張：兒童透過個體成熟及與社會環境產生有結構及自然的互動經驗，再產生個體的結構（如基模）的成熟。教育者應協助幼兒達到最上一層樓，但學習的主宰在兒童本身。這個主張說明人類發展與教育的密切關係，亦開創老師即幼兒發展專家的觀念。

雖然教育理論和發展理論是各自獨立的，但它們也是相輔相成，它們有時可相互替換，但有時它們又持不同的理論主張和形式。然而，發展理論深具普通性，它可適用各種背景的所有兒童，同時也是最低限度的要求者；然而，相反地，教育理論具特殊性，它們探討特定背景下的特定學習，它們也是最大化的主張者。兩種理論的形態可以互通，但不能相互衍生。

雖然課程可能被認為源自於某一個特別的發展理論（認知發展），但事實上實施方式可能大有不同。例如，某課程設計者標榜他們是採Piaget模式，當我們分析其課程，可能會發現即使相同的課程名稱，但在內容卻大有出入（Forman & Fosnot, 1982）。這些差異是由於每一個課程設計者從發展理論中擷取一些原理作為課

程宗旨，然後，再依實務經驗加一些可衍生的內容，所以說來，發展理論對於幼兒課程而言，應該是一項資源，而非它的起源（Spodek, 1973）。一個教育課程的起始點應該是「兒童應如何被塑造」的重要聲明（Biber, 1984: 303）。

■幼教理論與幼教課程

幼教課程是透過每日生活經驗來瞭解其社會文化的生活知識。孩子透過日常活動設計，如所念的書、說故事、所唱的歌，提供的教學活動中，在成人與兒童的社會化過程培養真實情感及學習知識。

幼教課程最重要的是語言與讀寫能力，這些課程內容必須配合年齡發展，也必須反映文化價值觀及兒童所需知識的本質，以達到適齡教育的目的（Spodek, 1986）。Elkind（1988）建議幼教師們要介紹幼兒不同學科領域內容和概念知識（如科學、社會及歷史），也需要與成人及同儕互動學習社會知識，當然也必須學習不同的顏色、形狀、大小，及依物體的相似與差異來做配對、分類、區別以及排列。

除此之外，Elkind和二十世紀初期幼教改革派的論點一樣，建議幼教師要運用教育計畫來教導幼兒（Weber, 1984）。幼兒應透過日常生活體驗——從遊戲、美勞操作、故事分享與對話中獲得此時此刻（here-and-now）的真實體驗。因此，幼教學科知識應圍繞著主題、單元或透過教育活動組織起來成為整體的經驗，而不是以科目或類別獨自教授，要兒童自己整合其經驗。

(二)幼兒教育課程的起源

■以兒童為起源

以幼兒為本位的課程，才能符合幼兒的需要及興趣。Froebel和Montessori這兩位幼教先驅，就是以幼兒為課程的最主要來源，並藉著遊戲來達到教育的目的。Froebel創造恩物，其幼稚園即是有順序應用操作的活動、手工，以及歌曲和手指謠的遊戲活動，來達到幼兒教育的目的（Lilley, 1967）。同樣地，Montessori提供教具，並從那些組合中擷取一些學習原理，成為Montessori教學方法。

這種以「自然的」兒童活動及遊戲成為課程本源是一種浪漫主義的理想，可追溯到十八世紀法國Rousseau的精神，主要語調：「童年時光消逝無蹤矣」，而兒童的童年只有一個，稍一荒瘠，已消逝無蹤。可惜的是現代的學校，尤其是學齡前機構，皆少提供孩子最自然的活動，在教育情境中，所有的遊戲活動，大體皆是老師所修正過，甚至更直接介入兒童的遊戲活動，目的是要改變兒童成為文化的產物。

■以發展理論為起源

幼兒發展理論是幼兒教育學者採用的第二個課程來源。這樣的理論出自於Arnold Gesell的研究，基本上，此理論將兒童的發展視為基因的成熟。Gesell和他的同事根據許多不同年齡層的兒童做大規模的抽樣，並觀察兒童行為的數值及標準值，基於這些標準值，兒童可依年齡歸類（尤其與常模做比較），並提供那些被認為適合他們年齡階段的經驗（不過這種比較僅供參考之用，因為每個孩子有其個別差異，加上近年來，孩子的年長之百年趨勢也

造成現在與過去兒童之比較的差異存在）。

心理的研究如Sigmund Freud、Carl Jung和Erik Erikson已用幼兒來規劃課程，例如，活動、戲劇表演和團體互動的重視。但是幼教學者如果太過於強調情緒的宣泄（catharsis），那以此理論為基礎的教育實務與兒童治療並沒兩樣。然而，在Erik Erikson對自我發展的重視，也使得幼兒課程比較傾向於個人建立一個統合自我的能力，而較減少行為的輔導。

Piaget的理論在一九六〇年代之後也漸漸成為幼教課程的基礎。George E. Forman和Catherine T. Fosnot（1982）即以Piaget的建構理論為基礎，主張：(1)知識是我們本身所推理的解釋；(2)相信個體內在「自我調整」的機制；(3)知識是源自於個體的行動（包括活動與反應）；(4)知識源自於行動的解決。如此，每一個活動皆有不同主張的關注，並以各種活動原則來詮釋理論。例如，Constance Kamii（1973）就依據Piaget理論架構，來定義五種認知知識的類型，作為幼兒教育的目標：

1. 物理知識（physical knowledge）：關於可用自己感官觀察物體特性及事物的物理作用。

2. 邏輯—數學知識（logic-mathematic knowledge）：關於事物間的關係，例如，分類、排序以及數字概念。

3. 時間—空間知識（time-space knowledge）：關於時間和空間在外在事實世界中可被觀察，但必須借助理則學來建立此觀念，例如，可用社會戲劇扮演來讓幼兒瞭解何種事物發生在前，何種事物發生在後。

4. 社會知識（social knowledge）：是由自然互動過程中，瞭解世俗約定的觀念，並由實際的人們互動的回饋來形成社會概念。

5. 概念知識（concept knowledge）：藉著活動來瞭解事物的符

號及代表意涵。

之後Constance Kamii及Rheta Devries用此基模來設計活動，教導兒童邏輯數學知識（1982）及物理知識（1993）。而Piaget的認知課程被廣為相傳的，有位於密西根州的伊普西蘭蒂（Ypsilanti），由高瞻（High/Scope）教育研究基金會所推廣高瞻（High/Scope）教育計畫，及位於美國東岸的河畔街教育學院方法（Bank Street College of Education）。

Greta Fein和Pamela Schwartz（1982）對發展理論和幼兒教育的討論中，認為發展理論對人的成長提供了寶貴的詮釋與資源，但不足以衍生教育實務。

■以學習理論為起源

學習理論成為課程來源，主要受到了Edward L. Thorndike的行為聯結主義所影響，現今已有幼兒園教師設計針對五歲幼兒養成良好習慣及給予適切的刺激，擬定教育方針與目標。

今日，行為主義理論學者B. F. Skinner的操作反制理論也有著類似影響，主要來自下列六個主要觀念：

1. 操作制約（operant conditioning）：動作或反應是可以被增強的。

2. 增強（reinforcement）：當動作發生時，增加其發生比率的刺激物為增強物，例如，食物、玩具。

3. 立即增強（primary reinforcement）：在操作行為和其增強作用之間的延遲時間要盡可能的縮短。

4. 區辨刺激（discriminant stimalus）：當刺激在特定的情況下，行為才能被增強，此種刺激是謂區辨刺激。

5. 消弱（extinction）：當一個反應不再被增強（常常是制約刺激），反應會漸漸減少發生比率，除非非制約刺激再度出

現，此種行爲自然恢復。

6.塑化（shaping）：複雜的行爲可以被分析成簡單的成分，而這些簡單的成分也可以嵌入複雜的行爲中（Bugelski, 1971）。

行爲主義的學習理論可成爲幼兒教育發展教學方法的基礎，它被當作是一種技術（一種教學方法），特別對有學習困難或特殊幼兒的個體。然而，也有些人認爲，行爲主義可適用於任何題材內容中（Bijou, 1977）。雖然，學習理論帶給幼兒在學習上的一些準則，而且頗具效果，但這種方式對於學習的遷移，尤其在不同的情境運用，會有一些困難，加上孩子常對高層次的學習過程，如問題的解決或創造力也的確有困難，至於學習的內在動機也是難以操控的。

■以有組織的知識爲起源

Jerome Bruner（1960）提出組織化領域應爲兒童在各階段的教育課程基礎。Bruner的論點是「學科的結構」可提供一種學習工具，並確保學校教育學習對智力提升的關聯。他的理論指出，孩童對於更成熟的學習階段，會以更練達的方式來統整過去學習的關鍵概念。這些關鍵概念也應在每一階段中以全然智育的方式來教導。

成熟學科的概念架構與兒童不成熟的理解力的關係，比原先所想的還要複雜。因此學科的內容即知識的領域，有助於學校決定教育內容，但其內容本身不足以決定學校任何階段的學習，尤其是幼兒階段。

■以學校教育內容爲起源

幼兒教學計畫的來源是爲了往後教育的內容，所以在此起

源，孩子的準備度就很重要，因爲它讓兒童準備好接受教導，例如，孩子進小學才有寫字課程，那是因爲其手腕握筆寫字臻至七歲才至成熟階段。

在Bereiter和Engelmann教學計畫中（1966）就是持著如此的觀點。它的教學內容——閱讀、語言和數學是依照低年級學童的需要而決定的，這也是讀寫算的技巧，爲學校課程的重點，也是孩童在往後學校教育的生活上爲適應日後文化所應做的準備。但是生活的知識變化快速，現有教育的準備度是否適應未來學童的生活卻備受爭議，而且，往後的學校教育課程來訂定幼兒現實的教學計畫內容，是否給予孩童在生活和學校教育的壓力，甚至也會誤導課程的內容。

(三)遊戲與學習活動

事實上，如Judith Van Hoorn（1993）等人所指出，遊戲早已被視爲幼兒教育的核心，遊戲能夠提升兒童在藝術、科學、數學、社會科學、語言和文藝等各領域的學習成效，值得注意的是：遊戲究竟如何協助兒童達到各領域的幼兒教育目標。

■遊戲和語言學習

許多研究證實，學齡前兒童的遊戲能力與閱讀能力有關（如Gentile & Hoot, 1983; Pellegrini, 1980; Wolfgang & Sanders, 1981）。戲劇性遊戲和閱讀、寫作一樣，皆是一種符號象徵活動。在戲劇遊戲中，物體及人物具有豐富的象徵意義，透過聲音、閱讀及寫作，藉由符號文句傳達抽象的觀念，因此，若能在戲劇活動中學習到運用符號的能力，將能同時強化語言及文字的掌握能力。當孩子逐漸長大，他們所說的故事，便很可能是他們在小時候所玩的或所扮演的故事。

教師可以透過戲劇遊戲來強化兒童在語言、文學方面的學習，例如，戲劇遊戲活動中打電話、閱讀或書寫等活動，皆可以讓孩子熟悉並培養其聽說讀寫的能力。當兒童年齡稍長，教師便可以設置一模擬出版中心，在遊戲中出版幼兒所寫出來的作品（Hartman, 1991）。

■遊戲與數學學習

幼兒在教學活動中應該有許多機會可以操作教材或是使用相關物品，而大多數為兒童設計的操作性遊戲都能協助兒童學習數學，如數字的基本概念、計數方式與數量比對，同時能讓他們學習辨識形狀的大小等。教師也可以自己設計教材和遊戲來達成相同的教學目標。

此外，老師可以透過靈活的戲劇遊戲區，協助兒童學習數學，例如，在扮演商店或餐廳老闆作為演戲主題時，兒童便能試著計算或秤出商品的重量，以及比對盤子、刀子、餐巾與顧客的總數等，並且開始進入關於使用金錢的領域。教師還可以開發其他機會協助兒童發現及運用數學。

■遊戲與科學學習

遊戲是一種很好的科學學習。David Hawkins（1965）認為，科學學習的其中一個階段就是「任意玩弄科學器材」。兒童必須先對事物的性質進行探索，再針對教材或是他們實際的經驗提出問題並試著尋找答案。逐漸地，他們會如同科學家一般：擬定假設、設計實驗、操作器材，最後透過實驗來驗證假設。如果讓孩子以遊戲的態度接觸科學，兒童會從中獲得很多，而不只是死背書中的科學定理而已。

■遊戲與社會科學的學習

　　戲劇遊戲可以幫助兒童探索真實的世界，具有極高的重要性。兒童會將他們在家中、學校或其他地方所看到的角色演出來，因而對世界有了初步的認識，而為了維持遊戲的順利進行，孩子們必須彼此互動，在互動中學習到更成熟的社會技巧；此外，如果他們不是遊戲團體的一員，那麼就需要學習一些策略以進入遊戲情境，同時他們也會瞭解自己與他人的世界觀，並且開始求證是否與他人擁有相同的想法。以上所述都是孩子透過戲劇遊戲所能獲得的能力，而藉由觀察兒童的戲劇遊戲，教師可以瞭解兒童對世界的概念與理解程度，並進一步評估他的社會能力。

■遊戲與藝術創造

　　創造性藝術與兒童遊戲兩者聲氣相通：都能幫助兒童表達內心的想法與觀念，並進一步促使兒童發揮創造力。由課程中可以發現兩者之間的關係似乎已成定論（Eisenberg & Jalonga, 1993），然而，卻很少人針對教育者規劃的課程進行研究以證明上述看法，因此，對於這個領域仍然需要累積更多的研究。

　　長久以來，遊戲在幼兒教育中具有舉足輕重的地位，對幼兒來說，有許多理論鋪陳遊戲所具有的重要功效；對老師來說，則須扮演更主動的角色，設計具有教育性的遊戲，藉由兒童喜歡玩遊戲的天性，指導孩子玩這些遊戲，並從中學習，最後兒童應該要有能力掌控自己的遊戲。

　　老師在應用遊戲成為課程的一部分時，應掌握活動規劃與實施。只要課程架構一決定，遊戲與學習規劃就是透過活動設計，所謂活動就是有時間範圍、來龍去脈，或特定場合等限制的活動。在自發性的遊戲情境，大體環境是由老師有組織及系統地規劃，再給孩子很大彈性、自由自主使用玩物，而老師規劃器材給

兒童玩，則稱為「學習經驗」，而非活動。老師最重要的角色在規劃學習情境、有系統的介入、鼓勵兒童與同儕或器材互動、提供他們學習的鷹架、幫助他們發展學習技巧、發現意義並表現自己。

活動規劃之後要有組織、系統及規律，所設計的架構要讓兒童能穩定發展，而兒童最有可能透過與器材及工具的互動達到練習效果，提高基模或學習更上一層樓。老師要精心布置、設計、規劃學習情境，仔細選擇遊戲所需要的素材，並且注意兒童從這經驗中學習，以達到延伸舊經驗、建立新經驗的學習。老師必須掌握兒童需求及發展狀況，透過有組織的規劃活動，引導兒童達到特定學習效果，有系統地觀察兒童，並掌握機會教育來達到教育學習目標。

(四)導引教育性遊戲

如果遊戲可以被教育，那麼教師就必須扮演布置遊戲舞台、建立指導方向同時進行修正的主要角色。一九八二年，Sponseller 回顧有關遊戲與幼兒教育的相關研究，敘述了一些兒童遊戲中的影響關係（1982：233）：

1. 遊戲空間的物理因素會影響社會性遊戲、性別角色的學習、活動的層次和品質。
2. 兒童與父母間的親子互動會影響遊戲的能力。
3. 兒童與同儕間的互動情形會影響社會遊戲、性別角色的學習、遊戲的層次與品質，以及兒童減低自我中心的發展過程。
4. 教師直接或間接的協助會影響兒童遊戲的類型及品質；這也可以顯現出學校中遊戲的適當性與不適當性。

5.某些類型的遊戲訓練和經驗，會影響教室中的遊戲行爲，同時會改善學校中課業技巧的學習，尤其當兒童需要發展更高的認知歷程時。

因此，當教師無法對某些遊戲產生影響時，他們便會控制其他的影響層面，爲了確定教室中的遊戲可以產生正面的教育結果，老師必須有所準備，並進行仔細的規劃和指導。教師可以指導兒童從事教育性遊戲，包括規劃遊戲以及指導遊戲本身活動的進行。

■規劃教育性的遊戲

儘管令人滿意的遊戲會在學習過程中自然展現而予人驚艷之感，然而先有充分的準備才能促成建設性遊戲的產生。教師應注意什麼樣的遊戲主題是兒童的最愛，如此才能提供豐富的教育性經驗。包括各種不同社會角色的遊戲活動，能夠協助兒童在遊戲中探索這些角色的功能和限制。與商店相關的遊戲則能幫助兒童瞭解經濟原則，積木遊戲可以讓兒童對社區等地理關係有所瞭解，而扮演一位建造者，往往可讓兒童演練在測量方面的技巧。

就遊戲的規劃而言，教師應該提供資源以援助遊戲的進行，包括遊戲的時間、各種特定的遊戲區域，以及充分的教材，並且對於希望從事遊戲的兒童要能妥善管理。一九九二年，James F. Christie和Francis Wardle指出，遊戲所需的時間至少要有四十分鐘。在這段時間裏，兒童可以體驗遊戲活動的準備過程，同時細心規劃戲劇遊戲的主題。如果可以將教室組織爲活動中心，那麼應提供充足的空間給各種不同形態的遊戲，同時也應有系統地整理各種遊戲道具，如此，兒童便可以很容易地辨識並拿取他們在遊戲中所需的物件。至於遊戲團體的大小，則要視活動種類、室內可以容納遊戲進行的空間大小，以及兒童的性別而定，如之前

所提及的，女孩較男孩傾向於以小團體進行遊戲。

　　教師必須仔細評估遊戲所具有的學習潛力，然後尋求可以協助兒童進行此遊戲主題的相關資訊，如參考書籍、影片、電影、圖片、紀錄都是很有用的材料；此外，到社區中找尋相關訊息也將會是很好的區域性旅遊，或是請閱歷豐富的人協助教學，博物館和教育資源中心都可以借到一些相關教材。教師也許無法將所有的資源用在教室中或全部介紹給孩子們，但是，細心地搜尋教材將可讓教師在選擇教材時獲得足夠資訊，以刺激遊戲的進行與變化，同時能夠更順利地發展。

　　在規劃上，教師也應該能辨識使用教材的優劣，如戲劇性遊戲的衣物、操作性物品，以及能促使兒童創造、組成他們遊戲所需道具的原料。這些東西可以使用很多年，而且教師常要擴充、蒐集新的遊戲教材，而這些教材由老師們帶入教室後，便會影響兒童的遊戲活動。Singer（1973）指出，太過寫實或是太不真實的玩具由於沒有明確的結構，將會限制兒童發展創造性的遊戲，例如，積木，相當具有彈性同時沒有特定用途，比結構性的玩具更能夠長期使用。無結構性的玩具可以和具有特定用途的玩具共同使用，以刺激「假想」遊戲的進行。

　　教師應透過策略性思考以激發遊戲並達成他們的教學目標。對這些目標的瞭解有助於持續提供他們有關後續教育與遊戲活動的指導。

　　就如同為兒童的遊戲做規劃一樣，教師也應該協助孩子自己做規劃。他們可以問兒童一些關鍵性的問題，以口頭方式給予提示，如：「你要如何堆這塊積木？」或「你進行這個遊戲的計畫是什麼呢？」如此的規劃將有助於兒童控制自己的活動，並且提升自重與責任感（Casey & Lippmann, 1991）。

　　簡單布置教室中的情境與新教材都很容易讓兒童展開遊戲，如果教師同時介紹兩個有新玩具的活動中心，提供兒童選擇的機

會，並且使得教室中的課程進行不只集中在一個令人興奮遊玩的角落，同時孩子能自由發展小團體遊戲而不受到過度抑制，孩子都能更容易地發展遊戲。此外，在介紹新教材或設備時，也有一定的方式，教師必須告知學生們這些設備的使用方式以及使用限制。在介紹教材前如果能先舉行簡短會議，將有助於避免未來的可能問題。

在一般性的遊戲活動中，教師可以試著激發兒童的興趣與想像方式；老師通常會藉著小規模旅行、影片展示，或閱讀一些相關主題的書籍，以便激發兒童扮演有興趣的戲劇性遊戲。這些經驗可以幫助兒童學習使用教材，同時激發新的遊戲主題。

■指導兒童的遊戲

教師應注意遊戲的過程，並且藉觀察所獲得的線索來協助或修正兒童的遊戲。教師可以觀察兒童是怎樣玩的，然後判斷在那個情況之下，什麼樣的技巧才是最有效的。有時教師可以告訴孩子他們正在做什麼，並盡量與他們談論同時提出建議；如果某一項遊戲十分具有建設性，那麼教師會鼓勵兒童繼續進行這項遊戲。

關於激發兒童遊戲的基本策略，有下列四點：

1. 教師花點時間等待「令人訝異的孩子脫離了含糊的情況而進入目標性的活動」，有時在引導兒童進入他們的遊戲活動一段時間之後，教師可以自行退出（就如同是在遊戲情境中教導他們如何去玩一樣）。
2. 如果遊戲需要再延長進行，教師可以增加新的物件。
3. 教師可以在遊戲中間問一些問題以促使兒童更仔細地觀察，同時協助兒童回憶一些先前的相關經驗。
4. 有些老師會設計出能激發討論、促使孩子更仔細地觀察的

遊戲，他們也透過書籍、旅行和類似的方式來提供兒童額外的資訊。

教師必須要有高度的敏感性，並應配合設計、商議與介入，才有助於引發兒童進行教育性遊戲。因此，學習乃是由玩樂所致，良好的教學本質乃決定於教師為兒童計畫學習目標的能力，而且在避免不必要的干涉與曲解中反應、介入，同時也能適時改變教學方向。或許，一位好的老師，便是帶著一顆赤子之心的特質來到教室，並且能夠真正地尊重兒童。

(五)學術遊戲課程規劃

在學術課程中，遊戲具有多層面的關係。Van Hoorn、Nourat、Scales及Alward（1993）在課程導向遊戲（curriculum-generated play）及遊戲導向課程（play-generated curriculum）之中，提出一些可能的連接關係，可以兼顧上述這兩種導向，同時運用課程導向與遊戲導向課程。至於何時使用何種導向，則依老師所希望達成的教學功能而定（參考**圖17-1**）。

■課程導引遊戲

老師從正規課程中提供一些遊戲活動，讓兒童藉由讀寫或數

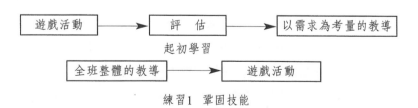

圖17-1　課程導向遊戲：兩種功能

資料來源：吳幸玲、郭靜晃譯（2003）。

學遊戲,學習相關的經驗和技巧,提升孩子們在科學、數學及語文的能力。例如,在開放式的遊戲角落情境中,兒童可以學習認識數字及數數。此種課程導向與主題學習或角落學習的開放教學較爲相似。

由於教育哲學的不同,老師們在遊戲活動的應用上也會有所不同。較傳統的方式是在遊戲中讓兒童練習老師所教導的技巧,學習到新的技巧。而提倡建構主義的老師則會將遊戲作爲孩子最初的學習方式。

1. 初步學習——在讓兒童展開遊戲活動之前,要先讓他們學習基本的技巧與概念。在兒童有遊戲的機會之後,老師先評估他們對特定技巧的瞭解程度,再透過遊戲讓兒童能熟悉相關技巧。例如,老師先在自由遊戲中進行觀察,瞭解孩子的興趣與能力,再利用個人或小組活動的機會給予教導,接著利用自由活動的時間來檢驗、瞭解孩子是否確實獲得了技巧,個人建議老師可以先使用前述方法,若沒有效用,再利用後一種方法。

2. 練習與鞏固技巧——在老師說明、指導遊戲應如何進行之後,給孩子一些時間進行練習,例如,台灣本土的當代教學大都採取此種方式,而且大都應用到小組教學之後的自由遊戲。

我們希望強調,課程導向遊戲所具有的評估與需求功能,是檢測教導成效的重要角色。遊戲讓兒童有機會學習廣泛的學術概念,並且發展適齡的技巧。然而,強調學習機會是很重要的,不管學習過程有多豐富或與眾不同,誰也不能保證在遊戲中一定會產生學習的效果。基於這個緣故,有需要對遊戲進行評估,以決定兒童在課程導向遊戲中是否獲得應有的技巧與概念。假如有些兒童不能從遊戲中獲得應有的概念與技巧,那麼老師可能再使用

較直接的教導方式，來幫助這些特定學生學習這些概念與技巧。但須注意，這種教導只針對在遊戲中未獲得相關概念技巧的學生（這與完整的課堂團體教學不同，因為完整的課堂教學是針對全部的學生，而需求為考量之教導是針對特定的學生）。

■遊戲導引課程

　　遊戲導引課程（play-generated curriculum）是以遊戲作為學習的媒介，藉由符合幼兒年齡的活動，讓他們在自然的情境中獲得豐富的刺激。舉例來說，在幼稚園裏，遊戲就等於上課，老師必須妥善地設計遊戲活動，讓孩子們從中獲得學習。

　　老師可從孩子的遊戲中發展出新的學習活動。例如，假如兒童在遊戲中表現出對海洋生物的興趣（例如，扮演鯨魚或鯊魚），老師可再設計一海洋生物的角落，讓兒童有機會在這個角落學習有關海洋生物的技巧與概念，這也包括了讀寫能力、數學及科學。此種遊戲導向課程較為開放，老師要先瞭解孩子的興趣及能力，再依他們的興趣來建構主題學習區。

　　而要評估這些遊戲是否具有良好的品質，應特別注意：這些遊戲之課程環境規劃是否符合孩子們的連續經驗（Cuffaro, 1995）。所謂連續的經驗（continuum of experience）為John Dewey的教育哲學，意思為能讓兒童所熟悉或是記憶猶新的過去，並發展出現在與未來，相互連結，讓孩子的經驗也因此能延伸、擴大。這樣的作法避免了「教育的謬論」（educational fallacy），所謂教育的謬論是指在自由遊戲中直接把經驗給予孩子，而非孩子親自獲得。但經驗必須是孩子自己擁有（had），而不是來自成人的給予（given）。因此，在設計遊戲環境中，須注意情境中不能在時間或空間布置上給孩子任何壓力，並應提供適齡之玩物及社會期望，以使兒童在課程與學習上能夠充分發揮創意。

　　除了連續經驗，評估教育性遊戲是否擁有高品質的第二個指

標爲互動。老師應藉由良好的互動,讓孩子能在自己的想像遊戲世界與外在現實環境中取得平衡。

至於老師在教育性遊戲中所扮演的角色,之前已經有所討論,老師應仔細觀察每個孩子如何單獨遊戲,以及在各種遊戲情境中如何與他人互動。老師更應有敏銳的感覺,作爲鷹架來延伸孩子過去的經驗,並繼續擴大。除了提供合宜的時間、空間、玩物,老師更須給予孩子適當的指導,以及能延伸經驗的遊戲主題,讓孩子能從中學習(Bodrova & Leong, 1996)。

若將遊戲當作一種學習方式,其中必然會產生一最佳學習點(entry points)。Cuffaro(1995)就這一點提出有關學習的一些問題如下:對老師而言,遊戲中是否有最佳的學習切入點?是否應在兒童遊戲時介紹主題?是否應以詢問、討論及參觀旅行等方式來引導/形塑兒童應如何遊戲?……要如何引用遊戲來瞭解社會個體的潛在特質,進而發展社區中的凝聚感及瞭解個人的問題及興趣(p.82)。老師可依照之前所談到Dewey所提出的連續與互動原則,藉由與孩子的經驗相連結,獲得教育的效果。依Cuffaro之見,以兒童的興趣作爲遊戲課程的導向,比起由老師直接爲孩子設定遊戲主題,更加具有挑戰性。

Cuffaro(1995:86)以河畔街幼稚園的方案爲例,說明如何運用遊戲爲兒童建構課程。在學期中,兒童遊戲已經變成重複日常生活的固定行爲模式。老師詢問兒童是否要參與他們以前沒有玩過的遊戲,企圖吸引孩子的注意。其中有一位兒童想到要讓整個教室變成海洋!

老師:我想——如果我們的積木角變成一條河,那我們將會
　　　變得怎樣?
小如:那我們怎麼辦,整天游泳?
小晏:你也可能釣魚。

小如：我不想釣魚，我想要建學校。

小晏：你可以建學校啊。

小如：（用懷疑的口氣）在河裏？

安安：等一下！我有一個辦法。海洋，海洋，整個教室都變
　　　成海洋。

　　老師和其他小朋友都接受了安安的想法，接下來他們就開始
扮演一個島國的生活，在這個遊戲中設想水中交通、颶風如何形
成，還有其他與海洋相關的主題。在這個例子中，兒童已在遊戲
中發展出一些與遊戲主題有關的社會科目的概念，不過，課程導
向遊戲與遊戲導向課程的界線則不太清楚，如果當老師較重視兒
童的社會情緒管理，而非達成學習上的目標，在課程中融入遊
戲，但如果老師以認知學習為目標，便較常從兒童的自由遊戲中
抽離出一些想法，並延伸到日常生活中安排的相關學習活動。這
是遊戲與課程的並列模式（a juxtaposition model）。除此之外，還
有遊戲與課程的整合模式（integration model），也就是老師可在兒
童的自由遊戲中擔任一事實的代言人（spokespersons of reality），
掌握可教育的時刻（teachable movement），引導兒童自我探索。
至於分離模式（segregation model），則是指只讓兒童在下課時間
玩遊戲，而且不會特別安排教育性遊戲。

　　許多老師在課程中會混合使用整合模式與並列模式。這兩種
模式在運用時也不全然對立。例如，在高瞻式（High/Scope）之
Piaget式認知導向課程中，使用了計畫—執行—回憶（plan-do-
recall）的遊戲與學習循環（Weikart & Schweinhart, 1993）。兒童
先說出他們在自由遊戲中想要做什麼（他們將使用哪些遊戲或活
動角落），參與他們所想做的行為（在安全範圍下及考量適齡發
展），然後在團體時間集合再討論自由遊戲的情節（過去的經
驗），並翻新自由遊戲的事件（延伸新的經驗）。在上述過程中自

然發展出計畫（planning），再建構（reconstruction）與溝通技巧（communication skills）。這種循環模式可以幫助老師在執行（do）層面指導兒童進行遊戲與學習。

還有另一個例子同樣說明了老師如何在自由遊戲時間，將兒童的經驗當作討論與學習的基礎，那是全班（大團體時間）在遊戲時間中對發生問題的討論。Vivian Paley（1997）建議老師仔細觀察兒童自由遊戲的情形，並認為應該將兒童在自由遊戲中所發生的問題，在團體討論中加以回顧與討論。例如，可能有一位兒童在使用某玩具或參加團體或用畫架產生棕色色彩上產生困難。Paley認為：缺乏創新的課程比起沒有檢驗的課程還要來得糟（Paley, 1997）。藉由她某位學生（Reeny）的幫忙或啟示，Paley將一整年的課程環繞在Leo Lionni故事書的相關情節，而這個主題也是由Reeny與同學在遊戲中探索故事書情節時所萌發出來的。

至於方案模式（The Projects Approach）（Katz & Chard, 1993）則是指運用自由遊戲與相關方案，或是對非正式課程進行持續調查。方案根源於兒童的興趣，老師同樣必須對遊戲中的兒童進行觀察與推測。方案模式也舉例說明遊戲如何激發課程以及遊戲，學習與教學如何產生互動，並促使兒童在此種幼教課程中與老師共同決策及建構知識。世界聞名的義大利Roggio Emilia也是採用方案模式的課程之一。

此外，老師也可以設計及運用整合性或主題單元（integrated or thematic units），來延伸兒童在遊戲中所展現的興趣。讀者對此主題如果有興趣，可再進一步參閱Neuman及Roskos（1993）所討論，以兒童為本位的活動規劃（discussions of child-centered activity planning），及Christie、Enz及Vukelich（1997）規劃科際整合性課程活動指引（directions for planning integrated, interdisciplinary curriculum activities）。**圖17-2**及**圖17-3**說明Hall及Rhomberg（1995）如何以網狀方式來建構遊戲課程，可分為兩種方式：一是

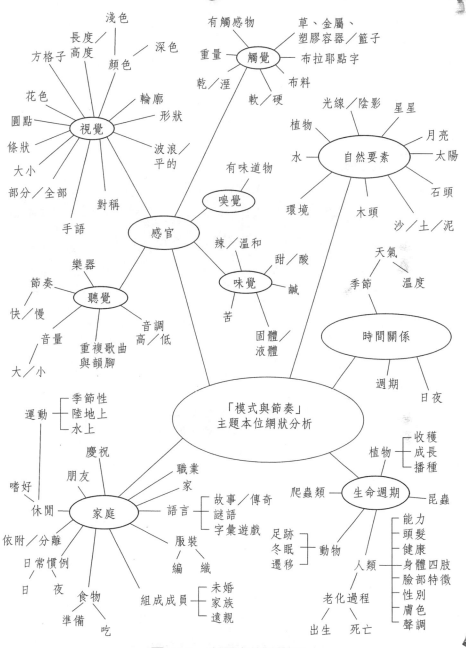

圖17-2　主題本位課程網

資料來源：Hall & Rhomberg (1995), p. 59.

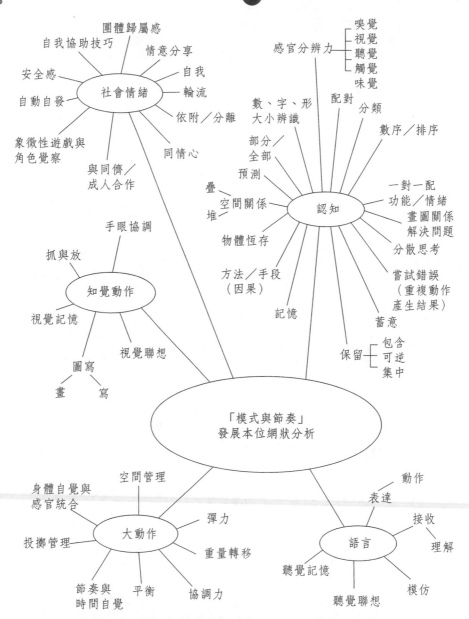

圖17-3 發展本位的課程架構圖

資料來源：Hall & Rhomberg (1995), p. 63.

以主題為本（見**圖17-2**），另一是以發展為本（見**圖17-3**），其中
以主題為本的方式較能配合教育目標，而以發展為本的方式則是
以有系統的方法來促進兒童的發展與學習。

(六)學校遊戲的阻礙

我們已描繪一些用遊戲來支持及加強學科課程的方法，不幸
地，當老師想要在教室使用遊戲時，他們有些猶豫，並徘徊在用
與不用之十字路口上，尤其是小學這種情形更是十分普遍，除此
之外，也有許多幼兒園之保育人員或教師在應用遊戲導向的課程
時，也有其困難與限制。

■幼兒園

長期以來，幼兒教育在傳統上是利用遊戲來幫助及促進幼兒
的學習與發展。但從英國（例如，Moyles, 1989）及美國（例如，
Polito, 1994）最新的研究中可以看出，在理論與現實之間，遊戲
的角色存在一些矛盾與差距。雖然老師大都認為遊戲應在課程中
扮演重要的角色，但實際上，老師採用最多的，卻是督導與指導
性的活動，其次才是讓孩子自由選擇的遊戲。

為了瞭解遊戲為何在理論與現實間存在如此大的誤差，
Bennett、Wood及Rogers（1997）針對英國幼兒學校的九名教師進
行一整年的縱貫研究，研究的執行步驟如下：老師在做遊戲觀察
前，先填寫有關遊戲活動目的的問卷，然後錄製所有兒童的遊戲
活動，看完錄影帶後再訪問老師們關於遊戲的問題。

雖然老師都表示應該將遊戲加以整合為課程的一部分，也相
信遊戲可以提供兒童理想的情境學習。但在實際執行上，老師卻
往往忘記了他們所認為遊戲的好處，反而非常著重較正式、類似
工作的學習活動。而在事後的訪談中，老師解釋他們之所以不安

排遊戲，是因爲受到時間、空間、師生比率及課程強調必須要教導基本技巧，和老師不應該介入兒童遊戲等種種因素的限制。除此之外，老師常常會假設：兒童應會對遊戲有所回應，有時又高估或低估了兒童的實際能力，或兒童在實際遊戲上的挑戰程度。這些假定往往不切實際，而且會漸漸腐蝕老師以遊戲作爲學習媒介的信心。

Bennett等人（1997）則發現，最成功的遊戲活動必須有老師的介入。老師的介入似乎可以減少這些對遊戲的限制，進而有助於學生的學習。當老師列舉他們對遊戲的期望及協助兒童將遊戲與學習結合起來的時候，對於兒童的學習便有所助益。下列是Bennett等人（1997: 130）對提升學校遊戲品質所做的建議：

1.透過清楚地訂定遊戲目標，將遊戲整合到課程之內。
2.找出高品質的互動時間，透過遊戲來加強學習。
3.透過遊戲讓兒童有機會學習，而不是只期待兒童自發性的學習。
4.提供一些討論的機會，讓兒童清楚時間結構，如此一來，兒童才會清楚知道他們在遊戲時可以做什麼，什麼是他們要達到的學習目標。

■小學

在小學階段，遊戲的不受重視往往讓人感到沮喪。在美國，小學的主要責任是指導兒童準備如何適應日後進入成人社會的角色，主要工作包括：學習讀、寫、算的學科的基本技巧及工作習慣（Fernie, 1988），而根據一般的看法，要達到上述目標，最好的方法是直接教導而非遊戲（Glickman, 1984）。

Klugman（1990）使用問卷調查國小校長對遊戲的看法，結果發現絕大多數校長都認爲遊戲不重要，其中89%的校長認爲遊

戲不過是幼兒園的課程之一，只有9%的校長認爲遊戲在國小三年級應扮演很重要的角色。大多數校長認爲：幼兒園才是遊戲的地方，而小學課程應強調眞正的學習（real learning）（Bowman, 1990）。

　　除了遊戲哲學不受重視之外，幼兒教育課程受到阻礙的因素是時間的不足，而非空間問題或師生比率太高。另外，課程太強調教導讀、寫、算的基本技巧，也是現今小學所面臨的問題之一。例如，Goldhaber（1994）指出，目前小學課程中有太多不同的課程領域。在每段上課時間中（通常一節是四十分鐘），又夾雜了一些特別活動（例如，體育、美勞與音樂），造成無法設計長時間，且不會受到其他活動干擾的課程導向遊戲。此外，小學的課室中也無法準備許多遊戲中會使用到的玩物，例如，沙子。Goldhaber解釋「沙與水太髒、導管膠帶太黏、天花板的瓷磚支架又太脆弱了。」

　　儘管缺乏環境的配合，但在美國小學，兒童還是照常遊戲。在King（1987）的研究文獻檢閱中，兒童在小學會玩的遊戲形式分爲三種：

1.工具性遊戲（instrumental play）：這也是之前所提的課程導向遊戲。遊戲在此作爲幫助兒童學習技巧與知識的媒介。

2.休閒遊戲（recreation play）：這是指發生在上課前、放學後或下課時在教室外進行的自由遊戲。這種遊戲主要是規則性遊戲（例如，下棋、撲克牌、跳房子）、運動（踢球、足球、躲避球）及狂野嬉鬧活動。這種形式的遊戲在以工作爲取向的小學只是閒暇活動，因此無須訝異於小學最近想要刪減休息時段（Johnson, 1998），目的就是要刪減無意義的遊戲時間，以增加有意義的工作學習時間。

3.惡劣的遊戲（illicit play）：這是一種在老師背後，看不見的玩笑或遭到禁止的遊戲，例如，傳紙條、射橡皮筋（飛鏢、紙球）、做鬼臉、假裝嚼口香糖、扮小丑或故意遲到等。老師很想禁止這類活動（遊戲），但從來沒成功過。惡劣（禁止）的遊戲在國小高年級很盛行，可能是爲了表達老師減少他們休閒遊戲機會的不滿（Everhart, 1987）。

King（1987）認爲，此種惡劣（禁止）的遊戲可以讓兒童在這個由成人掌控的世界裏，獲得一些自主性與控制感。因此當老師越偏重課程，學生就越可能產生更多的惡劣遊戲。而這也進一步使老師對遊戲抱持負面看法，視遊戲爲「敵人」（the enemy）（Perlmutter & Burrell, 1995），並且禁止所有在教室內的遊戲。

另外，也有研究抱持正面看法，指出老師能爲小學學童在教室提供休閒或工具性遊戲的機會，而孩子們則報以高品質的遊戲。Perlmutter及Burrell（1995: 16）觀察小學學童的遊戲，認爲和幼兒園的小朋友相較，小學生的遊戲更有焦點，同時也更爲簡明。

在沙坑玩的二年級學童想要擁有明確的地盤及玩物。遊戲的建構動作與行爲越複雜，兒童的能力與經驗也越能獲得成長。在戲劇遊戲中，孩子們對一複雜的故事可以玩上很長一段時間（超過數週），並且可以把情節不斷延伸。

當孩子們在一學科取向的遊戲角落玩耍，小學學童會比幼兒更常參與有深度的讀寫與數學活動。例如，在Hall及Abbott（1991）所編的*Play in the Primary Curriculum*一書中，就以圖片舉例：說明有許多英國的小學學童會在擴充讀寫能力角落，以一些相片（例如，旅行社或機場）進行文字方面的學習，顯示出學童參與很多文字的活動。

課程導向遊戲也提供許多機會讓孩子從事社會互動與共同學

習——這些遊戲可以讓不同年齡的孩子共同參與，而這可讓孩子在互動中學習到更多，更是混齡的優點之一。Stone及Christie（1996）就說明了在包括了幼稚園到小學二年級的混齡教室中，年長、有經驗的兒童如何幫助年齡較小、新來的幼兒（同學），在擴充讀寫能力的角落進行讀寫活動。

　　以上所提出許多在小學裏運用「課程導向遊戲」的優點，至於遊戲可能帶來的缺點，如遊戲的壓力與限制，老師們又該如何處理？Stone提出一些有用的建議，茲列於下：

1.老師需要瞭解遊戲的價值，並與其他人溝通此訊息。
2.老師應是遊戲的倡導者，並在教室的明顯處明列遊戲的價值，明確標出兒童可學習到各種特殊技巧與概念的遊戲角。
3.老師應鼓勵親師合作，可用聯絡簿或其他方式告知父母課程導向遊戲活動的價值與理念。同樣地，在親職日或親師會議中，老師可描述能夠提升兒童成長的遊戲經驗。父母也要有機會幫忙老師規劃及布置課室的遊戲角落。

　　此外，老師可在早上團體討論的時間，讓兒童描繪戲劇故事情節，或用相片記錄兒童建構遊戲的方法，鼓勵兒童談論他們的遊戲活動，並對兒童的遊戲表現給予讚美（Polito, 1994）。

　　Cohen（1997）也倡導可以為遊戲中的孩子拍照，使兒童能從這些照片延伸自己的經驗。底片及沖洗的花費可能有些昂貴，所以她也建議，這些活動可以請父母當作贊助者來幫助兒童延伸學習經驗（最近可用數位相機，並利用電腦圖片存檔，以節省一些沖洗費用）。在活動結束後，可以在教室的明顯處展示孩子參與教育性遊戲的相片。尤其是在親師座談日或懇親會。相片的標題應該簡明並採取粗字印刷，而且要說明遊戲活動的特質，解釋兒童可以在遊戲中學到什麼。老師、行政者、父母及兒童因此可以從

課程中瞭解遊戲的重要性及剩餘價值。最後可以讓兒童把遊戲的相簿帶回家，展示他們在學校玩什麼及學到什麼。

　　另外，老師也可以遊戲為主題，在課堂上進行行為研究。藉由和其他老師、行政人員、學術專家、家長，甚至兒童的合作，可使大家都能瞭解遊戲對於學習的重要性。例如，老師可請家長幫忙，瞭解孩子們在家裏玩哪些遊戲，以瞭解兒童在家裏與學校這兩種不同的情境中，會進行哪些不同的遊戲。此外，老師的行動研究也可以和課程鑑定與評估加以結合來設計課程活動。老師一方面是兒童遊戲研究的製作者，另一方面也是兒童遊戲研究的消費者，最能夠將研究化為技術上的知識，促進理論（概念瞭解）及實務（掌握如何執行之know-how）的結合。

參考書目

一、中文部分

吳幸玲、郭靜晃譯（2003），《兒童遊戲——遊戲發展的理論與實務》，台北：揚智文化。

俞筱鈞（1977），《皮亞傑具體運作期認知發展診斷實驗》，台北：中國文化大學青少年兒童福利學系印行。

郭美菊（1991），〈青少年常出入休閒場所行為觀察報告〉，台北市少年犯罪防治及輔導工作研討會，台北：台大法學院國際會議廳。

郭靜晃（1991），〈青少年身心發展與電動玩具之運用〉，《青少年兒童福利學刊》，14期，頁29-34。

郭靜晃、吳幸玲（2001），《親子話題》（第二版），台北：揚智文化。

陳麗欣（1989），〈台北市國民中學校園犯罪概況初步調查研究〉，「防治青少年犯罪方案」第十八次協調會議暨青少年犯罪問題研討會，教育部、法務部。

馮燕（1988），〈家庭與青少年精神生活（一）〉，《青少年兒童福利學刊》，11期，頁49-51。

楊孝濚（1981），〈從電動玩具之全面取締談青少年休閒活動之有效規劃〉，《青少年兒童福利學刊》，5期，頁3-12。

趙文藝、張欣茂（1983），〈台北市國民小學兒童休閒活動調查研究〉，《青少年兒童福利學刊》，7期，頁1-27。

鄭英敏、陳巧雲、吳文中（1993），〈電腦益智遊戲對國小學生學習潛能影響之研究〉，台北市教師研習中心之教育專題研究（四八）。

二、英文部分

Beaty, J. & Tucker, W. (1987). *The Computer as Paintbrush: Creative Uses for the Personal Computer in the Preschool Classroom*. Columbus, OH: Merrill.

Bennett, N., Wood, L. & Rogers, S. (1997). Teaching through play: A cross-sectional study of infant free play behavior. *Developmental Psychology*, 17,

630-639.

Bereiter, C. & Englemann, S. (1966). *Teaching Disadvantaged Children in the Preschool*. Englewood, Cliffs, NJ: Prentice Hall.

Bijou, S. W. (1977). Behavior analysis applied to early childhood education. In B. Spodek & H. J. Walberg (Eds.). *Early Childhood Education: Issues and Insights*(pp. 138-156). Berkeley. McCutchan.

Bodrova, E. & Leong, D. (1996). *Tools of the Mind: The Vygotskian Approach to Early Childhood Education*. Englewood Cliffs, NJ: Prentice-Hall, Inc.

Boehm, H.(1989, Sep). Toys and games to learn. *Psychology Today*, 62-64.

Bolig, R. (1984). Play in hospital settings. In T. D. Yawkey & A. D. Pellegrini (Eds.), *Child's Play: Developmental and Applied*(pp.323-346). Hillsdale, NJ: Erlbaum.

Bowman, B. (1990). Play in teacher education: The United States perspective. In E. Klugman & S. Smilansky (Eds.), *Children's Play and Learning: Perspectives and Policy Implications*(pp.97-111). New York: Teachers College Press.

Boyatzis, C. (1997). Of Power Rangers and v-chips. *Young Children*, 52(7), 74-79.

Boyd, B. (1997). Teacher response to superhero play: To ban or not to ban? *Childhood Education*, 74, 23-28.

Bruner, J. S. (1960). *The Process of Education. Cambridge*: Harvard University Press.

Buckalew, L. W. & Buckalew, P. B. (1983). Behavioral management of exceptional children using video games as reward. *Perceptual-and-Motor-Skills*, 56(2), 530.

Bugelski, B. R. (1971). *Psychology of Learning Applied to Teaching* (2nd ed.). Indianapolis: Bobbs-Merrill.

Caillois, R. (1961). *Man, Play and Games*. New York: The Free Press.

Carlsson-Paige, N & Levin, D. (1987). *The War Play Dilemma: Balancing Needs and Values in the Early Childhood Classroom*. New York: Teachers College Press.

Carlsson-Paige, N. & Levin, D. (1990). *Who's Calling the Shots? How to Respond Effectively to Children's Fascination with War Play and War Toys*. Philadelphia: New Society.

Casey, M. B. & Lippmann, M. (1991). Learning to plan through play. *Young Children*, 46(6), 52-58.

Casey, J. A. (1992). Counseling using technology with at-risk youth, *School of Education*, University of Wichigan.

Christie, J. & Wardle, F. (1992). How much time is needed for play? *Young Children*, 47(3), 28-32.

Christie, J., Enz, B. & Vukelich, C. (1997). *Teaching Language and Literacy: Preschool through the Elementary Grades*. New York: Longman.

Clements, D. & Nastasi, B. (1993). Electronic media and early childhood education. In B. Spodek (Ed.), *Handbook of Research on the Education of Young Children*(pp. 251-275). New York: Macmillan.

Cohen, L. (1997, November/December). Documenting play. *Child Care Information Exchange* (Issue No. 118), 61-64.

Collins, M. & Kimmel, M. (1996). *Mister Rogers' Neighborhood: Children, Television, and Fred Rogers*. Pittsburgh, PA: University of Pittsburgh.

Collins, W. A (Ed.) (1984). *Development During Middle Childhood: The Years from Six to Twelve*. Washington, DC: National Academy Press.

Creasey, G. L. & Myers, B. J. (1986). Video games and children : Effects on leisure activities, schoolwork , and peer involvement. *Merrill- Palmer-Quarterly*, 32(3), 251-262.

Cuffaro, H. (1995). *Experimenting with the World: John Dewey and the Early Childhood Classroom*. New York: Teachers College Press.

David, A. & Ball, M. P. (1986). The video game: A Model for teacher-student collaboration, *Momentum*, 17, 24-26.

Davidson J. (1989). *Children and Computer Together in the Early Childhood Classroom*. Albany, NY: Delmar Publishers.

Dawber, T. (1980). *The Framingham Study: Epidemiology of Atherosclerotic Disease*. Cambridge MA: Harvard University Press.

Duda, J. L. & Nicholls, J. (1992). Dimensions of achievement motivation in schoolwork and sport. *Journal of Educational Psychology*, 84, 290-299.

Duda, J. L. & White, S. A. (1992). The relationship of goal orientations to beliefs about success among elite skiers. *The Sport Psychologist*, 6, 334-343.

Edwards, C. (1993). Life-long learning. *Communications of the ACM*, 36(5), 76-78.

Egli, E. A. & Meyers, L. S. (1984), The role of video game playing in adolescent life: Is there reason to be concerned? *Bulletin-of-the-Psychonomic*-Society, 22(4), 309-312.

Eisenberg, J. P. & Jalonga, M. R. (1993). *Creative Expression and Play in the Early Childhood Curriculum*. New York: Macmillan.

Elkind. D. (1996). Young children and technology: A cautionary note. *Young Children.* 51(6), 22-23.

Elkind, D. (1988). Early childhood education on its own terms. In S. L. Kagan & E. Zigler (Eds.), *Early Schooling: The National Debate* (pp. 98-115). New Haven: Yale University Press.

Evans, P. & Rouse, M. (1985). The evaluation of a software package giving practice in arithmetic for children with mild learning difficulties, *Studies-in Education-Evaluation*, 11(1), 55-62.

Everhart, R. (1987). Play and the junior high adolescent. In J. Block & N. King (Eds.), *School Play*(pp.167-192). New York: Garland.

Fein, C. & Schwartz, P. M. (1982). Developmental theories in early education. In B. Spodek (Ed.), *Handbook of Research in Early Childhood Education* (pp.185-211). New York: Free Press.

Fernie, D. (1988). Becoming a student: Messages from first settings. *Theory into Practice*, 27, 3-10.

Firestein, L. (1984). Arithmetic 400. A Computer Educational Program.

Forman, G. & Fosnot, C. (1982). The uses of Piaget's constructivism in early childhood education programs. In B. Spodek(Ed.). *Handbook of Research in Early Childhood Educaton*(pp.209-299). Englewood. Cliffs, NJ: Prentice Hall.

Friedrich, L. & Stein, A. (1975). Prosocial television and young children: The effects of verbal labeling and role playing on learning and behavior. *Child Development*, 46, 27-38.

Garvey, C. (1977). *Play*. Cambridge, MA: Harvard University Press.

Gaskins, S., Miller, P. & Corsaro, W. (1992). Theoretical and methodological perspectives in the interpretive study on children. *New Directions in Child Development*, 58, 5-23.

Gentile, L. M. & Hoot, J. L. (1983). Kindergarten play: The foundation of reading. *Reading Teacher*, 36, 436-439.

Gibb, G. D., Bailey, J. R., Lambirth, T. T. & Wilson, W. P. (1983). Personality differences between high and low electronic video game users. *Journal of Psychology*, 114(2), 159-165.

Glickman, C. (1984). Play in public school settings: A philosophical question. In T. Yawkey & A. Pellegrini (Eds.), *Child's Play: Developmental and Applied*(pp.255-271). Hillsdale, NJ: Erlbaum.

Golden, D. B. & Kutner, C. G. (1980). *The Play Development Progress Scale*. Unpublished manuscript.

Goldhaber, J. (1994). If we call it science, then can we let the children play? *Childhood Education*, 71, 24-27.

Goldstein, J. (1995). Aggressive toy play. In A. Pellegrini (Ed.), *The Future of Play Theory: Multidisciplinary Inquiry into the Contributions of Brian Sutton-Smith*(pp.127-159). Albany, NY: State University of New York Press.

Goodson, B. & Bronson, M. (1985). *Guidelines for Relating Children's Ages to Toy Characteristics*. Contact No. CPSC-85-1089. Washington, DC: U.S. Consumer Product Safety Commission.

Greenberg, J. (1995). Making friends with the Power Rangers. *Young Children*, 50(5), 60-61.

Greenfield, P. (1982). Radio and television experimentally compared: Effects of the medium on imagination and transmission of content. *Final Report*, National Institute of Education, Teaching and Learning Program.

Greenfield, P. (1984). *Mind and Media: The Effects of Television, Video Games*

and Computers. Cambridge, MA: Harvard University Press.

Greenfield, P. (1994). Video games as cultural artifacts. *Journal of Applied Developmental Psychology*, 15, 3-12.

Hall, G. S. (1916). Adolescence. New York: Appleton (Original work published 1904).

Hall, N. & Abbott, L. (Eds.)(1991). *Play in the Primary Curriculum*. London: Hodder & Stoughton.

Hall, N. & Rhomberg (1995). *The Affective Curriculum Teaching the Anti- Bias Approach to Young Children*. Scarborough: ITP Nelson.

Hartman, J. A. (1991). Fostering emergent literacy in a publishing center. In B. Spodek(Ed.), *Educationally Appropriate Kindergarten Practices*(pp.52-73). Washington, DC: National Education Association.

Haugland, S. & Wright, J. (1997). *Young Children and Technology: A World of Discovery*. Needham Heights, MA: Allyn and Bacon.

Haugland, S. (1995). Classroom activities provide important support to children's computer experiences. *Early Childhood Education Journal*, 23(2), 99-100.

Haugland, S. & Shade, D. (1994). Software evaluation for young children. In J. Wright & D. Shade (Eds.), *Young Children: Active Learners in a Technological Age*(pp.63-76). Washington, DC: National Association for the Education of Young Children.

Hawkins, D. (1965). Messing about in science. *Science and Children*, 2(5), 5-9.

Henniger, M. (1994). Computers and preschool children's play: Are they compatible? *Journal of Computing in Childhood Education*, 53(4), 231-239.

Huston-Stein, A., Fox, S., Greer, D., Watkins, B. A. & Whitaker, J. (1981). The effects of action and violence in television programs on social behavior and imaginative play on preschool children. *Journal of Gevetic Psychology*, 138, 183-191.

Hutt, C. (1966). Exploration and play in children. In Play, exploration and territory in mammals. *Symposia of the Zoological Society of London*, 18, 61-81.

Hutt, S., Tyler, S., Hutt, C. & Christopherson, H. (1989). *Play, Exploration and Learning: A Natural History of the Pre-school*. London: Routledge.

Johnson, J. (1998). Sequence and stages of play development: Ages four to eight. In D. Fromberg & D. Bergen(Eds.), *Play from Birth to Twelve: Contexts, Perspectives, Meanings*. New York: Garland.

Johnson, J. & Hoffman, T. (1984, November). Incorporating microcomputers into the early childhood curriculum. Paper presented at the annual meeting of the National Association for the Education of Young Children, Los Angeles.

Kamii, C. (1973). A sketch of Piaget-derived preschool curriculum developed by the Ypsilanti early education program. In B. Spodek (Ed.), *Early Childhood Education*(pp.209-229). Englewood Cliffs, NJ: Prentice Hall.

Kamii, C. & DeVries, R. (1982), *Number in Preschool and Kindergarten*. Washington, DC: NAEYC.

Kamii, C. & DeVries, R. (1993). *Physical Knowledge in Preschool Education*. New York: Teachers College Press.

Katz, L. & Chard, S. (1989). *Engaging Children's Minds: The Project Approach*. Norwood, NJ: Ablex.

Katz, L. & Chard, S. (1993). *Engaging Children's Minds: The Project Approach*. Norwood, NJ: Ablex.

King, N. R. (1987). Elementary school play: Theory and research. In J. Block & N. King(Eds.), *School Play*(pp.143-165). New York: Garland.

Kipper, P. S. (1989). Television's computer imagery and a new spatial aesthetic, Paper presented at the Western Speech Communication Association Convention.

Klugman, E. (1990). Early childhood moves into the public schools: Mix or meld. In E. Klugman & S. Smilansky (Eds.), *Children's Play and Learning: Perspectives and Policy Implications* (pp.188-209). New York: Teachers College Press.

Kohlberg, L. & Mayer, R. (1972). Development as the aim of education. *Harvard Educational Review*, 42, 449-496.

Kostelnick, M., Whiren, A. & Stein, L. (1986). Living with He-Man: Managing superhero fantasy play. *Young Children*, 41, 3-9.

Levin, D. & Carlsson-Paige, N. (1994). Developmentally appropriate television:

Putting children first. *Young Children*, 49, 38-44.

Lilley, I. M. (1967). *Friedrich Froebel: A Selection from His Writing*. Cambridge: Cambridge University Press.

Magill, R. A. & Ash, M. J. (1979). Academic, psycho-social, and motor characteristics of participants and non-participants in children's sports. *Research Quarterly*, 50, 240.

Malone, T. (1984). Toward a theory of intrinsically motivating instruction. In D. Walker & R. Hess (Eds.), *Instructional Software: Principles of Design and Use*. Belmont, CA: Wadsworth.

Markus, H. J. & Nurius. P. S. (1984). Self-understanding and self-regulation in middle childhood. In W. A. Collins (Ed.). *Development During Middle Childhood: The Years from Six to Twelve* (pp.147-183). Washington DC: National Academic Press.

Mergen, B. (1982). *Play and Playthings: A Reference Guide*. Westport. CT: Greenwood Press.

Mitchell, E. (1984). Home video games : Children and parents learn to play and play to learn. Paper presented at the Annual Meeting of the American Educational Research Association, New Orleans.

Monighan-Nourot, P. (1995). Play across curriculum and culture: Strengthening early primary education in California. In E. Klugman (Ed.). *Play, Policy and Practice*. St. Paul, MN: Redleaf Press.

Moyles, J. (1989). *Just Playing? The Role and Status of Play in Early Childhood Education*. Milton Keynes, England: Open University Press.

Neuman, S. & Roskos, K. (1993). *Language and Learning in the Early Years: An Integrated Approach*. New York: Harcourt Brace.

Paley, V. (1997). *The Boy Who Would Be a Helicopter: The Uses of Story Telling in the Classroom*. Cambridge, MA: Harvard University Press.

Pan, H. (1994). Children's play in Taiwan. In J, Roopnarinl, J. Johnson, & F. Hooper (Eds.), *Children's Play in Divere Cultures*. Albany, NY: SUNY.

Papert, S. (1993). *The Children's Machine: Rethinking School in the Age of the Computer*. New York: Basic Books.

Papert, S. (1996). *The Connected Family: Bridging the Digital Generation Gap*. Atlanta, GA: Longstreet.

Parten, M. B. (1932). Social participation among preschool children. *Journal of Abnormal and Social Psychology*, 27, 243-269.

Pellegrini, A. (1980). The relationship between kindergarteners' play and achievement in prereading, language, and writing. *Psychology in the School*, 17, 530-535.

Perlmutter, J. & Burrell, L. (1995). Learning through "play" as well as "work" in the primary grades. *Young Children*, 50(5), 14-21.

Piaget, J. (1962). *Play, Dreams and Imitation in Childhood*. New York: Norton.

Polito, T. (1994). How play and work are organized in a kindergarten classroom. *Journal of Research in Childhood Education*, 9, 47-57.

Rubin, K. H., Fein, G. G. & Vandenberg, B. (1983). Play. In P. H. Mussen (Ed.), *Handbook of Child Psychology: Socialization, Personality and Social Development* (4th ed.), Vol. 4 (pp.695-774). New York: Wiley.

Scali, N. (1993, Sep/Oct.). Goldilocks and the three bears. *The Writing Notebook: Visions for Learning*, 14-15.

Selman, R. L. (1980). *The Growth of Interpersonal Understanding*. New York: Academic Press.

Selnow, G. W. & Reynolds, H. (1984). Some opportunity costs of television viewing, Paper presented at the Annual Meeting of the American Education Research Association , San Francisco.

Shade, D. & Davis, B. (1997). The role of computer technology in early childhood education. In J. Isenberg & M. Jalongo (Eds.), *Major Trends and Issues in Early Childhood Education: Challenges, Controversies and Insights*(pp. 90-103). New York: Teachers College Press.

Sherrod, L. & Singer, J. (1977). The development of make-believe. In J. Goldstein (Ed.), *Sports, Games and Play*. Hillsdale, NJ: Erlbaum.

Shin, D. (1994). *Preschool Children's Symbolic Play Indoors and Outdoor*. Unpublished doctoral dissertation, University of Texas at Austin.

Shonkoff, J. P. (1984). The biological substrate and physical health in middle

Childhood. In W. A. Collins (Ed.). *Development During Middle Childhood: The Years from Six to Twelve*(pp.24-69). Washington, DC: National Academy Press.

Silvern, S., Williamson, P. & Countermine, T. (1983, April). Video game playing and aggression in children. Paper presented at the annual meeting of the American Educational Research Association, Montreal.

Silvern, S., Williamson, P. & Countermine, T. (1988). Young children's interaction with a microcomputer. *Early Child Development and Care*, 32, 23-35.

Singer, J. L. (1973). *The Child's World of Make-Believe: Experimental Studies of Imaginative Play*. New York: Academic Press.

Singer, D. G. & Singer, J. C. (1979). *Television Viewing and Aggressive Behavior in Preschool Children: A Field Study*. Paper presented at the Conference on Forensic Psychology and Psychology, New York.

Singer, J. L. & Singer, D. G. (1980). A factor analytic study of preschoolers' play behavior. *Academic Psychology Bulletin*, 2, 143-156.

Singer, J. (1995). Imaginative play in childhood: Precursors to subjunctive thought, daydreaming, and adult pretending games. In A. Pellegrini (Ed.), *The Future of Play Theory*(pp.187-219). Albany, NY: State University of New York Press.

Singer, J. & Singer, D. (1976). Can TV stimulate jissaginative play? *Journal of Communication*, 26, 74-80.

Smilansky, S. (1968). *The Effects of Sociodramatic Play on Disadvantaged Preschool Children*. New York: Wiley.

Smith, P. (1981). The impact of computerization on children's toys and games. *Journal of Children in Contemporary Society*, 14, 73-83.

Spodek, B. (1986). Development values and knowledge in the kindergarten curriculum. In B. Spodek (Ed.). *Today's Kindergarten: Exploring Its Knowledge Base, Extending Its Curriculum*(pp.32-47). New York: Teachers College Press.

Spodek. B. (1988). Early childhood curriculum and the definition of knowledge. Paper presented at the 1988 meeting of the American Educational Research

Association. New Orleans, April.

Spodek, B. (1973). What are the sources of early childhood curriculum? In B. Spodek (Ed.), *Early Childhood Education* (pp. 81-91). Englewood Cliffs, NJ: Prentice Hall.

Sponseller, D. (Eds.) (1982), *Play as a Learning Medium*. Washington DC: NAEYC.

Spring, J. (1993, March). Seven days of play. *American Demographics*, 50-53.

Stone, S. & Christie, J. (1996). Collaborative literacy learning during sociodramatic play in a multiage (K-2) primary classroom. *Journal of Research in Childhood Education*, 10, 123-133.

Sutton-Smith, B. (1986). *Toys as Culture*. New York: Gardner Press.

Sutton-Smith, B. (1988). War toys and aggression. *Play and Culture*, 1, 57-69.

Taylor, R. (Ed.) (1980), *The Computer in the School: Tutor, Tutee, Tool*. New York: Teachers College Press.

Thornburg, H. (1979). *The Bubblegum Years*. Tucson: HELP Books.

Usitalo, D. (1981). Grandpa's Sidecar. Thirty, 15-minute radio adventures for 4- and 5- year olds at home and school. Madison, WI: Wisconsin Educational Radio Network.

Van der Kooij & de Groot, R. (1977). *That's All in the Game: Theory and Research, Practice and the Future of Children's play*. Groningen, Netherlands: Schindele-Verlag Rheinstetten.

Van Hoorn, J., Nourat, P., Scales, B. & Alward, K. (1993). *Play at the Center of the Early Childhood Curriculum*. New York: Macmillan.

Weber, E. (1984). *Ideas Influencing Early Childhood Education*. New York: Teachers College Press.

Weikart, D. & Schweinhart, L. (1993). The High/Scope cognitively oriented curriculum in early education. In J. Roopnarine and J. Johnson (Eds.), *Approaches to Early Childhood Education* (2nd ed.). Columbus, OH: Merrill.

Winn, M. (1977). *The Plug-in Drug: Television, Children, and the Family*. New York: Viking.

Williams, J. W. & Stith, M. (1980). *Middle Childhood: Behavior and Development* (2nd ed.). New York: Macmillan.

Wolfgang, C. H. & Sanders, T. S. (1981). Defending young Children's play as the ladder to literacy. *Theory into Practice*, 20, 116-120.

Wright, J. & Samaras, A. (1986). Play worlds and microworlds. In P. Campbell & G. Fein (Eds.), *Young Children and Microcomputers* (pp.74-86). Englewood Cliffs, NJ: Prentice Hall.

Wright, J., Shade, D., Thouvenelle, S. & Davidson, J. (1989). New directions in software development for young children. *Journal of Computing in Childhood Education*, 1 (1), 45-57.

Chapter

18

第十八章　班級經營

羅聿廷

- ·中國文化大學兒童福利研究所畢
- ·中國文化大學社會福利學系兼任講師
- ·台中大里仁愛醫院內外科加護病房護理師

一、前言

　　許多電視媒體、廣告、書報雜誌種種宣傳，都提醒父母親「不要讓孩子輸在起跑點上」，再加上雙薪家庭普遍性，使得托育服務需求越來越高，除了家庭，托兒所、幼稚園演變成社會化的基本單位，而幼兒主要照顧者除了爸、媽之外，可能還包括傭人或保母，甚至是幼教師。一九七三年諾貝爾生理醫學獎得主Konrad Lorenz在《所羅門王的指環》一書記載，雁鵝只要主人從小飼養，就會將主人看作自己的媽媽。因此，不管Lorenz走到哪裏，他養的小雁鵝就會黏人地拍著牠的翅膀，亦步亦趨跟在他後面。另外，兒童發展心理學家John Bowlby也提出，兒童對提供照顧的人會產生依戀的心理，會模仿照顧者的行為舉止、習慣，甚至性格。R. Fulghum十多年前有一天在加油站加油時，突然想到：「在我們生活中很多信念與智慧，不是從研究所學來，而是從幼稚園學來的。」從分享、公平、不打人、物歸原處、清理自己、不拿別人東西、傷害別人時要說對不起、將心比心……（天下雜誌等，2000: 246）。可見，幼教師的照顧與教育比父母還用心，影響亦更深遠。

　　而班級經營是幼教師必備的能力，教室是師生共同學習成長的場所之一，老師只是居於一個引導者——園丁的角色，老師不斷地栽培、澆水的工作，運用知能，並藉著各種方法技巧，帶領著每個不同環境長大的幼兒養成積極學習習慣、正向的行為舉止，以奠定日後良好的社會化歷程；而花園裏的花——學生永遠是主角，他把每天老師所教導的工作，融入生活當中，使學習品質達到最大效果。因此，幼教師有必要深入瞭解這個領域的知識，教育不是立竿見影的工作，不能操之過急或揠苗助長，採取

有益於幼兒的適當行動，將有助於班級活動進行，達到事半功倍的效果。所以，在師範體系及教育課程裏，均將「班級經營」列入一門必修科目，顯而易見班級經營對幼兒教育之重要性。

二、班級經營之內涵

大部分的學生都希望在教室裏有如沐春風的感覺，可是沒有「教室裏的春天」，哪來春風化雨的喜悅和感動？（金樹人，1989）

(一)班級經營之定義

班級經營（class management）一詞，在幼兒教育領域上有一名詞叫「課室管理」，其實內涵同於「班級經營」，幼兒上課的地方不管稱作「活動室」或是「課室」，都是與國中小所稱「教室」一樣（周新富，2002）。現鮮少稱「管理」一詞，一方面有上對下的控制、命令之意，一方面老師所引導的包括教室內環境（學生、課室環境）及教室外環境（親職教育、社區資源應用）；「經營」一詞較正向與貼近。班級的建立即在滿足學生的學習需求、尊重需求，幼教師若能營造良好班級意識，則班級就有足夠向心力，充分發揮學習環境與教學目標。因此，班級經營的最終目的乃是將人力、物力、財力及時間做妥善的分配與規劃，以達成組織目的，一方面要發揮效率（efficiency），另一方面要有最大班級效能（effectiveness）。以下則列出中外學者之見解。

Smith（1981）認為班級經營乃教師在建構班級物理環境、設立班級團體、建立班級社會活動、教導個別學生之行為與監督、指派學生任務時所呈現的行為、認知和情緒狀態。

Emmer等人（1989）將班級經營視為教師一連串的行為和活

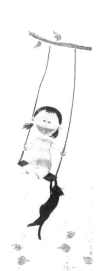

動，主要培養學生班級活動的參與感與合作性，其範圍包括了安排物理環境、建立和維持班級秩序、督導學生進步情形、處理學生偏差行為、培養學生工作責任感及引導學生學習。

谷瑞勉（1999）認為班級經營不只是掌握秩序或管理行為，使老師能順利有效的進行教學活動而已，更要藉著對幼兒的充分瞭解、不斷反省修正和與人互動、妥善規劃環境及課程等各方面，引發積極的教與學的關係，並促進幼兒行為、學習、心理和人格的健全成長與發展。

張秀敏（2002）認為班級經營是教師有計劃、有組織、有效率、有創意的經營一個班級的過程。在這個班級中，學生能很快樂、有效的學習，並有好的行為表現，學生的潛能得到充分的發揮，教師也能發揮專業理想並得到工作上的滿足，教室是個師生都喜愛的地方。

以上各家說法雖互有不同，但其內涵大致相同。因此，筆者歸納上述意見，認為班級經營狹義而言乃是有秩序的維持與規範行為，以利教學活動的運行；廣義而言則要使每個個別差異的學生愉快學習，不管是否有違規行為，都能培養學生處理問題的能力。短程目標使學生每天例行活動皆能投入學習，長程目標則期望學生發揮自我潛在能力。

(二)班級經營之內容

班級經營工作在幼兒園與國小階段有所不同，幼教師應是以引導重於管教風格；常規習慣養成重於教材填塞為主要訴求。以下列出幾位學者之看法：

朱文雄（1989）認為班級經營的內容包括以下幾項：

1.就人方面：在發展良好的師生關係、學生同儕關係、老師

間的關係、教師與家長關係、維持並創立優良班級倫理和校園倫理。

2.就事方面：凡與班級有關的事物，級任教師加以適當經營處理，使班級的教學、生活、訓導、輔導等均得到良好的發展；而且與學校方面及班級之間，均有適當的意見溝通。

3.就物方面：在充實班級設備，淨化及美化班級環境，充分善用既有環境設備，助長學生學習及發展。

4.就人事物等既有條件做整體規劃，使其產生交互作用的乘積關係，創造正面積極的班風。

吳清山等人（2004）認為班級經營內容分為六項：

1.行政經營：舉凡認識學生、座次安排、生活照顧、班會活動、班規制定、校令轉達、各種競賽、學生問題處理⋯⋯等。從廣義的角度來看，涵蓋班級教務、訓導、總務和輔導等工作之處理。

2.教學經營：範圍包括教學活動設計、教學內容的選擇、教學方法的應用、學生作業的指導以及學習效果的評鑑。

3.自治活動：係指學生在教師指導下成立自治組織，從事自我管理的活動。是以班級「班會」為基本單位，設班長、副班長一人，並分設各股股長。

4.常規輔導：包括生活教育的輔導和問題行為的處理。常訂定許多規則，如教室禮節、教室公約、教室秩序、集會公約等。

5.班級環境：包括班級物質環境和教室的布置。

6.班級氣氛：主要探討的內容有師生關係與學習、教師教導方式與班級氣氛、學生同儕團體中的人際關係。

Froyen（1988）將教室管理分成三項：

1. 預防性管理（preventive management）：若教師能做好內容管理、行爲管理及營造良好班級氣氛，即已做好預防性的教室管理。

2. 支持性管理（supportive management）：學生還沒出現違規行爲之前，教師適時提供口語或非口語的行爲暗示，使學生表現出合宜的行爲。

3. 矯正性管理（corrective management）：當學生行爲不恰當時，老師給予懲罰、警告或再指導其行爲等。

蔡淑桂等人（2003）認爲幼兒年齡較小，故照顧、保育內容較多，教師不僅是教學角色，更兼有保母的責任。針對幼兒園班級經營的內容範圍計有十四項（**圖18-1**）。

筆者將班級經營內容依上述說明整理爲六項（**圖18-2**、**圖18-3**）。

1. 建立教師關係網絡（人）：在幼兒園一班二師的搭檔組合是常見的，如何跟自己搭檔老師配合，教學的理念、工作習慣與包容是件不容易的事情。所以，事前溝通與瞭解很重要，否則各管各的、各做各的會更加手忙腳亂。另外，家長溝通與社區資源應用，如辦理園遊會、親職講座、健康保健議題，有助於家長對園所瞭解，並縮短園所跟社區之距離，班級經營更有氣氛。

2. 提升班級師生互動（人）：班級是一團體，會凝聚組織動力，形成一股班風。有時老師會說某班級「向心力夠」、「活潑、有活力，像顆勁量電池」、「一盤散沙」等評語。每個班級都有一套遊戲規則，一旦違反規定可能會有什麼樣的結果。互動佳的班級會形成「漣漪效應」，就算班級裏

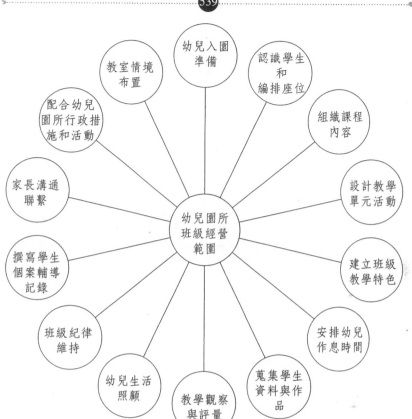

圖18-1　幼兒園所的班級經營規劃

資料來源：蔡淑桂等（2003），頁3-10。

有行為不良學生，也會乖乖遵守班規，不想成為「代罪羔羊」犧牲品。這種心理默契與動力，不僅維持班級秩序，無形當中同學情感聯繫力較高，也能促使其他科任老師心無旁騖給予教導。

3.管理作息與例行活動（時）：有規則例行活動程序可以讓幼兒組織時間、自我規範生活習慣，在園所裏一天不外乎有團體活動時間、自由遊戲時間或角落活動時間等。幼兒可以自由選擇所要參與的活動，如參與角落活動是否規定

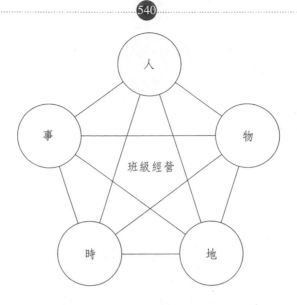

圖18-2　班級經營架構圖

班級經營之內容 {
建立教師關係網絡（人）
提升班級師生互動（人）
管理作息與例行活動（時）
輔導幼兒不當行為（事）
規劃學習環境（地）
運用設備教材教具（物）
}

圖18-3　班級經營內容架構

人數？每個角落可以進行多久？可以隨時加入？又如每天午睡時間，有時幼兒有轉換時間困難，從一吵鬧吃飯時間一下子進入安靜地午休。Ferber（1985）指出，大部分兩歲以上幼兒晚上睡十一至十二小時，午睡一至二小時，午睡的習慣會一直持續到五歲。因此，午睡時間安排是必需的，老師在轉換時間上的安排可以說故事、播放柔和音樂聲，讓幼兒能夠有適當休息時間。

4.輔導幼兒不當行為（事）：在處理學生不當行為之前，老師應停、看、聽事情狀態，切勿急躁介入或增強學生行為。幼兒不當行為常見有不專心、說謊、害羞、上課搗蛋、愛講話、愛打小報告、推撞、賴床等行為。剛去實習都會聽到實習機構督導或老師對新手提醒：「不要對小朋友太好，小朋友精明得很，一旦對他們太好，他們就很快爬到你頭頂上，耀武揚威！」當老師面臨學生不良行為時，老師如何應用行為改變技巧中消弱、獎懲、讚美、暫時隔離、代幣制等方法，以增強好的行為、消除不良行為模式，需要幼教師適時提供導正與管理策略。

5.規劃學習環境（地）：Bredekamp（1987）認為老師對孩子行為的期望，可以藉由環境的安排做引導。另外，蔡淑桂等人（2003）指出，班級中有關環境、空間、動線的規劃依環境心理學派看法，約佔90％會影響個體的行為表現。幼兒園學習區是幼兒「境教」與發現學習的場所，若環境學習布置得宜，再應用老師靈活的教學方法（想像、擬情、欣賞、練習），會得到事半功倍的效果。這種「教室會說話」的環境遠比坊間要求制式教材，宣傳廣告教得多且教得新來得較佳，幼兒也較易得到擴散性思考空間。

6.運用設備教材教具（物）：學習情境需要有不同的材料，教具可以自製，也可以購買，但在選購過程中應注意安全性、多樣化，造型須吸引幼兒的注意，遵守一格一物或一籃一物概念，避免教具看起來雜亂。另外，幼兒透過器材使用與分享、交流，可以讓幼兒學習到潛在課程中的群性教育。

(三)如何做好班級經營工作

　　事實上，幼教師均為包班制，所須處理的事情更加瑣碎。由上述班級經營內容，會發現班級中——人、事、時、地、物環環相扣，彼此一牽動則動全身。所以，一位良好的幼教師在經營班級工作時，需要具備學科智識、學科教學、輔導能力，還要更瞭解自己、瞭解幼兒發展，又要會教學評量與研究（**圖18-4**）。以下分述幼教師如何做好班級經營：

■瞭解幼兒身心發展

　　每個家長希望自己的孩子是個「超級兒童」、「能幹兒童」，甚至家長會干擾教師教學方式影響班級活動進行。每個兒童自然

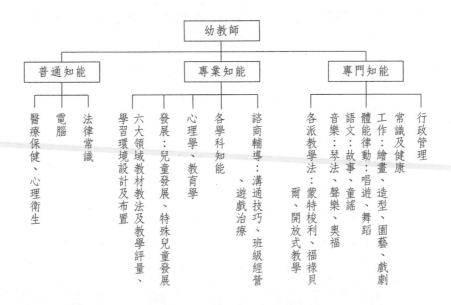

圖18-4　幼教師專業能力

資料來源：參考林佩蓉、陳淑琦（2003），頁383-384；作者加以彙整。

發展關鍵在於成熟準備度與遊戲中學習，應以發展合宜實務工作為由，「幼兒」為本位，關心幼兒發展與福祉，而非成人利益為目的，以免造成學習無助感與壓力。

■學習有效教學方法

有效的班級經營要使用良好的教學方法，促進最佳的學習，滿足幼兒學習上的需求。為啟發幼兒的認知能力，幼教師可以事前準備「實物」進行教學，有助於學習遷移。

■應用多種常規管理模式

依據行為改變模式、教師效能訓練、紀律訓練模式、邏輯後果模式等方式多元進行，任何一種常規模式絕不可能對所有學生都一樣通用且有效；而同一種模式對同一學生應用在不同情境中，也絕不可能獲得同樣效果。

■營造生動活潑學習環境

誠如Dewey所言：「要想改變一個人，必先改變他的環境，環境改變了，他就被改變了。」（張秀敏，2002）學生每天沉浸在園所長達八、九個小時，而幼兒學習區情境規劃的目的在於透過「境教」，達到潛移默化或耳濡目染之功效，進而自發性學習。

■建立良好師生關係

稱讚與鼓勵可維持學習動機，常見於課室，老師告訴學生：「你已做得很好，繼續保持下去」（動機回饋）、「如果不懂，我再講解一遍」（表現回饋）、「這次只要改進讀書方法，下次一定進步許多」（歸因回饋）；而不求回報的協助（unsolicited help）是師生互動另一形式，亦讓學生產生較高自我功效與學習表現。

三、班級經營之理論模式

(一)行為改變模式

我覺得讓孩子充分討論自己的行為，不僅可以從中學習到如何去表達自己的想法，更能夠從中學到事情的解決方式，讓他們明白，事情要以理性的方式來處理，而不是爭執鬥狠就能解決的。——蔡純雅（鄭麗玉，2002：71）

行為改變模式係源自B. F. Skinner提出操作制約（operant conditioning）學習理論，以老鼠與鴿子等動物為研究對象，他認為大部分我們所學習到的社會行為，是因自發性行為獲得增強作用而產生，行為透過增強物的塑造而重複表現。由於行為改變技術多少含有負面的意義，經常招致誤解，現多以應用行為分析（applied behavior analysis）取代之（王文科，1996）。

■基本理念

1. 要消除的並不是內部因素，而是要用積極強化（增強）來消除不良行為。
2. 人的不良行為是因控制不當及懲罰過度所引起的。
3. 獎賞學習：行為之後帶來好的後果，可以獲得正增強物即是鼓勵、稱讚、鉛筆等個體喜歡的東西；若為建立良好的行為，最常使用「代幣制」（token economy），即當學生表現出老師期望行為時，給予一個讚賞或表示進步的標記（獎勵卡、貼紙等），而進步標記累積到一定數目，可用來

換取幼兒想要的東西，如文具、玩具。一般而言，獎賞要多於處罰、精神獎賞多於物質獎賞。

4. 懲罰學習：個體表現不良行為發生後立即實行，技巧須眼睛看著幼兒或走近他，以簡短、直接方式說出不適當行為，切忌恐嚇威脅），增加個體厭惡刺激（給予體罰或口頭責備），但避免使用「連坐法」方式。Skinner認為要使兒童行為變好，增強要比懲罰來得有效。有時使用面壁、坐特別座、園長辦公室罰站、請學生到導師辦公室、教室角落隔離區均屬「暫停」（time out）技巧，在實施前應該要告知幼兒，哪些行為可以使用，在哪個地方實施暫停（沒有玩的東西、看的刺激物），暫停時間以三十秒至五分鐘為限，如果再犯時間要逐漸加長，幼兒在隔離區塊坐著，可以冷靜思考剛剛舉止及恢復自我控制，暫停時間已到，讓幼兒重新參與活動進行。

5. 消除學習：即行為表現出壞後果，剝奪正增強物，藉以「消弱」不良行為發生率。如老師看到愛亂丟玩具給同學的柔柔，因此老師告知並且取消自由遊戲的時間（或可剝奪發給的貼紙、喜歡的點心），反覆行之，該不良行為因此減少。有時候幼兒會用哭來引起大人注意，或是爭吵、挑戰老師等，老師可以不去理會，假裝沒有看見這些問題行為，但是老師須確定這個不良行為使用「忽略」技巧是安全的，如果幼兒做的是具有傷害性，應「就事不就人」給予糾正。有時候可以使用「暗示」技巧，對幼兒眼神接觸、眉毛上揚等非語言動作，或用口語方式予以警告「眼睛看著白板」，制止不良行為發生。

6. 迴避學習：制約反應去防止刺激不快出現之學習。通常應用於肥胖兒童身上，讓他藉由對食物的迴避制約，閉上眼睛、鬆弛心情，提供對食物產生厭惡反應的心像與暗示，

學習對食物迴避（劉焜輝，2000）。

7.增強時間：學習前期宜以連續增強；當學習已達預期期望，則改為間歇性增強為佳（盧富美，2002）。

■具體作法

通常採用「倒返實驗設計」或稱ABAB設計，即(1)基準線階段（A1）：在實驗進行的前一週，測出受試者的基準線→(2)增強階段（B1）：設定不同的階段增強物，且每一週的小階段中，又分成即日目標與階段目標→(3)倒返階段（A2）：由於受試者在實驗處理階段表現非常好，又穩定，於N天時進入倒返階段，實施一小段時間，結果發現，受試者在取消增強之後，其每天所得分數竟然比基準線高一些，由此可見實驗處理的效果是明顯的，為了不讓受試者已漸養成的良好行為繼續惡化，遂立即進入再處理階段→(4)再度增強階段（B2）：再度與受試者訂定好階段增強物，此後固定增強物取消，但受試者仍須繼續表現良好的行為。

就班級運用，教師通常較少使用ABAB步驟，改以如下步驟進行：

1.決定行為目標與測定基線：老師必須決定學生哪一行為有待加強或不利於學習表現。

2.選定適當的增強物：運用此技巧，「增強物」選擇很重要。須瞭解學生喜好，假若增強物沒有對學生有強烈吸引力，其實施效果亦不佳。

3.擇用改變行為的程序：既然是行為塑造，非一蹴可幾，每欲學會新行為給予強化，反覆行之，最終獲得好的行為結果。Skinner曾解釋有些學生上課認真，有些不認真。他認為是來自過去經驗，上課認真者表現的行為是由於過去一系列正向經驗塑造而成，相反的，不認真者是受到過去負

面經驗的影響所致（Biehler & Snowman, 1993）。

4.執行程序和調整結果：當學生反應接近酬賞上的反應，並引出下一個反應連鎖（chaining）。如睡過頭就會上課遲到，而被老師記過、處分；準時上床睡覺之後，上課就不會遲到，老師就給我貼紙，累積二十次，就給我一個進步獎牌。

5.評量進步情形：實施的結果經過評估，所達到程度與當初基線相比是否進步，可以瞭解改善或建立行為反應程度為何。

Kurt Lewin曾指出，所有組織行為都是個人特質與環境交互作用之函數，即B=f（P・E）。因此，要瞭解一個人的行為，須瞭解這個人和環境動力之間的關係與脈絡。專欄18-1根據兩位實際案例，概述教師在學生行為出現的使用對策，每個孩子都有個別差異存在，「因材施教」的方式非常重要，因此，在處理上非僅一、二個管道可以使用而已。

安全、有秩序的學習環境應是老師、學生、家長所期盼的，而建立一個安全、有秩序的環境，有賴老師維持學生良好的行為，甚至老師敏銳察覺學生行為不當，即立刻給予制止或處理。Dreikurs認為預防不當行為之道，最佳途徑莫過鼓勵。好的行為多鼓勵，好的行為就會逐漸增加，不好的行為相對就會減少（邱連煌，1997: 116-119）。幼兒教育工作是教以人倫，而非記誦詞章；而班級經營即在幫助學生能夠有能力管理自己，培養對自我負責的態度。老師「身教」會引導學生進行角色模仿，從生活當中潛移默化影響學生行為。

專欄18-1　行為改變實例

■上課吵鬧

　　對一個教室像菜市場一樣吵鬧，一定令人頭痛，我也不例外。由於學生活潑、可愛，充滿活力，而且上課喜歡跟老師聊天、發問問題。每當上課我必須花費很大力氣說話，壓住學生講話聲音，才可以順利上得了課。經過二至三次告訴學生：「安靜！Quiet」或者停止講述，學生的反應只安靜數分鐘，又繼續講話。所以，某天我花了近四十分鐘跟他們討論上課吵鬧事件，並找三至四位學生討論讓其說明上課為什麼一直講話的原因（主題吸引性差、缺乏興趣……），這件事對老師感受如何，甚至最後叫學生閉上眼睛，想想剛才大家做哪些動作、說哪些話，老師並給班上的一個期許。之後幾週，大家皆能遵守班級規定，安靜上課。

■教具未物歸原處

　　阿金是中班學生，每每一到自由遊戲時間，就會跑到各個角落去玩，但是他有一個不好的習慣，就是未物歸原處，常常玩一玩將教具帶到一另角落學習區域而未歸回原處，老師常常警告他，但是他仍不聽。

　　決定行為目標與測定基線

　　老師不動聲色觀察阿金的行為持續五天，結果發現他在短短二十分鐘內，將教具亂丟亂放多則八次，少則三次，平均約五次。

　　選定適當的增強物／擇用改變行為的程序

　　最初老師用口頭讚美他，「你今天好棒！」「你今天表現

不錯唷！」「繼續加油哦！」但後來發現效果不佳，改在第三天用貼紙，集五個貼紙換一個獎品，如溜溜球、玩具等。

　　執行程序和調整結果

　　老師當面告知於每天自由時間二十分鐘，每十分鐘若未亂放教具（圖書、積木、拼圖等），可獲得貼紙一個；如果這二十分鐘都沒亂放的話，可以一次得到兩個貼紙，累積五個當天立即換一個獎品。如此持續了五天實施，終於把他的壞習慣降至平均兩次，再隔一個禮拜一、二繼續觀察仍是如此，遂於第八天嘗試以間歇增強方式，讓阿金無法投機取巧且當天獎品由老師自行決定，就這樣又一連實施十天，最後就不再使用增強物，看看他真實改善情形。

　　評量進步情形

　　在實施增強物後，一天有兩次再犯；到最後實施第十七天也就是第四個禮拜，偶爾有一次再犯，但增強的結果是比當初老師認為擾人的問題改善許多。

(二)教師效能訓練

　　教師效能訓練太重視科技而且過於機械化，太強調「有技巧的運用權力和控制」，而不重視「教室內照顧（caring）和養育的關係」。（Bowers & Flinders, 1990）

　　教師效能訓練係源自Thomas Gordon的一本著作《教師效能訓練》（*Teacher Effectiveness Training*; T.E.T., 1974），旨在提供老師以適當的溝通方法，處理學生問題，理念是受其碩士論文之指導教授Carl Rogers的影響，故也有人將之稱為「Rogers情緒支持管教模式」（Rogerian Emotionally Supportive Model）。他先完成「父

母效能訓練」的課程，並眼看父母與孩子的關係獲得顯著的改善後，不免希望孩子所就讀的學校行政當局也讓教師接受這同樣的訓練（因為教師是孩子在校中的「父母替身」），所以才撰寫此本書籍。

■基本理念

根據盧富美（2002）、周新富（2002）其基本理念具有下列六個重點：

・以學生為本位教育理念

重視學生正向的自我概念與學習關係，認為學生本身具有自我成長的潛能，教師只要給予關懷、接納與支持。

・善用「合作尊重」來影響學生

Gordon反對老師使用權威力量控制學生，那會導致學生抗拒及陽奉陰違；而最好使用「專家」或「職位」、「合約」等的權威力量來影響學生。

・反對使用「賞與罰」來管教學生

Gordon認為老師若使用獎賞，往往會使學生有「為獲得獎賞而學習」的不當行為，在本質上無法培養學生的自律行為，反而可能會引起一些長遠的負面效果，如：充滿焦慮、憤怒、降低與老師合作的意願、以說謊手段來逃避處罰。

・應以初級情緒為依據，向學生發出訊息

老師在教學中一遇到學生突如其來的問題行為時，往往先驚而後怒，感到兩種情緒在衝擊。Gordon建議老師要先分辨清楚此兩情緒，然後根據初級情緒的感覺，向學生發出「我－訊息」；絕不能依據次級情緒，送出強烈的「你－訊息」，即把怒氣發洩在學生身上，往往讓人一失言而成千古恨。

・建立良好師生關係

良好的師生關係應具備下列特性：坦白或明朗，教師應力求

在教室裏出現的語言訊息與身體訊息一致；對學生表達內心真正的感受，關心彼此獨立性；釐清問題屬於學生或教師；分別解決個體性；尊重對方的特性與創造力，適應對方的需要。這種關係是教學與管理的基礎，更是師生雙方心靈的特殊聯繫，有如一座橋梁。

・澄清問題的歸屬

　　當學生有某一特定問題產生時，老師們須先確實評估此一特定問題之所有權到底屬於誰，是老師抑或學生？經過評估而澄清問題的所有權之後，老師在保持師生之間的和諧關係下，根據問題的歸屬而採取不同的對策。

■具體作法

・積極傾聽

　　積極傾聽（active listening）係通過「譯碼」及「反饋」而得以探索真正的問題或癥結，且把解決問題的責任留給傾訴的一方。通常學生所發出的訊息，往往不是開門見山地說出實情，老師有必要靠主動傾聽技巧去瞭解學生的背後意義。積極傾聽技巧如沉默、敲門磚（為了促使他開口講，還需要其他的鼓勵。例如，「你願意多講一些嗎？」「我對你講的很感興趣」）、酬答的反應〔在對方歇嘴的間隙，你可以使用非口頭（點頭、身子往前傾、微笑、蹙眉）與口頭的暗示（喔、嗯）來表示你的共鳴〕。

・我訊息

　　發出「我－訊息」（I-message），當學生的行為使老師的教學受到困擾時，一般老師往往是根據從屬感覺──憤怒，而針對肇事學生發出「你－訊息」（You-message）。其實，與其發出「你－訊息」的開口叫罵，不如發出「我－訊息」，可讓學生弄清楚自己的行為所可能產生的具體影響，有時老師發出「我－訊息」未必能奏效，在察言觀色而發覺不對之際，老師應立即見風轉舵，適

時換檔（shifting gears）的改換技術，即由發出「我—訊息」，馬上改用「主動傾聽」，以提供機會讓學生自行設法，而達到師生雙方皆大歡喜的問題解決。

・雙贏策略

校園中的師生衝突一向令教師相當頭痛，但根據以往的經驗，無論是「以教師爲中心」或「以學生爲中心」，其問題所有權是師生皆有份，因爲師生雙方的需要皆牽連在內；至於要如何解決師生之間的衝突問題，其方法約有下列三種：(1)老師贏—學生輸；(2)學生贏—老師輸；(3)師生雙方皆贏，無人輸。Gordon建議，教師應採用上述的第三種「無人輸或不敗的方法」，亦即當師生之間面臨一個相互衝突的情況時，由老師先說明發生問題之所在，接著師生共同協商覓求解決之道，使師生衝突降至最低點。

李玉蟬（1993）指出一位高效能老師，能隨時在教學過程中反思，常常自我檢視，以民主式引導學生共同決定，對於有不理想的地方，則不斷地做調整或必要改變，以避免「教師難爲」感受發生（**表18-1**）。高效能的教師採取「民主式」來管理學生，而較少採取威權專制的方式，而且學生的成就也較高（Woolfolk, Rosoff & Hoy, 1990）。

(三)紀律訓練模式

我們典型的學校是為失敗而設計的，取得成功的學生通常是能以教師規定的方式做出反應的學生。失敗的學生常對學校不滿，自我形象越來越糟，而且往往成為學校與社會問題。

紀律訓練或稱肯定訓練（assertive discipline），亦可稱之爲果斷訓練。乃是由美國學者Lee J. Canter和Marlene Canter夫婦所創，Canter夫婦從事教育事業與親職輔導多年，主要培養教師對班級

表18-1 高低效能教師區分

項目	高效能教師	低效能教師
個人工作成就的看法	認為和學生在一起活動是重要的,且深具意義	在教學上感到挫折、沮喪
對學生行為及成就的期許	期望學生能夠進步,且認為學生往往能夠達到他的期望	預期學生會失敗、具有負向反應及不良行為
個人對學生學習的責任	認為學生的學習是教師的責任,當學生失敗時,會檢討自己的教學行為	認為學習是學生的責任,是因為學生的能力、動機、態度或家長背景等因素所造成
達成教學目標的策略	為學生學習而做計畫、設目標及確立教學策略	缺乏特定目標,充滿不確定感,沒有計畫教學策略
正面的意識	對教學、學生及自己感到勝任	在教學上有挫折,常常感到沮喪,對學生有負面的情意態度
控制意識	相信自己可以影響學生學習	認為指導學生是無用的;學生的學習是無法控制的
對師生預期目標的看法	與學生共同參與而達成目標	認為學生目標和關注與教師相對立
民主式決定	允許學生參與有關學習策略及目標達成的決定	學生無法參與有關學習策略及目標的決定
對學生之情感	真誠地關懷,用同情、敏銳而尊重學生獨特性的方式與學生談話	敵意、輕視;用貶低人而不寬恕的聲調與學生說話

資料來源:李玉嬋(1993)。

經營上有果斷力和自主權,來管理控制教室內學生的行為,達到預期內的教學效果。他們所提出的肯定訓練模式基本原則是:教師有權利教學(a right to teach),同時學生也有權利學習(a right to learn),其目的在於使教師與學生共同得到最佳的教學效果(Edwards, 2000; Tauber, 1999)。

■基本理念

· 強調教師的主控權及威信(authority)

老師在教室裏必須有相當大的影響力,才能為學生訂定合乎

他們的行為規範。因此，輔導教師維持他個人的需求，顧及本身的立場，同時又不侵犯到學生的權利（高玫，1987；Canter, 1989; Canter, 1999; Edwards, 2000）。

・具果斷型能力的老師，才算是具有影響力

　　實施班級肯定訓練的關鍵人物是教師。而在班級中教師最常遇到的干擾是學生的干擾行為，為了維持班上秩序和其他學生學習的權利，教師必須對問題行為有所回應。在問題處理上，Canter認為教師的回應態度可分為三類：(1)非果斷型（non-assertive style）：教師常是無法讓學生清楚知道他想要的是什麼，不接受的行為有哪些；對於學生所說出的承諾也無法實現。當面對干擾上課的學生時，他們可能會用威脅的方式制止學生，但卻又不會執行他們所開出來的威脅。最後結果常是讓教師失去個人尊嚴，且無助於班級秩序的維持。(2)敵意型（hostile style）：此類型的教師在面對學生的問題行為時，用的是一種傷害性方式回應。或許教師會用諷刺貶抑的語言教訓學生；更甚者會用明示的威脅作為阻止學生干擾上課的方式。如此的方法或許可以一時阻止得了學生犯錯，但其反效果也相當大。學生或許一時表面上服從，但這並不能根本改善學生犯錯的行為。(3)果斷型（assertive style）：教師在面對任何問題時都能夠果決清楚地與學生進行溝通，明白告訴學生他們對學生的干擾行為的感覺，並讓學生知道他們會實施班規上所條列的處分。在設立的常規合理可行的前提下，這樣的要求反而會使學生有明確的方向可遵循，所收到的效果也會是最好的（盧台華，1985；Tauber, 1999；林意苹、林雯涓、洪忠義，2001）。

■具體作法

　　自我肯定訓練偏於以教師為主導的方式，根據Canter建議老師可以用下列方式教導幼兒適當行為（谷瑞勉，1999；林意苹、

林雯涓、洪忠義，2001）：

1.提示：經常耳提面命，如提醒幼兒「活動時要輕聲」。

2.要求：明示幼兒目前該做什麼事，如「現在請回位子去坐好」。

3.口頭的設限：肯定訓練中強調班規的設立是依據教師的需求與期望，老師運用聲音、眼神、手勢、叫幼兒名字和身體的接觸等方式為幼兒設立規定，運用堅定的聲音說話，既不是刺耳的辱罵或恐嚇，也不是軟弱到好像都無所謂。

4.記錄不良行為（track misbehavior）：當學生知道教師所訂定下來的期望後，他們就必須確切遵守規定，教師也要嚴格執行原訂計畫。教師在教學進行中，可依學生犯紀律的嚴重性等級在黑板上記錄，以示警告與實施處分的標準。如以一個國小教室的學生為例，**表18-2**所列之項目可以作為一個參考，當然教師可依他們所任教的學生以及學生問題行為之嚴重性斟酌處分。以黑板記錄學生的干擾行為可能會遭遇一些反效果，學生或許會將被記名當作是對教師權威及班規的挑戰。這樣的記名方式就失去了它的意義。依Canter的想法，就有必要對這樣的學生實施更為嚴厲的懲

表18-2　記錄不良行為的方式範例

犯錯等級	記錄方式	代表意義
初　犯	在黑板上記名	警告
第二次	一個∨記號	扣除10分鐘下課時間
第三次	二個∨記號	扣除20分鐘下課時間
第四次	三個∨記號	扣除30分鐘下課時間
第五次	四個∨記號	扣除45分鐘下課時間

資料來源：Edwards (2000).

罰。教師除了執行紀律計畫之外，也要學會運用肯定、果決的說話口氣、言詞、態度和一些輔助技巧，如眼神接觸、肢體語言等（Canter, 1989; Edward, 2000; Tauber, 1999）。

5. 實施正面鼓勵：Canter提出一種記下學生優良表現的方法：利用一個空瓶子和小石子，當教師認為學生表現良好時，便向玻璃瓶中放下一顆石子，若學生表現不佳時，在瓶中的小石子便被取出。承諾學生在瓶子裝滿的時候將給予他們獎賞。這些方式都可以給予學生較懲罰更有力的動機去表現自己優秀的一面。

6. 用非語言動作強調口語的意義：如輕輕的把手放在孩子肩上傳達真誠的訊息，伸出手掌則代表希望安靜。

7. 使用破唱片法（broken-record play）：一再重複、肯定的說出自己的意見和想法，直到對方不再要求或同意妥協為止，對幼兒不當行為堅持要求改進。

8. 家長支持：家長配合對計畫的施行有推波助瀾之效。教師必須與家長取得頻繁的聯繫與溝通，更要有家長方面的支持，才能使整個計畫進行順利。教師可以利用召開家長座談會的機會與家長做好溝通，讓家長實質上參與孩子班級的一些運作活動，並請求家長在訓練的過程中給予最大的配合與支援（Canter 1989; Edwards, 2000）。

紀律訓練主要是使教師能有自信地處理班級學生間的問題行為。因為在師生的學習活動當中，教師乃是負有較大主控權的角色。Canter認為有效的行為管理策略，如肯定訓練是可以培養師生的正向自我概念。簡而言之，肯定訓練的實行方法可說是教師合理地與班級訂定他的要求，清楚明白地告知學生並要求遵守；除了用處分（negative consequences）的方式處理學生不良的干擾

行為之外，更要同時注意到學生表現良好的時候，給予正面的鼓勵（positive consequences）。其他的外在配合，如學校行政單位、家長、其他教師的合作等等，都是計畫成功的要素（林意苹、林雯涓、洪忠義，2001）。

四、班級常規之建立

　　「班級常規」對某些人說可能是拿著教鞭，發號施令地教學生要遵守規範，係為「消極性責備」；對某些人來說卻是引導並說服學生表現合宜的行為，尊重學生，讓學生能自我約束，係為「積極性鼓勵」。（盧富美，2002）

(一)影響班級行為發生因素

　　學生於教室內所表現出的問題行為，是透過學習活動，獲得預期的學習內涵，而學習就是藉由經驗或練習而獲得相當持久性行為改變的歷程。可能會演變家庭問題行為或社會問題行為的持續，也可能是教學情境或教育歷程中，某些因素失調使然，當然也有可能是受同儕團體不良的影響所造成。**表18-3**則依據Shirky L. Bull和E. S. Jonathan的看法予以瞭解。

(二)建立班級常規重要性

　　班規是模塑幼兒紀律行為的基礎，最需要建立比較「明確」的一個常規，讓學生很清楚瞭解易懂，也可以做到，如訂定準時交作業，或者不說髒話，都像這樣很明確，學生懂得行為分寸。而當學生沒有做到的時候，會有什麼樣子的處理方式。幼兒就像

表18-3　影響班級行為的環境因素

物理因素	社會因素	教育因素
・大量的工作和活動空間	・團體大小和組成分子	・教育工作的類型、關聯性、難度和長度
・座位安排	・班級常規	・教師的教法
・材料分配	・教師對個別和團體行為	・書面的說明和例子
・噪音大小	・學生彼此的行為及對老師的行為	・每堂課和每天的活動方式

資料來源：Bull & Jonathan (1987), p.18.

一張白紙，不瞭解行為是非、善惡，行為所造成的後果。所以訂定班規是必要的，更可以讓幼兒知道什麼事可以做，什麼事應該避免發生。一般而言，學生年齡越小，則老師的介入與教導越多；而年齡越大，則老師越尊重學生意見，引導學生機會越多。

　　常規制定從消極面來說，一是維持教室秩序。二是提高學習效果。朱文雄（1990）認為classroom discipline（班級常規）＝classroom rules（教室規則）＋classroom procedures（教室秩序或教室程序）。良好的的班級管理是建立在學生瞭解所被期望的行為（包括遵守教室規則和教室秩序）（張新仁等，2003）。相關研究中皆已指出影響學生學習效果多寡，取決於「班級常規」之良好與否（盧富美，2002；張秀敏，2002；Emmer et al., 1980; Brophy, 1988）。三是啟發學生學習興趣，教學活動可以順利進行，則能誘發學生讀書風氣。Evertson等人（1994）指出，沒有規定班規，不僅浪費大量時間於教室秩序的維持，而且也會降低學生學習興趣及專注力。

　　常規制定從積極面來說：一乃在發展幼兒從無律期轉變他律期，從他律期轉變自律期階段，自我管理行為舉止。二是生活作息規律正常，良好習慣養成，使學生不良行為發生率減低，心情

自然充滿愉悅。最後則增進師生情感，因為規矩的建立就是老師
與學生雙方達成認同、協議。一般而言，學生班級常規最明顯的
好處是有法可循、有例可援，就算是優點寶寶做錯事情，也心甘
情願接受處分，王子犯法與庶民同罪，避免失之公平，因班級榮
譽而產生彼此摩擦對立。

(三)建立的最佳時機

「好的開始是成功的一半」，因此在學期開始第一天至兩三天
就是很好的時機。開學的頭幾天，往往是教室裏的「關鍵期」，因
為幼兒面對的是新老師、新教室、新同學，在一切新鮮的情形
下，即使原先調皮的幼兒也會較收斂，因而不當行為產生的機率
最低，合作意願相較強，對老師而言，這是建立新行為的最好時
機（張新仁，2000）。一開始幼教師對於幼兒不急著要求他們遵守
規範，應反覆持續教導，除了強調規則的重要性，更要以幼兒聽
得懂的語言和實例解說，循序漸進。說明規則時，不要一次說
完，而是在適當時間地點說明示範才有效（谷瑞勉，1999）。

(四)原則

班規訂定時，應把握以下幾點原則（朱文雄，1990；劉秀
美，1994；張新仁等，1999；張秀敏，2002；周新富，2002）：

■師生共同參與

透過團體動力，使得學生在討論和表決過程中，學習民主法
治的精神，而有助於民主素養的培養及師生距離。教師若以民主
方式來領導學生，往往較能產生效果，但年齡較小，仍以老師介
入性較多。

■內容簡潔扼要

其用語以簡單、扼要、容易記住為主，不但要使學生一目瞭然、印象深刻、不會遺忘，才能在校園裏明確實施。一般而言，對幼兒最好以具體行為訂定之，班規訂定較廣泛時，需老師詳細說明，以利幼兒遵守。

■數目不多

在訂定班規時，不必太多，通常五至十項規則可以涵蓋大部分的行為，須等幼兒學會再逐漸增加。幼兒對於太多規條反而不容易記住，成效較差。

■正面措詞且具體可行

班規條文以正面措詞最佳，因為正面鼓勵往往比負面禁止有效，要告訴學生「該如何做」，而不是告訴他「不可以做」，如「上課說話要先舉手」取代「不可以擅自說話」；「上學要準時」取代「上學不要遲到」，但必要時也可以負面行為訂定之。勿使用抽象名詞，如「禮義廉恥」，會讓學生不知如何遵循。

■彈性與適時更新

師生共同制定的規則必須保持彈性，能因應不同的人、事、物的需要，每隔一段時間或視班級需要（即舊約全班都已能遵守時），可以隨時拿下，更換新的條約。至於班規書寫設計，以創意、可替換為佳，如用夾子、磁鐵張貼於白板或布告欄上。

■公開張貼教室

應張貼於教室醒目處，以利同學注意，隨時提醒。對於年紀小的幼兒可以用符號或圖畫表示。

■掌握關鍵期

　　學期初是班級經營關鍵期。Lee Canter和Marlene Canter提出肯定紀律（assertive discipline）模式，認為學年剛開始幾天，學生總盡量表現他們最好的行為，因此這是在班級建立常規的最好時機（周新富，2002）。

(五)內容

　　根據鄭玉疊、郭慶發（1994）、張秀敏（1996）、蔡延治（1998）、谷瑞勉（1999）等人提出，幼稚園至國小低年級階段需要遵循規則：

■幼兒常規

1.守秩序：上課保持安靜、鈴聲響要坐好、用餐要排隊、上課不隨意走動、不大聲講話、要舉手發言、物歸原處。
2.重整潔：桌上保持乾淨、桌椅排列整齊、不隨意丟垃圾、不隨地吐口水、玩後的玩具要收拾。
3.有禮貌：看見同學、師長要打招呼、常說「請」、「謝謝」、「對不起」、不向別人亂丟玩具。
4.有自理能力：能自己穿衣穿鞋、大小便。
5.重勤學：上課要認真聽講、作業要工整、按時繳交作業。

■一般規則

1.教室器材使用程序規則（如何使用各個角落、廁所、玩具、戶外遊樂器材等）。
2.角落或團體時間所應遵循規則（多久可以離開角落、多少人進行一個角落、老師講解時有問題應該如何等）。

3.保育活動所應遵循規則（餐具每人一副、餐點不能偏食、不想午睡應該如何等）。

4.活動轉換的方式規則（離開及進入教室、各種不同活動性質轉換、一天的開始與結束等）。

(六)實施程序

教師有效率訂定班規應熟悉其步驟，以下則分述說明：

■討論訂定班規目的及重要性

班規是教室行為的規定，不管學生已經熟悉一些重要行為規則，都必須在開學初重新擬定，「預防重於治療」，這也是對新學期自我及班級期許。所以，老師可以先開場白，跟學生建立關係或溫暖班級氣氛之後，再引導幼兒討論班規制定重要性，如班上同學一直講話，教室會怎麼辦？老師如何進行活動？藉此讓幼兒扮演情境狀態。

■訂定班規並說明真正含義

班規制定是「對事不對人」，不是訂定班規給行為不良的人遵守規範。而制定班規最理想的方式是透過師生討論共同擬定，但對於幼兒來說，教師介入性較多，因此可以採取幼兒或老師共同提出並投票表決方式，讓學生有參與機會，符合民主式領導班級。其次，在幼兒或老師提出時，說明班規所蘊含的要求。如「有事要和老師報告」，所蘊含意義包括：(1)報告的事情與幼兒本身有關：生病、受傷或有困難時要跟老師說明；(2)離開老師視線，如上廁所、喝水也需要報告；(3)隔壁家貓咪、小狗死掉，不影響自己心理情緒狀態，則不需要報告。如果幼兒違反規定則給予糾正並指導正確行為，對適當行為者予以正增強，讓違反班規

者加強行為管理或輔導技巧訓練。

■取得師生共識

大家一一表決通過之後，看看同學有沒有任何意見表明自己沒有辦法遵守，如果確定無誤，幼教師可以把班規擬定出來，放在家長聯絡簿上或接送區，讓家長配合並提出意見，另外將班規張貼於幼兒常經過的醒目處，隨時提醒自己、管控自己。

■示範、演練、回饋

班規建立不只能說（tell），也要能教（teach）；而老師的「身教」比「言教」重要。根據Evertson等人（1994）除了用嘴巴說說，還要有具體動作或情境示範給兒童看，如要幼兒排隊，則應說明示範在何時、何地要排隊和如何排隊等。其次是演練，一方面是讓幼兒練習行為從中瞭解這些規定，一方面對年紀較小幼兒來說較易記住。最後是回饋，也就是在演練行為時，對行為表現良好者給予讚美、鼓勵；表現不當者予以糾正並提供改進之建議。

■適時提醒與複習

規則須一教再教，甚至融入教學裏，每隔一段時間或遇到類似情境時，則可以複習或「機會教育」。

■彈性修改

讓幼兒熟記班規、牢記於心。如果所訂班規每人幾乎做到或是有新問題產生、不夠貼切等，則須適時修改內容。

■必要時，要求家長配合

除了在學校環境教育外，家裏行為規範同時配合，可以改善

幼兒不良習性，甚至有助於學習遷移。

五、教室環境布置

作為幼兒教師，我們必須以幼兒透過遊戲、操作的學習形態，來規劃幼兒的學習情境與篩選，統整幼兒的學習內容。（黃世鈺，2000）

(一)教學情境規劃之步驟

學習的區域包括教室內、外的空間規劃與器材設施之配置，然而教學情境布置不僅讓老師傳道、授業、解惑，也可以引發幼兒學習動機、增加學習效能，達到「境教」的效果。幼教師在規劃環境之前，應先觀察園所所有「硬體設備」與「軟體設施」，前者所指的包括錄音影器材、樂器、書櫥櫃、積木、師生勞作等；後者意指教師教學情境。在開學之前或學習單元要進行改變之前，可以採取以下步驟：

■擬定園所／學習區草圖

先瞭解園所宗旨與掌握空間大小，從平面規劃去看每個界限區分，即各個設施需要如何安排於學習區域，如桌椅、櫥櫃等大型設備，再決定角落的種類和規劃方式。

■教學情境安排適切性

這樣的安排是否可以涵蓋各個活動與學習區？教學情境是否引起幼兒注意？學習區還需要什麼設備輔助會更完美？每個設備所放位置是否恰當？

■學習空間開放與彈性

檢視各個學習區動線是否得宜？自由程度為何？是否讓幼兒有不方便的地方？教材取材容易？界限區隔會不會干擾？

■符合幼兒發展需求性

學習情境能否支持幼兒發展需要？這樣的器材提供是否合乎幼兒大小肌肉發展、語言發展、情緒及認知發展需求？

■針對草圖進行修定更新

徵求使用者——幼兒對於新環境看法，是否改善舊有環境要求？目前狀況還欠缺些什麼？再進行再設計、再擬定，直至安全、自由、彈性等原則為止。

(二)教學情境規劃之原則

教室情境布置是潛在課程，潛移默化引導幼兒學習行為與注意力。因此，其原則敘述如下：

1. 自由性：安排合宜的動線，動靜態學習活動區隔，彼此盡量減少干擾。
2. 開放性：學習區與設備輔助，可以讓幼兒接觸教材、方便取得。
3. 彈性：一間活動學習區除了是傳道、授業、解惑外，還可以提供團體或小組時間進行，或者午餐、午睡、點心時間的應用；或櫥櫃是方便移動的，可以轉換另一個大空間或小空間來使用。
4. 安全性：老師可以清楚看見幼兒活動領域，課室桌椅選用

圓角，安全插座，沒有任何尖銳物品或雜物設置；燈光以白光為主，亮度足夠；電器設備損害要立即送修。

5.動機性：教室環境要吸引幼兒注意與興趣，顏色配置明亮與舒適（暖色系可以刺激幼兒，如黃、紅、橘色，冷色系可以安定幼兒情緒，如綠、藍、紫色），作品及布告欄位置符合幼兒觀賞高度。

6.秩序性：根據Montessori的發現，幼兒內心早有秩序的敏感性，而井然有序的學習環境才能帶來幼兒天性的快樂滿足（馬榮根，1995）。

7.獨處性：可設於樓梯下、櫃子間、遊戲器材內之小空間，可放置抱枕，地板躺著舒適，可以容納幼兒一至二個為宜。幼兒若情緒不佳或有反社會人格反應，可以藉以躲在裏面緩和情緒低落；另外也可提供情境想像機會，放一些輕鬆音樂沉澱心靈雜味。

8.參與性：教室布置非教師一人負責，也需要幼兒加入共同參與，使學生做中學，體會自己動手做的喜悅與辛苦。

9.實用性：教室布置不只是裝飾而已，應配合教學單元情境，適時提供布置與教材設施。

(三)教具管理

依據戴文青（1997）說明學習區教材教具之管理應遵守：(1)一物一籃，目標明確；(2)幼兒取放方便，無須經過老師指導或允許，避免依賴心與挫折感；(3)歸放標示明顯；(4)配合幼兒發展與教學情境，能有適當教具擺放；(5)教具量、幼兒人數及使用率適當，無須顧慮使用不到或資源浪費；(6)教導幼兒活動之後，切實將教材收拾乾淨。

(四)教學環境布置

老師在開學前幾天就會做教室規劃與布置,如將與教學有關情境、紀律之掛圖和海報張貼於牆壁,在布告欄中展示去年教學成果、親職專欄、幼兒生心理發展訊息,甚至安排幼兒專屬之櫥櫃(鞋櫃、私人儲存櫃),給予貼小朋友照片、名條、貼紙等做標誌,便於幼兒辨識清楚。Golden說明藉由改變環境以解決老師在教學情境布置上的缺失,使教學情境能成為學生始於快樂而終於智慧的學習環境。至於要如何改變環境?約可從下列八方面依實際需要而著手(邱連煌,1997:173-19):

1. 充實內容:例如要闢出一個地方,專供展示學生在單元學習活動中所蒐集的資料、分組討論的報告,及各科作品,以充實教學情境內容,相互觀摩與激勵。

2. 擴大範圍:當班級所設置的圖書角,其陳列的學生讀物及有關資料無法滿足學生所產生之某一特定問題需要時,可輔導學生到學校圖書館找尋相關資料。把教學情境的範圍擴而大之,讓學生充分使用圖書館設備,不但能提高學習成效,且解決了屬於老師的一些問題。

3. 縮減範圍:教學情境中的多元刺激,往往易分散學生的注意力,而影響學習成效。因此,為達成某種特定目的,有時必須將教學情境範圍予以縮小,以利學生能集中注意力專心學習;例如,使用視聽器具時要戴耳機,讓學生專心聆聽耳機的聲音,以提高學習成效。

4. 限制範圍:在人數眾多、設備有限的情況下,為避免在使用上與安全上發生問題,最好把教學情境的範圍加以限制;例如,規定某種活動只限於某指定地區。

5.力求變化：教學情境不但在布置內容的形式上，要力求變化，以激起學生的注意，使學習達到事半功倍之效；同時在課桌椅的擺置上，要視學習活動的需要，隨時改變排列的方式，如排成聽講式、會議式、分組式、辯論式，或表演式等，以利於教學。

6.方便使用：教學情境所布置的材料與所存放的許多實用器材，盡量以學生為本位，無論是布置物品的大小、裝置的地點與高度，都要配合學生的需要與程度，使學生伸手可及、一覽無遺的方便使用而有助於學習。

7.專人負責：對於教學情境中所布置與設置的各項教學資源，必須分配某些任務給某些學生妥善保管，以利教學上繼續不斷的使用與培養學生的責任感。

8.預作練習：對於教學情境中的新設備或新器材，在使用之前，最好多給予學生不斷的練習機會，在一回生二回熟之下，當實際操作時，才能得心應手。

另外，在布置工作上，須留意幾項大小細節：

1.學習區：
　(1)界限須分明，可以用櫥櫃隔出空間。
　(2)走道以不通過另一學習區為主。
　(3)積木區可以和戲劇區或相關主題學習緊鄰，方便互用器材。
　(4)要用水的學習區（科學角、沙石區）盡可能接近水源。
　(5)動靜學習區須予以隔開，以免干擾活動進行。
　(6)維持路徑、動線要流暢（**圖18-5**）。

2.天花板：可吊掛一些裝飾品，如學生作品或單元情境，但件數不宜過多，位置最好在空曠角落，適合幼兒觀看高度。

3.走廊：可設置布告欄，作爲教育宣導、兒童生理發展訊息公布、親職教育專欄；或一部分張貼各班學生作品、榮譽榜、班級小老師；或一部分做單元課程介紹。另可設置綠化盆景、生活點滴、紀律說明。

4.鞋櫃、置物櫃：最好在教室入口處，以方便進入教室前，先處理好自己身上的物品。

5.自然科學角之昆蟲、植物等：宜放在不使幼兒分心、不干擾的教學情境下。

6.座位安排：在引起動機時，以教師落點爲核心，幼兒可呈半弧形環繞，第一排做地板、第二排做小椅子（**圖18-6**）；或採直線間隔交錯的方式；抑或是輻射形（半錐形）的方式，幼兒由近而遠逐漸遞增之作法（黃世鈺，2001）。

基於人類行爲深受外界環境影響，特別是個體的感官刺激方面，不過單調貧乏的教室布置固然不好，但太豐富的教室布置也

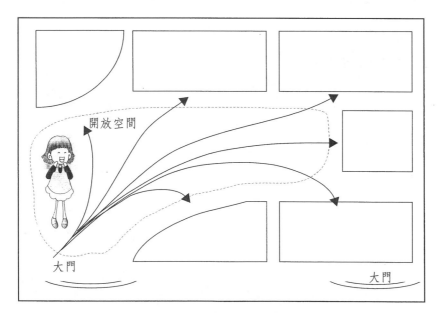

開放空間

大門

大門

圖18-5 動線在空間規劃

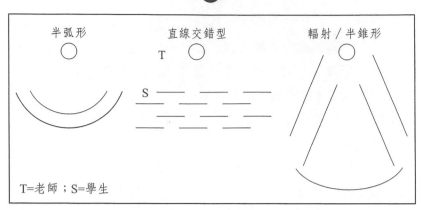

圖18-6 引起動機與座位安排

資料來源：黃世鈺（2001），頁63。

不見得可以幫助學生，太多東西反而會干擾學生反應。所以，師生應動動手、動動腦布置教室內外，把不相干東西一一撤除，或增添柔和色彩，化腐朽爲神奇。

六、教師素養

我們這一代的人，在這新舊交換的時代裏，本來就不容易找到安身立命的所在，價值體系是混亂的，生命的意義是模糊的，而使我們成爲我們的那種教育，又是那樣的不堪聞問。（史英，1992）

(一)教師人格特質

老師經營一個班級，如同管理一家企業，必須有充分的IQ與EQ。張新仁等人（2003）則針對受學生歡迎的好老師的特質做了

歸納：

　1.對事不對人：當學生做錯事時，老師應針對事情處理而不要評斷學生的人品或人格，只要描述有關事情，讓學生就客觀情境判斷對錯。

　2.適當用「我訊息」表達憤怒：學者Skinner建議教師在表達自我感受時，應使用第一人稱的語句，「我很生氣！」「我感到失望！」少使用第二人稱語句，「你太懶惰！」「你不顧別人、只顧自己。」

　3.接納學生感受：學生通常會誇大事實、試探行為，常沒有事實根據，但是即使學生有錯，老師也不須跟學生爭辯，應運用同理心試著瞭解學生感受，如：「我可以如何幫助你？」

　4.以適當引導來改變學生：老師可以引導鼓勵學生從「做中學」，引導出學生本身不自覺的潛力，那麼學生將會順著老師讚美的方向努力前進延伸。

　5.以身作則、言行合一：學生對老師所說的話才不會自打折扣，亦能服膺老師訓導，遵守老師的規定。

　6.邀請學生合作，提供學生抉擇的機會：對於一個問題，老師可以提出多種解決方法，讓學生自己決定要採用哪一種，這樣有助於讓他們感受到他們對教室發生的事情有一些控制能力，同時他們也較有可能去實行他們為自己所設立的行為標準。

　7.適度讚美：應多表揚「行為」，任何一位學生有「好行為」皆應獎勵，對於守規矩學生的「不良行為」要處罰，較少守規矩學生的「好行為」更應當獎勵（洪賢明，1990）。

　8.知識豐富，教法生動、清晰。

　9.適切幽默感。

10.儀表合宜：不但可以襯托出個人學理與氣質，更可提升教師的專業形象，拉近彼此人際關係，更可帶給學生注重自己的儀表。

11.公平：學生常會說某位老師「偏心」，要使學生不致產生這種感覺，老師在管理班級時應力求「對事不對人」，對成績較差學生不予以標籤化。

12.態度認真負責。

13.關心學生：是與學生建立信任關係的第一步，應多關注他們平時生活情況，瞭解班內每個同學日常生活與交友情形。

筆者認為尚需要幾點：

14.自我覺知能力：老師應對自我瞭解，瞭解自我領導方式、溝通形態（**表18-4**）、人格特質。如人格特質屬於完美主義型，則在對自己或學生期望上不要訂定太高目標，以免造成自我教學成就低落、學生學習無助感。

15.敏銳行為觀察：透過發展、遊戲觀察記錄或行動研究方式，觀察學生行為反應，以較快速、正確的技巧，糾正不良行為發生，引導學生發揮潛在能力。

16.對工作熱愛、真誠。

(二)教學理念

張秀敏（2002）認為作為一個老師，應常常反省與思考一些問題，例如：

1.什麼東西對孩子最重要？那個最重要的東西，就是最值得孩子學習的內容，如負責任、守秩序、有道德、尊重別人、良好的生活習慣和學習習慣、活潑、開朗、樂觀、讀

表18-4 教師三種領導模式

項次	權威式（authoritarian）	民主式（democratic）	放任式（laisser-faire）
意義	1.所有的事，由老師決定。 2.所有的步驟、方法完全由老師指揮，一個命令一個動作，所以學生總是不知下一步。 3.每人的工作任務及工作夥伴由老師決定。	1.老師鼓勵並協助所有事物討論與決定。 2.目標與步驟在討論中已有共識，如須指導老師會提供參考性建議。 3.工作分配由團體共同決定。 4.老師不做過多介入，盡量和學生一樣。 5.老師會客觀或以事實觀點讚美或批評。	1.教師避免參與決定，完全由學生決定。 2.老師只在應學生要求時，提供資訊，但不參與討論。 3.完全不參與工作分配、人員配對。 4.除非被問及，對學生的活動才會有非常性、自發的意見，不想評價或調整。
對人基本信念	懷疑學生的獨自判斷力，認為學生較無成熟的鑑別力，學生從事任何工作都必須要請示。	拒絕接受一個固定責任來引導班級。認為班級成長並不是老師全然要負責，而是每個學生及老師的責任。	學生要負責整個班級動力的發展。
行為表現	對學生的行為會做許多分析、解釋，以幫助人解決問題。	教師希望能瞭解學生的能力、需要，會用澄清、反應、回饋等技巧幫助學生瞭解，提供班級良好氣氛。	對學生的一切，不予以引導，全取決大家討論，將班級模糊不清的事物丟給學生去處理，不做指導。
溝通形態	屬輻射型溝通，有時候會應用在班級團體初期階段。	屬網狀型溝通，溝通較有系統，並不完全集中在老師身上。	混亂型溝通，團體溝通混亂、無目標及脈絡，會影響班級動力。

參考資料：徐西森（1997），頁78-79；作者加以整理。

寫算的精熟、具生活的基本知能、問題解決能力、創造
力、思考力、有效的抉擇、具有好奇心和求知慾。

2. 我希望成為一個什麼樣的老師？被學生喜歡？受學生尊
重？怎麼做才能被學生喜歡和被學生尊重？怎麼知道學生
喜歡你？尊重你？

3. 什麼是教育？教育的目的是什麼？教師的專業在哪裏？教
師的角色是什麼？

　　教師透過不斷自我檢視，以認清自我偏見與價值觀，從錯誤
中尋找到經驗累積。雖然新手老師或實習教師對幼教「包班制」
會形成壓力與沉重負擔，甚至教課後還須準備隔天教材，這樣工
作已夠繁瑣，還要偶爾兼辦行政業務，哪裏有時間會專注於教學
活動進行、管理學生行為。但是，教育是百年事業，不可輕廢。
還記得R. Fulghum所想的事嗎（前言部分）？老師角色影響至
極，我們都不想讓下一代有如恆河猴Harry Harlow實驗一樣，受到
情境剝奪後，演變成虐待自己小孩。幼兒教育又稱生活教育，不
論我們讀到了Froebel、Montessori、Reggio-Emilla、Waldorf、
Dewey或其他任何一種教育理念，最大的啟示應該是我們必須好
好做好這個工作，充滿對兒童喜愛、對工作熱忱、對兒童發展的
敏覺，因為幼兒是需要我們照顧的一群。

七、結語

　　班級經營是一門科學，也是一門藝術。「科學」是運用理論
知識與有系統的行動研究法，從做中學產生疑惑與經驗，使新手
老師漸趨為精熟教師，不斷修正教學技巧並觀察幼兒行為反應之
成果。「藝術」是運用教學空間，進行情境布置與規劃，以引起

第十八章　班級經營

幼兒學習動機；另外，老師利用錦囊妙計進行師生溝通，使學生感受到溫馨（warm-up）、積極傾聽與關注，相信這樣的經營方式，會是班級的「穩定劑」與「催化劑」。

參考書目

一、中文部分

天下編輯著（2000），《從0歲開始》，台北市：天下雜誌。

王文科（1996），〈有效的班級經營模式〉，《教育實習輔導季刊》，2卷3期，頁3-9。

史英（1992），〈怎樣把班級帶起來（下）：談班級經營〉，《人本教育札記》，32期，頁14-20。

朱文雄（1989/1990），《班級經營》，高雄：復文書局。

吳清山等（2004），《班級經營》，台北：心理。

李玉蟬（1993），〈從教師效能理論談班級經營〉，《學生輔導通訊》，33期，頁24-29。

谷瑞勉（1999），《幼稚園班級經營》，台北：心理。

谷瑞勉（2002），《幼稚園班級經營—反省性教師的思考與行動》，台北：心理。

周新富（2002），《幼兒班級經營》，台北：華騰文化。

林佩蓉、陳淑琦（2003），《幼兒教育》，台北：國立空中大學。

林意苹、林雯涓、洪忠義（2001），http://www.heart.net.tw/phorum-3.1.2/read.php?f=8&t=555&a=1

邱連煌（1997），《班級經營：學生管理模式、策略與方法》，台北：文景。

邱連煌（2000），《瓊士積極管教法》，台北：國立教育資料館。

金樹人（1989），《發展生涯與輔導》，台北：天馬文化。

金樹人（1992），《教室裏的春天》，台北：張老師。

洪賢明（1990），〈淺談老師的輔導態度〉，《竹縣文教》，4期，頁46-47。

徐西森（1997），《團體動力與團體輔導》，台北：心理。

高玫（1987），〈自我肯定訓練在團體輔導中的應用〉，《訓育研究》，28期，頁21-25。

馬榮根譯（1995），《童年的秘密》，台北：五南。

張秀敏（1996），〈屏東縣忠孝國小班規和例行活動程序建立情形之調查研

究〉，《屏東師院學報》，9期，頁63-96。

張秀敏（2002），《國小班級經營》，台北：心理。

張新仁等（2003），《班級經營：教室百寶箱》，台北：五南。

張新仁（2000），《班級經營》，台北：五南。

黃世鈺（1999），《幼兒班級經營》，台北：五南。

黃世鈺（2000），《幼兒學習區情境規劃》，台北：五南。

黃世鈺（2001），《幼兒學習區情境規劃》，台北：五南。

劉秀美（1994），〈班訓與班規的訂定巧思〉，《班級經營理論與實際》，頁106-111。

劉焜輝（2000），《諮商與心理治療》，台北：天馬文化。

蔡延治（1998），《教保實習》，台北：啓英。

蔡淑桂等（2003），《幼兒班級經營》，台北：永大書局。

鄭玉疊、郭慶發（1994），《班級經營：做個稱職的教師》，台北：心理。

鄭麗玉（2002），《班級經營—致勝實招與實習心得故事》，台北：五南。

盧台華（1985），〈肯定紀律訓練在教室管理上之運用〉，《特殊教育季刊》，15期，頁30-33。

盧富美（2002），《班級常規經營—常規與教學雙人行》，台北：心理。

戴文青（1997），〈營造幼兒學習的理想國〉，《新幼教》，13期，頁20-27。

二、英文部分

Biehler, R. F. & Snowman, J. (1993). *Psychology Applied to Teaching*. Boston. Mass.: Houghton Mifflin.

Bowers, C. A. & Flinders, D. J. (1990). *Responsive Teaching: An Ecological Approach to Classroom Patterns of Language, Culture and Thought*. Columbia University, Teachers College Press.

Bredekamp, S. (1987). *Developmentally Appropriate Practices in Childhood Programs Serving Children from Birth to Age 8*. Washington DC: NAEYC(1986).

Brophy, J. (1988). Educating teachers about managing classroom and students. *Teaching and Teacher Education*, 4(1): 1-18.

Bull, Shirky L. & Jonathan, E. S. (1987). *Classroom Management: Principles to*

Practice. London: Croom Helm.

Canter, L. (1989). Assertive discipline-more than names on the board and marbles in a jar. *Phi Delta Kappan*, 71(1): 57-61.

Canter, L. (1999). The High-Performing Teacher. (ERIC Document Reproduction Service NO. ED 380460)

Edwards, H. C. (2000). Lee and Marlene Canter: assertive discipline: a "take-charge" approach to classroom management. *Classroom Discipline and Management* (pp. 68-92). John Wiley & Sons: New York.

Emmer, E. T., Evertson, C. M., Sanford, J. P., Clements, C. M. & Worsham, M. E. (1989). *Classroom Management for Secondary Teachers*. Englewood Cliffs. New Jersey: Prentice-Hall, Inc.

Emmer, E. T., Evertson, C. M. & Anderson, L. M. (1980). Effective Classroom management at the beginning of the school year. *The Elementary School Journal*, 80(5): 219-231.

Evertson, C. M., Emmer, E. T., Clements, B. S. & Worsham, M. E. (1994). *Classroom Management for Elementary Teachers*. Boston: Allyn and Bacon.

Ferber, R. (1985). *Save Your Child's Sleep Problem*. NY: Simon & Shuster, Inc.

Ferguson, E. & Houghton, S. (1992). The effect of contingent teacher praise, as specified by Canter's assertive discipline program, on children's on-task behavior. *Educational Studies*, 18(1): 83-93.

Froyen, L. A. (1988). *Classroom Management*. Ohio: Merrill.

Nicholls & Honghton (1995). The effect of Canter's assertive discipline program on teacher and student behavior. *British Journal of Educational Psychology*, 65: 197-210.

Palardy, J. (1996). Taking another look at behavior modification and assertive dis-cipline. *National Association of Secondary School Principals. NASSP Bulletin*, 80(581): 66-70.

Smith, C. R. & Muth, R. (1981). Instructional leadership and school effectiveness. Paper Presented at the Annual Meeting of the American Educational Research Association, Chicago.

Tauber, T. R. (1999). *Classroom Management: Sound Theory and Effective*

Practice (3rd ed.) (pp. 67-88). London.

Woolfolk, A., Rosoff, B. & Hoy, W. (1990). Teachers' sense of efficacy and their beliefs about managing students. *Teaching and Teacher Education*, 6(2): 137-148.

幼教叢書 19

兒童課後照顧服務訓練教材(下)

主 編 者／郭靜晃、黃志成、王順民
著 者／郭靜晃等
出 版 者／揚智文化事業股份有限公司
發 行 人／葉忠賢
總 編 輯／林新倫
登 記 證／局版北市業字第1117號
地 址／台北市新生南路三段88號5樓之6
電 話／(02)2366-0309
傳 真／(02)2366-0310
網 址／http://www.ycrc.com.tw
E-mail／service@ycrc.com.tw
郵撥帳號／19735365
戶 名／葉忠賢
法律顧問／北辰著作權事務所 蕭雄淋律師
印 刷／鼎易印刷事業股份有限公司
ＩＳＢＮ／957-818-722-X
初版一刷／2005年5月
定 價／新台幣600元

國家圖書館出版品預行編目資料

兒童課後照顧服務訓練教材＝Teaching
materials of schoolager's after-school care
in child welfare professionals' training／郭
靜晃,黃志成,王順民主編.--初版.--臺北
市：揚智文化,2004-2005〔民93-94〕
　　冊：　公分.--（幼教叢書；18-19）
含參考書目

ISBN 957-818-680-0（上冊；平裝）
ISBN 957-818-722-X（下冊；平裝）

1.兒童學 2.兒童發展 3.兒童福利

523.1　　　　　　　　　　　93017918